任侠映画伝説 高倉健と鶴田浩二 上巻

大下英治
Ohshita Eiji

さくら舎

はじめに

『人生劇場　飛車角』で抜擢《ばってき》

わたし（筆者）が東映と深く関わったのは、岡田茂《おかだしげる》社長と役者、監督たちの活躍を描いた『小説東映映画三国志』を『スポニチ』（『スポーツニッポン』）に長期連載をしたときからである。

前半は片岡千恵蔵《かたおかちえぞう》、市川右太衛門《いちかわうたえもん》の御大《おんたい》、中村錦之助《なかむらきんのすけ》、大川橋蔵《おおかわはしぞう》ら若手の時代劇スター、後半が鶴田浩二《つるたこうじ》、高倉健《たかくらけん》を中心とした任侠映画のスターたちの活躍となっている。

東映とすれば、時代劇の衰退は死活問題であった。悩んだ末、当時、京都《きょうと》東映撮影所長であった岡田茂が思いついたのが、尾崎士郎《おざきしろう》原作の『人生劇場』を博徒《ばくと》の飛車角を主人公にする『人生劇場　飛車角』という任侠映画にすることであった。

その侠客の飛車角こと小山角太郎役に鶴田浩二、飛車角と駆け落ちする遊女のおとよ役に佐久間良子《さくまよしこ》。「小金一家」に一宿一飯の義理がある飛車角は宮川を連れて、喧嘩《けんか》相手の「丈徳組」の首魁《しゅかい》の丈徳を刺し殺す。その宮川を、高倉が演じる。

飛車角は警察に自首して懲役五年を食らい、おとよは小金の弟分の奈良平が預かる。

宮川は、ふとした偶然ながら逃げ出していたおとよを匿《かくま》う。そのうち、二人は結ばれる。さらにおとよが飛車角の情婦と知り、青ざめる。

やがて飛車角は出所し、おとよと宮川のことを知る。宮川とおとよは、吉良に向かった飛車角を追い、会う。飛車角は、黙って二人を許す。

飛車角は、宮川が小金親分を暗殺したのは小金の弟分の奈良平と知り単身で殴り込み殺された、と知らされる。飛車角は、奈良平許すまじ、と東京に向かい、殴り込もうとする。おとよは泣きながら飛車角を止めるが、飛車角は、おとよを振り払い、「あの世で逢おうぜ」と言い残して、奈良平と手下が待ち構える陣へ向かう……。

岡田はそれまで「鶴田にはもっとピタリとはまる役があるのでは」と思い続けていた。そこに今回の飛車角役である。

〈もしかしたら、時代劇でもない、さりとて現代劇でもない今回の『飛車角』の役こそ、鶴田にピタリとはまるかもしれん〉

岡田は、宮川役の高倉健にそれまで言っていた。

「おまえのような顔とスタイルと運動神経を持っていて、売れないはずがない。俺が、必ずスターにしてみせる」

そして今度こそ、と高倉に発破をかけた。

「これで、一人前になれよ」

岡田は、おとよ役の佐久間良子もけしかけた。

「よく頑張っているが、君はまだ飛躍できる。ここらあたりで清純な女優の殻《から》を破れ。女そのものを演じてみろ。今回、初めての汚れ役に挑戦してみろ。清純なイメージの女が汚れ役をやるからこそ、魅力も増すんだ。女優として一皮剝《ひとかわむ》けるチャンスなんだ。迷いがあってはいかん。体を張り、無心でぶつかりなさい。今回やれるようだったら、君を主役にした映画を考えるよ」

この作品の大ヒットで、それまでいまひとつであった鶴田も高倉も、任俠映画のスターとして輝きを放ち始める。

俊藤浩滋《しゅんどうこうじ》プロデューサーに言わせると、鶴田ほど博徒を演じられる役者はいなかった。彼にはヤクザ者としての男の陰の部分、哀愁が滲《にじ》んでいた。ヤクザ者がいつも孤独であることを、これまでの人生のヤクザ者との関わりの中で眼にしてきた俊藤にとって、鶴田ほどその孤独を演じきれる役者はいないと思われた。鶴田には男の色気もあった。

鶴田は着流しヤクザの「博奕打ちシリーズ」五本、「人生劇場シリーズ」二本、「博徒シリーズ」九本、「関東シリーズ」五本など数々のシリーズを生む。

なかでも『明治侠客伝　三代目襲名』『博奕打ち　総長賭博』は、任侠映画中の二大傑作と謳《うた》われている。

『総長賭博』は、作家の三島由紀夫《みしまゆきお》が『映画芸術』で激賞し、鶴田浩二の魅力をみごとに表現している。

《鶴田浩二は、『人生劇場　吉良常と飛車角』でも、この『総長賭博』でも、年配にふさはしい辛抱立役をみごとに演じていた。私が鶴田びいきになったのは、殊に、ここ数年であって、若いころの鶴田には何ら魅力を感じなかったが、今や飛車角の鶴田のかたわらでは、さしも人気絶頂の高倉健もただのデク人形のように見える。（略）鶴田は何と「万感こもごも」という表情を完璧に見せることのできる役者になったのだろう。『人生劇場　飛車角と吉良常』の吉良常（辰巳柳太郎《たつみりゅうたろう》）の死の病床に侍る彼、『総長賭博』の最愛の子分松田（若山富三郎《わかやまとみさぶろう》）をゆるし、あるいは殺すときの彼。そういうときの彼には、不決断の英雄性とでもいうべきものが迸り（これは実人生ではめったに実現されぬことだが）、男の我慢の美しさがひらめくのだ。》

《鶴田は体ごとこういう世界を表現する。その撫で肩、私服姿のやや軟派風な肩が、彼をあらゆるニセモノの颯爽さから救っている。そして「愚かさ」というものの、何たる知的な、何たる説得的な、何たるシャープな表現が彼の演技に見られることか。》

《鶴田の示す思いつめた「愚かさ」には、この逆なもの、すなわち、人間の情念の純粋度が、或る澄明な「知的な」思慮深さに結晶する姿が見られる。考えれば考えるほど、殺人にしか到達しない思考が、人間

の顔をもっとも美しく知的にするということは、おどろくべきことである。》（引用、一部改変）

様式美「型」の世界を脱した高倉健の新感覚アクション

いっぽう高倉健は、続いて『日本侠客伝』に挑む。しかし、俊藤浩滋プロデューサーがわたしに語ったところによると、いざ高倉に演技をさせてみて、俊藤もマキノ雅弘《まさひろ》監督も頭を抱え込んだという。日本刀を持って斬り込む高倉の姿は、まるで野球選手がバットを構えてバッターボックスに立っているようではないか。

ただし、高倉は、鶴田のような本物のヤクザの哀愁こそないが、鳶職《とびしょく》などの侠客を演じさせると、独特の迫力があることもわかった。

〈高倉の三白眼には、どこかリアルなところがある〉

これまで、三白眼の役者は出世しない、といわれてきた。が、高倉の三白眼には、テロリストの持つような殺気があった。その眼が独特のリアルな迫力を生んでいた。

中島貞夫《なかじまさだお》監督も『日本侠客伝』の演技に目を見張った。周囲にこんな感想を漏らしている。

「この立ち回りは、木更津《きさらづ》の清治を演じた錦ちゃん（中村錦之助）より、いいんじゃないか？」

東映の時代劇は様式美であり、「型」の世界だった。これに対し、高倉が『日本侠客伝』で見せたのは一発で決める「ぶった斬り」である。

高倉は、東映時代劇でチャンバラをほとんど経験していない。巧みな太刀さばきとは縁がなかった。かえってそれが幸いしたのだ。長ドスを手に大上段からバッサバッサと敵を斬る。中島はこれを見て「うわぁ」と思わず唸《うな》っていた。非常に斬新な感覚のアクションを任侠映画という土壌で高倉は開花させた。『日本侠客伝』がヒットした大きな理由は高倉のその「ひと振り」だった。中島は今もそう思っている。

岡田も『日本侠客伝』の試写を見て喜んだ。

「これは、いける。高倉のリアルの迫力も、なかなかええじゃないか」

高倉は以降、無口で禁欲的で任俠道を貫くという像を壊さぬよう真の映画スターとしてその生き方を貫く。

耐えに耐えた末、最後は自ら死地に赴くヤクザ役を好演し、ストイックなイメージを確立した。『日本俠客伝』シリーズ十一本、『昭和残俠伝』シリーズ九本、さらに『網走《あばしり》番外地』シリーズ十本、『新網走番外地』シリーズ八本と押しも押されもせぬ東映の看板スターとなる。

なお、『人生劇場　飛車角』でおとよを演じきった佐久間良子は、岡田の約束どおり『五番町夕霧楼』『越後つついし親不知』で主役を張り、女優として開眼する。

俊藤浩滋プロデューサーによる柔と剛に加わる任俠の「花」

「柔」の鶴田浩二、「剛」の高倉健が任俠映画のスターとなれたのは、東映任俠映画を支えた俊藤浩滋プロデューサーあってのことといえよう。

「俊藤浩滋がいなければ、任俠映画が花開くことはなかった」とまで謳われている。

俊藤は、若いとき、神戸《こうべ》にあった五島組の博奕場《ばくち》に出入りするようになり、なぜか五島組の親分に気に入られ、付き合いが続いていた。山口組最高幹部であった菅谷政雄《すがたにまさお》とは、同郷の幼馴染《おさななじ》みであった。のち菅谷を高倉健に演じさせた『神戸国際ギャング団』を製作している。

岡田所長は、任俠の世界と縁が深かった俊藤に頼んだ。

「不良感性度の強いもの、濃いもんをつくってほしいんや。テレビの中に絶対出てこんもんや。博奕場、鉄火場、いつもドスを懐に忍ばせているような世界や」

『仁義なき戦い』シリーズに二作出演している伊吹吾郎《いぶきごろう》は、俊藤プロデューサーの凄《すご》みについて語っている。

「実録物は、その場に出演しているモデルになった人たちだけのことを考えればいいというわけではない。その人たちと敵対した人たちだけでなく、亡くなった人の身内の人たちをはじめ、関わった人たちすべてに了解を得ないと、のちのちにトラブルになってしまう。そこまでしっかりと押さえたつもりでも、思わぬところから火の手が上がる。並みのプロデューサーであったら、命を張ったヤクザたちとまともに渡り合えるものではない。その筋の人たちと渡り合い、信頼される人間力と、調整力、そして、何よりも胆が据わっていなければならない。俊藤はそれを携える、唯一のプロデューサーでした」

わたしは、後述する『修羅《しゅら》の群れ』の原作を岡田社長から頼まれ、稲川聖城《いながわせいじょう》会長の取材から始めたが、俊藤プロデューサーは、すべての取材に同席するほどの力の入れ方であった。

わたしは、思ったものである。

〈俊藤さんが同席しているからこそ、稲川会長も心を許して語るんだな〉

さらに驚くべきことがあった。鶴田浩二、高倉健、若山富三郎、菅原文太《すがわらぶんた》、待田京介《まちだきょうすけ》ら錚々《そうそう》たる東映のスターは、実は東映に所属していたのではなく、俊藤のプロダクションに所属していたのだ。

その俊藤プロデューサーの実の娘が、藤純子《ふじじゅんこ》であった。緋牡丹《ひぼたん》博徒矢野竜子の登場である。

岡田は、まず、俊藤に内緒で藤純子を呼び、言った。

「任侠ものの女の主演は東映で初めてだ。うちで新しい映画をやろう」

さらに具体的に口説いた。

「片肌、脱げるか」

藤は即答した。

「片肌なら、脱ぎますよ」

「よし、刺青《いれずみ》も入れろ」

東映にとって「女性任侠路線」は、『人生劇場　飛車角』に続く第二の転換点といえた。

一作目の山下耕作《やましたこうさく》監督が、お竜の立ち回りのエロチシズムについて、語っている。

「純子が立ち回りをやるのが最初でしょう。毎日立ち回りの練習をしていた。ところが、慣れないからすぐ目をつぶっちゃう。おまけに小太刀って短いでしょう。だから『もうちょっと色気のある立ち回りをやろう』って言った。『ちょっと高いところから足元、服をできるだけ開いて、このへんがピタッと見えるくらい』とか言った。さすがだよ。すぐに上手《うま》くなった」

侠客らしく片肌を脱いで背中に彫った緋牡丹の刺青を見せても、華奢《きゃしゃ》な肩からは否応なく女らしさが匂《にお》い立った。

女を捨てて渡世人の鎧に身を包んでも、こぼれ落ちてくる女らしさがお竜の魅力である。もともと勝気だった性格のお竜が、相手役の高倉健に対して見せる一瞬の恋心も際立っていた。

恋心を抱く相手は、鶴田浩二、菅原文太と変わり、お竜を引き立てた。

『緋牡丹博徒』シリーズは八本もつくられた。

藤純子は加えて、『日本女侠伝』五本、『女渡世人』二本と、合計三つの主演シリーズを誕生させた。

東映第三の転換点『仁義なき戦い』での実録路線

東映にとってさらなる第三の転換点は『仁義なき戦い』による実録路線であった。任侠映画が飽きられているところに「日本版サム・ペキンパー」と言われる深作欣二《ふかさくきんじ》監督と菅原文太のコンビによって爆発することができたといえよう。

深作監督の撮影は、すさまじかった。

『仁義なき戦い　広島死闘篇』の現場でのことだ。川谷拓三《かわたにたくぞう》、室田日出男《むろたひでお》、曽根晴美《そねはるみ》、八名信夫《やなのぶお》が船の上に一緒にいた。

川谷の両手を縛り、船にロープでつないだ。

「おい、こいつ放り込め」

川谷の体が勢いよく海の中へと飛んだ。船はスピードを上げていく。川谷の体はロープで引きずり回されながら、海中を踊っていた。

キャメラは船の上に一台。岸からももう一台の二台態勢で寄っていく。ところが、川谷の姿が見えない。船から引っ張られながら、海の中に潜ってしまっていた。船先は勢いよく水をかき切って進んでいく。気がついたスタッフやキャストは、さすがに焦り始めた。

「おい、拓三いねえぞ」

「潜ってんだ、おい」

川谷の身を案じ、狼狽《ろうばい》する者も出てくる。だが、深作監督だけは何も変わりなかった。

「回せ、回せ。カットするな、回せ！」

船の上に一緒にいたメンバーは耳を疑った。この監督は何を言っているのか。川谷が命を落としてもいいのだろうか。

ようやく「カット」の声がかかった。急いで川谷を船に引き上げた。

〈死んでるんじゃないか……〉

船の上に一緒にいたメンバーは冗談ではなく、そう思った。明らかに様子が違っている。もう少しカットが遅れていたら、本当に危なかったかもしれない。急いで水を吐かせ、人工呼吸をした。

ところが、深作の狂気はこんなところで収まるものではない。深作の狂った演出はむしろここからが本番であった。

半死半生のカットから十五分ほど休憩したあと、なんと川谷の体は木の枝にぶら下がっていた。

千葉《ちば》真一《しんいち》扮するヤクザの親分大友勝利をはじめ、組の面々がロープでぶら下がっている川谷を的にして射撃訓練をする場面。

「試し撃ちじゃあ！」

そう言いながら、それぞれ拳銃で撃ちまくる。撃たれまいと身をよじる川谷の動きがロープに伝わり、体がコマのようにくるくると回る。仕掛けはそうなるよう施してあるのだが、実際の撮影ではなかなかうまくいかない。そのたびに、深作は非情に繰り返した。

「おい、撮り直しや。もう一回やれ」

その間、川谷は吊るされたままだ。これには本当に泣きが入った。大の男が仕事場で涙にくれる。

〈あんな撮り方をする監督は、サクさん以外いない〉

通常ならばＮＧとなりかねない修羅場を「面白い」の一言でＯＫにしてしまう。深作組の現場は一種独特な世界だった。

だが、できあがった映画を見ると、そうした場面は確かにほかにはない効果を生んでいた。川谷が決死の覚悟で臨んだシーンは、観客やマスコミの評判を取ったのだ。

『仁義なき戦い』のシリーズは、五本もつくられた。

掉尾《ちょうび》を飾るドキュメンタリータッチで描く任侠の魂

しかし、実録路線もまたマンネリ化してきた。昭和五十八年（一九八三）の年明け、岡田茂東映社長からわたしに話があった。

「稲川会の稲川会長をドラマ化したい」

俊藤浩滋プロデューサーは、わたしにこの映画の扱いについて熱っぽく語った。

「任侠映画も飽きられ、『仁義なき戦い』のような実録路線も撮ったが、これまた、殺伐としすぎて、飽きられかけている。そこでタッチは実録調で、しかし、任侠の魂を残した映画をつくりたいのや。そのためにも、任侠の魂を、あなたのドキュメンタリータッチで描いてほしいのや」

タイトルは、俊藤プロデューサーとわたしとで『修羅の群れ』と決めた。

問題は、稲川会長を誰が演じるかであった。稲川会長と幹部の前で、俊藤プロデューサーとわたしで主役を決めることになった。

実は、わたしは、俊藤から前の日、耳打ちされていた。

「岡田社長から、松方弘樹《まつかたひろき》でいこうと言われているのや。大下はんも強く推してくれ」

会の副理事長が、まず口を開いた。

「主役は、高倉健でどうか。親分の役にはふさわしいのではないか」

わたしは、ただちに否定した。

「健さんは、すでに山口組の田岡親分を演じています。田岡親分と重なってしまいますから」

そこで、俊藤プロデューサーが身を乗り出すようにして口火を切った。

「松方弘樹を考えています」

副理事長が首を傾げた。

「松方？　ナンパすぎないか」

当時の松方は、『週刊ポスト』の『松方弘樹の突撃対談』で、毎週女性ゲストを相手に「俺は八百人斬りの男よ、ねぇ、今夜八百一人目にならない？」と迫っていた。松方が連発する「キツーイ一発」というフレーズは、当時の流行語にもなっていた。

そこからわたしの出番であった。

「松方はいいですよ。何より俠《きょう》の雰囲気がある。情の深さも滲んでいる。今の映画界で大親分の稲川会長を表現できる最適な役者として推薦できます。東映の岡田社長も、松方に稲川会長を演じさせて、より輝かせたいと期待しています」

稲川会長は、そこで初めて口を開いた。

「社長さんも押してらっしゃるのだ。松方弘樹でいいじゃないか」

稲川会長の一言で、幹部たちの不安は一蹴された。

松方は見事に演じ切り、役者としていま一度輝きを増すことになった。

亡き中島貞夫が東映の輝ける時代を振り返り、最後に言っていた。

「このままいくと、昔々、〝映画の時代〟がありました、でまとめられるかもしれない。これから鶴田浩二、高倉健のようなスターが出ることはもうないだろう。昭和が終わり、映画はとっくに娯楽の王者の座を明け渡した。表現形式の中心にもない。観客が自分と重ね合わせ、「こうなりたい」と思えるような存在。真の意味でのスターはもういない。木村拓哉《きむらたくや》はスターではないだろう。萩原健一《はぎわらけんいち》も松田《まつだ》優作《ゆうさく》もその意味では違う」

【目次】任侠映画伝説　高倉健《たかくらけん》と鶴田浩二《つるたこうじ》　上巻

任侠映画伝説　高倉健と鶴田浩二　上巻

第1章　任侠映画の発端

東映に任侠映画への舵《かじ》を切らせた男

「東映の東京《とうきょう》撮影所を日本一の撮影所にしたい」と燃える当時所長（のち社長）の岡田茂《おかだしげる》は、眼《め》に触れるものすべて、映画のタネになるものはないか、と結び付けて考えていた。

筆者は、『映画三国志　小説東映』（徳間書店）で岡田の生涯を描いた。そのとき、岡田は、東映が任侠映画に舵を切ったきっかけについて語ってくれた。

岡田茂は、大正十三年（一九二四）三月二日、広島《ひろしま》県賀茂《かも》郡西条町《さいじょうちょう》（現・東広島市西条本町《ほんまち》）生まれ。東京帝国大学（現・東京大学）卒業後、昭和二十二年（一九四七）東映の前身である東横映画に入社。二十五年、『きけ、わだつみの声』を初プロデュース、大ヒットさせる。二十六年、東京映画配給、大泉映画との三社合併で東映となったあと、京都《きょうと》撮影所製作課長に抜擢《ばってき》される。その後、三十五年に同所長。昭和三十七年、三十六歳の若さで東映取締役兼東京撮影所長に就任。

岡田茂

岡田は、昭和三十七年十二月二十六日、火野葦平《ひのあしへい》原作の日活の任侠映画『花と竜』を観た。石原裕次郎《いしはらゆうじろう》主演ということもあり、超満員であった。岡田はとっさに思った。

〈任侠映画も、いいな。この手の映画なら、うちのほうが得意だぞ〉

岡田の脳裏に浮かんだのは、尾崎士郎《おざきしろう》原作の『人生劇場』であった。

〈『人生劇場』なら、これまでうちで何回も映画化している〉

東映は昭和二十七年に第一作『青春愛欲篇』、二十八年に第二作『残侠風雲篇』を製作していた。

〈しかし……〉

岡田は、映画を観終わって、撮影所に戻る車の中で考え続けた。

〈今の時代にうちで新たにやるには、これまでの『人生劇場』と同じでは当たるまい。主人公である文学青年の青成瓢吉の部分はバッサリ切り捨てて、侠客の飛車角にストーリーを絞りこもう。青春映画にしないで、思い切って侠客の映画にしよう〉

問題は、原作者の尾崎士郎がこの案をのむかにあった。岡田は尾崎を口説き落とす手をあれこれと考えた。その結果、岡田のふるさとである広島県西条の賀茂鶴《かもつる》酒造の石井武《いしいたけし》会長の顔が浮かんだ。尾崎は、大酒飲みで、賀茂鶴の大ファンであった。石井会長は尾崎と同じ早稲田大学に学び、二人の仲は深い。石井会長は、尾崎にしょっちゅう賀茂鶴を届けさせていた。

岡田は、十二分の根回しをすませて、尾崎士郎を訪ねた。根回しが功を奏していたらしく、上機嫌で迎えられた。

岡田は、切り出した。

「先生の『人生劇場』を、うちでまたやらせてもらいたいんですが」

「そりゃいいだろう」

原作では「青春篇」「愛欲篇」「残侠篇」「風雲篇」「離愁篇」などに分かれているが、そのうち「残侠篇」を映画化したいのだ。侠客の飛車角の生きざまを描くことによってまったく違った『人生劇場』をつくりあげようとしていた。

問題は、タイトルであった。

岡田は、肝心なことに触れた。

「実は、今回は『人生劇場　飛車角』というタイトルでいきたいんですが……」

岡田は、この問題は揉《も》めるかもしれない、と覚悟していた。が、尾崎は意外とすんなり受け入れてくれた。

「岡田君、よかろう。小説でもそうだが、タイトルや主人公の名前がピタリと決まったときには、ヒットするもんだよ。ただし……」

尾崎は、一つだけ条件を出した。

「主人公の青成瓢吉は、俺の若い頃の姿だ。青成だけは、必ず出してくれよ」

岡田は、青成瓢吉の役を梅宮辰夫《うめみやたつお》に演じさせる。

岡田は、『飛車角』の監督には、沢島忠《さわしまただし》を起用することにした。

侠客の映画は、時代劇ではないが、現代劇でもない。

どちらかというと、時代劇に近い。それなら、東京撮影所のギャング映画の監督より、京都撮影所の時代劇の監督のほうが似合っている。しかし、あまりに時代劇的だと困る。現代劇調の軽快なテンポがいる。

それで、沢島忠に白羽の矢を立てたのである。

尾崎士郎

沢島忠は、大正十五年五月十九日、滋賀《しが》県愛知《えち》郡に生まれる。同志社大学文学部を中退し、昭和二十五年三月に、月形龍之介《つきがたりゅうのすけ》の紹介で東横映画に入った。

東映になってからは、京都撮影所で、マキノ雅弘《まさひろ》、松田《まつだ》定次《さだつぐ》、渡辺邦男《わたなべくにお》ら職人肌の監督に助監督としてついた。

その働きぶりは、助監督のなかでも群を抜いていた。

昭和三十二年の十一月初めであった。

岡田茂は、進行係の高岩淡《たかいわたん》に言った。

沢島忠

「十二月十五日封切りの『忍術御前試合』は、沢島忠でいく」

岡田は、今回の映画で沢島を監督としてデビューさせようと思ったのである。

高岩は、思わず訊いた。

「岡田はん、沢島は確かに才能はありますが、今回の映画は、忍術で消えるシーンがあったりで、特撮が多く入ります。普通の映画の三倍は時間がかかりますよ……」

やはり、今回はベテラン監督に、という気持ちがあった。

ところが、岡田は逆のことを言った。

「初めての監督だからこそ、緊張して頑張るもんだ。大丈夫、彼ならやれる。それに何より彼は器用だ」

『忍術御前試合』は、伏見《ふしみ》扇太郎《せんたろう》、月形龍之介、桜町弘子《さくらまちひろこ》の俳優陣で撮影に入った。

沢島も、初めての監督で死に物狂いであった。

封切りに間に合わせるため、二週間は、全員セットの中で寝泊まりした。

徹夜続きで、朝飯と昼飯、それに晩飯のとき以外は働き続けた。高岩をはじめ、スタッフは、飯を食べながらコクリコクリと眠った。

岡田は、現場に来て高岩に言った。

「どうだ。沢島はいいだろう。これまでの時代劇とまったく違って、スピード感がある。彼の書くホンのセリフ回しが、現代感覚に満ちている。何々そうろうなんて、古い言い回しがない」

沢島は、岡田の期待に応えて、十二月十五日の封切りに間に合わせた。

岡田は、試写室で『忍術御前試合』を見ながら、自分の眼に狂いのないことを確認した。

〈新しいタイプの監督の出現だ〉

何より、軽妙洒脱《けいみょうしゃだつ》であった。緩急の画面転換の妙により、画面に快適な抑揚を生んで、観客を爽快な気分にした。

沢島は、岡田の睨《にら》んだとおり、一気に才能を開花させていった。

昭和三十三年には、『一心太助』ほか六作を演出した。デビュー一年にして早くも沢島ファンを獲得した。

中村錦之助《なかむらきんのすけ》（のち萬屋《よろずや》錦之助）、東千代之介《あずまちよのすけ》、大川橋蔵《おおかわはしぞう》、美空《みそら》ひばり、丘《おか》さとみら若手スターが、沢島演出により、持ち味を発揮した。

沢島は、事件を一気に畳み込んでいくスピーディーな展開に加え、ミュージカル風な演出や、コミカルな味つけを見せた。

マンネリに陥りやすい時代劇に、みごとな新風を吹き込んでみせた。

沢島は、岡田が助監督から監督に起用し脚光を浴びた監督だが、岡田が東京撮影所に移ってから、かつてのように作品的にも恵まれず、腐っていた。

〈沢島の才能は、あのまま腐らせておくにはもったいない〉

さまよっていたスター前夜の高倉健《たかくらけん》

高倉健

岡田は、役者では、所長室にまず高倉健を呼んだ。

「高倉、今度『人生劇場』を『人生劇場　飛車角』として映画化する。宮川役を頼むぞ」

宮川は、飛車角の情婦おとよに出会ってしまった宿縁ゆえに、自ら死地に赴く役である。

「はい、やらせていただきます」

高倉は、礼儀正しく頭を下げた。

岡田は、励ました。

「これで、一人前になれよ」

岡田は、高倉にはなんとしても一人前になってほしかった。岡田は、所長になったとき、高倉を呼んで怒鳴っていた。

「おまえは、けしからん。このままじゃ、おまえの映画はいらんよ」

高倉は、突然怒られて、ムッとした顔をした。岡田は、高倉が憎くて言っているのではない。苛立《いらだ》っていたのだ。

高倉は、昭和六年二月十六日、福岡《ふくおか》県中間《なかま》市に生まれた。

明治大学商学部を卒業後、食うために「新芸プロ」のマネージャー見習いの面接を受けた。「新芸プロ」は、美空ひばりや中村錦之助が所属していたプロダクションである。ところが、運命は面白い。

高倉が、その面接試験を受けていたところが、東映本社のあったビルの階下の喫茶店であった。そこに東映の専務のマキノ光雄《みつお》が偶然に居合わせて、東映の役者として高倉をスカウトしたのであった。高倉は、東映ニューフェイス二期生に補充編入された。

それ以後は、ひばりの『べらんめえ芸者』の相手役として便利屋的に使われていたが、いまひとつパッとしなかった。

岡田の眼には、まだまだ伸びてしかるべきだと映っていた。

「おまえのような顔とスタイルと運動神経を持っていて、売れないはずはない。俺が、かならずスターにしてみせる。その代わり、わがままをいうなよ。俺の言うとおりにやってくれ」

高倉は、改めて頭を下げた。

「よくわかりました。お願いします」

岡田は、昭和三十七年九月九日封切りで『三百六十五夜』という映画を撮ることにした。かつて市川崑《いちかわこん》が撮って大当たりした小島政二郎《こじままさじろう》原作の小説の再映画化である。それを、ひばり主演でやろうと思いつついたのである。

ひばりを出演させるのなら、ついでに当時の高倉の妻の江利《えり》チエミ、雪村《ゆきむら》いづみを出演させ、三人娘総登場にすればなお当たる。

その三人娘に、高倉健、鶴田《つるた》浩二《こうじ》を絡ませることにした。

岡田は、わざわざ、当時高倉の妻だった江利チエミに会いに行き、頼んだ。

「亭主の高倉主演で『三百六十五夜』を撮りたいんだ。当てて高倉に実績を残すためにも、三人娘で色どりを添えたいんだ」

美空ひばり

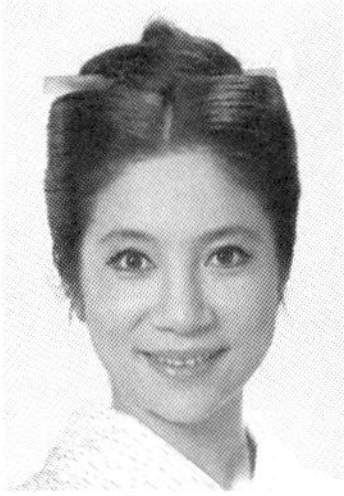
江利チエミ

雪村いずみ

ところが、チエミは、即座に断った。

「いやです。わたしは、仕事と私生活を混同しないんです。亭主は亭主です」

「亭主だけでは、客を呼べん。そのために三人娘に出てもらって、花を添えてヒットさせたい。高倉の実績にもなるだろう」

「いいえ、わたしは、そういう映画には出たくないんです。わたしは、女優としてのわたしの生命を守りたいんです」

岡田は、あきれてしまった。

「そうか、あなたは、ずいぶんと役者根性に徹したいい考えを持っているじゃないか」

岡田は、撮影所に憮然《ぶぜん》として帰ると、高倉を呼んで言った。

「おまえ、女房に舐《な》められているんじゃないか。おまえには悪いが、今後、ウチでは、チエミはいっさい使わんからな。だいたいチエミごときに舐められて勝手なことをやられているようでは、おまえは、一人前になれないぞ」

岡田は、高倉に発破をかけた。

「おまえが大スターになって、女房を見返さんと、ダメだよ」

『三百六十五夜』には、チエミこそ出演しなかったが、三人娘のひばりといづみは出演し、映画は当たった。

高倉は、それ以後、『暗黒街最後の日』などのギャング映画で鶴田浩二と共演し、しだいに光ってきていた。

周囲が呆気《あっけ》にとられた高倉健の狂態

高倉健が、どれだけさまよった状態にあったかを青木《あおき》卓司《たくじ》から知ることができる。

高倉健との縁によって役者になった青木卓司は高倉の実父にも会っている。彼の父は満州《まんしゅう》から帰還して炭鉱の元締めをしていた。厳格で無骨な人物という印象だった。

高倉の母親は教員だった。青木は母親には会っていない。派手な場所に表立って出てくることのない人だったようだ。

少年時代の高倉は病気がちだったという。胸を病んで学校を休んでいた時期もある。母はそんな高倉の面倒を何くれとなく見ていた。

高倉の顔は恐らく母親似だろうと青木は考えている。背は高くがっちりした体格でゴツゴツした印象の父親の面影はあまりなかった。

高倉の故郷は「川筋」と呼ばれる地域に当たる。遠賀《おんが》川《がわ》流域だ。その遠賀川を通って船で石炭を洞海湾《どうかいわん》で積み荷を降ろす。この湾の近くに第一港運という会社があった。のちに東映は『日本侠客伝　花と龍』の撮影でこの会社の世話になった。

高倉の父親は素封家《そほうか》というほどではなかったものの、経済的に不自由することはなかった。ただ、石炭産業は徐々に陰りを見せていく。青木が会った頃、高倉の父親はすでに炭鉱の仕事からは離れていた。炭鉱自体が閉鎖されていたのだ。

その後、高倉の父親は地元で仕事はしていなかったようだ。たまにふらっと上京して来ることもあった。そんなとき、世話係を頼まれるのは決まって青木だった。

「青木、おまえ、親父《おやじ》にくっついてやってくれ。頼むな。ふらっとどこか行っちゃう人だから。急にいなくなることがある。気をつけろよ」

高倉からの頼みとあっては断れない。青木は高倉の父親の東京見物に付き合った。確かに行動が読めない人ではあった。今にして思えば、性格は高倉に似ていたのかもしれない。たまに行き先を誰にも告げず、ふっと姿を消すことが高倉にもあった。

高倉は母親を大切にしていた。茶毘《だび》に付された亡母の遺骨を食べたと一部で報道されたことがあるが、青木は聞いていない。

スターになってからも、高倉は双肌《もろはだ》脱いで斬ったり斬られたりという役を演じ続けた。背中には刺青《いれずみ》を入れ、顔にはドーランを塗っている。そんな仕事ぶりを母親は嘆いていた。

「顔に化粧するとは、おなごだけじゃ」

高倉が生まれ育った「川筋」にはそういう気概が息づいていた。高倉はときどきこぼしていた。

「お袋は、いつも言うんだよな」

そんな形で母親の話を聞かされることがあった。厳しい人だった。自分を厳しく律する高倉の生き方、俳優としてのあり方を方向づけたのも恐らくは母親だったのだろう。

高倉健は三人兄妹の真ん中である。兄と妹がいる。

青木卓司は高倉の兄にも会っている。父親に似て無骨な感じのする男だった。かつては新日本製鐵《せいてつ》八幡《やはた》製鐵所（現・日本製鉄九州製鉄所八幡地区）に勤務していた。

いっぽう、自らの律する生き方に逆行する姿を見せた高倉健の逸話もある。

美空ひばり邸での誕生会のおりだ。当時、美空は横浜《よこはま》市磯子《いそご》区間坂《まさか》の台地に建つ「ひばり御殿」に住んでいた。この邸宅は彼女が十六歳の頃に建造されたものだ。八百坪の敷地に百六坪の白亜の二階建ての上物がそびえる。十五部屋があり、庭はすべて芝生。一〇メートルのプールがあり、眼下には海が広がっていた。下の国道には修学旅行のバスが停車していたらしい。

小林旭《こばやしあきら》との結婚を機に昭和三十八年に世田谷《せたがや》区上野毛《かみのげ》の新居に引っ越すまで、美空はここで暮らした。現在、屋敷があった場所には瀟洒《しょうしゃ》なマンションが建っている。

話を誕生会に戻そう。美空の誕生日を祝うため、東映の俳優たちが大勢詰めかけていた。高倉もその一人だ。

やにわに高倉が服を脱ぎ始めた。周囲が呆気に取られている中、踊り出したのだ。

高倉は普段から酒はたしなまない。まったくの素面《しらふ》である。にもかかわらず、ひばりの面前で全裸で踊っている。

参加した一人は心底驚いた。今、考えてみると、合点がいくところもある。

〈健さんはただ踊っていたわけじゃない。何か「発散したい」という気持ちがあったんじゃないか〉

それだけなかなかヒットが出なくて、「高倉健」という重圧に責め苛《さいな》まれていたということだろうか。

その場に居合わせた東映関係者もみんなひっくり返りそうになっていた。

〈あの高倉健が裸踊りを……〉

その夜の高倉の奇行はのちのちまで撮影所で語り継がれることになる。

鶴田浩二と高倉健の交差

岡田はいっぽう、主役の侠客飛車角は、鶴田浩二と決めていた。岡田は、京都撮影所時代に、のちに任侠映画のプロデュースをほとんど手がけることになる俊藤浩滋《しゅんどうこうじ》に訊いた。

「時代劇にも現代劇にも通用するいい役者は、いないか」

俊藤は、当時、まだ映画界と縁がなく、京都でクラブ『おそめ』を経営していた。

「鶴田浩二がいる。彼は今、東宝で腐っている」

「口説けるか」

「俺が神戸《こうべ》に住んでいたとき、鶴田とは、彼のお父さんとも一緒の付き合いをしとったのや。大丈夫や」

岡田は、鶴田と会い、俊藤と二人で口説くことにした。

鶴田浩二は大正十三年十二月六日、兵庫《ひょうご》県西宮《にしのみや》市に生まれた。

十四歳のときに、俳優に憧《あこが》れ、当時時代劇のスターであった高田《たかだ》浩吉《こうきち》の劇団に入団。

昭和二十三年に松竹からデビューし、甘い美貌によってたちまち人気スターの仲間入りを果たす。

昭和二十六年の『若旦那』シリーズや岸恵子《きしけいこ》共演の『獣の宿』や美空ひばり共演の『あの丘越えて』などが次々ヒットした。ところが人気絶頂の昭和二十七年に独立、「新生プロ」というプロダクションを興し、マキノ雅弘監督と組んで『弥太郎笠』『ハワイの夜』などのヒット作を出す。

昭和二十八年、再びフリーになり、松竹、大映、新東宝、東宝など、各社の作品に出演する。その間の作品は、時代劇では股旅《またたび》ものの『やくざ囃子《ばやし》』や佐々木小次郎《ささきこじろう》に扮した『宮本武蔵《みやもとむさし》』三部作、『眠狂四郎無頼控』など、現代劇ではメロドラマ『愛染かつら』や男性アクション『男性№1』『暗黒街』や特攻隊の青春を演じた『雲ながるる果てに』など、幅が広い。

鶴田浩二

昭和三十三年、鶴田浩二はフリーの状態にピリオドを打ち、東宝と専属契約を結ぶ。東宝時代にはめぼしい主演作はないが、三船敏郎《みふねとしろう》と共演した岡本喜八《おかもときはち》監督の『暗黒街の顔役』や『暗黒街の対決』では鮮烈な魅力を放った。
のち東映の任侠映画のプロデューサーとして大活躍することになる俊藤浩滋

は、神戸に住んでいた当時から鶴田とは親しく付き合っていた。鶴田の父親とも利害なく付き合っていた。

岡田は、鶴田と会い、俊藤と二人で口説いた。岡田は、ずばりと言った。

「おまえ、このまま東宝にいてもうだつは上がらないぞ。東宝は、三船敏郎や宝田明《たからだあきら》のほうがいいんだ。おまえがいたって、たいしたものにはなれないぞ」

俊藤浩滋

岡田は、鶴田浩二を昭和三十五年に東宝から東映に引き抜くことに成功した。

だが、その後、鶴田は『孤剣は折れず』などの時代劇に出演したがいまひとつ花開かなかった。

岡田は、東京撮影所長になるや、鶴田を呼んで言った。

「おまえは、やはり現代劇だよ」

岡田は、鶴田を『ギャング対ギャング』などのギャング映画に起用する。

だが、そのいっぽうで「鶴田にはもっとピタリとはまる役があるのでは」と思っていた。

〈もしかしたら、時代劇でもない、さりとて現代劇でもない今回の『飛車角』の役こそ、鶴田にピタリとはまるかもしれん……〉

『人生劇場　飛車角』には、鶴田浩二と高倉健が共演するわけだが、実は二人にはすでに確執があった。

鶴田は高倉より七歳上。昭和二十年代からトップスターとして活躍している。

〈映画俳優としては、俺のほうが大先輩や〉

鶴田が高倉に格上意識を持っていたとしても不思議はない。

昭和三十五年に東映移籍が決まり、鶴田は東京撮影所を訪れた。当時の撮影所長は「高倉を呼べ」と命じた。新たに東京撮影所所属となるスターに挨拶をさせようと考えたのだ。

所長室に入ると、見慣れない中年男が座っている。鶴田だとすぐにわかった。

大川橋蔵

市川雷蔵

「高倉健と申します。よろしくお願いします」

深々とお辞儀をした。

今では広く知られている高倉健の人物像。初めて会った人には年齢やキャリアにかかわらず、最敬礼する。現場にはマネージャーを伴わず、いつも自分一人で現れる。

こうした立ち居振る舞いには意外な源流があった。それを知るのは、東映時代、高倉の側近として行動していた岡崎二《おかざきじ》朗《ろう》だ。

高倉は東映入社以前からある俳優のことが好きだった。当時、日本を代表するスターだった三船敏郎である。三船に憧れ、高倉は映画俳優として歩み始めたと言ってもいい。

東映でデビューしたあと、ある雑誌の取材で聞かれた。

「健さん、誰か会ってみたい人はいますか？」

「そうですねえ。お会いしたいのは三船敏郎さんでしょうか」

当時の高倉は東京撮影所の看板ではあったが、まだヒット作には恵まれていない。俳優の格において三船とは大きな差があった。何しろ相手は「世界のミフネ」である。

その頃、映画各社のスター同士が顔を合わせるのは容易なことではなかった。東映の大川橋蔵が大映の市川雷蔵《いちかわらいぞう》と会う際の顚末《てんまつ》は今でも語り草となっている。橋蔵が大映に出向くのか、雷蔵が東映までやって来るのか。まず、この点が問題だった。

東映・大映が協議の末、ようやく妥協点に漕《こ》ぎ着ける。東映京都撮影所と大映京都撮影所の距離を測り、ちょうど真ん中で会うこととなった。冗談ではない。大真面目な話である。

三船敏郎

高倉と三船の対談記事がその雑誌に掲載されることになった。ちょうどその時期、高倉には撮影のスケジュールが入っている。編集部が恐る恐る三船に打診したところ、即答が返ってきた。

「わたしがお会いしに参ります」

東映東京撮影所に三船敏郎がやって来る。格下の高倉健に会うために、だ。撮影所内に動揺が走った。

このとき、高倉が出演していた作品は定かではない。だが、岡崎の記憶によれば、ギャングものだったという。

東京撮影所に三船が到着。差し出された椅子に腰掛ける。だが、背もたれに体を預けるような真似はしない。背筋はあくまでピンと伸ばしたままの姿勢を保ち続けた。

「三船到着」の知らせは撮影中の高倉にもすぐ届いた。

〈三船さんが待っている〉

この一念は高倉の演技に大きな影響を及ぼした。普段は滅多《めった》にNGなど出さない男がミスを連発してしまう。高倉は明らかに焦っていた。どうにもうまくいかない。

高倉の撮影終了まで、三船は二時間も待たされた。高倉は、終わりしだい、取るものもとりあえず、三船の元へバタバタと駆けつける。

その瞬間、三船はすっと立ち上がって、腰を折った。

「三船敏郎と申します。よろしくお願いします」

思いがけない丁重な挨拶。高倉は虚を衝《つ》かれた。

「え、あの、お一人ですか？」

「私はマネージャーも付き人もおりません。いつも一人です」

二度驚かされた。三船はたった一人で東京撮影所に来ていたのだ。

憧れの名優に接し、感化された高倉の行動は早かった。

「悪いけど、あの大先輩がマネージャーも付き人もいないんなら、どこにだって俺も一人で運転していくことにする」

三船との対談の翌日、それまで二人いた付き人に暇を言い渡した。もっとも、高倉が身の回りのことを完全に一人でするようになったわけではない。キャメラマンの遠藤努とメーキャップ師の入江荘二が付き人同様の仕事をさせられることになった。

ただ、高倉の態度は大きく変わった。誰が挨拶に来ても、すぐに立ち上がって頭を下げる。

「高倉健と申します。よろしくお願いします」

ところが、鶴田は椅子に座ったまま、右手を挙げて言った。

「おう、よろしくな」

当時の高倉はデビューから五年にも満たない頃である。ヒット作には恵まれないものの、年に数本は主役を張っていた。美空ひばりの相手役や文芸作品、空手もの、青春ものなど、さまざまな分野に挑戦していた。東京撮影所の大看板である。

余談だが、当時の東映上層部の姿勢はみごとだった。人気はない、芝居も無骨な高倉を主役で使い続けたからだ。

〈こいつは、いつかものになる……〉

鶴田の横柄な挨拶ぶりを目にして、高倉は失望と憤懣《ふんまん》を覚えた。

〈ああ、同じスターでも、この人は三船敏郎とは違う人だ〉

岡崎二朗はこのときの心情を、高倉から聞いている。

「俺が頭を下げているのに。俺は東映の看板だぞ。あとから入ってきて。他社《よそ》で売れなくてきたんだろう。

それが、ぱっと立って、『いや、こちらこそ』って言うんならわかるけど。『おう、よろしくな』はねえだろう」

佐久間良子《さくまよしこ》の東映入りの顚末《てんまつ》

いっぽう佐久間良子は、鶴田浩二演じる飛車角と駆け落ちした遊女のおとよを演じることになった。

佐久間良子の今回のインタビューによると、さすがに当時の東映東京撮影所長の岡田茂からおとよ役を言い渡されたときには戸惑ったという。

「え、ヤクザの情婦？」

思わず聞き返したほどだったという。

佐久間は、ヤクザの世界のことはまったくわからなかった。しかも、大人の色香が漂う遊女役で、初めての汚れ役だ。

東映四期ニューフェイスの佐久間は、入社後は早くから東京撮影所のホープ女優として期待され、次々話題作に出演した。清楚な持ち味を活かし好演していたが、男優中心の添え物として出演することが多かった。

言葉を継げずにうつむく佐久間に、岡田は言った。

「よく頑張っているが、きみはまだまだ飛躍できる。ここらあたりで清純女優の殻を破れ。女そのものを演じてみろ。今回、初めての汚れ役に挑戦してみろ。清純なイメージの女が汚れ役をやるからこそ、魅力も増すんだ。佐久間君、女優として一皮剝《む》けるチャンスなんだ。迷いがあってはいかん。体を張り、無心でぶつかりなさい」

佐久間は、瞳を輝かせてうなずいた。

「やらせていただきます」

意欲に満ちあふれていた。

岡田は言った。

「今回やれるようだったら、君を主役にした映画も考える」

沢島忠監督の『沢島忠全仕事　ボンゆっくり落ちやいね』（ワイズ出版）によると、おとよ役の佐久間良子は、沢島監督に言った。

「わたし、今度女郎をやるんだから、山田五十鈴《やまだいすず》さんのところへ行って、色気の出し方を教えてもらう」

沢島監督は止めた。

「アホなこと、言うな。そんな歳《とし》で色気が出るもんやない」

鶴田も、温かく励ましてくれた。

「格好なんか気にしちゃダメだ。演技は技じゃない。心だ。ひたむきな演技をする人には誰もかなわないんだ」

一か八か。もう体当たりで挑むしかなかった。


佐久間良子は、昭和十四年年二月二十四日、東京・練馬《ねりま》の桜台《さくらだい》で生まれた。佐久間の家は裕福だった。父親は地元でも有数の大地主の次男であり、薬科大を卒業した軍医だった。佐久間が二歳になる頃までは満州《まんしゅう》（現・中国東北部）に従軍していた。戦後は製薬会社に就職、役員にも就いた。寡黙で穏やかな人柄だった。

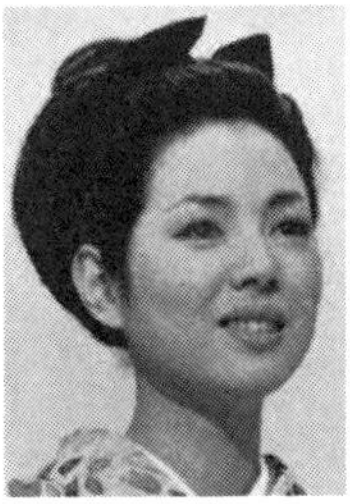
佐久間良子

母親は、理科教室などに展示する人体模型を日本で初めて開発した製作所の長女として育った。
佐久間は、いわば良家で育った両親のもとで、何不自由なく育った。文字どおりの「箱入り娘」で、子どもの頃は、ほとんど外に出たことがなかった。いつも部屋の中で人形遊びやお絵描き、読書などに興じていた。独りで静かに時間を過ごすのが好きだった。父親の性格も継いでいたのかもしれない。

それに対して、母親は行動的。陽気だった。オペラやクラシック音楽などを口ずさんでいた。料理の腕も自慢で、食卓にはいつも、縒《よ》りをかけた手料理が並んでいた。

昭和三十一年の秋のこと、佐久間が東京・目白《めじろ》にある川村学園高校三年のとき、川村学園の先輩で東映で女優をしている小宮光江《こみやみつえ》から誘われた。

「撮影所で運動会があるの。いらっしゃらない？」

佐久間は、映画界には興味がなかったが、とりあえず練馬区大泉《おおいずみ》にあった東京撮影所の運動会に出かけた。

会場に着くと、なぜか正面に張られた大きなテントの中に案内された。いかめしい顔をした東映のお歴々が並んでこちらの様子をジロジロと見ている。なんだか場違いな気がして、居心地が悪かった。

運動会が終わると、そのまま高級外車で自宅まで送られた。

〈不思議な運動会だったな〉

佐久間はそう思った。しかし、根がのんきなのでたいして気にとめることもなかった。

卒業後のことはあまり深く考えていなかった。

〈短大を出て、どこかにお嫁に行こう〉

すでに短大に進学するための学費も納め、華道や茶道などの花嫁修業に励んでいた。

ところが、運動会からしばらくしたある日、学校から帰宅すると、自宅の門の前に黒塗りのハイヤーが横付けにされているではないか。クルマには「東映」の社旗が掲げられていた。

佐久間は妙な胸騒ぎを覚えて家に入ると、応接間では東映の幹部が深々と頭を下げていた。

「娘さんを、東映のスターとして育てさせてください」

男優中心の時代劇に強かった東映は将来を見据え、新人女優の発掘にも力を入れていた。佐久間に、その白羽の矢が立ったのだ。運動会への招待はそのための布石だったらしい。

だが、佐久間の家は、堅い気風で猛反対していた。

「映画界なんて、どんな世界か見当もつかない。お断りします」

しかし、東映はあきらめなかった。黒塗りのハイヤーが毎日やって来た。

佐久間にとって、映画界はまったく未知の世界だった。ディズニー映画や宝塚歌劇を見る機会はあっても、時代劇など見たことがなかった。

だが、不思議なことに、両親や親族が東映の申し出に強硬に抵抗している姿を見ているうちに、それに反発する感情が胸の中に芽生えてきたのだ。

それは、西の空がみごとなあかね色に染まった夕暮れのことだった。佐久間は、気晴らしに、近くの龍神さまにお参りに出掛けた。暮れなずむ神社の石畳にゲタの歯がカラカラと乾いた音を響かせているのを聞きながら、佐久間は澄み切った冷気を吸い込んだ。今後の進路について自分の胸に改めて問いかけてみた。

〈どうせ一度の人生。挑戦したらいいじゃない〉

長い静寂を経て、どこからともなくこんな声が聞こえてきた。慌てて周りを見渡してみたが誰もいない。空耳だったのか。だが、それは不思議に自分でも納得がいく結論だった。

帰宅すると、両親に宣言した。

「わたし、決めました。一年限りでもいいので女優に挑戦します」

「させてください」とお願いするのではなく、「します」と言い切った。

自分の判断と責任で初めて人生の進路を決断した瞬間だった。これが「女優、佐久間良子」の出発点となった。

それからしばらくして、佐久間は、東映が募集していたニューフェイスの試験を受けた。東映から一般の受験者と一緒に試験を受けるように言われたからである。

東映は、不定期でオーディション形式の新人採用を始めていた。それがニューフェイスだった。第一回目が昭和二十八年で、中原《なかはら》ひとみ、高田敏江《たかだとしえ》ら二十一名が採用され、二期はそれから二年後の昭和三十年で十九名、そのなかには高倉健がいた。三期となるのが昭和三十一年で里見浩太朗《さとみこうたろう》、大川恵子《おおかわけいこ》、桜町弘子ら二十七名。

佐久間が受けたのは、四期の募集だった。

選考は一次、二次と進みいよいよ最終段階になった。そこで、佐久間は、水着審査があることを初めて聞かされた。

「え、水着審査？　出ないといけないの？」

佐久間は納得がいかなかった。女優になるのになぜ肌を見せる必要があるのか。ＰＲ効果を狙った水着審査など受けたくはなかった。

〈こちらから望んで入社するわけでもなし。会社が納得しないならば辞めればいい〉

腹をくくって水着審査を欠席した。

慌てたのはスカウト担当もしていた宣伝マンの吉川義一だった。佐久間の採用はほぼ決まっていたが審査を受けなくては採用のしようがない。

佐久間は、社長面接を受けた。吉川が、どこでどう話をまとめたのか知らないが、水着審査の代わりだった。

社長面接という特例措置によって、佐久間は、「補欠合格」という形をとって第四期ニューフェイスに採用された。昭和三十二年四月のことだった。

四期生の顔ぶれは山城新伍《やましろしんご》、のちに山城と結婚する花園《はなぞの》ひろみ、室田日出男《むろたひでお》、曽根晴美《そねはるみ》、のちに銀座でクラブ『姫』を開き、さらに作詞家、直木賞作家となる山口洋子《やまぐちようこ》ら多士済々《たしせいせい》。まず芝居の基礎を学ぶため、佐久間らは六本木の俳優座に半年間通った。

研修が終わると、東京練馬区・大泉にある東京撮影所に配属となった。畑の中にポツンと撮影所が立っているだけの寂しい場所だった。正面右には「ウナギの寝床」と呼ばれる横に長い平屋の建物が広がり、所長ら幹部の部屋がある。右手奥に見えるのが俳優の支度部屋《したくべや》だ。

最初、この撮影所に入るのにはかなり勇気が必要だった。「今年はどんな新人女優が来るのか」と裏方さんたちがジロジロと好奇の視線を投げつけてきたからだ。佐久間は、そのような男臭さが漂う雰囲気に尻込みした。

しかし、十分ほど門の外でためらっていたが、腹をくくった。

「もうなんとでもなれ」

やっと門をくぐった。

佐久間の『白蛇伝』から『故郷は緑なりき』への経緯

佐久間の初めての仕事は、アニメ映画『白蛇伝』だった。中国の四大民間説話の一つ「白蛇伝」を題材にした日本初のカラー長編アニメで、佐久間は、そのヒロイン役のモデルに選ばれたのだった。

この作品は役者の演技の実写をもとに一コマずつ描く「ライブアクション」方式が売り物だった。佐久間は、生まれて初めてキャメラの前で演技をした。

〈アニメのモデルになるなんて、わたしの顔って漫画みたいなのかしら〉

複雑な心境で鏡をのぞいてみたものだ。

『白蛇伝』はベニス国際児童映画祭特別賞など数々の栄誉に輝いた。その後、東映は名作を量産し、日本アニメ界を牽引《けんいん》し続ける。

佐久間が映画で本格デビューを果たしたのは昭和三十三年三月公開の『台風息子』だった。江原真二郎《えはらしんじろう》の相手役に抜擢《ばってき》された。引き続き、『おけさ姉妹』『地獄の午前二時』をはじめ年間二十本もの映画に出演した。四本、五本の掛け持ちも当たり前。東京撮影所のホープとして期待され、デビュー二年目にして雑誌『平凡』の人気投票では女優部門で十位にランクインした。

京都・太秦《うずまさ》にある京都撮影所で初めて仕事をしたのはデビュー翌年の昭和三十四年一月公開の『旗本退屈男　謎の南蛮太鼓』。市川右太衛門《いちかわうたえもん》主演の正月映画だった。

撮影所に足を踏み入れた途端、佐久間はその活気に満ちた雰囲気に目を見張った。時代劇の黄金期を支える活力とプライドがみなぎっていた。

午前九時。サイレンが響き渡ると、一斉に撮影が始まる。

「〇〇組、第一ステージ」

「〇〇組、第二ステージ」

スピーカーでアナウンスされ、監督や撮影スタッフが次々とセットに入る。照明や小道具が準備に取りかかり、助監督はセットの廊下をピカピカに磨き上げる。

とりわけロケ隊が出発する風景は壮観だった。高級車やロケバスが所狭しと列をなし、俳優や監督、スタッフを待ち構えている。「山の御大」と呼ばれた片岡千恵蔵《かたおかちえぞう》、「北の御大」と呼ばれた市川右太衛門、東千代之介、中村錦之助、大川橋蔵ら大スターが居並ぶ光景に佐久間は圧倒される思いだった。

東映で人気が高いのはやはり時代劇やギャング映画。派手なチャンバラやピストルの撃ち合いなどが売り物の男性映画である。佐久間が演じる役もこうした映画での主役の相手役、親分の娘や殺し屋の婚約者などがおもな役どころだった。

しかも、なぜかわからないが、ギャング映画では、クライマックスとなる最後の銃撃シーンには銃撃に関係のない佐久間が必ずどこかで見ているシーンを撮った。

そのようなシーンは、横浜の第三埠頭で撮ることが多かった。それも夜中十一時頃から撮り始める。撮影は朝方まで続く。その日のうちに銃撃シーンが終わって、佐久間のシーンが撮れればまだいいが、たいてい三夜にわたって銃撃シーンを撮っていた。その間、佐久間は、ただ待たされた。

ラストシーンでも、朝日を浴びて出演者たちとともに歩くシーンがある。しかし、作品ではすでに佐久間は死んでいるはずなのに、片岡千恵蔵や高倉健と肩を並べて歩いている。

〈どうしてわたしがここにいるのかしら。死んでいるのに……〉

疑問を抱くことばかりだった。

佐久間は、しだいにジレンマを感じるようになっていた。明けても暮れても男性映画の添え物的な役。おまけに、東京と京都の撮影所を夜行列車で頻繁に往復し目が回るほどの忙しさだった。相手役の名前やセリフが混乱してしまい、本番で別の作品と取り違えることも珍しくなかった。

撮影が終わっても長距離移動やグラビア撮影に追われて、息つく暇もなかった。疲労とストレスがピークに達していた。

〈このままでいいのかしら？〉

自問する日々が続いた。佐久間が本当に憧れていたのは純愛を描くメロドラマだった。洋画で言えばレット・バトラー役のクラーク・ゲーブルと、その相手役のスカーレットをヴィヴィアン・リーが演じた『風と共に去りぬ』や、ロバート・テイラーの恋人役をヴィヴィアン・リーが演じた『哀愁』のような作品だった。

しかし、男性映画主流の東映ではそんな機会など望むべくもない。

〈もうこんな苦労はたくさん。辞めたい……〉

それでも、佐久間は東映でメロドラマに出演するチャンスを待ち続けた。そして、忘れられない作品に巡り合う。富島健夫《とみしまたけお》の『雪の記憶』だった。雪国の小さな街の高校生の恋心を描いた作品で、好きな男の子に会いたいといつも同じ席に座る主人公の少女。初めて少年を自宅に招いたときの心のときめき。

「あ、わかるわ、わかる。この主人公の気持ち」

佐久間は読みながら、小さくつぶやいていた。その思いはしだいに膨らみ、思いもよらぬ衝撃が湧《わ》き上がってきた。

〈この役をどうしてもやりたい。ほかの人には渡したくない！〉

佐久間は、当時、東映の社長だった大川博《おおかわひろし》に直訴した。

「これまでは、時代劇やギャング映画で荒々しい暴力に逃げ惑う受け身の女性を演じてきました。でも、この小説で描かれているのは能動的に行動する清純な女性の姿。わたしがやりたいのはこんな映画なんです」

大川社長は腕組みをしながら何度もうなずいていた。佐久間の必死さが通じたのか。それとも多くの映画に出演してきたご褒美だったのか。ついに東映は映画化する権利を買い取ってくれた。

しかし、映画化にはすぐにはたどりつかなかった。「内容が東映調でない」というのがその理由だった。風向きが変わるまでには二年の歳月が必要だった。大川社長の肝いりで、東映が現代劇の強化を目指し「第二東映」を発足させたのがきっかけだ。それに伴い、メロドラマも含めた現代劇が急遽《きゅうきょ》、必要になったのだ。

ただ二年の空白で東映が買い上げた映画化の権利が失効しかけていた。松竹や東宝も権利を得ようと動いていたらしい。

佐久間は心配になり、原作者の富島に連絡した。

富島は言った。

「作品は佐久間さんのイメージにぴったり。最初に動いたのが佐久間さんだから、ぜひ、東映でやってほしい」

逆に激励された。努力が報われた。

『雪の記憶』を原作にした純愛映画『故郷は緑なりき』はクランクインした。ロケ地は新潟《にいがた》県長岡《ながおか》市。相手役はニューフェイス同期の水木襄《みずきじょう》だった。佐久間自ら提案した企画だ。責任は重大だった。失敗は許されない。「同世代の女性の心に響く作品にしよう」と必死で取り組んだ。

『故郷は緑なりき』は昭和三十六年九月六日に公開された。評判もよかった。のちにこの映画を観た男性が、恋の美しさに感動し結婚を決めたと佐久間は耳にした。

佐久間自身にとっても、受け身だった女優としての気構えは大きく変わった。仕事の楽しさを知り、演技への意欲も膨らんだ。

高倉と鶴田を見る佐久間良子の眼

佐久間のニューフェイスの二期上には高倉健がいた。高倉とは『空中サーカス　嵐を呼ぶ猛獣』で恋人役を演じるなど数々共演した。

高倉は、いつも撮影時間に遅れてきた。朝に弱いのかわからないが、佐久間は、三十分から一時間は待たされた。

しかし、寡黙だが情に厚い優しい先輩だった。お兄さんのような存在で、周囲への気配りを忘れない。撮影所にある自分の控室では、共演している俳優やスタッフにコーヒーを淹《い》れていた。

佐久間もときどきご馳走《ちそう》になった。コクがあってとても本格的だった。

佐久間が鶴田浩二と初めて会ったのは、東映の東京撮影所の所長室だった。

「佐久間くん、ちょっと……」

当時所長でのちに東映社長となる岡田茂に呼ばれて行くと、そこに鶴田がいた。

しかし、佐久間は思った。

〈怖い……〉

初対面の鶴田は、顔立ちは端正だが、目線に背中がゾクッとするようなすごみがあった。流し目で凝視されると、蛇ににらまれたカエルのようにおびえるしかなかった。しかも、その表情は一度も崩れることはなく、ニコリともしない。

〈気づかないうちに失礼なことをして、怒らせてしまったのかしら……〉

そう不安になったほどだ。その場では、結局、鶴田とはひと言も話さなかった。

佐久間が鶴田と初共演したのは昭和三十五年公開の『砂漠を渡る太陽』だった。翌年には『俺が地獄の手品師だ』でも共演する。

しかし、鶴田は、所長室で会ったときと同じで佐久間とは口をきいてくれなかった。会話を交わすのは、撮影中のセリフのやりとりのときだけ。一度「カット!」の声がかかると、ずっと黙ったままだった。雑談にも乗ってこなかった。

佐久間は日に日に元気を失った。ノイローゼ気味にさえなっていた。

仲良しの結髪《けっぱつ》さんらと支度部屋で、よく会話を交わしていた。

「佐久間さん、鶴田さん、今日はどうだった。話してもらえた?」

「いいえ、今日もダメだったわ。どうしてかしら……」

佐久間は、大きくため息をついた。泣きたいような気分だった。このままでは映画の役づくりにも影響しかねない。そんな心細い日々が続いた。

転機は、共演三作目となる昭和三十六年九月二十三日公開の松本清張《まつもとせいちょう》原作、石井輝男《いしいてるお》監督の『黄色い風土』の撮影がかなり進んだ頃のことだった。

佐久間は、都内のパーティーで偶然、鶴田と鉢合わせになった。そこで鶴田が「お茶でも飲まないか」

と誘ってきた。思いもよらなかった。

東京・日比谷《ひびや》の帝国ホテルの喫茶店で向き合った鶴田は、それまでのニヒルな鶴田とはまったく違った。さわやかな笑顔を佐久間に向けてきた。しかも、演技のこと、映画のこと、人生のこと、さまざまな話をした。

どうやら鶴田は役者の先輩として佐久間の仕事ぶりを観察していたらしい。佐久間は当惑しながらも、打ち解けている自分を発見した。

そして、佐久間は、ジェットコースターに振り回されているような心地よいめまいも覚えていた。間もなく、佐久間は鶴田との恋に落ちた。

忙しい日程を互いにやりくりしながら、ドライブしたり、食事をしたり。人目を忍んでは楽しい時間を共に過ごした。

いっぽう、身近に見た鶴田は、役者として、人間として、尊敬できるプロ意識や人生への美学があった。

いい映画をつくりたいという情熱も人一倍強かった。

自分に厳しく、セットに台本を持ちこむこともなかった。ひとによっては怖さを感じるかもしれないが、そのいっぽうで甘さも感じさせる。それはあえてそれを出すというよりも、撫《な》で肩の体形だったり、甘い顔立ちだったり、もって生まれたもので自然と薫ってくるものだ。哀愁漂う後ろ姿もそうだ。

佐久間は、後ろ姿で芝居ができるのが本当の役者だと思っている。その意味では、鶴田は本当の役者だった。

二人の熱愛は、やがてマスコミにも取り沙汰《ざた》されるようになる。

しかし、佐久間は結婚までは考えたことはなかった。当時、佐久間は二十二歳。鶴田は十四歳年上の三十六歳。しかも、鶴田には家庭があった。もしもそのような話になったとしても、佐久間の両親は厳しく許してくれたかどうかもわからない。

映画と実生活を行き来する恋の行方

昭和三十八年三月十六日公開の尾崎士郎原作の『人生劇場　飛車角』は、次のようなストーリーである。

大正時代、遊女のおとよ（佐久間良子）と駆け落ちしてきた飛車角（鶴田浩二）は、小金親分の配慮で東京深川に隠れ住んでいた。

小金一家は丈徳組と喧嘩《けんか》になり、一宿一飯の義理がある飛車角は、宮川（高倉健）と熊吉を連れて丈徳を刺し殺す。

逃走中に逃げ込んだ庭先で出てきた初老の博奕《ばくち》打ちの吉良常（月形龍之介）は「おめえさん、無職《ぶしょく》だね」と事情を聞かずにかくまう。

義理のためとはいえ人を殺し女房を残していく飛車角の心を慮《おもんぱか》った吉良常はしょせん「ヤクザの行く道は赤い着物（刑務所に入る）か白い着物（仏になる）か」と渡世の定めを語る。さらに、吉良常は親分の忘れ形見である青成瓢吉（梅宮辰夫）のことも語る。

飛車角は警察に自首して懲役五年を食らう。おとよは小金の弟分の奈良平が預かる。

深川不動の夏祭りへ出かけた奈良平とおとよだが、そこで小金が何者かに暗殺される。奈良平の表情で真相を察したおとよは逃げ出し、偶然宮川に匿《かくま》われる。

似通った境遇の二人は、やがて結ばれる。が、宮川はおとよが飛車角の情婦だと知り青ざめる。

そこへ飛車角が恩赦で出所する。迎えに出た吉良常は、おとよと宮川の事情を話す。

おとよを諦めた飛車角は、吉良常に誘われ、三州吉良《さんしゅうきら》（愛知《あいち》県西尾《にしお》市）へ向かう。

酒屋の女お千代（本間千代子）にも慕われてこの街で平和に暮らす飛車角だが、そこへ宮川とおとよが現れる。

飛車角は、浜辺で黙って二人を許した。

それからしばらくして、吉良の地の仁吉祭りをめぐって吉良常と浜勝が諍《いさか》いを起こす。飛車角は浜勝に祭りには指一本触れないよう念書を取り、浜勝も飛車角の男意気に感服する。

そこへ熊吉がやって来て、小金暗殺の真相を知った宮川が単身で奈良平に殴り込んで殺されたことを告げる。

飛車角は、引き止めるお千代を振り切って東京へ戻る。奈良平は飛車角を迎え撃つために総力を結集する。

おとよは泣きながら飛車角を止めるが、振り払って飛車角は言った。

「あの世で逢おうぜ」

奈良平と手下が待ち構える屋敷へ向かい、飛車角は坂道を上って行く……。


沢島忠監督は、撮影前、鶴田にけしかけたという。

「鶴ちゃんと勝負だぞ」

鶴田も、応えようと燃えていた。

出だしの丈徳一家へ斬り込む場面では、沢島監督に言った。

「こういうとこはな、忠さん、震えがくる」

沢島監督も恐くなって、けしかけた。

「いけ、いけ。震え、震え」

鶴田は人を斬ってブルブルと震える。武者震いする飛車角は、鶴田のアイデアだったという。

沢島監督によると、鶴田浩二演じる飛車角役の愛人の遊女おとよ役の佐久間良子は、毎日、鶴田に付き合ってもらって、リハーサルを積み重ねたという。

当時、私生活でも佐久間と愛し合っていた鶴田は、熱心に佐久間に付き合っていた。

スターにはさまざまな伝説がついて回る。

鶴田浩二の場合、艶聞《えんぶん》には事欠かない。「共演した女優に必ず手をつけた」といまだにまことしやかに語られている。

「鶴田組」で側《そば》に仕えた一人は、この定説にうなずくことができない。

〈鶴田のおっさんは片っ端から女優に手をつけたんじゃない。気に入った女優を相手役にしただけだ〉

鶴田と恋仲になったことで有名なのは佐久間良子だ。撮影が終わると、「鶴田組」の役者連中に鶴田が声をかける。

「おい、佐久間も呼んで飯食うぞ」

鶴田にはなんら悪びれたところがなかった。開けっぴろげである。いわゆる「鶴田組」のメンバーは、佐久間良子に粉をかけることは間違ってもなかった。

「佐久間さんには鶴田のおっさんがついてるから」

そう敬遠していたのだ。


あとに詳述するが、鶴田浩二が歌っていた銀座のクラブ『花』のオーナー庄司宗信《しょうじむねのぶ》は、鶴田からこんな撮影のこぼれ話を聞いた。

『人生劇場　飛車角』を撮っていたときのことだ。鶴田と相手役の佐久間良子が一緒に布団に入るシーンがあった。

鶴田は佐久間に一糸纏《まと》わぬ姿になるよう命じた。

「そんなものじゃ、濡れ場はできない」

そう言うと、一枚だけ身に着けていた下着も脱がせた。鶴田と佐久間はお互いに全裸で芝居をした。

「佐久間は、なかなか気の強い女だったよ」

鶴田はそう振り返ってみせた。佐久間に限らず、鶴田は共演した女優とはずいぶん深い関係になった。

庄司は思う。

〈相手が若（鶴田）なら、女優が惚れるのも無理はない。顔はもちろん、歌をうたわせてもいいんだからな〉

美空ひばりとの関係を書かれたこともあった。

『ハワイの夜』では岸恵子と共演した際、海の中で抱き合ってキスを交わすシーンがあった。ついその気になったのだろうか。火が点《つ》いてしまったのだ。

昭和はいい役者が出た時代だった。「演技のためです」「芸の肥やし」と言えば、多少のことは目をつぶってもらえた。庄司は思う。

〈若にはヤクザもんの役が本当によく似合っていた。今の役者は軽い。重みがない。あんな時代はもうこない〉

鶴田浩二は昭和四十三年公開の内田吐夢《うちだとむ》監督の『人生劇場　飛車角と吉良常』でも高倉健と共演している。この作品を撮る時点で二人の序列は完全に逆転。高倉のほうがはるかに上をいっていた。

俳優としての経歴も年齢も上に当たる鶴田を抜いたとしても、高倉は決して顔には出さない。それまでと変わらない態度で撮影に臨んでいた。鶴田や取り巻きの俳優にしてみれば、嫌味に取られかねないほどに高倉は平常心に見えた。

「カイニのチャンニー」

高倉健は鶴田浩二を陰でこう呼んでいた。逆さにするのは芸能界の符牒《ふちょう》。「カイニ」は二階、「チャンニー」は兄ちゃんを指す。

東映京都撮影所には「俳優会館」と呼ばれる建物がある。二階には主演級のスターが個室を持ち、三階には脇役専門の役者がたむろする「大部屋」が設《しつら》えてあった。

「カイニのチャンニー」は「二階の兄ちゃん」。主演スターである鶴田を揶揄《やゆ》した呼び名ということだ。

「青木、カイニのチャンニーは機嫌よかったか?」

「入って来たときは、にこにこしてましたよ」

「ああ、そうか。今日は、機嫌いいんだな」

高倉と青木卓司は日常的にそんな会話を交わしていた。

いっぽうの鶴田も負けてはいない。本人のいないところでは高倉を「サンパク」と呼び慣《な》らわしていた。サンパクとは言うまでもない。「三白眼」のことだ。高倉健のあの「目」を指している。

「おう、サンパク、また遅刻か?」

撮影所内で顔を合わせると、鶴田はときどき青木にこう尋ねてきた。青木が高倉のお付きであることは百も承知の上でだ。

確かに高倉は遅刻の常習犯だった。朝の撮影開始に間に合うことはまずない。だが、いくら本人がいないとはいえ、サンパクというあだ名をつけ、平気で呼ぶ感覚には青木は驚かされた。

〈すごいよなあ。俺なんか思っても言えないよ。でも、親父《おやじ》も鶴田さんを「カイニのチャンニー」呼ばわりしてるし。そうか、みんなお互いにそんなふうに呼んでるんだから、いいのか〉

竜巻・砂塵《さじん》……天の恵みの中での熱演

演技のヤマ場は、クランクイン早々にやってきた。東京・深川《ふかがわ》不動のわび住まい。粗末な木造二階屋の六畳間でのシーン。親分への義理から人を殺めた飛車角が自首して刑務所に入る前日、おとよに別れを告げる。親分への義理に生きようとする飛車角。それに抵抗し、女一人では生きられないと翻意を迫るおとよ。二人の心が激しくぶつかり合う。

この大きな見せ場を、沢島監督は八分ワンカットの長回しで撮ることにした。

しかも、佐久間に難題を突き付けてきた。

「飛車角にはいっさい触れずに、部屋の中を這《は》いずり回って、女の悲しみを表現してほしい」

愛しい人との別れでは泣いて、すがりたい心境になるものだ。しかし、沢島監督はそれをあえて封じたのだ。

緊張感のあるカチンコが鳴り響いたのは、朝の九時。そこから何度も何度も繰り返された。鶴田も、辛抱強く佐久間に付き合ってくれた。

鶴田は、しがみついている佐久間に打ち明ける。

「なぁ、おとよ。俺はなぁ……、自首して出るぜ」

佐久間は、鶴田から離れながら言う。

「いま、なんて言ったの。本気？　なんでなんで、自首なんかしなきゃならないの。なんで、一人で行くの。きのうの出入りで、義理はちゃんと果たせたじゃないか」

そう言って、また鶴田にしがみつく。

「わからねぇこと言うんじゃねぇ。おめぇだって、ヤクザの世界を知らねぇわけじゃねぇだろう」

「だけど、わたしは、いったい、どうなるんだい」

また鶴田から離れて、叫ぶ。

「やだ、やだ、やだ！」

「わからねえこと言うもんじゃねえ」

「おまえさんと別れるくらいなら、何も危ない思いをしてまで、横浜から逃げ出しはしない。おまえさんと幸福になるためじゃなかったのかい」

「帰ってきたら、今度こそ晴れて夫婦になれるんじゃないか」

髪や着物のすそを乱しながら、佐久間は部屋の中をグルグルと逃げ回った。それを鶴田がなだめようと追い回す。まるで運動会だ。

息づかいが荒くなり、どうしても長いセリフがうまく話せない。何度も撮り直すハメになった。

佐久間は、畳に突っ伏して泣く。

「あたし一人では、とても生きてはいけない」

鶴田を射るような眼で見ながら言う。

「おまえさん、逃げて。おまえさんと一緒だったら、海の向こうへでも行く」

「待っておくれ。おとよ……」

二人、ようやく狂おしく抱き合う。

沢島監督から「オッケー」が出たのは、なんと午後三時過ぎのことだった。

気がつくと、顔は涙と汗でビショビショに濡れ、ほつれた髪が首筋に絡み付いていた。佐久間は放心状態で畳の上にへたり込み、しばらく動くことができなかった。

そのとき、スタッフから拍手が起きたのだ。

当時、私生活でも佐久間と愛し合っていた鶴田が、感極まった様子で佐久間に手を差し伸べてきた。言葉はなかったが、「とても良かった」と褒めてもらったように感じ、佐久間は涙が出るほど嬉《うれ》しかったという。

佐久間の手をしっかりと握った鶴田の手は、とても熱かったという。

飛車角が出獄するシーンがある。飛車角が出てきてパッと見ると、おとよがいなくて月形龍之介が演じる吉良常だけが立っている。

吉良常役の月形はあえて最も似合わない背広を選んでいる。格好良いわけではなく、あえて似合わないのを着たいという。

衣装調べのとき、月形は頼んでいた。

「最も似合わんやつ出してくれ。大正期の、老残のヤクザなんだから、似合わん背広を出してくれ」

吉良常は、おとよのいないことに不審を抱く飛車角に打ち明ける。

「角さんよ、実はね……」

高倉健演じる宮川とおとよができてる話をするシーンが延々とある。

ところが、撮っているときに、ものすごい竜巻がおそってきたではないか。

「よし、引け！」

沢島監督はバンとロングに引いて、月形に言った。

「オヤジサン、飛車角の前を行ったり来たりしながら、宮川とおとよの件を話してください」

いっぽうで鶴田にも、指示した。

「鶴ちゃんは、黙って聞いていて」

キャメラが回る。

月形が行ったり来たりして話しているロング。その間、竜巻が砂塵を上げて、二度三度と巻き上がった。

飛車角のすべてをわかったアップになる。

「カット！」

月形龍之介

それも竜巻のおかげでワンカットで表現できた。これはもう非常に幸運だった。沢島監督は、まさに天の恵みだと思ったという。

次のロケ地は、吉良常のふるさとの三州吉良へと移る。ただし、三州吉良では撮れないから千葉《ちば》の房総《ぼうそう》で撮った。

鶴田浩二演じる飛車角のところに、高倉健演じる宮川と、佐久間良子演じるおとよが詫びに来るシーンだった。

いつもは割合波が静かなのに、その日は朝から、盛り上がるようなすさまじい波であった。沢島監督は嬉しかった。

〈これは助かった。宮川に裏切られた飛車角の怒りの心情の高波、天が助けてくださった〉

みんないっそう乗ったという。

いよいよラストシーンでおとよが待っている。そこに奈良平一家に殴り込みに行く飛車角が来る。

おとよは、飛車角に飛びつき、止める。

「行かないで。男を立てるなんて、やめて……」

「宮川も、男になったんだ」

高倉演じる宮川は、すでに奈良平一家に殴り込み、刺し殺されていた。

ラストシーンの撮影に半日かかったという。

雪駄《せった》の鶴田の足を、追いすがるおとよの下駄がテストのたびに踏みつける。鶴田の足の甲が青く腫《は》れ上がってくる。

鶴田はうるさい役者だから、普通なら「こんなんだったら、俺はできねえよ」というタイプだが、佐久間とできていたときだったから、青く腫れ上がって内出血していても、一言も文句を言わずに半日に及ぶテストも付き合っていたという。

時代劇主体から任侠路線へのみごとな転換の舞台裏

映画の完成祝いで鶴田は、喜んで歌った。

「吉良の仁吉は、男じゃないか」というところを「沢島の忠さん、男じゃないか。俺も生きたや忠さんのように」と歌うほど上機嫌だった。

原作者の尾崎士郎の要望どおり、尾崎の若い頃の姿である青成瓢吉を梅宮辰夫に演じさせた。

撮影が終わると、原作者の尾崎も、東京撮影所に試写を観に来て、当時の東映東京撮影所長であった岡田茂にうれしそうに言った。

「俺の描いた飛車角とはまた違う飛車角をこさえてくれた」

『飛車角』の惹句《じゃっく》も、ピタリと決まった。

《義理と人情に男の意地を貫く好漢飛車角を主人公に、任侠に生きるやくざの宿命を人生の劇場に描きつくす男性巨篇!!》

昭和三十八年三月十六日の『人生劇場　飛車角』の封切日、大川博社長から沢島監督に「すぐ来い」という電話が入った。

沢島監督が東映本社の社長室に入るや、大川社長は独特の言い方で「ちみー」と大喜びであったという。

いっぽう鶴田はボーナスをもらい、それまでの借金を返したという。

「忠さん、おれ、サインで飲めるようになった」

沢島監督は、銀座で勘定のたびに嬉しそうにサインをする鶴田の姿が、印象に残っているという。

『人生劇場　飛車角』は、爆発的ヒットとなった。時代劇全盛期が終わり、お先真っ暗であった東映を一挙に蘇《よみがえ》らせることになる「東映任侠映画」の始まりであった。

岡田茂は、胸をはずませた。

〈この路線は、いけるぞ……〉

東映は時代劇主体から任侠路線へとみごとに転換を図ることに成功する。東映にとって鶴田と高倉は、まさに救世主となった。

鶴田自身も花開いた。

飛車角が自首したあとにおとよと結ばれる宮川を演じた高倉もよかった。

佐久間自身も、岡田の言葉どおり、この作品で一皮剝けたことを実感した。

それは、さらに大きなチャンスにつながる。

『人生劇場』は関わった人たちにとって大きな意味を持つだけでなく、「美しい日本」を撮った作品だという人もいる。おとよもそれを体現する一人であり、佐久間もおとよが好きで、そのような作品を撮れたことは自分の女優人生にとって素晴らしいことだと思う。

もしも今、あの作品を撮ることになっても、あそこまで素晴らしい作品に仕上げることはできない。佐久間は『人生劇場』にはそれだけの自負がある。


『人生劇場　飛車角』で売り出す前の高倉健と鶴田浩二について触れておこう。

『ネオンくらげ』『俗物図鑑』『明日泣く』などの作品を監督するだけでなく、脚本家、著述家でもある内《ない》藤誠《とうまこと》が初めて高倉健出演作品に関わったのは、昭和三十四年九月に公開された『高度７０００米　恐怖の四時間』だった。監督は小林恒夫《こばやしつねお》。羽田《はねだ》発仙台《せんだい》経由北海道《ほっかいどう》行きの「ダグラスＤＣ－３」旅客機に殺人犯がまぎれこんでいたことが発覚したことから起こるサスペンス・ドラマである。

高倉健は、冷静な判断を下す機長・山本桂三を演じていた。三白眼だが、スタイルもいい。落ち着き払った機長役にふさわしい雰囲気を持っていて、キャビンアテンダント役の久保菜穂子《くぼなおこ》や小宮光江には一つひとつ指導しなくてはならなかった英語もお手のものだった。貿易会社に入りたくて英語の勉強をしたというだけのことはあった。

礼儀も正しかった。

〈なかなかの人が、東映にはいるなぁ〉

内藤は感心した。

「特攻崩れ」を語る鶴田浩二の根

いっぽう鶴田浩二と内藤誠が初めて仕事をしたのは、昭和三十六年八月に公開された関川秀雄《せきがわひでお》監督作品映画『モーガン警部と謎の男』だった。

高倉健と出会ってからほぼ二年後のことで、鶴田が、東映東京撮影所の救世主として新東宝から移籍してきた翌年のことだった。

『モーガン警部と謎の男』は、モーガン警部がアリゾナ州の小さな町ツーソンで起きた殺人事件の謎を追い、東京、香港《ほんこん》で捜査を進める作品である。そもそもテレビシリーズとしてアメリカで好評を博したものを、東映が日米合作映画として企画した。主人公のモーガン警部を演じるのはジョン・ブロンフィルド。鶴田は、東京に向かう船でモーガン警部と出会う風早という国際ゴロを演じていた。

撮影は、総監督の関川秀雄が演出するA班、鷹森立一《たかもりりゅういち》が率いるB班の二つに分けておこなわれた。内藤は、B班の助監督となり、B班の中心は、風早を演じる鶴田浩二だった。

撮影は、日程が詰まっていて慌ただしい中でおこなわれた。とにかく、暑い現場だった。モーガン警部演じるジョン・ブロンフィルドらのA班が冷房が効いたスタジオで快適に撮影を進めるのに対し、B班といえば冷房がないスタジオ。汗をしたたらせながらの撮影だった。

内藤誠

鶴田は、初めのうちは、何も言わず、黙々と撮影をこなしていた。内藤は、さすがだと思って見ていたが、いくら相手がアメリカの名優とはいえ、鶴田にも日本を背負って立つ俳優としてのプライドがあったのだろう。汗みどろで、次から次へと駆け足のように慌ただしく撮り続ける合間に、汗を拭きながらふつふつとした苛立ちをあらわにするようになっていた。

「なんなんだ、この違いは。なあ、内藤」

ときには、「モーガンの馬鹿野郎」とあからさまに口にするようにもなった。

それはだんだんヒートアップしていき、いつの間にか、モーガンのことだけでなく、モーガンの母国アメリカにも向けられた。まるで、戦争中海軍航空隊に所属していた時代からの積年の思いを吐き出しているかのようだった。


内藤が鶴田をより身近に感じるようになったのは、『モーガン警部と謎の男』から七カ月後の昭和三十七年三月に公開された『誇り高き挑戦』だった。深作欣二《ふかさくきんじ》が監督したサスペンス・ドラマで、特需景気が去ったあとも景気のいい軍需工場の背景にある国際的な黒い組織に挑む新聞記者の物語である。その新聞記者の黒木を演じたのが、鶴田浩二であった。

内藤は、セカンドの助監督として参加していた。海外を舞台にした映画なので、出演者も英語をしゃべらなければならない。元の脚本を英訳するのは、内藤の役割だった。主題歌の『傷痕ロック』も内藤がつくったものだった。

鶴田は、英訳した脚本でもすぐに記憶してきた。覚えこむのにいったいどんなコツがあるのかを鶴田に訊いたことはなかったが、撮影現場で台本を持っている姿を、内藤は見た覚えがない。

しかも、台本に手を加え続けても即座に対応できた。台本を持たずに芝居ができることこそ、鶴田流のダンディズムだったのかもしれない。驚くべき記憶力だった。

それに対して、セリフ覚えが悪いので有名だったのが丹波哲郎《たんばてつろう》だった。

鶴田は、撮影の合間に、よく丹波をからかった。

「セリフくらい、ちゃんと覚えろよ」

丹波は、豪快に笑い飛ばした。

「何言ってんだ、そんなに頭に入らないよ」

まさにその言葉どおり、自分のほかのセリフにはまったく目を通してないのでは？　と疑いたくなるほどだった。

脚本を書くときでも、内藤は、丹波のセリフには憶《おぼ》えやすいように気を遣ったものだった。

鶴田は、東京撮影所での撮影を終えて食事をすませると、その足で京都撮影所に出向かなければならないこともあった。

そのとき、一緒にいた内藤はじめ、深作、丹波、梅宮と誰もが鶴田を見送りに出た。

「万歳！」

「万歳！」

酔った勢いも手伝って、派手に見送った。

鶴田は、苦笑いした。

「よせよ、そんなことは」

のちに巨匠となる深作欣二も、鶴田と共演している丹波哲郎、梅宮辰夫もまだ若かった。毎晩毎晩、みなで騒ぎながら台本の手直しをした。まるで学生気分そのままの映画づくりをしているようで楽しかった。

内藤は、いつの頃からか、鶴田のことを「ツルさん」と呼ぶようになっていた。

あるとき、内藤は、鶴田に誘われて中央区銀座にある料亭に連れていかれたことがあった。

そこで、鶴田は、日本酒を傾けながら内藤に言った。

「なかなか勉強しているじゃないか」

そう言って、自分が若い頃、家城《いえき》巳代治《みよじ》が監督して若い特攻隊員の苦悩を描いた『雲ながるる果てに』などの独立プロ系作品に出演したことなどを話してくれた。

「俺も、そんなふうに頑張った時代もあるんだよ」

しみじみと語った。

鶴田は、実は特攻隊として飛び立つ立場でなく、特攻隊を見送る立場だったが、祖国のために命を捧げる気持ちは強かった。だから、家城巳代治監督の『雲ながるる果てに』に寄せる思いは強く、出演できたことにもいつまでもプライドを持ち続けた。

内藤が、家城監督のもとで撮影に関わった話をすると、嬉しそうだった。

ちなみに、『雲ながるる果てに』以来、特攻隊員の出身、いわゆる、特攻崩れだと鶴田は自分のことを語るようになっていた。

実のところ、鶴田は整備科の予備士官であった。そのことが戦友会にもわかって非難を浴びることもあったが、鶴田は、いっさい弁明はしなかった。

自分のできる限り、戦没者の遺骨収集にも尽力した。もちろん、それに必要な資金は自分が負担していた。のちに戦没者たちへの思いと努力は認められ、鶴田は、戦友会に特別会員として名を連ねることになる。

鶴田と高倉で相反する石井輝男監督の演技づけ

鶴田浩二は、昭和三十七年七月十三日に公開された『ギャング対ギャング』に出演した。メガホンをとったのは石井輝男。のちに『網走番外地』を高倉健の主演で撮ることになるが、その石井は、鶴田のことを「鶴田さん」とは呼ばず「分隊士」と呼んだ。石井も軍隊に召集され、斥候部隊にいたことがあるので軍隊的なノリで鶴田に接していたのかもしれない。

どうやら、海軍では、分隊長は大尉クラスが務め、分隊士は、中尉、少尉、兵曹長が務めるという。

さらに、内藤がいつも気になっていたのは、石井が、鶴田には演技の注文をつけないということだった。

一つのシーン一つのシーンごとにキャメラを回すだけで、あとは鶴田のやるように任せきり。

「はい、次行こう」

「はい、次」

「はい、カット！」

アップを撮って一発でオーケーという感じで、極端に言えば、石井はキャメラも覗《のぞ》き込まず下を向いて声を出しているようにも見えた。

いっぽう、のちに鶴田と高倉健が共演する『東京ギャング対香港ギャング』では、石井は、高倉健の演技に対しては細かいところまで見ていた。

「健ちゃん、ここは、こうして」

「今度は、こっちから、こっちに行ってみて」

監督としての注文を細かく出していた。高倉も石井の要求に応えて演技を変えていた。

そんな石井に、内藤は率直に訊いたことがあった。

「石井さん、なんでツルさんの芝居をあまり見ないで、いきなりＯＫを出すんですか」

石井は、当然といった表情で言った。

「ツルさんは、変わらないからね」

言ってもムダだよ。内藤は、それくらいの気持ちを石井の口ぶりから感じた。

石井輝男

鶴田はいつも完璧に台本を憶えてきて自分で解釈したとおりの演技をしっかりとする。それはそれでたいしたものだ。
しかし、鶴田のその完璧さは、そのいっぽうで完璧すぎて演技の幅がそれ以上に広がることはなかった。鶴田浩二は鶴田浩二演じる役をいつも淡々と演じ続けていた。ほかの人がどのように指摘しても直ることもないし、鶴田自身、変えることもしない。だから、石井も、淡々とキャメラを回し続けていたのだった。

相反するということでは、鶴田浩二には役者として張り合う相手がいた。

鶴田浩二は、昭和三十七年十月十二日公開の井上梅次《いのうえうめつぐ》監督の『暗黒街最後の日』の撮影に入った。

三國連太郎

関東の盛り場の縄張りを握るボスを株主にしたマル和産業をめぐる暗闘と、その悪を暴こうとする検事、警部たちの活躍を描いたギャング映画である。

東映東京撮影所がオールスターキャストで臨み、主演の鶴田は、マル和産業前社長の中部恭介を演じた。

そのほかには、高倉健、丹波哲郎、梅宮辰夫、佐久間良子、久保菜穂子らが出演していた。

内藤は、助監督として監督の井上梅次についていたが、最も疲れたのが鶴田と三國連太郎《みくにれんたろう》との絡みだった。

三國はマル和産業の悪を暴こうとする芥川太郎検事を演じていた。映画の中でも絡むことが多かった。

そのとき、二人が張り合っているのは見え見えだった。

たとえば、二人の回想シーンがある。大学時代を回想するシーンだ。当時、三十八歳だった鶴田と、三十九歳だった三國連太郎が、大学生を演じる。

鶴田は関西大学に通っていたので、自前のテラテラの角帽をかぶってきた。

「おれの角帽なんだ」

嬉しそうにしていた。

三國は、国立大学生のような角帽をかぶっていた。

二人は、二十歳近く若く見せるためにメイクを施してはみたものの、さすがに大学生というにはあまりに無理があった。滑稽《こっけい》にさえ見えた。内藤は、井上監督の横で笑いを堪《こら》えるのに必死だった。

そのような、かつては仲がよかったことを表現するシーンであっても、二人は張り合っていた。撮影前はもちろんのこと、二人の珍妙ともいえる姿を見て冗談を交えるといったことがないどころか、まったく話そうともしない。監督の「カット！　ＯＫ！」の声がかかると、言葉を交わすことなく、互いにさっさとその場から離れてしまう。

監督の井上も、何も言わない。

〈わざと張り合うように仕向けているんじゃないか〉

『人生劇場　続飛車角』では二役を佐久間がみごとに演じきった

『人生劇場　続飛車角』は、さっそく前作から一年後の昭和三十九年三月一日公開でつくられた。

奈良平を斬って四年、再び出獄した鶴田浩二演じる飛車角は、縁あって新宿の桔梗組に迎えられた。桔梗組の娘であるお澄は飛車角に惹かれていく。

沢島忠監督は、佐久間良子は前作と同じおとよ役なので、桔梗組の娘お澄は、当然のごとく別の女優を選んだ。

ところが、鶴田がどうしてもその女優にすることを承知しなかった。

お澄のほうがおとよよりはるかに出番が多い。佐久間にぞっこんだった鶴田と沢島監督は揉め、大変だった。

沢島監督はしびれを切らして、言った。

「もう、俺にまかせろ」

結局、なんと、佐久間にお澄とおとよの二役をやらせることにしたのである。

いっぽう飛車角が、おとよが満州で馬賊相手の売春婦をやっていると知るや、お澄は、飛車角に言う。

「おとよが不幸だと思ったら、一緒になってやっておくれ。そうでなかったら、帰ってきて」

お澄の言葉を背に飛車角は満州に渡る。

鶴田はこの作品に入るとき、衣装調べで言った。

「何を着て行っていいか、わからん」

沢島監督が、鶴田に言った。

「着流しに雪駄」

「そんなの、この時代にそないして満州行けるかいな。軍服か何か」

「なにを言うてん。うちのおじいさん、それで行ったんやがな」

昭和十年頃の沢島が子どものとき、沢島の祖父が中国の大連へ行った。そのとき、着流しに雪駄だった。

沢島は神戸の港へ送って行った。壮士みたいな祖父が手を振ってくれた。

沢島の話に、鶴田は乗った。

「ようし、決まった」

鶴田は満州のシーンを全部着流しで押し通した。

鶴田は「着流しヤクザ」という生涯のハマり役についにめぐりあったといえる。

沢島忠監督の『人生劇場　新飛車角』では、内藤誠はセカンドの助監督となった。内藤は、チーフ助監督に言われて予告編を撮ることになった。

実際に波打ち際の岩の上に立つ男の背中を撮り、「あの男が帰ってきた」というスーパーを入れる。

背中を向けた男がこちらを向いて涙を流す。そのような予告編を考えた。

だが、このワンシーンのためにわざわざ鶴田を呼ぶわけにはいかない。そこで、後ろ姿のそっくりな男を呼んできて撮ったのだった。

予告編を見た鶴田は驚いた。

「おい、俺は、こんなシーンを撮った覚えはないぞ」

「ツルさんを、あんな波の強いところに連れていけませんよ」

「そうか、わかった。スーパーでかぶっているからわからないし、ちょっとのことだからな。おまえも、おかしなことをするよな」

鶴田は、苦笑していた。

「なんなら、後ろ姿じゃなく、表から撮ればよかったですかね」

内藤は重ねて冗談を言ってみた。

それでも、鶴田は怒らなかった。

「馬鹿野郎！」

笑って答えた。

その頃から、内藤は、鶴田とは冗談を交えて話せるようになっていた。

佐久間演じるおとよは、満州人や馬賊相手の女郎に身を落としていて、ついに死ぬシーンを撮ることになった。

鶴田は、病の床のおとよのそばにポツンと一人いる。

佐久間は、延々と夢うつつのなかで、愛を語りながら死ぬ。

「わたし、待てなかった……ごめんね、おまえさん……」

鶴田は男泣きに泣く。

佐久間は、気っ風のいいお澄と、はかないおとよの二役を、みごとに演じきった。

『人生劇場　続飛車角』に出演したときの鶴田の演技もすさまじかった。

この映画では佐久間良子演じるおとよは、満州で命を落とす。そのとき、鶴田演じる飛車角は、長い一カットのなかで、じょじょに涙を流し、最後には滂沱《ぼうだ》の涙を流した。

この場面での鶴田の演技が弟子の細川純一《ほそかわじゅんいち》の心に強く残っている。
〈鶴田先生の出た映画を多くの人たちに見直してもらい、あの演技を心に残してほしい〉

細川は強く願っている。

鶴田の長女のカーロン愛弓《あゆみ》が、『父・鶴田浩二』(新潮社)で、佐久間良子について興味深いことを書いている。

《佐久間良子さんを初めて見たのは、撮影所の俳優会館だった。昭和三十八年の『人生劇場　飛車角』で父と共演して以来、息の合った夫婦役や恋人役を演じていた佐久間さんは、当時、父の恋人だと言われていた。俳優会館の控え室にはトイレも付いていたが、父の控え室には常に関係者が出入りしていたので、人に気を遣う父は、廊下の一角にある共同トイレを使っていた。父がトイレに立つたびに、小学生の私は短い脚を忙しく動かして父の後を追った。佐久間さんと出会ったのもトイレに行く父と一緒に廊下を歩いている時だった。

噂は随分聞いていたし、母が佐久間さんのことを悪し様に言う言葉も何度か耳にしていた。当然、小さな私の胸の中では佐久間さんに対するライバル意識と、父への憤懣《ふんまん》が渦巻いていたが、佐久間さんを自分の目がとらえた瞬間から、私の中で何かが変化した。

廊下ですれ違った佐久間さんは、父と私の顔を見てから、ちょっと背をかがめて会釈して、何も言わずにそのまま通り過ぎた。

大女優には幾人も会ったことがあるが、あの時の佐久間さんは本当に美しかった。本物の色気というのは、こういうものなんだ、と子供心に思ったことがはっきりと頭に残っている。下卑た空気のかけらもない、豊かで潤いのある色気だった。あんな空気を私も持ちたいと憧れる気持ちが、嫉妬する心を遥かに上回っていた。同時に、父はこんな女の人にも愛されていると思うと、私の中で、父の像がまた一回り大きくなったような気がした》

第2章　女優二人の彩り

佐久間《さくま》良子《よしこ》を実力派にした『五番町夕霧楼』

岡田茂《おかだしげる》は『人生劇場　飛車角』に佐久間を起用するときに約束していた。

「今回みごとにやれるようだったら、きみを主役にした映画も考える」

岡田が次に取り組んだのが『五番町夕霧楼』である。水上勉《みずかみつとむ》の原作で、戦後間もない昭和二十五年（一九五〇）頃、京都《きょうと》の丹後《たんご》半島の漁村から貧しいゆえに遊郭に売られた夕子と、幼なじみの鳳閣寺の若い僧侶の櫟田正順のはかない恋と肉体の魔性を描いた。

二人はやがて結ばれるが、夕子は労咳《ろうがい》を患って入院。

夕子に会えなくなった正順は、鳳閣寺に火を放ち、自らも命を絶つ。

正順の死を知った夕子も病院から姿を消し、正順のあとを追うように自らの一命を絶つ。

この文芸大作は、社内で反対が起こった。

東映のつくる文芸作品は、高い評価を得ても興行的にはふるわない、と相場が決まっていたからだ。

しかし、岡田には自信があった。ニューフェイスの水着審査を拒否したという伝説の清純派佐久間に濡れ場を演じさせるだけでも魅力はある。

岡田は映画は元来、不良青年がつくるものだと思っていた。岡田が言い出した言葉に「不良性感度」というのがあるが、これが鈍いと面白い映画はできない。岡田は、決して不真面目ではなく、真剣に人間の実相を見つめる視点が必要だと考えていた。

東映もこの作品に期待をかけていた。五番町の花街を再現するため、東京撮影所に大がかりなオープンセットがつくられた。

「娯楽映画が多い東映では文芸作品は当たらないと言われているが、今回は絶対に当ててみせるぞ」

岡田茂所長の意気込みもすごかった。

岡田は、監督は女優を撮るのがうまい田坂具隆《たさかともたか》にお願いした。ところが、「裸はやらない」とそっぽを向かれた。

田坂監督は『真実一路』『路傍の石』『土と兵隊』『陽のあたる坂道』などの名作で知られる巨匠である。

岡田は、根比べになった末に、ついに説得しきった。

夕子の肉体の奥底に潜む魔性が激しく目覚める場面も一つの見どころだった。

貧しさから遊郭に売られてきた少女。しかも千秋実演じる帯問屋の西陣《にしじん》の大旦那・竹木甚造に水揚げされるシーンもあるという。

だが佐久間にまったく抵抗感はなかった。むしろ大作の主役に抜擢《ばってき》されたことへの気持ちの高ぶりと、その責任の重さに身が引き締まる思いだったという。女優としての自覚が芽生えていたのだ。

田坂監督は、好々爺《こうこうや》のような表情で相手の気持ちをくみ取りながら穏やかに話す。常に周囲への気配りを忘れず、現場の誰からも尊敬されていた。

田坂具隆

問題の濡れ場も、どう演じたらよいのか想像もつかない佐久間に、田坂監督はこう助言した。

「雑念を捨て、チョウを追い掛ける情景を思い浮かべながらやってごらん」

相手を意識すると、演技に硬さが出る。それを取り去る温かい指導だった。

佐久間の心にしみた。

西陣の旦那に水揚げされる場面では、赤い襦袢《じゅばん》姿で目をつむり、息も絶え絶えに身をよじらせる演技が長々と続く。

これに映倫から、クレームがついた。

「みだらな連想を呼ぶ」

それだけリアリティに富んだ仕上がりになったということだったが、岡田らが折衝し、この場面を一部短縮することで折り合った。

不思議なことに、田坂監督は、佐久間の心や呼吸まで手に取るようにわかってしまっていた。

佐久間には、特に印象的だったシーンがある。

丹後半島でのロケのときだった。船着き場で親子が別れる場面。夕子が父の腕にそっと手を添え、未練を断ち切ろうとする。

だが、佐久間は気持ちが乗らず、なかなか涙が出ない。そのようなとき、田坂が「よっちゃん、こうするんだよ」と指導してくれた。

するとどうだろう。遊郭に売られる運命を受け入れた夕子の気持ちが痛いほど伝わってきた。気がつくと、佐久間の頬《ほお》に自然に涙が流れていた。

撮影は三カ月続いた。佐久間にとっては、撮影が進行するのが名残《なごり》惜しいような素晴らしい現場だった。ずっと皆で仕事を続けたいと願っていた。クランクアップの際、「良い仕事ができた。もうギャラなんていらない」と思ったほどだ。

「有志在形」――。田坂監督の揮毫《きごう》が入った色紙は宝物として大切にしまってある。

『五番町夕霧楼』は、昭和三十八年十一月一日に公開された。

京都の廓《くるわ》の内情を初めて公にした作品として話題を呼んだ。佐久間も実力派女優として評価された。ある評論家は評した。

「佐久間良子は、女優として一番成長した。左幸子《ひだりさちこ》とか若尾文子《わかおあやこ》とかみんな結婚して、独身でこれから大女優になれるという素質に一番近いところに佐久間が来た。東映でも全然純な女優だったそうだが、『人生劇場　飛車角』で急に上手くなって『五番町夕霧街』で女優開眼した。三田佳子《みたよしこ》なんか抜いちゃった」

佐久間は、なぜか三田佳子とライバル関係にあるような見方をされていた。しかし、佐久間としてはそれほどライバル視したことはなかった。

この作品を機に田坂監督は佐久間の「人生の師」になる。

佐久間は、「田坂監督の『五番町夕霧楼』で演技開眼をした」とマスコミに語った。

『人生劇場　飛車角』の沢島忠監督はそれを読み、「違う！」とつい口にした。

「演技開眼したのは『人生劇場　飛車角』だ。あの毎日のリハーサル、最後まで付き合ってくれた鶴ちゃんのおかげあってのことだ」


佐久間にとって過酷を極めた作品は、昭和三十九年五月九日公開の『越後つついし親不知』だった。やはり、水上勉原作で、雪深い越後《えちご》の寒村で、京都伏見《ふしみ》の出稼ぎに出た夫を待つ若妻に起さた悲劇を描いた作品だった。

監督は今井正《いまいただし》。妥協をいっさい許さないことで知られていた。

「都会育ちの佐久間君が、百姓女になり切れるかどうかが課題だな」

今井監督からはこう言われていた。

佐久間は、今井のその姿勢のおかげで、大げさに言えば、この撮影で二度殺されかけた。

一度目は、三《み》國《くに》連《れん》太《た》郎《ろう》が扮する農家の次男坊、権助に犯される場面。

今井正

三國演じる権助は、佐久間演じるおしんの夫・留吉と、農閑期に京都の酒蔵に出稼ぎに行っていた。しかし、働き者の留吉が「船頭」に昇進することになり、権助は面白くない。そんな気持ちで帰郷したとき、留吉の妻で佐久間が演じるおしんに山道で出くわす。

一面に雪が降り積もった山道で、権助役の三國は佐久間を雪の中に押し倒した。

「おしんさ。いっぺんでいいですけ。誰も見ちゃおらんけ……」

おしんの着物を脱がしながら、夢中で首を絞めてくる。

〈本当に乱暴されているのか……〉

佐久間は、さすがに身がすくんだ。

ところが、今井監督の「カット！」の声が響いた。

「あのさ、連ちゃん。もっと激しく頼むよ。ウサギを追い掛けるオオカミみたいにさ」

役者根性の塊のような三國と、リアルさを粘りで追求する今井——。二人の仕事への情熱に圧倒された。

佐久間も負けじと歯を食いしばった。二十回近く繰り返しただろうか。それでもオッケーは出なかった。

雪は氷のように固まり、佐久間の肌は赤く腫《は》れ上がった。

撮影はリハーサルも含めて三日も続いた。

ようやく監督からオッケーが出たときには、佐久間も三國もグッタリと倒れ込だ。

さらに、佐久間が死んでしまうと思った二度目は、小沢昭一《おざわしょういち》演じる夫の留吉から責められるシーンだ。

佐久間の演じるおしんは、権助に手込めにされて子供を身ごもってしまう。ほかの男の子を宿したおしんを、留吉が責めに責める。

「おしん。本当のことを言え。くっそぉ！」

佐久間は、田んぼに力づくで顔を沈められる。春先とはいえ、雪解け水は身を切るように冷たかった。

佐久間はあらかじめ医師に健康状態を検査してもらい、撮影に臨んでいた。

筋書では、留吉に責められておしんは死んでしまうのだが、佐久間は泥水に顔を沈められて耐えに耐えた。だが、今井監督からはなかなかカットがかからなかった。

〈窒息する。もうダメ……〉

演技を忘れていた。

「これは五番町じゃないよ」

口には出さないが、今井監督にはこんな思いがあったかもしれない。

前年に田坂具隆監督が撮った『五番町夕霧楼』で遊女役を演じていた。ただ細やかな指導の田坂監督とは対照的に、今井監督はダメ出しするだけで具体的な助言はなかった。だから、佐久間は何かと戸惑うことが多かった。

雲の形にまでこだわる今井監督の撮影は大幅に遅れた。公開予定日は昭和三十九年五月三日だったが、雪を求めてロケ地を変更したことなどが響き五月九日にまでずれ込んだ。連休を逃すという興行的には最悪のタイミングだった。

子ども劇団に始まる三田佳子の登場

佐久間良子とライバル視された三田佳子は、昭和十六年十月八日、大阪《おおさか》府大阪市に生まれた。生後半年で東京に移る。

三田の父親は名古屋《なごや》生まれ、母親は江戸っ子だった。

戦時中、三田は母親と生まれたばかりの弟と三人で、山梨《やまなし》の石和《いさわ》に疎開していた。空襲で逃げ遅れた祖母が上野《うえの》の山で亡くなったという話を聞いており、そのため知らない人の家に疎開するしかなかったという。

いっぽう、詳しいことはわからないが、父親は戦争に関する任務にあたっていた。日本なのか、それとも外地なのか、場所は聞いたことがない。ただ、食糧に困ることはなかったため、食糧に関する任務だったのではないかと想像している。

この疎開先で、一歳になろうか、なるまいかの弟を亡くした。三田が三歳のときである。

終戦後、疎開先から東京へ戻った三田は、家族で下北沢《しもきたざわ》に居を構えた。

昭和二十三年、新たな家族が増えた。次の弟が生まれたのである。

三田が小学校へ通いだした頃、両親が離婚した。

三田は母親が、弟は父親が引き取ることになり、弟とは別れ別れになってしまった。

父親の記憶ははっきりと残されている。父親の膝の上に乗っかって箸の持ち方を教わったりしたことなど、いろんな出来事が心に刻まれているのだが、母親が拒んだため、離婚したあと、父親と会うことはできなかった。

その父親は、戦後、物書きをしていたが、胃癌《いがん》のため四十代で亡くなった。

両親が離婚したことで、中野区《なかの》に引っ越し、母と子、二人の生活が始まった。小学校も、雪谷《ゆきがや》小学校から中野区立桃園《ももぞの》第三小学校へ転校した。小学四年生だった。

転校したばかりの頃、小学校で学芸会が開かれた。新しい学校で仲良しになった女の子が、ウサギのダンスを踊った。三田は、転校してきたばかりで、舞台に上がることができず、遠くからその姿を見つめていた。

三田は感心した。

〈ウサギさん、とてもかわいくていいな。あれ、わたしもやりたいな〉

中学に入学した三田は、部活動に演劇部を選んだ。小学四年生のときにウサギのダンスを演じたいという感覚がそのまま残っていたからだ。

中学三年生になり、三田は演劇部の部長を任されるようになっていた。部の中心として、練習を先頭に立って引っ張った。

「今日は、この詩を読みましょう」

そういって、部員たちの前で、選んだ詩を読んでみせた。

その朗読を聞いた下級生が、三田の前に飛んできた。

「劇団に入りませんか？」

その下級生は、劇団ちどりの劇団員だった。

下級生の誘いの言葉に、三田の好奇心はくすぐられた。同時に、下級生のお願いを無下《むげ》にできないと勝手に思いこんだ。三田は、夏休み中、下級生に連れられ劇団ちどりの稽古場へ行ってみた。

三田の姿を見た瞬間、講師が言った。

「いますぐ、劇団に入りませんか？」

三田にとっての劇団は、民藝や文学座だ。大人の世界である。

「そんなところ、わたしは入れません」

そういって断った。が、話を聞いてみると、子どもの劇団だという。講師の熱心な言葉と、誘ってくれた下級生が積極的でしっかりした子だったことで、劇団員の一員になることを受け入れてしまった。

あくる日、三田は、当時、内幸町《うちさいわいちょう》にあったＮＨＫラジオの現場に連れて行かれた。

三田佳子

分厚いガリ版刷りの台本のようなものが手渡された。

「それ、ちょっと読んで」

瞬間思った。

〈こんなこと嫌だ〉

生理的にそう感じた三田は、思案した。

〈よし、下手くそに読もう〉

いつも演劇部で練習しているときのような読み方とは正反対に、感情を入れず、棒読みに読んだ。

ところが、なぜか、それがよかったのだ。子どもらしかったのかもしれない。

「これに出て」

ラジオドラマ『健三の日記』だった。

それから、毎週、内幸町のＮＨＫに通い、ラジオドラマに出演した。

劇団ちどりでは、演劇の舞台にも出演させられた。

現場には、納谷悟朗《なやごろう》や池田昌子《いけだまさこ》、松木《まつき》ひろしの姿もあった。

わけもわからずに連れて行かれ、舞台に上がった三田は、ラーメン屋の少女役として木の岡持ちを持って出ていくシーンを演じた。顔は、緊張して真っ赤だ。とっても恥ずかしくて泣いてしまった。

ところが、三田の気持ちとは裏腹に、みんなが褒めてくれた。

「いやー、真っ赤になって恥ずかしがる姿、それ、すごくよかったよ」

三田の気持ちは複雑だった。

三田佳子と絵画との関わり

三田は、成績も大変優秀な少女だった。

中学への進学について、小学校の担任に言われた。

「双葉でも学習院でも女子大でも、どこでも大丈夫ですよ」

しかし、三田は考えた。

〈受験するとなると必ず面接がある。わたしは母親と二人だけ。父親がおらず、片親だということで、落とされるかもしれない……〉

今の時代であれば、実力だけで合否が決まるが、当時は、家庭環境も含めて合否が決められる時代だ。

〈片親っていう理由だけで、受験に落ちたら、母がものすごく可哀そう。一人でわたしを育ててくれてがんばってきたのに、母に気の毒な思いをさせるなんて、わたしにはできない〉

母親に嫌な思いをさせない方法を思案した。

〈そういえば、女子美なんてどうだろう。また、新しい学校というイメージだし、先進的な学校だから、片親という理由で落としたりしないんじゃないかしら〉

三田は、絵を描くことが好きだった。全国規模の大会に応募すれば、必ず優秀賞は受賞した。

あるとき、可愛がって指導してくれていた先生が、「ちょっと、ここをこうするといいね」と言って、三田の絵に絵筆でタッチを入れた。その先生が入れたタッチの分だけ、いい絵になってしまっていたのだろう。大賞に選ばれてしまった。ところが、審査員から大人の手が入っているという指摘があり、優秀賞に格下げとなってしまった。

それほど、絵を描くことが好きだったため、女子美術大学付属高校に行くことにはなんのためらいもなかったし、自信もあった。

無事、合格を果たしたが、周りには三田のように絵を描くことが好きな少女ばかりがそろっていた。自信を持っていた三田には、衝撃だった。

〈わたし、全然ダメだ。わたしの絵なんて、下手くその部類なんだ〉

それから、絵が描けなくなってしまった。

絵をあきらめた三田は、演劇部に入部した。

三田は、学校が終わると、寂しさを紛らわすために日本橋《にほんばし》の髙島屋《たかしまや》の横にある母親のお茶漬け屋に向かった。中学三年生の夏のときのことである。

母親は、女手一つで三田を育てるためにお茶漬け屋を営んでいたのである。

その店の近くに、近代美術の巨匠・児島善三郎《こじまぜんざぶろう》画伯が通う古美術店があった。

店の前を通る三田の姿を見た児島が、店の者に尋ねたという。

「いつも通る少女は、どこのお嬢さん？」

母親のお茶漬け屋まで店の者がやって来て、訊いた。

「お嬢さんですか？　児島先生が絵のモデルにしたいとおっしゃっているのだけれど」

児島画伯に連れられ、日本橋髙島屋に行って、絵のモデル用に衣装や小物を選んでもらった。

三田は、一週間、児島の自宅に通い、それを身につけ、モデルをやった。

三田は、翌年もモデルを務め、一年目の絵は『少女座像』、二年目の絵は『紅衣』という作品となった。

それらは、児島の独立展用に描かれたものである。

モデルをした際、ご褒美にと、小島画伯がデッサンをくれた。いただいた三田は、それを母親に渡した。

「これ、先生からご褒美にいただいた」

母親は「わかった」と受け取り、大切に保存していたが、その後、行方不明となってしまった。

児島画伯からは、「毎年、描かせてくれ」とお願いされていたが、画伯の病のためモデルはふた夏だけでピリオドを打つ。

三田がのち女優になってからのことである。日動画廊の真正面に、三田の絵が飾ってあった。赤いドレスを着た三田である。二年目の夏にモデルになった『紅衣』であった。

三田は、絵を見たとたん気づいた。

〈あっ、わたしだ〉

自分の絵を、買いたいと思った。

〈これ、いくらするのかな？〉

聞いてもらったところ、三百万円だという。

〈買えるかもしれない〉

しかし、ふと思いとどまった。

〈でも、これを自分のものにしてはいけない。先生がみんなのために描いたものを、わたしが買って、自分だけの絵にしてしまってはいけない〉

三田と「向田邦子役《むこうだくにこ》」をめぐる初恋譚《たん》

三田佳子はのちの昭和六十三年四月九日、日本テレビ系で放送された春のドラマスペシャル『向田邦子ふたたび─黄色い薔薇が好きだった─』に向田邦子役として出演する。

このドラマは、昭和五十六年八月二十二日、飛行機事故で不慮の死をとげた作家・向田邦子の半生を描いたものである。出版社に勤める邦子（三田佳子）は、昭和三十五年晩秋、作家の岡村雄吉（ジェームス三木《みき》）のもとに原稿を取りに行った。編集者と放送作家の二足のわらじをはいていた邦子は、この時期に放送作家として一本立ちをする決意をする……。

三田は、実は、ずっと後悔していたことがあった。

このドラマに出演する九年ほど前、三田は実は向田邦子から、ドラマ出演の依頼を受けたのだ。

「わたしの役をやって欲しいの。出てくれない」

三田は、直々に電話をもらったことを嬉しく感じながらも、はっきりした返事ができずにいた。結局、もごもご話し、最後にこう伝えた。

「邦子さん、実はできないのです。体の調子がダメで、やれないんです」

このとき、お腹の中に第二子を授かったばかりだった。今のような時代であれば、公に妊娠を発表し、撮影現場に向かうこともできたかもしれない。しかし、当時の芸能界では、大ニュースとしてマスコミに騒がれてしまい、落ち着いた状況で出産する環境を得ることなど不可能であった。三田は静かに子育てをしたかった。そのため、向田邦子にも本当のことを話さず、体調不調ということで依頼を遠回しに断った。

三田からの返答に、向田邦子は執着しなかった。

「ああ、そう……」

向田邦子

向田邦子とは、パーティーなどで会う機会があった。そのとき、好感を持って見てくれていることが三田には伝わっていたため、断ったあとも、ずっと気がかりだった。

そして、自分に言い聞かせていた。

〈あのときは、しょうがない。お腹に子どもがいたからできなかったんだ〉

向田が飛行機事故で亡くなってから、さらに後悔の念に駆られていた三田は、向田邦子の半生を描いたドラマをつくるという話を聞いたとき、強く思った。

〈やりたい。このドラマ、どうしてもやりたい〉

撮影に入る前、向田邦子の母親と妹を訪ね、いろんな話を聞かせてもらった。

本人が愛用していた洋服を借りて着てみた。なんと、向田邦子と瓜《うり》二つだった。

三田も驚いた。

〈向田さんそのものになっちゃった。ほんと、よく似ている。だから、向田さんも「わたしの役やって」と思ったのかしら〉

向田邦子の母親と妹から「このままドラマで着たらいい」と許可を得て、撮影に挑んだ。三田はブラウン管の中で、みごとに向田邦子を蘇らせた。

ドラマの中には、失恋して泣くシーンがあった。三田は、女子美術大学付属高校時代に体験した淡い恋心を演技に活かした。

三田は、学校が終わると一人寂しく家にいるよりも、母のいる日本橋にある髙島屋近くのお茶漬け屋まで訪ねていくことがあった。

そこに、東京医科歯科大学に通っていた学生が、客として来ていた。三田は、一目見て、その学生が好きになった。初恋ではなかったが、母親の店で何度か会い、話をするたびに憧れの思いがどんどん深まっていくことを感じていた。

喫茶店に連れて行ってくれることもあれば、映画館に誘ってくれることもあった。ジェラール・フィリップのスタンダール原作の映画『赤と黒』を観た。

女子校に通う三田は、外の世界をまったく知らない。いろんな場所へ連れ出し、経験させてくれるたびに、三田の好奇心はくすぐられ、一段ずつ大人の階段を上っている気分だった。

秋になり大学の学園祭シーズンが始まっていた。憧れの学生が、三田を誘った。

「学園祭、見に来る？」

もちろん、三田はうなずいた。

「はい。行きます」

男子学生が大勢いるところなど行ったことがない。恐怖心のようなものもあったが、それよりも、少しでも学生と一緒にいる時間がほしかった。

あいにく、その日は、台風がやってきていた。強風と大雨という最悪の天気の中、どうしても学生に会いたかった三田は、湯島《ゆしま》にある学生が通う校舎へと向かった。

お茶《ちゃ》の水《みず》駅から大学へと歩いている数分の間に、傘は壊れてしまった。

それでも三田は、真面目に会いに行った。

〈約束だから……〉

一人で遠出したこともないのに、恋心という魔法は、三田になんでもさせてしまう。

もしかしたら、台風の影響で、学園祭は中止になっていたのかもしれない。が、そんな考えなど、一つも思い浮かばなかった。とにかく、約束した時間までに校舎の前へ到着すること。それしか頭の中になかった。

しかし、学生は現れなかった。

ただ一人、約束の時間を守り、ひたすら待った。

ふと思った。

〈向こうは、もうこんな台風だから来るはずないと思っているのかしら……。だから、出てきてもくれない。きっと、そうなのだろうな……〉

三田は自身の気持ちをあきらめさせ、さっき出てきたばかりの、お茶の水駅の改札に引き返した。

電車を乗り継ぎ、中野にある家に帰ってきた。

ずぶ濡れの自分の姿が、悲しさを倍増させた。

〈あの人と連絡も取れない。わたし、どうやって、これから泣こうかな〉

悲しくて、悲しくて、わーっと心のまま泣きたいのだが、理性が残っていた。家が小さいため、大声で泣けない。

〈わたしの悲しみの大きな泣き声が外に聞こえてしまったらいけない〉

そう思った三田は、大声をあげても声が漏れない場所を想像した。

〈ここしか隠れるところはない〉

三田は、押し入れを開け、布団の中に顔をうずめて泣き続けた。

それから二十数年後。三田は、向田邦子宅のセットの中にいた。

心が傷ついた向田邦子が家に帰ってから泣くシーン。このシーンが、少女時代に味わったあの日の悲しみと重なった。

セットも、当時、自分が住んでいた家の間取りと似ている。三田は、押し入れで泣く芝居を演じた。その芝居は、評判が良かった。

そんなことなど、誰も思いつかない。ト書きにも書いていない芝居だった。

生放送CMや東宝オーディションなどの三田のあれこれ

女子美術大学付属高校に通う三田佳子は、映画会社数社からスカウトを受けるほどの、美少女として知られた。

脚本家のジェームス三木も、三田のことを随筆に書いている。どうやら、中野の家からバスに乗って通学していた三田のことを覚えていたようで、「俺が見たのは、確かに三田佳子だ。すごく可愛い少女が、いつもバスに乗っていた」というような内容で描かれていたことを記憶している。

三田は、ＮＨＫラジオへの出演が縁で、テレビ放送が始まったばかりの民放にコマーシャルガールとして出演するようになった。

当時のＣＭは生放送だ。三田は、三十秒なり九十秒の間に、旭化成《あさひかせい》の新製品『カシミロン』の説明をしなければならないのだが、なかなか台詞《セリフ》が出てこない。

〈今、電波に乗って、全国にわたしの姿が流れていくんだ〉

そのことに興味を持ってしまい、頭が真っ白になってしまった。

「あ、カシミアタッチのカシミロン。うふふ、あ、あの……」

そういってニッコリ笑い、バタバタして九十秒が経過。これではコマーシャルにならない。やめさせるしかないという話になったが、視聴者には、それが逆に興味を持たせるきっかけになった。

「明日はどこまで言えるか楽しみ」と人気が出て、全国から「あのコをやめさせないで」との投書が殺到した。

その後、『週刊サンケイ』でコマーシャルガールの特集企画が組まれ、その表紙を三田が飾った。

この表紙をきっかけに、いろんな大人たちがいろんな形で三田をスカウトしにやって来た。好奇心旺盛だった三田も、スカウトの話に興味を持ち、一人電車に乗って、スカウトマンに会いに行った。

〈どういうところなんだろう?〉

母親は放任主義で、すべて三田に任せてくれていたが、遠くからその様子をしっかり見守ってくれていた。

大映からのスカウトでは、有名なプロデューサー松山英夫と会った。

週刊誌の表紙の三田は、下からのアングルで撮影したため、ふっくらと写っていた。

「このタイプは、うちだ」

そう思ったプロデューサーは、三田にコンタクトしてきた。

ところが、目の前に現れた三田は、華奢《きゃしゃ》で清純なかわいい美少女。大映が求めていたタイプとはまったく違った。

それでも、プロデューサーは三田に言った。

「でも、君はいいね」

そう言ってもらった三田は「そうですか」と言い、帰ってきた。

次に、東宝からも声がかかった。

指示された会場に行ったところ、そこには、三田と同じような年ごろの女の子が大勢いた。どうやらオーディションのようである。みんな着飾っていたが、三田は、ただ一人、制服姿だった。母との二人暮らし。出かけるときの洋服は制服しかなかったのである。

「はい、次」

そう言われた三田は、何が始まるのだろうと思いながら、とととっと出ていった。

目の前には、大人たちの顔がずらっと並んでいる。その中央には、東宝の看板プロデューサー藤本真澄《ふじもとますみ》がいた。

その藤本が、三田に言った。

「スカート、ちょっと持ち上げて」

三田は思った。

〈そんなことできない……。でも、言われたからやらないわけにもいかないし……〉

膝小僧のあたりまでスカートをぴゅっと持ち上げて、すっと下げた。

その場で、三田に声がかかった。

「あの子」

満場一致だった。

「すぐ、東宝の女優に入ってくれ」

違う部屋に呼ばれ、詳しい話を聞かされた。

東宝には、「東宝スリー・ビューティーズ」という三人娘がいた。上原美佐《うえはらみさ》・三井美奈《みついみな》・水野久美《みずのくみ》の三人で活動していたが、そのうちの一人の三井美奈が辞めてしまったため、急遽《きゅうきょ》、新メンバーが必要だった。

「あなた、入ってくれ」

ポジションまで決定した状態での東宝入りだった。

しかし、三田はまだ高校生である。

「高校は、どうしたらいいんでしょう？」

そう尋ねる三田に、東宝側は言った。

「いや、今すぐ入ってくれ。高校は辞めて、今すぐデビューだ」

女優に憧れていたならば、即答したであろう。が、三田は違った。

「母親に相談させてください」

東宝撮影所を出たところに噴水があった。

その周りを、きゃきゃきゃと声を上げながらかわいい少女が走っていた。

「あれがね、いま出たばかりの星由里子《ほしゆりこ》だ」

三田より年下の星由里子だった。その姿が、三田には忘れられなかった。

家に帰り、母親に相談した。

「せめて、高校だけは卒業していたほうがいいんじゃないの」

三田も母親と同じ気持ちだった。

「そうよね」

結局、東宝の話は断った。


いっぽう三田は、芸者にもスカウトされた。

日本橋を歩いていたときだった。置屋の女将《おかみ》が、声をかけてきた。

「あなた、芸者さんにならない？」

「ええっ、芸者さんですか？」

「あなたほどの美貌《びぼう》なら、成功するわよ」

芸者の世界をよく知らない三田は、その場では「はい」と答えたものの、そのまま放置した。

その後、芸能プロダクションの人間だと思われる人物が、三田の情報を聞きつけ、中野の自宅にやって来た。

「オーディションがありますから、ぜひ、受けてください」

興味があった三田は、会場に向かった。

監督たちが並んで座り、女優を目指す若い子たちのオーディションがおこなわれていた。

順番を待つ三田に、声をかけてくる人がいた。

「東映に入りませんか」

監督オーディションをする前のスカウトである。

その後、母親にその話をし、東映と母親の間で契約が結ばれた。

条件は、高校卒業と同時に入社すること。報酬も、映画一本につきいくらとすること。すべて、母親が決めてくれた。

東映にスカウトされた三田は、国語の先生だった担任に、最後の相談をした。

すでに、ＮＨＫラジオに出演し、民放のコマーシャルガールも務めていた三田だったが、それを理解してくれていた先生に話した。

「高校卒業と同時に東映に入ることになりました。先生、東映に入るっていうことをどう思います？」

先生が答えた。

「あなたは向いているからやりなさい。高校を卒業していれば、漢文の一つも読めるから、大丈夫。だから、いきなさい」

三田の背中を押してくれる最後の一言だった。三田はその言葉を飲みこんで、昭和三十五年三月、東映に入り、女優となった。ニューフェイスの期数でいえば、第七期になる。

梅宮辰夫と三田コンビ、岡田茂との初出会い……

当初から主役級で起用された三田は、入社まもなく『殺《や》られてたまるか』のヒロインに抜擢された。相手役は「石原裕次郎《いしはらゆうじろう》に挑戦する男」のキャッチフレーズで売り出し中の波多伸二《はたしんじ》である。

波多は丸顔で目が大きく、眉毛《まゆげ》の太い顔立ちは裕次郎を彷彿《ほうふつ》とさせる凛々《りり》しさで、『危うしＧメン　暗黒街の野獣』『男の挑戦』『地獄の渡り者』に主演した。その後、三田とゴールデンコンビを組んで売り出すことが決まったのである。

三田佳子の撮影初日がやってきた。ロケ地は、埼玉《さいたま》県狭山《さやま》市新狭山《しんさやま》一丁目にあるにある本田技研工業埼玉製作所の敷地内である。

ところが、波多伸二がオートバイの練習中、三田の目の前で事故を起こして亡くなってしまったのである。撮影は中止され、東映は全力で売り出していた主役級の俳優を失い、三田もショックを受けて大混乱となった。

波多伸二

それから十五日後、波多に代わるスターとして抜擢されたのが梅宮辰夫《うめみやたつお》だった。三田佳子は、改めて梅宮とゴールデンコンビを組むことになり、昭和三十五年五月十日公開の『殺られてたまるか』の撮影に入った。

三田は思った。

〈波多さんが亡くなって間もないのに、新たにコンビを組まされて……。映画界ってなんて残酷なんでしょう〉

しかも、初日からキスシーンの撮影であった。本番直前、梅宮が三田に言った。

「ごめんな、俺、焼肉食べてきちゃったんだよ」

三田は不満だった。

〈もう、キスシーンなのに、ひどい人だわ〉

三歳年上の梅宮は不良性があり、私生活でも当時筋肉を鍛えたいわゆる「バンプ」と呼ばれていた美女たちとたびたび浮き名を流していた。

表面的には「梅ちゃん」「佳子」と呼び合って仲良くしており、梅宮から「ウチに来ないか」と誘われればみんなと一緒に自宅へ遊びに行ったりもした。

が、高校を卒業したてでまだ子どもだった三田は、梅宮の男性的な魅力を受け止めることができなかった。

映画界にも馴染めず、亡くなった波多に対する気持ちの整理もつかないまま演技をこなすしかなかった。

それから第二東映では、昭和三十六年四月五日公開の『逆襲の街』までのわずか一年あまりで、なんと梅宮・三田コンビ主演の映画を十本も撮影した。

昭和三十五年、三田佳子がデビューしてようやく半年が経った頃の話である。大川橋蔵《おおかわはしぞう》の「この子がいい」という一言でヒロインに選ばれ、三田は東京から一人で夜汽車に乗り、京都まで足を運んだ。シェイクスピアの戯曲『ハムレット』を大胆に翻案した、加藤泰《かとうたい》監督の東映大作時代劇映画『炎の城』である。ハムレットに当たる主人公を大川橋蔵が、オフィーリアに当たる役を三田が演じた。右も左もわからない時代で、そのまま京都に行きっぱなしの撮影となった。

京都に出張して大川橋蔵、中村錦之助《なかむらきんのすけ》の映画をそれぞれ五本ずつ撮った。

当時、京都撮影所の所長を務めていたのが岡田茂である。三田は初めて岡田に会ったとき、意外に思った。

〈おじさんだとばかり思っていたら、こんな凛々しくて格好の良い、目のぱっちりした人が所長さんなのね〉

梅宮辰夫

岡田は、当時三十六歳の若き所長で、仕事の手際もよく、なんでもテキパキとこなしていった。

三田佳子が入社した頃、高倉健《たかくらけん》は美空《みそら》ひばりとコンビを組んで映画に出演していた。

昭和三十五年から始まった、ひばり主演の『べらんめえ芸者』シリーズでは、二作目以降、岡田茂に頼まれて高倉健を相手役として迎えた。

ひばりは東映と専属契約を結んだ昭和三十三年から昭和三十八年のあいだ、多くの時代劇、チャンバラ映画に主演した。東映時代劇の黄金期を支え、歌手であると同時に映画界の銀幕のスターとしての人気を得た。

この頃の高倉健は、あくまでも大スター美空ひばりの相手役でしかなく、ただ二枚目なだけの駆け出しの役者にすぎなかった。

岡田茂は相手役に高倉を選び、知名度を上げ人気を高めようとした。しかし芝居の硬さが目立ち、見え隠れする暗い陰や低音の声とあいまって、派手さや洗練さに欠ける地味で暗い雰囲気が漂った。粋さが求められる同シリーズで、美空は高倉と組まされ続けることに不満であった。

昭和三十六年二月十四日公開の高倉健、三田佳子コンビで『天下の快男児　旋風太郎』を撮影することになった。監督は若林栄二郎である。

オールスターものなので、小川虎之助《おがわとらのすけ》や佐久間良子、山東昭子《さんとうあきこ》、伊藤雄之助《いとうゆうのすけ》なども出演する豪華キャストである。

三田はヒロイン役であったが、一ファンのように高倉健を遠くから眺め、スラリと背の高いスタイルや寡黙さに胸をときめかせていた。

九州ロケはスムーズに運び、高倉も三田を気に入ってくれた様子だった。その後も、コンビを組んで何本も映画を撮ることになった。

三田は思った。

〈わたしに色気がないから、かえって健さんの好みにかなったのかしら〉

しかし、昭和三十九年、三田佳子は、中村賀津雄《なかむらかつお》と共演した佐藤純彌《さとうじゅんや》監督の『廓育ち《くるわそだち》』で「女の悲劇は、彼女の細い身体に切なく出ていた」と高く評価され、ミリオンパール賞主演女優賞を受賞した。

高倉健と三田のコンビ第二作に丹波哲郎出演

昭和三十六年五月十四日に公開した島津昇一《しまづしょういち》監督の『男の血潮がこだまする』は、高倉健・三田佳子コンビ第二作目に当たる。

撮影は、長野県の山中で一カ月行きっぱなしのロケである。この映画に丹波《たんば》哲郎《てつろう》は、黒須勝也役で出演していた。

丹波が、この頃流行していた催眠術を俳優やスタッフたちみんなにかけてワイワイと騒いでいた。

丹波が「えいっ！」とかけると、相手はコロッと睡眠術にかかってしまう。

丹波はその術を高倉に伝授し、高倉も催眠術をかけることができるようになった。

丹波は、三田のところにもやって来た。

「ヨッコにも、催眠術をかけるぞ」

ヨッコとは三田佳子の「佳子」を短く可愛く呼ぶ愛称である。

三田は、丹波の言うとおりに目をつぶった。

〈かからないと悪いな……〉

そう気を遣い、一生懸命かかろうとつとめた。が、丹波に「三つ数えてパンと手を叩くと、きみは催眠術にかかる」と言われて、ますます頭が冴《さ》えてしまった。

丹波哲郎

丹波が得意そうに「どうだ？」と聞いてきた。三田は「どうなんでしょうか。かかったような気もします」と答えるしかなかった。

〈不思議ねえ。どうしてみんなは簡単にかかっちゃうのかしら〉

催眠術をかけて回る丹波を見て、三田は思った。

〈丹波さんて面白い人だな〉

実際、変人なのであろうが、心優しくて、嫌な印象はまったくない。三田のことを可愛がってもくれた。

丹波は、大正十一年七月十七日、東京《とうきょう》府豊多摩《とよたま》郡大久保町《おおくぼまち》（現・東京都新宿《しんじゅく》区）に生まれた。家柄は系図を遡《さかのぼ》ると、天平の昔から伝わる薬師の名家で、医学書『医心方』を著した丹波康頼《やすより》にたどり着く。祖父は東京帝国大学名誉教授の丹波敬三《けいぞう》、父は日本画家の丹波緑川、親戚には従弟で音楽学者の丹波明《あきら》、元大審院院長の林頼三郎《はやしらいざぶろう》らがいる。

成城中学から陸軍幼年学校を受験するも落第し、仙台の二高を二度受験するも不合格。親戚の林頼三郎が総長を務める中央大学法学部英法科へ無試験で入学したという。

在学中に第一回学徒出陣し佐倉《さくら》の東部六十四部隊（近衛歩兵第五連隊）に入隊、しかし態度が大きいという理由で普通の三倍程の体罰を受けることもあった。

立川《たちかわ》陸軍航空整備学校で整備士官としての教育を受け、上官にはのち巨人軍の選手、監督として名を上げる川上哲治《かわかみてつはる》がいた。

航空隊に在籍していたために特攻隊員になる可能性もあったが、それにはなることなく終戦を立川で迎えた。戦後の昭和二十年大学に復学し、学業の傍らＧＨＱ（連合国軍総司令部）通訳のアルバイトをしていたが実際には本人曰《いわ》く英語は半分程度しか理解できず、トイレに逃げ込み、仕事の終わる時間を待っていたという。昭和二十三年、大学を卒業。

卒業後は団体職員となるも俳優を志し、昭和二十五年に、創芸小劇場を主宰後、劇団文化座に加入。

昭和二十六年春、勧誘されていた新東宝に入社。同期には高倉《たかくら》みゆき・中島春雄《なかじまはるお》・広瀬正一《ひろせしょういち》がいる。

丹波の態度が大きいことが問題とされ、一年以上役が付かないでいたが、昭和二十七年に電通傘下のＤＦプロダクション製作新東宝配給のセミドキュメンタリー映画『殺人容疑者』に主演級の役でデビューする。

もともとこの役は当時文化座に在籍していた山形勲《やまがたいさお》にオファーがあったものだが、山形が骨折しており応じられないことを丹波が代わりに伝えに行ったところ、プロデューサーから「おまえが良い。おまえに決めた」と言われ決まったものであった。

陰のある二枚目としておもに敵役・悪役で活躍し、昭和三十一年公開の柳家金語楼《やなぎやきんごろう》の主演映画『金語楼の兵隊さん』の助演をきっかけに金語楼劇団へ誘われ舞台の客演もこなす多忙な状況だった。

が、昭和三十四年、丹波の新東宝の作品のレベルが落ちているとの発言が記事となった、新東宝社長・大蔵貢《おおくらみつぎ》は謝罪すれば許す考えでいたが、丹波は所信を曲げず、映画『双竜あばれ雲』を最後にこの年六月に新東宝を退社し、フリーランスとなる。

フジテレビのディレクターだった五社英雄《ごしゃひでお》に見出されるとコンビを組み、昭和三十五年に放送されたテレビドラマ『トップ屋』、昭和三十六年にはニュー東映で映画『霧と影』『白昼の無頼漢』に主演した。五社とは盟友となり、昭和四十四年の映画『御用金』にも出演している。

映画『豚と軍艦』（昭和三十六年）、『丹下左膳』（昭和三十八年）、『暗殺』（昭和三十九年）、昭和三十八年のテレビ時代劇『三匹の侍』などでスターとしての地位を確固たるものとし、荒くれ者の漁師に扮した『ジャコ萬と鉄』（昭和三十九年）や、時代劇映画・ギャング映画・任俠映画など、幅広く出演。

早くから海外の映画作品にも出演しており、昭和三十六年にはキャロル・ベイカー主演のアメリカ映画『太陽にかける橋（英語版）』に出演。以降はイギリス映画の『第七の暁』（昭和三十九年）、そして世界的なヒット作『００７は二度死ぬ』（昭和四十二年）で国際的に認知され海外においても活躍する。

昭和三十七年五月二十七日に公開した飯塚増一監督の『残酷な月』は、三田佳子が二役をやり、丹波哲郎が相手役を務めた。東映映画のなかで女性が主人公の物語は珍しく、それでも丹波は準主役を務めてくれた。そこから二人は親しくなった。

幼すぎた三田の高倉への憧《あこが》れ、鶴田《つるた》浩二《こうじ》への恐怖

三田は、大勢の輪の中に入ってワイワイ騒ぐのが苦手だった。長野《ながの》の山中に一カ月も閉じ込められた環境でも、それは変わらなかった。時間待ちの間も大人しく畳部屋の隅にぽつんと座り、みんなが騒ぐのをなんとなく眺めたりしていた。

すると高倉が近くに寄ってきて、声をかけてきた。

「ヨッコ、どうした、大丈夫か?」

高倉だけでなく、他の俳優やスタッフたちも、いつも一人でいる三田のことをからかいに来たり、声をかけたりと何かと気遣ってくれた。

いろいろな話をしたあと、高倉は何を思ったか急に「見たよオシッコ」と言った。

三田佳子という名前が、見たよオシッコと似ている、と誰かが言ったのだろう。高倉なりに気を遣って、若い女の子の気持ちを解きほぐし、笑わせたいと思ったのだろう。

ところが、三田は大ショックを受けてしまった。

〈健さんに、オシッコなんて言われちゃった〉

あまりの恥ずかしさに泣き出してしまった。

三田は、実は高倉健に憧れていた。その当人から思いもかけないことを言われ、ただ泣くことしかできなかった。本人によると、それほどに幼かったのだ。

高倉健は体を鍛えていたので、よく裸にさせられてその肉体美を撮られていた。三田はその野性的な色気にはあまり興味はなかったものの、高倉健にひたすら憧れ、素敵な男性だと思い続けていた。

高倉は三田の夢の中にも出てきた。「健さん」と呼ぶと、高倉が登場するが、ただそこに立っているだ

けである。精神的に幼かった三田は、自分が高倉に恋しているという自覚さえ持てないでいた。最初に出会ったときはまだスターの卵でしかなかった高倉が、自分の目の前でどんどん成長して大スターへと変貌を遂げていく。が、三田はそれを「健さんだから当たり前」としか思っていなかった。

昭和三十五年、鶴田浩二は、東映の岡田茂の説得により東映へ移籍した。

三田は思った。

〈ああ、岸恵子《きしけいこ》さんと大恋愛されている方が、東映にいらしたのね〉

三田のような初心《うぶ》な女の子でも、鶴田浩二と岸恵子が、松竹時代の昭和二十六年六月八日公開の『獣の宿』で初共演して以来、共演を続け、華やかな恋愛をしていたことは噂で知っていた。

ところが、三田の担当である若手プロデューサーの吉田達《よしだとおる》が、三田に思わぬ話をした。

「鶴田さん、三田さんのことすごく気に入って、楽屋にポスターを貼っているんだよ」

が、二十歳そこそこの三田にとって、鶴田は完全な大人の男性であり遠い存在だった。

「あ、そうなんですか。どうしよう、わたし怖い」

当時の三田は、まだ色気も素っ気もない、ただの子どもだと自覚していた。

〈鶴田さんが声をかけてきたら、どうしよう。怖い〉

三田には、そんなふうにしか考えられなかった。

三田は、昭和三十七年一月九日公開の渡辺邦男《わたなべくにお》監督の『南太平洋波高し』で、鶴田といよいよ共演することになった。

鶴田は特攻隊員の大国少佐を演じ、三田は、芸者の寿美栄を演じた。ただし、この映画では二人の恋の絡みのシーンはなかった。

三田は、昭和三十七年七月十三日公開の石井輝男《いしいてるお》監督の『ギャング対ギャング』で鶴田と二度目の共演をした。今度は、鶴田とのラブシーンがあった。

鶴田浩二は、小森興業のボス・小森の身代わりで五年の刑務所暮らしを終えた水原役。三田佳子演じる百合は、外国人歌手のファンを装い小森興業が東京へ流していた麻薬ルートを確かめる。いっぽう水原はサロンのマダムに接近し麻薬配達の吉野を捕らえる。

百合役の三田が水原役の鶴田浩二に面と向き合って、愛を告白するシーンが撮影されることになった。三田は、鶴田に必死に「好き」と訴えてすがる。が、キャメラが鶴田の背後に回ったとき、鶴田はわざと三田から目を逸《そ》らし、無表情のまままったく関係ない方向を見続けた。

天下の鶴田浩二があれほど好意を示したというのに、まったく反応しない可愛げのない女。鶴田にとって、三田は可愛さ余って憎さ百倍の存在になっていたらしい。

鶴田は、自分より十七歳も年下の、二十歳そこそこの三田に対してこのような意地悪をしてのけた。三田は悲しくてたまらなかった。

が、それでも一人で芝居を続けるしかなかった。

芝居のあと、「なんであんなことするんだろう」という思いがあふれて涙が止まらなかった。しかし人の機微がまだわからぬ子どもなのだから仕方ない。泣くだけ泣いて、少し冷静になった三田は思った。

〈鶴田さんて、芝居の中でも生身の感情を表に出す人なのね〉

どうやら鶴田は、自分とは違うタイプの役者であるらしかった。

鶴田浩二は、昭和三十八年三月十六日封切の沢島忠《さわしまただし》監督の『人生劇場　飛車角』に佐久間良子と共演し、作品を大ヒットさせた。鶴田演じる渡世人飛車角は、佐久間良子演じる遊女おとよと駆け落ちをする。この共演の前から鶴田は佐久間との恋に陥っていて、映画の中でもすさまじい愛の絡みを見せた。

三田より二歳年上の佐久間は色気のある女優で、鶴田も佐久間と恋愛するようになってから、三田に対するそれまでの執着を無くしたようだった。

その後も三田は鶴田と何度も共演したが、鶴田に意地悪されることはなくなった。

三田佳子は、数十年のちに鶴田の娘である鶴田さやかと共演することになった。歌舞伎演目の一つ「お富与三郎」の通称で知られる『与話情浮名横櫛《よはなさけうきなのよこぐし》』原作の『お富与三郎 宝暦相聞歌』である。お富役が三田、与三郎役は「緋牡丹のお竜」役でヒットを飛ばした藤純子《ふじじゅんこ》の夫の七代目尾上菊五郎《おのえきくごろう》である。

新橋演舞場で初日を迎えた日、座長である三田の楽屋に二人の男女が暖簾《のれん》を分けて「こんにちは」と言って入ってきた。

なんと鶴田浩二と、妻の中尾照子《なかおてるこ》であった。娘のさやかが出演するので挨拶にやって来たのだ。妻がつつましく一歩後ろに下がる状況で、鶴田が口を開いた。

「さやかを、よろしく」

そう言って、菓子折りを差し出した。

三田は、初めて会ったデビュー間もない頃から、数十年という月日が流れたことを改めて感じた。目の前の鶴田はすでに老境に達し、娘を思う一人の父親であった。

〈鶴田さんも、やわらかくなられた〉

若い娘時代に鶴田に意地悪をされたことも、大人になった三田は水に流し、受け入れることができた。

三田と佐久間との競艶《きょうえん》の端緒『廓育ち』

その三田が、佐久間の『五番町夕霧楼』と競演するように製作されたのが三田の初主演作ともいわれている廓ものの第二弾の昭和三十九年九月二十三日公開の『廓育ち』であった。

その映画の監督は佐藤純彌であった。

佐藤純彌は、昭和七年十一月六日生まれで、東京都出身。東京大学文学部を卒業後、昭和三十一年に東映に入社。東京撮影所のスタッフとしてキャリアを積む。

佐藤純彌

東京撮影所長の岡田茂は、『人生劇場　飛車角』を大ヒットさせた直後の昭和三十八年四月末、企画会議に助監督や若い監督を集めて言った。

「いいな、映画というものは、セーターを新しくすればいいんだ。人間の中身というものは、そう変わらないもんだ」

この企画会議には、深作欣二《ふかさくきんじ》監督のほか、新東宝からきた石井輝男、渡辺祐《わたなべゆう》介《すけ》、瀬川《せがわ》昌治《まさはる》監督らに加え、助監督であった佐藤純彌、降旗康男《ふるはたやすお》らが参加していた。

佐藤は、岡田の話を聞きながら、なるほど、とうなずいていた。それまで東京撮影所では、片岡千恵蔵《かたおかちえぞう》の「多羅尾伴内」シリーズなどの時代劇調のギャング映画がつくられていたが、岡田は、石井監督や深作監督を起用して、現代的なギャング映画をつくっていた。岡田のセーターの意味がよく理解できた。

佐藤は、この直後、プロデューサーの吉野《よしの》誠一《せいいち》からけしかけられた。

「きみたちは、どうして監督になろうとしない。こういうものをやりたい、とわれわれのところに、なぜ持ってこない」

佐藤は、生意気に答えた。

「いや、今のプロデューサーなんか信用していませんよ」

一週間後、吉野がまた来ていった。

「陸軍内務班の残虐さを抉《えぐ》る素材がある。僕と勝負してみないか」

佐藤は、この企画に共感を覚えた。

〈この素材には、俺が学童疎開をしたときのいじめと同じような構造がある。日本人の持っているさまざまな暗部を、浮きあがらせることができる〉

佐藤は、昭和七年十一月六日東京豊島《としま》区の目白《めじろ》に生まれていたが、東京も空襲を受けそうになった小学校六年生のとき、山形《やまがた》県の鶴岡《つるおか》に学童疎開した。

そこで、都会の子というだけの理由で、地元の不良少年グループに石を投げられたり、ナイフを突きつけられて脅された。そのような孤立した環境の中で、彼は脱出することもできなかった。

陸軍の内務班も、リンチにより、しだいに人間を殺人マシーンに変えていく。そういう中で、先輩にやられたことを、下にやりかえしていく。柱にとびつかせてセミの鳴き声をさせたり、机と机に手をかけ、自転車をこぐ真似をさせたりする。つねに下への差別をしていく日本人の嫌らしさが骨身に染みて理解できた。

佐藤は、吉野に申し出た。

「ぜひ、このテーマをやらせてください」

棚田吾郎《たなだごろう》の脚本ができると、佐藤は、東京撮影所長室に行き、岡田に挨拶した。

岡田は、佐藤を励ました。

「家城《いえき》（巳代治《みよじ》）監督や伊藤《いとう》（大輔《だいすけ》）監督の予告編は、なかなかいいできだ。期待しとるぞ」

予告編は、チーフ助監督がつくることに決まっている。岡田は、佐藤のつくる予告編を見て、監督に、と決めたのであった。

東京撮影所長の岡田茂は、『陸軍残虐物語』で監督としてデビューする佐藤純彌に、自分の軍隊時代の体験を話した。

「俺も、学徒出陣で仙台《せんだい》に行ったが、生意気だといってよくビンタを張られたもんだよ。いかに軍隊で不合理がまかり通っていたかを、徹底して描け」

岡田の初の企画が、『きけわだつみの声』であった。

戦争映画は、自分の原点でもあった。

岡田は、佐藤に、釘を刺した。

「ええな、あくまで商業映画だからな。映研映画のようなものをつくっちゃダメだぞ。俺も『わが一高時代の犯罪』という失敗作があるが、テーマを訴えようとするあまり、暗くなりすぎちゃいかん」

岡田は、強調した。

「映画の本質は、泣く、笑う、にぎる、だ。手に汗にぎるだ。この三つの要素がないと、映画は当たらん。どんな暗いテーマの映画でも、笑いを入れろ」

この映画は、昭和三十八年六月十四日に封切られた。

日本軍隊の矛盾を痛烈に暴いた意欲作として評価も高かった。

ところが、右翼から大川博《おおかわひろし》社長のもとに、上映差し止めの血書が届いた。

《日本の軍隊のことを悪く書くとは、国賊である。日本人の恥である》

佐藤監督は、ただちに本社に呼ばれた。

大川社長は、右翼からの血書を見せ、口をとがらせ、口髭《くちひげ》をふるわせるようにして言った。

「ちみィ、わたしは日本人として、国賊だなんて言われるなんて、心外である。即刻打ち切りだ」

坪井與《つぼいあたえ》、伊勢憲三郎《いせけんざぶろう》、岡田茂の三人は、大川社長をやんわりと脅した。

「あの作品は、三千万円かかっています。いま打ち切ると、三千万円そっくり損しますよ」

「えッ、そんなに損するのか。なんか、妥協する方法はないかね」

「右翼が一番文句をつけているシーンは、面会に来た部下の女房を、亭主は重営倉になっていると脅して犯すシーンです。あれをカットして続映しましょう」

「おお、それがいい。そうしよう」

『陸軍残虐物語』は、なんとか打ち切られないですんだ。佐藤監督は、続いて昭和三十八年十二月一日公開の『続・王将』を撮り、次に岡田に言われた。

「おまえのやりたいものはないか」

「テレビで『廓育ち』をやっていました。廓の女が、廓に反抗して飛び出していく話です。あれをやりたい」

「それは、いけそうだな。よし、三田佳子でいこう。佐久間が『五番町夕霧楼』で成功したから、今度は、三田で廓物をやろう」

三田は、佐久間良子とライバル視されていた。このあたりでヒット作に出演させ、佐久間と競艶させたかった。

舞台は、昭和三十一年五月二十四日の売春防止法施行前の京都島原廓《しまばら》。たみ子（三田佳子）は島原で育てられ、性教育も受けさせられるが、自分なりの向上心を持っていた。廓の世界から逃げ出そうと高校受験に合格し、進学したが、「たみ子は廓の子だ」という旨の匿名の投書があり、高校を退学になってしまう。「教育を受ける機会は誰にでも与えられてるんじゃないの！」と言うたみ子の憲法論も世間の偏見には意味をなさなかった。医学生（梅宮辰夫）のボーイフレンドもいたが、実はその医学生はただエッチがしたいだけで、いいところのお嬢さんと結婚してしまう。夢破れたたみ子は、あるお偉いさんの妾になることになったが、悔しかったたみ子は、なんとそのお偉いさんを毒殺してしまう。

三田は、入社当時から東映のホープとして期待されていたが、現場にはいつも母親が付き添って来るため、佐藤監督が「仕事場には母親は連れてこないほうがいい」とアドバイスしている。

三田も本作は重要作となると認識し、意気込みがすさまじかった。

京言葉は、先斗町《ぽんとちょう》の芸者についてみっちり教わった。

映画評論家の津村秀夫《つむらひでお》は評した。

《東映女優陣のホープといわれながら、二、三年決定打のなかった三田佳子が本作でようやく鉱脈を掘り当てた感じである。『五番町夕霧楼』の佐久間良子に勝るとも劣らない、女の執念の激しさを見せる。性格は多分キツイ人と思うが、失礼ながら彼女にこんな根性があるとは思わなかった。例えば病める義母を蹴りつける演技には驚いた》

荻昌弘《おぎまさひろ》は評した。

《『廓育ち』は画面の表情にコクこそ足りないが、なかなか首尾整った力作である。低俗な色情ものではない。単に廓の風俗人情映画にもとどまっていない。昨秋の『五番町夕霧楼』の格には及ばないが廓という日本独自の特殊社会を捉えることで、興味深い〝日本と日本人〟の追求をここでも続けている。川野彰子《かわのしょうこ》の原作を棚田吾郎《たなだごろう》が脚色、佐藤純彌が監督した。まずこの脚色が常法ながらかなりの構築といってよく、理詰めな組み立てだ。その点をさらに整然とさせたのは佐藤の演出である。この三作目の新人が、終始、呼吸の乱れも見せず、感情の激発も知らず、表現のアイマイさにも落ちず、メトロノームのような落ち着いたリズムで女の悲劇一編を描き切った筆力に正直目を見張る。題材からすれば、もっとまったりした情趣やあぶら気も欲しいと考えた筈だが、日本映画では珍しく確実味に達した演出である。この演出によく助けられ、時によく押さえられて、三田佳子はヒロインを無難にまとめ上げた。お茶屋の女将という貫禄は、素人の私が見てさえ足りないが、暗い古い世界で不幸にも利発に育ってしまった女の悲劇は、彼女の細い身体に切なく出ていた。しかし、ここで全編を食うほどの哀しい好演を見せるのはお茶屋の下働きという宿命にニコニコと甘んじる娘、佐々木愛である。下卑なメロドラマ調に落ちぬその濃厚な芝居作りの正確さは、新進とも思えない充実ぶりだ。彼女の亭主となる中村賀津雄《なかむらかつお》のきめ細かい好演技とともに、見事な収穫であった。花魁道中をクライマックスとする飯村雅彦の豊麗重厚な色彩撮影にも注目である》

佐久間と三田の共演・競艶・競演

三田佳子は、鶴田浩二と親密になった佐久間良子との関係について、ときおりスタッフから話を聞くようになった。

当時、「佐久間良子と三田佳子はライバル関係にある」とマスコミに大いに騒がれた。が、これは事実ではなく「二人のよしこ」で売り出すための東映の作戦の一つであったという。

三田は、周囲から言われ続けた。

「佐久間さんに対してライバル意識を持たないとダメだよ」

「佐久間のような色気がないから、もっと頑張れ」

芸能雑誌には「三田は佐久間から雑誌の表紙の仕事を何度も奪い、踏みつぶした」と書かれてしまった。

三田は、あまりのショックで泣いたことさえある。

「踏みつぶしたりしていない！」と怒ってみても、結局は情報操作されてしまう。

「色気のない佳子」と「色気のある良子」の対比は、芸能雑誌の読者に大いに受けた。

二人をじっくり比べられるよう、正月用ポスターの撮影などで佐久間と三田に同じ仕事がどんどん舞い込んでくる。なかには、わざと敵対しているような、お互いにそっぽを向くようなポーズをさせられたこともあった。会社の方針なので仕方ないのだが、三田はずっと不愉快であった。

〈芸能界って、本当にいやなところね〉

各社人気のバロメーターである映画会社のカレンダーに、東映は昭和四十年度版に女優では佐久間と三田だけ単独での起用を決めると、先輩の佐久間がクレームをつけ、佐久間が正月、三田を九月に変更し、佐久間が矛を収めた。

三田の擡頭《たいとう》は佐久間を緊張させた。東映は三田の将来性をおおいに買って、一気に売り出そうと『赤いダイヤ』『仇討』のあと、昭和四十年のオールスター正月大作『徳川家康《とくがわいえやす》』に起用を予定するなど、結局、降板したが、三田を売り出した。二人の共演を予定していた映画にどちらかが降板を申し出ることも増え、また東映も佐久間と三田のライバル関係を煽《あお》るような宣伝をし、マスメディアもそれに乗った。

三田はこの頃から東映にとどまる限り、佐久間を超えるのは不可能と東映退社を考え始めたといわれる。

つくられたライバル関係であるのに、三田はついには佐久間に「こんにちは」と声をかけるのも憚《はばか》られるようになった。

なお三田は、続いての廓もので昭和四十一年二月十七日公開の『四畳半物語　娼婦しの』に出演、京都市民映画祭で主演女優賞に輝く。

そのような状況で、いよいよ昭和四十一年四月一日公開の佐藤純彌監督作品の『愛欲』で三田佳子と佐久間良子が本格的に共演した。

三國連太郎演じる江崎哲也の恋人を三田が、もう一人の恋人を佐久間が演じ、一人の男をめぐる二人の女の闘いが生々しく描かれている。競艶であり競演である。

大手食品会社のやり手宣伝課長・江崎哲也には、銀座の一流クラブのマダム野村奈津子（三田佳子）という愛人がいた。江崎は過度の仕事に追われる自分を優しく支えてくれる奈津子に唯一の安らぎを感じていたが、ある交通事故をきっかけに、運命の女性と出会ってしまう。その女性とは、京都の女・清水由喜（佐久間良子）。

旅館の女主人で、医学一筋の夫と死別した彼女は、憂いをおびた艶のある女性。互いに惹かれ合う江崎と由喜は、一夜限りの情事を楽しむがその日のことが忘れられずに再会。

やがて二人は、愛欲に溺れていった。そんな江崎と由喜の関係を知った奈津子は不安ながらも黙認するが、社会的な地位よりも愛を選び始めた江崎の姿を見て、由喜に江崎と別れてほしいと詰め寄る……。

「東映女性大作」と銘打った予告編では、「華麗なる対決」「惜しみなく競う二つの愛」「現代の愛を問う」といったキャッチフレーズが冠された。

いっぽう三國の恋人役の三田がスリップ一枚で三國に抱きつくシーンでは、ハプニングがあった。抱き合ううちに三田のスリップがはだけてしまい、乳房をもろに見られてしまったのだ。

三田は恥ずかしさのあまり、佐藤監督のところに飛んでいき、訴えた。

「見られちゃった、どうしよう」

が、佐藤監督は「いいよいいよ。大丈夫だよ」と言っただけだった。

三田は不満だった。

〈純彌さんて、冷たいのね〉

高倉と三田の幻のキスシーンに見る鶴田との違い

石井輝男監督の昭和四十年一月三日公開の『顔役』で、高倉健と三田佳子が共演することになった。

『顔役』のストーリーは以下のとおり。

関東城政会は、埋立地の整地権の獲得と関西同志会の進出阻止を決定し、会長の檜山義一（安《あ》部徹《べとおる》）が中神正浩（鶴田浩二）、早見恭一（高倉健）以下の人選をした。中神たちは関西系の甲田組の妨害にあった。中神は戦友の柏田（大木実《おおきみのる》）を通して漁業組合長・小杉（曽《そ》我《が》廼《の》家明蝶《やめいちょう》）に会うが、助力を断られた。じれた早見は市長の吉川（神田隆《かんだたかし》）を脅しに行った。そこで柏田の妹で昔の恋人真弓（三田佳子）に再会した。脅しは効いて整地権は中神の手に。

　工事の進んだ段階で酪農地ではなく住宅地としての整地になっていると聞き、中神は上京し檜山を問いつめた。早見もあとを追った。その留守に甲田組が工事現場を襲撃。東京では中神が工事のやり直しを主張するが、檜山は山脇（内田《うちだ》朝雄《あさお》）の住宅建設に協力。地元では花岡章（天知茂《あまちしげる》）の差し金で中神と早見の配下が全滅。東京では檜山が関西同志会の殺し屋（大村文武《おおむらふみたけ》）に殺された。関東城政会幹部会が開かれ、わがもの顔の花岡が気に入らない親分衆は中神を会長代理に推した。

　だが、早見が山脇を脅迫して工事見直しの書類を奪ったという知らせで、中神は早見と対決する羽目になった。二人の死体を関西との和睦の材料にしたい花岡が襲ってきて撃ち合いになった。が、中神は花岡を倒した。

　一触即発の東西ヤクザの睨みあいの場で、死をかけた仲裁を決意した中神と早見は互いを撃った。

三田は『顔役』で高倉健演じるヤクザ早見恭一の元恋人で幼稚園の園長をしている柏田真弓役であった。父親は中神正治の戦友柏田であった。

三田もまるきりの子どもから少し成長したこともあり、キスシーンを撮ることになった。普通なら拒絶する高倉も、石井監督の願いとあって聞き入れたらしい。三田との付き合いも長く、気心も知れている。

東西ヤクザの対立の中、ラストに近いシーンで「死ぬときは一緒」と誓い合った関東の鶴田演じる中神正治と中神の弟分の高倉演じる早見恭一が、対決せざるをえなくなる。

早見は、中神に言う。

「兄貴、撃っておくれよ」

それから覚悟の眼を閉じる。

そこに三田演じる真弓が、元恋人の早見の胸元に「止めて!」と飛び込む。

早見は真弓に言う。

「止めるな。お前だって、かつては俺の女だったじゃねえか。事情はわかってるはずだぜ」

そこへ二人の死体を関西との和睦の材料にしたい天知茂演じる花岡が多勢を連れて襲ってくる。

そこで、早見と中神は花岡と撃ち合う。

中神が花岡を撃ち殺し、花岡の子分たちは走り去る。

中神と早見は東西ヤクザがそろう場所に死ぬ覚悟で向かう。真弓は、死に行く高倉にすがりつく。

「早見さん……」

早見が真弓を抱きしめる。ここまではよくあるラブシーンである。その後、唇と唇をほんの少し触れ合わせるキスシーンの撮影をおこなった。

早見はそのあと、真弓を振り切り、「幸せにな」と言って去っていく。

ところが、ラッシュで残っていたキスシーンが、本編では消えてしまっていたのである。高倉が、石井監督に「やはりキスシーンは恥ずかしい、これだけあとあとも残ってしまう」と直訴してカットしてもらったらしい。恐らく高倉の依頼により、キスシーンのフィルムは廃棄処分になったらしい。

　高倉に憧れていた三田にとって高倉とのキスシーンは幻のものとなってしまった。


　いっぽう鶴田浩二は、それまでも高倉健といくつかの作品で共演している。初めての共演は、鶴田が東宝から東映に移籍した第一作品、佐伯清《さえききよし》監督の昭和三十五年八月二十四日公開の『砂漠を渡る太陽』であった。砂漠の真っただ中の平邑という街で医者として阿片《アヘン》中毒の患者の治療をする主人公の青年医師・曽田力を鶴田が演じ、高倉が梁という現地人を演じた。

　この映画で助監督を務めた内藤誠《ないとうまこと》から見ると、高倉は、どちらかというとぶっきらぼうな感じのする俳優で、それだけに、場面によっては、演技力のある上手い俳優に食われてしまうこともあった。

　それに対して、鶴田は、どこにも隙がない役者だった。

　内藤は、映画を撮るにしても、テレビドラマを撮るにしても、いつもキャメラは一つだけ。さまざまなところから撮って、いいシーンが撮れたところを編集することはしない。いわゆる、ワンキャメでの撮影を教わり、それをこれまで続けていたのでそれがクセになっている。画角というものはそもそも一つだと思っているからだ。だから、高倉健をはじめ俳優たちを撮る場合には必ず、その俳優の映える角度にキャメラを据える。逆に言えば、どの俳優にもどこからどう撮れば見栄えがするというポイントが必ずある。「こっちから撮ってほしい」と要求してくれる俳優もいる。高倉健も、どちらかというと、キャメラの位置を気にするほうだった。

　その点、鶴田の場合は、右から撮ろうが左から撮ろうがどこから撮っても映えた。鶴田自身からも「こう撮ってほしい」と言われたことがない。俳優として端正な顔立ちだった。

　スタッフたちとの付き合い方も二人は違った。鶴田の場合は、撮影が終わると、「今回は大変だったから」と飲みに連れていってくれた。いつも内藤らが日ごろとうてい入れるところではない高級な料亭が多かった。

そのいっぽうで、高倉健は酒を飲まないこともあってもっぱらコーヒーだった。

二人のその付き合いの違いは、スタッフから見ても距離感の違いを感じさせるものだった。

第３章　知られざる高倉健《たかくらけん》

アクション映画『顔役』挿入歌から始まった『網走《あばしり》番外地』

　高倉は『人生劇場　飛車角』で輝きを増したとはいえ、『網走番外地』までは人気も実績もまだまだで、鶴田《つるた》のようなスター俳優というわけにはいかなかった。

　しかし、そもそも鶴田は東宝から移籍してきたのでいくら実績や人気がある俳優とはいえ、東映に限っていえば高倉が先輩格にあたる。そのあたりの配慮のようなものがあったのかもしれない。のちに「Ｂ面映画の職人」とも称される内藤誠《ないとうまこと》から見ると、東映は、鶴田と高倉をなるべく共演させないようにしているように思えた。

　鶴田浩二《こうじ》と高倉健が共演するのは、もっぱら石井輝男《いしいてるお》監督が東映で撮るときだった。昭和四十年一月三日公開のアクション映画『顔役』もその一つだった。

　この作品で、内藤は第二助監督を務めた。

　もともとこの作品は深作欣二《ふかさくきんじ》監督が撮ることになっていた。内藤が助監督についたのは、深作との関わりが強かったからだった。

　ところが、深作が「胃腸の調子が悪い」と訴え監督を降りてしまった。代わりの監督には石井輝男が起用された。この監督の交代劇で何が起こったのか、内藤には詳しいことはわからなかった。わからないまま、石井の下で助監督を続けた。

その石井から、『顔役』の挿入歌について指示を受けた。

「NHKで放映されていたドキュメンタリーに出ていた若い衆が、いい歌を歌っていたんだ。それを健さんに歌わせたいから、NHKに行ってテープをもらってきてくれ」

石井が言っていたのは、ドキュメンタリー番組「現代の映像」シリーズの、昭和三十九年八月十六日に放送された『兄貴と若い衆』で、まさに若い衆が弾き語りで歌った歌のことである。

その若い衆は、網走刑務所でその歌を覚えたという。誰が作詞し作曲したのかもわからなかったが、「春が来て　羅漢のお寺に花が咲く」というフレーズがとても印象的だった。

歌はこう続く。

♪かばってくれた
やさしいひと
どうせふたりは
この世では
ともよぶ千鳥と同じこと

内藤がさっそくNHKの担当プロデューサーと連絡をとると、あっさりと使用許可が下り、テープももらえた。

しかし、謝礼として持っていった現金は断固として受け取ってもらえなかった。

そこで、NHKの担当プロデューサーの助言に従って、商品券を購入した。そのプロデューサーに、若い衆に渡してくれるように頼んだ。結局、その若い衆には一度も会わずじまいだった。

この歌は、『顔役』で音楽を担当した八木正生《やぎまさお》によって編曲もされた。初めて歌ったのは、三田佳子《みたよしこ》だった。

高倉健演じる早見恭一が想いを寄せる三田佳子演じる幼稚園の先生の柏田真弓が夜、幼稚園で一人オルガンを弾きながら、その歌を口ずさむ。

そのいっぽうで、高倉健の歌によるシングルレコード化も進められた。そのレコーディングの場に、内藤もいた。助監督は、映画に関することは音楽ダビングでもなんでも付き合う。高倉の音入れも、横で聞いていないといけない。

高倉は歌った。

♪春に　春に追われし　花も散る
酒《きす》ひけ酒ひけ　酒暮《きすぐ》れて
どうせ俺《おい》らの行く先は
その名も網走番外地
♪キラリ　キラリ光った流れ星
燃えるこの身は北の果て
姓は誰々　名は誰々
その名も網走番外地
♪遥か　遥か彼方にゃオホーツク
紅い真っ紅な　ハマナスが
海を見てます　泣いてます
その名も網走番外地

♪追われ　追われこの身を故里《ふるさと》で
かばってくれた可愛いい娘《こ》
かけてやりたや　優言葉《やさことば》
今の俺らじゃ　ままならぬ

驚いたことに、スタジオにはその当時高倉の妻だった江利《えり》チエミもふらりとやって来た。いろいろと高倉に教えていた。

「そこは、息んでいかないとダメよ」

「そうそう、いいわよ」

時には、江利が歌ってみせたりもした。まるで音楽監督のようだった。

高倉も、江利の言うことを素直に聞き入れていた。そして、江利の言ったように歌えると、江利は「いいわよ、いいわよ！」とうれしそうに拍手をした。

江利がそこまで絶賛すれば、見守る内藤も一緒になって拍手せざるをえない。音楽監督だった八木正生も苦笑しながら手を打っていた。

そんな二人のやりとりはとても好ましく、内藤はのちに二人が離婚するとは思いもよらなかった。

発売は『顔役』の公開に合わせた昭和四十年一月三日。タイトルは『網走番外地』。この曲は売れに売れた。なんと二百万枚も売れた。

映画史に残るキャラクター「鬼寅」の見せ場

この流れに乗って『網走番外地』の映画化が企画されたのである。企画したのは、東京《とうきょう》撮影所所長の今《いま》田《だ》智《ち》憲《あき》だった。

映画『網走番外地』では、石井輝男監督だけでなく、チーフ助監督の内藤誠、セカンド助監督の伊藤俊《いとうしゅん》也《や》、サードの小平裕《こひらゆたか》らも台本作りに参加した。

話し合うのはいつも、東京・練馬《ねりま》区江古田《えこだ》にある鳳莱旅館だった。台本をつくりながら、四人で気づいたことがあった。この映画には、ヒロインが存在しないことである。

「網走の牢屋の話なんだから、女の子が出てこなくてもいいだろう」

助監督三人は、ほとんど気にしなかった。

そのうち、初めは難色を示していた石井監督も納得した。

「そうか、映画はヒロインなんかいなくてもできるよな」

物語は、こう始まる。

網走に到着した新入りの囚人たちのなかに橘真一（高倉健）と権田権三（南原宏治《なんばらこうじ》）、そして初老の阿久田寅吉（嵐寛寿郎《あらしかんじゅうろう》）がいた。橘は義父（沢彰謙《さわあきのり》）と仲が悪く家を出て関東竜神一家の世界に入る。傷害で三年の刑をくらった。橘たちの入った雑居房には依田平蔵（安部徹《あべとおる》）らの古参囚人がいた。八人斬りの鬼寅の兄貴分と称していばる依田にしたたかな権田は共鳴し、橘は反抗した。

続いて、夜に依田たちが橘に襲いかかる。その騒ぎで橘が懲罰房に。

橘は過去を思い出し、母（風見章子《かざみあきこ》）をいじめる義父への怒りを森林伐採の労働に紛らせた。が、点数稼ぎと言われた悔しさから風呂場で騒ぎを引き起し、また懲罰房に。

保護司妻木（丹波哲郎《たんばてつろう》）が親身になってくれたが、妹の道子（勝間典子《かつまのりこ》）からの手紙で母の病気を知った橘の心は焦ってきた。

依田と権田を中心に脱獄の計画が進んでいたが、決行寸前、阿久田の行動で計画は崩れた。阿久田は自分こそ鬼寅だと明かした。

数日後、山奥の作業に出た囚人たちは護送トラックから飛びだした。橘も権田にひきずられ外へ。二人は手錠でつながれたまま雪の中を走った。

二人が侵入した家は、なんと妻木の家だった。橘に裏切られた思いの妻木はトロッコで逃げる二人を追った。

二人は手錠の鎖を汽車に切らせるが、そのとき権田がけがをした。橘は権田を助け、追ってきた妻木とともに病院に馬ぞりを走らせた。

石井監督は、前々から昭和三十三年十月十四日に日本公開されたスタンリー・クレーマー監督の『手錠のまゝの脱獄』の日本版をやりたいと思っていた。白人トニー・カーチスと黒人シドニー・ポワチエが演じる囚人の二人は手錠でつながれたまま脱走する。二人は当初は激しく反目し合いながらも絆《きずな》を深めていく。

石井は北海道の大雪原を舞台に橘と権田の二人の脱獄囚のドラマを展開することにした。

石井監督は、山平重樹の『任俠映画が青春だった』（徳間書店）で、嵐寛寿郎演じる老囚人「八人殺しの鬼寅」について語っている。

台本を読んだ嵐が、石井の自宅を訪ねてくるや、いきなり口にした。

「この映画、当たりまっせえ」

「え、どうしてですか？」

「この鬼寅の役柄といい、このセリフといい、最高によろしおまっせ。囚人同士の自己紹介で、鬼寅が最後に南無阿弥陀仏と唱えるところが、特によろしおまんがな。これ読んだとき、もうこの映画、ワテがいただいたと思いましたで。主役よりワテのほうが目立ちますわ」

石井監督は驚いた。子どもの頃から憧れた鞍馬天狗の大スターが、まだ台本の段階で、自信を持って、「この映画は当たる」と言ってくれているのだ。

嵐寛寿郎は、新東宝で『鞍馬天狗』『むっつり右門』『銭形平次』などを演じ、時代劇にはなくてはならない「アラカン」の愛称で呼ばれた大スターである。そのほかにも、明治天皇や神武天皇など、歴史上の大物を演じていた。

大物が『網走番外地』に出演したのは、新東宝で監督を務めた石井とのつながりがあったからに違いない。

チーフ助監督の内藤誠によると、網走では、嵐寛寿郎のために昭和天皇が泊まったという部屋を用意した。

初めて挨拶に行ったときには、さすがに緊張したという。それだけの大物俳優である。明治天皇を演じたときの印象もあって、よほど偉そうな風情なんだろう、くらいに思っていたが、まったく違った。内藤らが挨拶して頭を上げてもまだ頭を下げている。そのような腰の低い人だった。

だが、次のような映画シーンから、嵐が言うとおりのヒットにつながっていく。

嵐寛寿郎演じる鬼寅は網走刑務所の雑居房で、安部徹扮する牢名主から、訊かれる。

「おまえ、何年もらったんだい？」

鬼寅が答える。

「あれは御大典の特赦と終戦の復権令があったので、そうでございます、残りが二十と一年です」

安部徹の牢名主以下、高倉健や田中邦衛《たなかくにえ》、待田京介《まちだきょうすけ》、南原宏治、潮健児《うしおけんじ》らが扮する囚人一同が凝然とするなか、鬼寅は「南無阿弥陀仏」を唱える。

嵐寛寿郎

みんなで脱獄というシーンで、囚人たちは、鬼寅は年寄りで邪魔になるから、その前に始末してしまおうと、毛布で窒息死させようと襲いかかる。

だが、鬼寅は、襲いかかる一人ひとりに、すごみのある眼で睨み回し、啖呵《たんか》を切る。

「冥途の道連れに誰か一人、付き合ってもらいましょうか。あっしのような年寄りでも、まだ一人くらい連れていく力は残っている。さいわい、このような便利なものが手に入ったものでね」

いつの間にか手にドスを握っている。

「あんたから、刺しましょうか。それとも、こちらの粋がった兄さんにしましょうか」

その殺気にみんな震えあがる。

鬼寅は、安部徹演じる依田平蔵に狙いを定める。

「そうだ。あんたがいい。あんたとワシは親しい兄弟分らしいからな」

依田は、いつもみんなに「八人殺しの鬼寅の兄貴分」とうそぶいていたのだ。

依田は驚愕する。

「て、てめぇは……」

「そうさ。その鬼寅さ」

壁に追い込まれ怯《おび》えている依田は、へたりこむ。

高倉を除く他の囚人たちも、そろってへたりこむ。

嵐寛寿郎の見せ場である。

「八人殺しの鬼寅」は映画史に残るキャラクターとなる。

『網走番外地』は当初モノクロ撮影の「添え物」だった

チーフ助監督の内藤は、ロケハンに現地の網走まで飛び、美しい雪景色をカラーで撮った。もちろん映画自体、カラーで撮るつもりだった。

ところが、ロケハンから戻ると、東映の東京撮影所所長の今田智憲が言った。

「この台本は、ヒロインらしいヒロインも出ていないじゃないか。地味だから『添え物』にする」

そもそも『網走番外地』を企画した今田が、台本を読んだうえでヒットを見込んだ作品と併映する、いわゆる「添え物」にすると決めたのである。興行的にはほとんど期待されていなかったのだ。

予算は削りに削られ、当初予定していたカラー撮影もモノクロに変更された。東映がメインの作品として期待していたのは、鶴田浩二主演の『関東流れ者』だった。

〈主演が健さんだから、「添え物」でも仕方ないか〉

せっかく初めてのチーフ助監督だったが、内藤はあきらめ気分も抱えながら、撮影に臨んだ。

撮影は、北海道《ほっかいどう》でのオールロケだった。

網走を舞台としながら網走駅ではロケをしなかった。石井に言わせると、人の乗り降りが多い駅では、日本の北端に位置する網走を舞台とした『網走番外地』に流れるもの悲しさを表現できないということらしい。

そこで、当時網走駅から釧路《くしろ》駅に向かって二つ釧路寄りにあった北浜《きたはま》駅を網走駅に見立てて駅の看板を「網走」に変え、囚人を駅から網走刑務所に護送するシーンを撮ったのだった。

網走だけでなく、川湯《かわゆ》温泉をはじめ各地で撮った。現場は、いつも午後三時には撤収した。フィルムの感度が悪かったおかげで、その時間を過ぎると寒さのために撮れなくなってしまうからである。

スタッフにとっては、それからが楽しい時間だった。酒をイヤというほど飲んだ。高倉は一緒にコーヒーを飲みながら楽しそうにしていた。

内藤はこの映画の高倉の演技を忘れられない。いつも以上のすごみや迫力があった。ことに日本刀を握らせたときの迫力、すごみはほかの俳優ではできない。血圧が上がるくらいに息んでいた。それでも、この『網走番外地』が、高倉健という俳優をスターに押し上げるほどの作品になるとは思いもよらなかった。

高倉は、撮影現場で立ったまま座らない。のちに高倉と共演したビートたけしが『オールナイトニッポン』で紹介し、有名になった高倉のたたずまいだが、いかにも高倉らしい。

『網走番外地』の共演者によると、このシリーズでも雪の中のロケがあろうと、お構いなしで、高倉は決して火に当たらなかった。

主演のスターである「高倉健用」のテントは、当然用意されている。中に入れば、ガンガンに炭が熾《おこ》してあるのだ。が、高倉がそこに手を伸べることはついぞなかった。

たまったものではないのは脇役たちである。ペラペラの囚人服に素足。凍った草履《ぞうり》を履いていた。いまにも凍えそうな状態で、その格好で雪中を行進させられる。

高倉は帽子をかぶり、コートに長靴で吹雪の中、外に立っていた。その姿を眺めながら、共演の囚人の一人は恨めしくこう思った。

〈あの人が火に当たってくれれば、俺らも当たれるのになあ〉

主演スターの高倉健が火に当たらない以上、山本麟一《やまもとりんいち》や八名信夫《やなのぶお》、田中邦衛、由利徹《ゆりとおる》ら脇役も耐えるしかない。

ときどき、たまらず火に向かう役者もいた。そういうとき、高倉が短く言う。

「スタッフが雪ん中でこうやって凍えて仕事やってんのに、火に当たってるのか、おまえらっ」

今になって脇役の一人は思う。

〈「吹雪の中、じっと立っている高倉健」。健さんの頭の中では絵になってたんだろうな〉

脇役のうち、待田京介はこうも語る。

待田は、『網走番外地』一作目に囚人の夏目役で出演するが、それ以前にも、石井監督がメガホンをとった『暗黒街の顔役　十一人のギャング』『昭和侠客伝』『東京ギャング対香港ギャング』『御金蔵破り』などにも出演していた。

『網走番外地』も石井監督から「マチキョウさん出てよ」と言われて、急遽《きゅうきょ》キャスティングされたのである。

「ちょうど松竹の映画に出ていて、大船《おおふな》撮影所で撮影していた。『元町《もとまち》にでも寄って行こうか』なんて考えていたら、『急遽、羽田《はねだ》空港に行って、北海道に飛んでくれ』って頼まれた。だから、シナリオも読んでいない。春着の背広のままで行ったんです。『飛行機はこれに乗ってくれ』って感じで、空港についても誰もいないから、札幌《さっぽろ》まで自分で移動した。札幌では宣伝部の人間が迎えに来て、ホテルに案内してもらって、翌日の朝早くに汽車を乗り継いで、ようやく網走の撮影現場に着きましたよ」

すでに撮影は進んでいたという。

「石井監督に『いやあ悪かったね、よく来てくれた。衣装が用意されていないから、そのままでやってくれ』って言われました。列車が駅に止まり、囚人が下車してくる映画の冒頭のシーンは、僕が出るからあとから撮っているんです。撮影の日取りを変えて待っててくれていました」

極寒の地での撮影は大変だったという。

「何しろ、零下三〇度ですからガチガチ歯が震えて、助監督に『台詞《セリフ》を言ってください』と言われても出てこない。もうあの寒さは異常です。そこに背広とワイシャツ一枚で行ったんだから、死にに行くようなものでした。なんとか、『ひぇ、冷房がよく効いてやがらぁ』とのセリフを言いましたよ」

待田が高倉の印象を語る。

「健さんは面白い人でしたよ。猛吹雪で撮影ができないときは、流しのギター弾きの奴がいて、『網走番外地』の歌を歌う。そのうちに詠《よ》み人知らずの歌の歌詞を俺たちでつくろうって話になって、歌詞をつくったことがあります。元歌があったけれど、作者も作詞者もわからない。いつの間にか、自然と獄中で受刑者たちに歌われていたんですよね。だから著作権も何もなかった」

劇中では、『網走番外地』の歌が効果的に使われている。

♪一人暮らしのお袋に
極道重ねた罰《ばち》当たり
すまぬすまぬと手をついて
涙で祈る番外地

高倉健には独特な印象を持ったという。

「自分の城を持っているというか、孤独なんですよ。まるで托鉢《たくはつ》僧みたいな方。たとえば、健さんは酒を一滴も飲まない。でも本当は飲めるんです。飲まないと決めたら、飲まない。そういうストイックなところがあるんです。お酒もやめた健さんは、芝居も、前に押し出す芝居はしない。引き算の芝居しかしない。人を押しのけて前に出てどうのこうのって芝居はしない」

高倉が参加するロケでは付き添いが現地に必ずケースを持参していた。中にはさまざまな種類の医薬品がぎっしり詰まっている。

スタッフやキャストで「熱が出た」「下痢が止まらない」などと不調を訴える者が出ると、高倉はそのケースを開く。症状に合う薬を取り出し、急病人に手渡す。そのとき、用法・用量の説明も欠かさない。

「おまえ、これを一日に何粒飲んで、何時間おきにこうしろ」

スターでこれほど周囲に気を遣う例はなかった。その意味では珍しい俳優である。

高倉は医者に診せることをよしとしなかった。独自に用意した常備薬で回復を図る。世話になった一人は思う。

〈健さんは医師を信用してなかった。もしかしたら、人間嫌いが高じていたのかもしれない〉

大山倍達《おおやまますたつ》の一番弟子・待田京介の芸能界入り

『網走番外地』に第一作目から出演した俳優の待田京介（本名・薦岡康彦《こもおかやすひこ》）は、父親の定雄と母親の静代の三男として、昭和十一年六月二十二日、千葉県館山市《ちばけんたてやまし》で生まれた。

祖父は、網元だけでなく、魚屋も経営していた。そのため母親は父親が亡くなったあとは、その魚屋を営みながら、子ども三人を育てたという。

のちに役者として多くの映画やドラマに出演することになる待田は、館山に住んでいた少年時代、生涯の恩師となる人物と出会う。地元に道場を開いた極真空手の創設者である武道家の大山倍達の弟子となったのだ。

しかも、待田は、生涯に多くの門弟たちを抱えることになった大山の一番弟子である。

昭和二十七年四月、待田は、館山市にある千葉県立安房《あわ》第一高校（現・安房高校）に入学した。が、いじめに遭い、東京に出た大山倍達を追い昭和二十九年の夏、待田一家は練馬区の大泉《おおいずみ》に転居して、待田は都立の大泉高校に転校することになった。

のちに待田は語る。

「大山先生は、他の誰もが見ることができない狂気の世界を見ていたはずですから。その世界に魅力を感じていました。朝鮮半島から一人で日本に渡って来て、空手にひたすら打ち込んでいる。この人はすごいことをやっているんだな、といつも思っていました」

待田にとって、大山と知り合えたことは幸福な出会いであった。

「大山先生が武道家として力をつけたのは、館山時代ですから。偶然ですが、その時代の大山先生と接することができて、本当に幸せな出会いだったと思っています」

待田が空手に熱心に取り組んだことは、のちに役者になってからおおいに生かされたという。

「アクションでもなんでも、言われたことはすべてできました。空手で鍛えられたのでしょう」

なお、のちに東映では、『空手バカ一代』『けんか空手極真拳』『けんか空手極真無頼拳』など大山倍達を描いたヒット作を多く製作している。


待田は、昭和三十年三月、大泉高校を卒業した。

待田が役者を志すようになるのは、ボーイとして働いていた銀座《ぎんざ》のクラブでの出来事がきっかけだった。

ある晩、店の馴染みの客の一人である新東宝の撮影所長の星野和平《ほしのわへい》が待田に言った。

「俺がおまえを映画スターにしてやるから、役者になれよ。俺が新東宝に入れてやるから」

戦前に「星野芸能社」を設立し、多くの俳優を抱えてプロデューサーとして活動した星野は、昭和二十九年、製作を再開した日活の契約プロデューサーとなった。

さらにその翌年の昭和三十年には、映画監督の渡辺邦男《わたなべくにお》とともに新東宝に入社。渡辺が取締役製作担当（製作本部長）となり、星野は取締役撮影所長に就任していた。

当時、映画界では、東映や松竹など各社が軒並み競うように新人俳優の発掘に躍起になっていた。オーディションを実施し、ニューフェイスとしてデビューさせるのだ。

星野はクラブの女性たちの前でいい顔をしたかったのかもしれない。

待田も「役者をやってみるのも悪い話ではないな」と思い、その気になってクラブを辞めることにした。が、二週間後になって、突然、星野から言われた。

「悪いけど、あの話はなかったことにしてくれ。今年はニューフェイスはいつもの半分の五人しか採用しないんだ」

待田にしてみたら、星野に騙されたような話だった。

〈自分で勝手にニューフェイスにしてやると吹かしておいて、ふざけんなよ〉

待田は約束を反故《ほご》にされたことが面白くなかった。もともとの反抗心もあったのかもしれない。

〈それなら自分の力で役者になってやろうじゃないか〉

そう思った待田は、東宝が主催する芸能学校と俳優座の養成所の試験を受けてみた。

すると、両方とも受かったので、両方に通ってみることにした。


待田は、昭和三十三年に日活へ入社する。

この年、井上梅次《いのうえうめつぐ》監督の石原裕次郎《いしはらゆうじろう》主演の昭和三十三年七月六日公開の『素晴しき男性』で土屋秀男役を演じて、スクリーンデビューを果たした。

続いて待田は、小杉勇《こすぎいさむ》監督の昭和三十三年九月二日公開の歌謡映画『船方さんよ』の主役に抜擢《ばってき》された。

待田は、これ以降、日活で、小林旭《こばやしあきら》、川地民夫《かわちたみお》らに続く新人として売り出され、多くの作品に出演する。

昭和三十四年一月十五日公開の鈴木清順《すずきせいじゅん》監督『らぶれたあ』に主演した。

待田は、さらに昭和三十六年七月から放送された『月曜日の男』（ＴＢＳ系）で主演として大ブレイクする。

待田演じる主人公の推理小説家、持統院丈太郎（ＪＪ）が難事件を解決するというドラマは最高視聴率四〇・九％を記録するなど、話題を呼び、三年間にわたって放送される。待田は、主演として毎週三十分の生放送を経験した。

昭和三十七年からは、東映のギャング映画や任侠映画を中心に準主演格で活躍。東映以外の大映や日活でも、数多くの映画に出演することになる。

俊藤浩滋《しゅんどうこうじ》プロデューサーと出会い待田は任侠映画に出演

昭和四十年、待田は、役者としてデビューしてから数年が経っていた。

待田は、京都《きょうと》に来ていた。

待田がその理由について語る。

「女房とうまくいかなくなり、人を信頼できなくなることがあって、週刊誌の記者がいないところに行きたかったんだ。日産のプリンスに乗って、十万円だけ持って京都に行った。京都では大原《おおはら》の三千院《さんぜんいん》とかお寺を一人でぶらぶらと気ままに、回っていたんだ」

待田は、京都では『おそめ』にもたびたび足を運んだ。最初は東映のプロデューサーの俊藤浩滋が経営しているとは知らずに通っていたという。

『おそめ』は、俊藤の愛人で、のちに妻となる上羽秀《うえばひで》が昭和二十三年から木屋町《きやまち》でママをしているバーで、昭和三十五年に御池通《おいけどおり》に移転し、ダンスホールやナイトクラブを備えた「おそめ会館」として新装開店していた。

待田は、あるとき、『おそめ』で、俊藤に会った。

「おお、待田か、今、何やってんだ？」

「京都でプラプラしてます」

「なんだ。遊んでるのか。それなら、京都の撮影所で少し仕事していったらどうだ」

それが待田が俊藤プロデュースの東映の任侠映画に頻繁に出演するようになるきっかけだった。


待田京介は、東映京都撮影所で仕事をするようになった当初、驚いたという。

〈えらいところに来たなあ。これが撮影所なのか〉

当時の撮影所には本物のヤクザも闊歩《かっぽ》していた。さらに当時の東映の製作部には、入れ墨を入れているスタッフもいた。

「舐《な》められたらまずいなと、最初から居直りました。松竹でも日活でも物怖《ものお》じしたことは一度もなかったけれど、さすがに京都の東映に来たときは腹をくくりました。何かあったときには、一勝負しないといけないな、と覚悟を決めましたね」

待田は、太秦《うずまさ》という街の狭さにも驚いたという。

「照明の誰かと結髪の誰かが夫婦だったりとか、クラブで遊んでいても、すぐ噂になるんです。京都は狭いからムラ社会なんです。大映にしても日活にしてもそんなことはないですから。東映は独特でまるっきり雰囲気が違う。人間が全部つながっていて、どこかでドジをしたら、すぐにムラ中にわかる。スタッフも親戚だったり夫婦だったりする。朝、おはようと声を掛けると、『ゆうべ、○○で飲んでましたね』と言われるところなんです」

待田京介にとっては、大山倍達と同じく俊藤浩滋も恩人の一人であるという。

「大山先生からは、人間の生き方は正道だということを教えてもらいました。正々堂々と進めという大山先生の教えは、どこで働くにしても役に立ちました。下々の人間が大望を抱くのは間違いの元。権力を握った人間は先を求めるわけですから、そういう人の性《さが》を見て、自分は自分の器の中で生きなさいと教えられた。僕は父親を知らなくて、大山先生が代わりのようなものですからね。俊藤さんも一人目の恩人です。よい人に巡り合えたと思います。任侠映画は俊藤さんがいないとできませんでしたよ」

待田京介が最初に出演した俊藤のプロデュースした映画は、のちに触れる昭和四十年八月十二日公開の『日本侠客伝　関東篇』だった。

待田京介

待田は、任侠映画の全盛期、俊藤プロデュースの映画に多く出演した。

「俊藤さんは多くの映画をつくりましたが、俊藤浩滋の作品で赤字になったものは一本もない。あんなプロデューサーは世界広しといえどいないでしょう。しかも毎月二本のペースでつくっている。僕もその頃は、毎月台本二冊持って歩いてましたよ」

大川博

実は『網走番外地』の続編製作やそのシリーズ化にも俊藤が大きく関わっている。

鶴田浩二主演の『関東流れ者』とともに昭和四十年四月十八日に「添え物」として封切られた高倉健主演の『網走番外地』は、初日から思わぬほどの大ヒットを飛ばした。

このヒットで、高倉健は、ついにスター俳優の仲間入りを果たしたのだった。

映画のヒットには、当然、高倉が歌う『網走番外地』の大きな後押しがあったことは間違いなかった。

そこで、さっそく第二作目をつくることになったが、第一作同様モノクロでいくことになった。高倉は、『網走番外地』の第一作がヒットしたにもかかわらず、まだ実績がたりないと見られていたのだ。

ところが、高倉にも意地があった。

「モノクロでは、いやだ」

大川博《おおかわひろし》東映社長は、怒った。

「それなら、梅宮辰夫《うめみやたつお》で撮れ」

俊藤浩滋プロデューサーは、当時、東京の撮影所長であった今田智憲に頼まれて、大川社長を口説きにかかった。

「せっかく高倉が伸びかかっているんだから、なんとかカラーにしてもらいたい。絶対に当たります」

「当たるか」

「当たります」

「よし、それならカラーでやってみろ」

高倉も、「カラーならば」と納得し、出演することになった。

その後『網走番外地』シリーズは、第一作同様にすべて石井輝男が監督し、なんと第十作までつくることになる。

助監督を務めた内藤誠によると、この作品で一気にスター俳優の仲間入りを果たした高倉は、演技にもすごみが増した。いかにすごみを出すか、上半身に力をこめるために努力も欠かさなかった。同じ任侠映画でも、そのあたりが鶴田浩二とは違っていたという。鶴田は、あくまでも冷静に「来るなら来い」と言わんばかりであった。

石井監督も、高倉の演技には満足していた。自分の思い描く任侠の世界を表現できるのは、高倉健だとも思っていたのだろう。

待田が語る鶴田浩二と高倉健

さらに待田京介は語る。

「俊藤さんが若い頃、神戸《こうべ》にバラケツ（不良）が三人いたんです。五島組に出入りしていた俊藤浩滋と山口組の菅谷政雄《すがたにまさお》、松浦組の松浦繁明。この三人の時代があった。三人のうち俊藤さんだけがカタギになって、京都の撮影所に入りますが、そうしたら、松浦さんは自分のところの若い衆を五人くらい京都に住まわせて、俊藤さんの身辺の護衛をさせたんです」

俊藤のところには、日本中のヤクザたちから任侠映画の原案となるような実際にあったエピソードが持ち込まれたという。

「各地のヤクザたちが俊藤さんに話を持ってくるわけです。『俺の親分は○○だった』とか、『俺は○○をやったんだ』と。映画のタネになるようなエピソードを持ってきて、それが任侠映画のストーリーに生かされたわけです」

待田京介は、高倉健とともに任侠映画の二大スターだった鶴田浩二とも数多く共演している。

「鶴田さんは松竹時代にヤンガースという野球チームをやっていて、そこである人に裏切られて、一財産無くしているんです。詳しい経緯は知りませんが、ヤンガースは解散して、金銭に対して潔癖になりました。それ以来、鶴田さんは余計なことには手を出さない。人に勧められて、商売に一口乗ったりとかそういうことも絶対にしない。懲りたんでしょう。それを生涯守って、道楽といえば、女道楽ばっかり（笑）。鶴田さんは自分のプロダクションをつくって製作に乗り出したりもしなかったでしょう」

また、鶴田浩二は、いつも俊藤浩滋のことを「兄貴」と呼び、慕っていたという。

待田京介は、石井輝男監督、鶴田浩二主演の昭和三十八年一月十五日公開の『暗黒街の顔役　十一人のギャング』で、鶴田演じる主人公の権藤の動きを見張る目付け役として組織から派遣される葉室の役を演じたことがあった。

劇中では、鶴田にとって待田は煙たい存在だ。役者のアイデアを重んじながら撮影する石井監督は、鶴田の嫌がる表情や素振りを撮るためのアイデアを待田にも訊いた。

「マチキョウさん、なんか鶴田さんが嫌がるようなことないかな？」

待田は一計を案じて鶴田に訊いた。

「にんにく好きですか？」

「嫌いだよ」

待田はスタッフに生のニンニクを準備させた。

待田は、その生のニンニクを撮影前に鶴田の横でこれみよがしにかじった。鶴田は思わず嫌な表情を浮かべる。

石井監督はその鶴田の様子をみて、すぐにキャメラを回したという。

そして、待田は、石井監督がヒットを飛ばすことになる『網走番外地』に第一作から出演することになった。

高倉との共演が多かった待田がその交流について語る。

高倉とは使っているジムが同じで、クラークハッチ健康管理センターに待田も通っていた。

「いつもジムに行ったあとに六本木のキャンティで食事をして……という感じだった。ただ、健さんはもっぱらコーヒー党なので、キャンティには来ないで馴染みの喫茶店をハシゴするんです。一日に最低でも二、三軒は行っていて、ときどき付き合いましたが、コーヒーを何杯も飲むだけだから閉口しましたね。芝居の話とか演技論とかはいっさいしない。そもそも無口だから、自分からベラベラしゃべることはなかった」

そのいっぽうで、高倉にはユーモラスな一面もあったという。

「六本木の交差点なんかで綺麗な女の子を見かけると、健さんは車の中から『姉ちゃん乗ってって。一緒に遊びに行こうよ』なんて声を掛けたり、手を振ったりする。でも、女の人がいざ自分の車のほうに来ると、知らんぷりして急にサーっと走り出してしまって相手を驚かす。冗談で、ふざけてやっているんですよ」

テーマ曲『網走番外地』と大原麗子《おおはられいこ》の笑い話

シリーズ化された『網走番外地』では、その作品ごとにテーマ曲「網走番外地」の歌詞を作品に合わせて替えることになった。作詞したのは、内藤誠ら助監督だった。その当時の助監督は三人いて、三人が考えに考え抜いた。

作詞が採用されると、一万円が謝礼としてもらえるからである。内藤が作詞したのは「一人暮らしのおふくろが……」という内容の歌詞だった。

♪流れ流れ　この身を故里の
うるむ明りに　おふくろが
消えて浮かんで
また消えた
その名も網走番外地

採用された歌詞を、予告編をつくるときに使ったりもした。

ただ、どの助監督が謝礼をもらおうとも、その謝礼のほとんどは三人の飲み代に変わってしまったのだった。

なお、しばらくの間、原曲がわからないままだった『網走番外地』だったが、昭和五十年代半ばに、昭和六年に公開された日活映画『レビューの踊子』の同名主題歌だと判明する。橋本国彦《はしもとくにひこ》が足利龍之助《あしかがりゅうのすけ》の変名で作曲し、市橋一宏が作詞したものだったのである。

オペラ歌手の田谷力三《たやりきぞう》、羽衣歌子《はごろもうたこ》、桜井京が歌った。

いつ頃からか、『レビューの踊子』のメロディが裏街道を行く男たちの愛唱歌に使われるようになった。それがやがて、網走刑務所で服役する受刑者たちの無聊《ぶりょう》を慰める歌となったのである。

ついでながら、第三作『網走番外地　望郷篇』の長崎《ながさき》ロケのときだった。助監督の内藤は、現地入りした嵐寛寿郎に呼ばれた。なにごとかと思って嵐のもとを訪ねると、嵐寛寿郎は内藤に言ってきた。

「僕は、ここにいないことにしてください」

詳しいことまでは口にしなかったが、恐らく女性が絡んでいることは内藤には察しがついた。

内藤が聞いたところでは、嵐はかなり派手に遊んでいるようだったが、相手の女性と別れるときには誠心誠意尽くすらしい。その女性と過ごした家から何もかもすべて、ひと財産、別れるときに渡してしまうのだという。

恐らく、そのときには、いままで付き合っていた女性から次の女性に移るときだったのだろう。

高倉健と大原麗子が初めて共演したのは、昭和四十年十二月三十一日の大晦日公開のシリーズ四作目の『網走番外地　北海篇』である。

大原はこの年、十八歳で東映に入社している。

大原は芸能界に入る前、六本木《ろっぽんぎ》野獣会に属していた。昭和三十年代、当時流行の先端地だった六本木界隈でたむろしていた遊び人たちの集団である。すぎやまこういち、田辺靖雄《たなべやすお》がリーダー格で、メンバーには峰岸徹《みねぎしとおる》、中尾彬《なかおあきら》、小川知子《おがわともこ》、井上順《いのうえじゅん》、ムッシュかまやつらがいた。

大原はスカウトされて、映画の端役やテレビドラマへの出演を経て、東映に入る。

新人の大原を見て、この作品に悪役として出演している一人は思わず嘆息した。

〈えらい奴が入ってきたもんだ。暴走族みてえなもんじゃないか。とんだ「チンピラ女優」さんだな〉

ところが、大原が単なる元不良ではなかったことにすぐに気づかされた。同年輩の女優のなかではひときわ利発だった。何より、あの愛くるしさである。

高倉もそのへんが気に入ったのだろう。

大原麗子

大原は高倉をどう呼んでいたか。これがなかなかふるっている。どこにいようが、「健坊ーっ」と大声で呼ぶのだ。最初に聞いたとき、周りの男たちは腰を抜かしそうになった。

ところが高倉は、大原に何と呼ばれようが、付きまとわれようが、疎んじるような素振りはいっさい見せなかった。

山本麟一

どちらかというと、実は大原のほうが高倉に入れ込んでいた。高倉がどこへ行くにもおおらかについて行く。

京都撮影所だろうが、東京撮影所だろうが、大黒柱の高倉を坊や呼ばわりできる人間はまずいない。片岡《かたおか》千恵蔵《ちえぞう》や俊藤浩滋は確かに「健坊」と呼んでいた。だが、これは別格である。大原は駆け出しの新人にすぎない。高倉は十五歳も年上で、東映の大先輩に当たるのだ。

北海道・旭川《あさひかわ》市にロケに行ったときのことだった。「ヤマリン」の愛称で知られる山本麟一は、撮影の合間に仲間を誘った。

「おい、飯食いに行くぞ」

山本はニューフェイス一期として昭和二十八年に東映入社。明治大学ラグビー部出身で高倉にとっては同窓の先輩に当たる。任侠映画の悪役で鳴らした。

食事の前に寄り道をすることにした。近くの寺に行く。山本は彫刻が好きで、自分でも犬の像を彫ったりしていた。ロケで訪れた地では神社仏閣を訪ね、建築や仏像・神像を見学するのを楽しみにしている。

寺に着き、住職と話をしていると、思わぬ方向に転がっていった。

「そういえば、この間、高倉健さんが来ましたよ。大原麗子さんも一緒でしたな」

二人がどれほど仲睦まじく、何を話し、何をしたか。住職はこと細かにすべて語ってくれた。

山本らにしてみれば、「何を今さら」である。大原は共演者に高倉のことを大っぴらに平気で話した。自分がどれだけ好きか。高倉と普段どう過ごしているか。

「ああ、そうですか」

山本らは、適当に話を合わせるだけだった。

大原は、その後もシリーズの『荒野の対決』『南国の対決』『大雪原の対決』『決斗零下30度』と立て続けに出演し、花を添え、瞬く間に輝きを増していく。

大原は、撮影中に、高倉に行書で書かれた大原家の家系図を読み解いてもらったところ、赤穂《あこう》藩主の浅《あさ》野《の》内匠頭《たくみのかみ》の一族の子孫にあたることが判明したという。

高倉と大原の親交はその後も続いた。

昭和六十一年に大原が自宅を新築したとき、高倉からは新しい電話番号をプレゼントされた。その電話番号の末尾四桁は「００１５（レイコ）」となっていた。

高倉から万年筆をプレゼントされたときも、その万年筆には「０」から始まるシリアル番号が刻印されていた。

「０」は高倉が所持していて、「1」は大原に贈られた。大原は「健さんに1番に選ばれた」と言ってても喜んでいたという。

大原は、平成四年にＮＨＫのテレビドラマ『チロルの挽歌』で、主演した高倉の妻役として共演し、ギャラクシー賞奨励賞を受賞。大原はこの作品を「生涯の代表作」と自負していた。

後年、大原が亡くなったとき、大原の寝室のＤＶＤプレイヤーの中には、高倉と共演した『チロルの挽歌』のＤＶＤが入っていたという。

大原は昭和五十年、神経疾患であるギラン・バレー症候群を発症。病気がちになり、「何かを残さなくては」と書き付けたものの中には「健さんは本当はわたしを女としては見てなかった」「わたしは、健さんを好きだった」といった意味の内容が含まれていた。

『網走番外地』シリーズ六作目の昭和四十一年八月十三日公開『南国の対決』に出演した千葉《ち ば》真一《しんいち》によると、石井監督は撮影直前になって、役者に「ここはこうしてもらえませんか」と脚本にない演技を要求することがあった。

そのアイデアが面白い。

高倉健にも、生々しい肉感的な魅力ある路子役の三原葉子《みはらようこ》とのシーンを撮る前に、何か話していた。撮影を見ていた千葉は、石井監督が高倉に何を言っているかはわからなかった。

撮影が始まってわかった。豊満な乳房の谷間を見せつけながら高倉にすり寄る三原に、高倉がこう言ったのだった。

「ミルクは、今朝飲んできたよ」

豊満な三原に表情一つ変えずに高倉が言う。だからこそ、面白いシーンとなった。

撮影シーンを見ていた千葉は、思わず笑ってしまったという。

谷隼人《たにはやと》の「高倉の子分」志願

高倉健の「網走番外地」シリーズに何度も出演している俳優の谷隼人は、昭和二十一年九月九日、鹿児島《かごしま》県に生まれた。

谷は、勉強嫌いだったため高校を中退して夜の商売を始めた。

いくつか店を転々とした昭和四十一年、谷は新宿《しんじゅく》二丁目の店で黒服をしていた。日本人離れした端正な顔立ちに長身の谷は、女性だけでなく、女装男性やゲイにも大人気だった。

日活の映画にもアルバイト感覚で出演するほどで、「カッコイイ男の子がいる」という噂が駆け巡り、ゲイや東映関係者らが出入りする都内新宿区代々木《よよぎ》のスナック「エマ」にも流れ広がった。

谷は、エマで知り合った東映勤務の人から「一度撮影所に来い」と誘われた。

「どこにあるんですか?」

「大泉《おおいずみ》だ」

東映東京撮影所は、都内練馬区東大泉《ひがしおおいずみ》にあった。約束の日だいぶ早めに着いてしまった谷は、空腹を覚えた。金がないのでコッペパンを一つ買い、撮影所にあるプールの前でぼんやりパンをかじっていた。汚れてもいいようにと、黒いズボンに黒いとっくりのセーターを選んだのだが、谷が着るとスタイリッシュに映ったのだろう。近くを通りかかった東映プロデューサーの今田智憲が、目ざとく谷を見つけた。

「あれは誰だ？」

近くにいた人が答えた。

「ああ、誰だったかな、『俳優として使えるんじゃないか』って呼んだらしいです」

今田の目が光った。

「緑魔子《みどりまこ》の相手役に、いいんじゃないか？」

この頃東映では、昭和三十九年にデビューした緑魔子主演、降旗康男《ふるはたやすお》初監督の昭和四十一年三月十九日公開の『非行少女ヨーコ』製作の話が進んでいた。が、決まっていた相手役が何かの事情で降板してしまい、代わりの俳優を探している最中だった。

「魔子の相手役は、あの彼でいいじゃないか」

話を聞いた谷は、最初あまり気乗りしなかった。が、今売り出し中の大原麗子、石橋蓮司《いしばしれんじ》とともに、新宿で「睡眠薬遊び」と呼ばれるハイミナールでラリる予備校生のジロウ役と聞いて、気が変わった。

〈芝居のことなんて何も知らないけど、夜の新宿の世界はよく知っている。やりやすそうな役だな〉

谷隼人

商売柄、新宿に日夜集う若者をいやというほど見てきた谷は、自分の仕事の経験が活かせると思った。

こうして昭和四十一年、谷隼人は東映に入社することになった。本名の岩谷のイメージは堅すぎるため「谷」とし、出生地である薩摩の武士の美称「薩摩隼人」から名前をもらった。

その映画には、大原麗子がアコ役、石橋蓮司がナロン役で出演していた。

谷隼人と大原麗子は同い年だったが、東映入社は大原のほうが一年早かった。谷がデビューした頃にはすでに会社側は「そろそろ大原も軟派路線で売り出すか」と相談しており、たった一年の違いだったが、大原のほうがずっと格上扱いだった。

その流れから昭和四十一年四月二十三日公開のシリーズ五作目の『網走番外地　荒野の対決』の佐竹役で出演が決まった。

昭和四十一年の年明け、谷は、東京駅から東北本線の二等車に揺られて青森駅《あおもり》まで行き、青函《せいかん》連絡船に乗って北海道の洞爺湖《とうやこ》を訪れた。

生まれて初めての北海道だった。宿泊は八人部屋で、共演のトンズラの信役の小林稔侍《こばやしねんじ》らと寝食をともにすることになった。

九州生まれの谷は、北海道の寒さを知らなかった。ズボンの下に穿《は》く股引《ももひき》一枚持ってきておらず、やむなく衣装さんに借りることにした。

原口牧場の娘の路子役の大原麗子とは、『非行少女ヨーコ』に続き共演となった。牧場が舞台のため、谷は乗馬もこなさなくてはならない。体力には自信があったものの、出演前にドーランを塗ったりするのが、どうしても好きになれなかった。

主演の高倉健は、谷が見ても惚れ惚れするような男っぷりだった。

〈うわあ、格好いいなあ……〉

高倉は気さくな性格で、谷を可愛がってくれた。

高倉と同じ部屋でくつろいでいるとき、誰かがドアをトントンと叩いた。誰かと思って振り返ると、なんと着物姿の嵐寛寿郎が立っていた。

「嵐寛寿郎です。よろしくお願いします」

谷は思わず直立不動になった。

〈僕らが子どもの頃に見ていた『鞍馬天狗』のおじさんが、こんなにキチンとした挨拶をするのか。すごいな……〉

さすがの高倉健もパッと居住まいを正し、丁寧に挨拶を返した。

『網走番外地』のロケでは、毎日雪が降り続いた。このとき、高倉は大きなトランクのスーツケースを四つも持ってロケ地入りした。中には私服がギッシリと詰め込まれている。

高倉は、朝食のときから用意した私服をビシッと着こなして現れた。撮影で囚人の衣装に着替え、撮影が終わると、朝とはまた違う服に着替え直す。

さらに、夕食の時間になると、また別の服を着て登場した。

一流ブランドものが多く、服はグッチ、腕時計はロレックスのエクスプローラーを愛用していた。ネックレスなどの装飾品も、そのときの流行のものを取り入れていた。

オーデコロンはアラミスを愛用していた。アラミスはニューヨークで昭和三十九年にエスティーローダー夫人が、夫のために創設した男性用高級化粧品の草分け的なブランドである。ブランドのイメージは「格調」「自信」「センシュアリティ」。会社役員や医師など社会的地位の高い男性を中心に支持されていて、ロバート・レッドフォードも愛用していたことでも知られている。

高倉の近くに谷が寄ると、アラミスの重厚な香りがほのかに匂ってきたという。

撮影が終わると、みんな高倉の部屋へ集まって食事をした。このシリーズによく出演し笑いもとっていた由利徹《ゆりとおる》は自分の弟子たちと食事をしてから高倉の部屋へ入る。

高倉は実に雄弁だった。谷は、車やファッションの話が多い高倉を、〈旦那はホモじゃないか〉と疑ったこともあった。が、そのうちに女性の話もするようになった。

おしゃべりだけでなく、高倉は妻の江利チエミの歌をうたったり、由利徹に持ちネタのギャグの「オシャ・マンベ」をリクエストしたりした。

「オシャ」で下半身に力を入れ、「マンベ」で股《また》を開く。これは映画『網走番外地』で北海道・長万部町《おしゃまんべ》に撮影に行ったことから、現地で長万部町に媚《こ》びるように、宣伝的にやっていたことから始まったもの。長万部という名前はこのギャグをきっかけに全国区の知名度を得た。

酒は飲まなくても充分に楽しく、毎夜オールナイトに近い時間まで笑い、語り合った。

すべての撮影を終えた谷は、高倉のもとへ挨拶に行った。

「撮影が全部終わりました。ありがとうございます」

すると、高倉が訊いてきた。

「おまえ、金あるのか？」

「いや……あります」

「馬鹿野郎、格好つけるなよ」

高倉はそう言って、ポンと二万円を渡してくれた。上級公務員の初任給が約二万三千円、中華そば六十四円、ハガキ一枚七円という時代の二万円である。

谷は驚き、感激して、高倉の男らしい魅力にすっかり参ってしまった。

〈健さんも生まれは同じ九州だというし、もう、この人の子分になっちゃおう〉

小林稔侍、北大路《きたおおじ》欣也《きんや》と谷の「高倉親衛隊」

山本麟一は、豪傑な人物だった。谷隼人は山本と何度も共演したが、身体が岩のように大きく、酒豪であり、悪役のイメージそのままという印象だった。

山本に恐怖を感じたのは、『網走番外地　荒野の対決』で、木暮看守役の山本に首を絞められるシーンのときだった。役にのめり込んでいるのか、本気を出さなければ役者は務まらないと考えているのか、定かではない。

が、「殺されるのではないか」と本気で思うほどギューッと強く首を絞めてくる。まだ二十代前半の若い谷は、山本が怖くて怖くて仕方がなかった。

高倉は、そんな山本を「先輩、先輩」と言って慕った。

「先輩、なんで電話くれないんですか？」

「いやあ健ちゃん、電話器に指が入らないんだ」

山本は、高倉のように鍛えてできあがった身体ではなく、生まれながらにごつい体つきをしていた。指も、当時は固定電話なので、本当にダイヤルを回せないのではないかと思うほど太かった。

酒好きの山本麟一だったが、酒を飲まない高倉を飲みに誘うことはなかった。それでも飲みたくて仕方がないので、谷隼人ら若手俳優を誘った。

「おい、飲みに行くぞ」

そして渋谷《しぶや》の飲み屋に連れて行かれ、どぶろくをグーッと一気飲みさせられた。

谷隼人は、昭和四十一年八月十三日公開のシリーズ六作目の『網走番外地　南国の対決』、昭和四十二年八月十二日公開の九作目の『網走番外地　悪への挑戦』にも出演した。

ちなみに、谷が出た『網走番外地　南国の対決』で大槻役、『網走番外地　悪への挑戦』でも同じく大槻役で田中邦衛が共演している。田中邦衛は、非常に人間味のある人物だった。

高倉健も可愛がっていたし、田中も高倉を慕っていた。映画づくりの際は、田中邦衛を参加させることで作品全体のバランスが良くなる。そんな貴重な存在だった。

谷隼人ら若手俳優から見た田中邦衛は「楽しい人」という印象くらいしかない。不器用そうに見えるが、自分のはまり役はしっかり心得ている人だった。

九作目の『網走番外地　悪への挑戦』では、谷隼人は九州・博多《はかた》の炭鉱夫の息子で不良少年の深町武役を演じた。橘真一役の高倉と兄弟分になる役どころである。

橘は鬼寅（嵐寛寿郎）の招きで博多にやって来た。鬼寅は出獄して不良少年保護施設で働いていた。橘は助手として彼の仕事を手伝うことになり、少年たちと友情を深めていく。そんな中、施設を抜け出した武の家に行った橘は、境遇が昔の自分とそっくりだと知る。

九州ロケの合間、高倉と谷は二人で記念写真を撮った。谷は『あゝ予科練』の撮影のため丸刈りにしており、短髪がトレードマークの高倉と同じような髪型をしていた。

映画の中で、高倉は武に言う。

「俺はこんな男だ。だが、おまえと兄弟分になりたい」

二人は義兄弟になり、カタギになることを誓う。

谷は、この台詞が、そのまま自分と高倉との関係を表していると感じ、のち映画を見直すたびに感涙にむせんだ。

高倉もまた、そんな谷を可愛いと思ったのだろう。谷と二人で写った写真を、ずっと持ち歩いてくれていた。

谷は高倉のことを親しみと崇敬を込めて「旦那」と呼んだ。「高倉親衛隊」のようなものが自然とできあがり、年長の小林稔侍が長男、昭和三十九年八月二十六日公開の深作欣二監督『狼と豚と人間』で初めて高倉と共演して以来の仲の北大路欣也が次男、谷が三男という格好だった。

ところで、そうした彼らにちょっとしたエピソードがある。

一日の撮影が終わったある日、谷は、共演するヒロシ役の石橋蓮司やゴリラ役の前田《まえだ》吟《ぎん》らと遊びに出かけることになった。

するると、嵐寛寿郎が浴衣に日本手ぬぐいを首に巻いた姿で現れた。

「谷くん、どこへ行くんだ？」

「ええと、僕らちょっと……トルコ風呂へ」

トルコ風呂とは、今でいうソープランドのことである。嘘をついても仕方ないので白状した。

すると嵐が言った。

「いい娘がいたら、教えてくれたまえ」

「え!?」

嵐寛寿郎ほどの大物俳優が、トルコ風呂など行くはずがない。こんなユーモアで返してくれるほど、嵐は気さくな人物だった。

ある日、嵐は、高倉や谷ら俳優たちがくつろいでいる時間に自分の話を始めた。

「惚れた女と別れるときは、全財産をあげて自分が出て行く。それが男だよ」

嵐寛寿郎が、浴衣に日本手ぬぐいを首にかけている姿は、どう見てもそこらへんにいる、ただのおじさんである。が、嵐がキャメラの前に登場するだけで惹きつけられ、画面が締まった。東映の重要なポジションについても、こなせるだけの重みがあるのは、嵐寛寿郎のこれまでの生きざまの表れであろう。

そんな谷隼人は、石井輝男監督の映画づくりが好きだった。

〈映画に娯楽性を追求した監督といえば、やはり石井輝男さんだ〉

寒い地方のロケで、高倉健を脱がせ、そこから何かを引き出す。石井が撮る高倉健は荒々しく、風呂場で喧嘩させるなどユニークな設定もちりばめられていた。

昭和四十二年十二月二十三日公開の十作目『網走番外地　吹雪の斗争』では、特別出演として安藤昇《あんどうのぼる》が起用された。

谷隼人は、安藤昇のどろっとした目を見てゾッとした。

〈まったく目が死んでいる。ああ、こういう人が本物のヤクザというものなのか〉

ヤクザの役を演じていても、普通の俳優であれば芝居が終われば目がキラキラ輝いているものである。が、安藤の場合、ふとした瞬間に本物のヤクザの表情が表れる。何を考えているのかわからない怖さが、本物のヤクザにはあった。

谷は思った。

〈そりゃそうだ。何か交渉ごとの際に、ヤクザが相手に考えを読まれてしまっては話にならない〉

が、安藤は、一般人を相手に凄《すご》んだりはしない。話してみると「いい人だ」という印象が残った。

雪原で、馬にまたがっておこなうアクションでは、谷が落馬のシーンをこなし、高倉と安藤が駆け抜けるシーンをアップで撮るなど、危険を伴う撮影も強行された。

撮影の後半、安藤昇を含む俳優陣の長時間待ちの状態が続いた。高倉の撮影が長引いていたのだ。高倉が、殺害された仲間の梅宮辰夫演じるマキのため脱いだ上着をかけるシーンである。

高倉が着ているコートを梅宮にかける。

すかさず石井監督が、高倉に声をかける。

「健ちゃん、もう一枚脱いで。それ男の優しさだから、かけてあげよう」

当時はみんなアフレコなので、本番中に監督の声が飛ぶこともしょっちゅうである。高倉がボタンを一つずつ外し、もう一枚着ているものを脱ぐ。そこをキャメラがぐっと迫り、高倉の男らしい肉体と、もの悲しげな表情がアップとなる。観客が思わず「ヨッ、健さん、待ってました！」と声をかけたくなるような名シーンがこうしてできあがる。石井は映画づくりを知り尽くしており、高倉も信頼を置いていた。

いっぽう安藤は待ちぼうけである。誰かが言った。

「安藤さん、ずいぶん待たされて、舐められてるんじゃないですか」

撮影放棄した安藤昇の石井監督への反骨

安藤昇は、特攻隊の生き残りで、かつて愚連隊「安藤組」の組長として東京渋谷を中心に暴れていた。

昭和三十三年、金を借りて払おうともしない実業家横井英樹《よこいひでき》の債権取立てを頼まれ、横井の事務所に乗り込む。が、その席上でのあまりに無礼な態度に激怒し、組員に横井襲撃を命じる。その事件で逮捕され、六年間服役。出獄後、組を解散。そののち、松竹の俳優として活躍。さらに東映にスカウトされていた。

任侠映画では、本物のすごみを発揮できる俳優として欠かせない存在となっていた。

筆者は、『安藤昇　侠気と弾丸の全生涯』（さくら舎）をはじめ、安藤の生涯について、六冊も上梓《じょうし》している。

安藤は石井輝男監督について次のように筆者に語っていた。

安藤は、高倉演じる橘真一の恋人で、宮園純子《みやぞのじゅんこ》演じる雪子の首飾りを狙う轟役として特別出演していた。

その撮影現場であった。安藤は、かねてより石井監督をとっちめてやろうと思っていた。というのも、安藤自身は出演していなかったが、石井監督の昭和四十年公開の『網走番外地　北海篇』の撮影中に、若かった俳優千葉真一を強引に海で泳がせて、溺れそうになったまま引き上げたというエピソードを耳にしていたからである。

安藤昇

安藤は、若い俳優を死ぬ寸前まで酷使する石井が許せなかった。

『網走番外地　吹雪の斗争』の撮影が始まった。安藤は、現場で石井監督の所業を見るにつけ、その人間性にますます不信感を抱くようになった。

〈強い者には弱いし、弱い者には強い。こいつは、ダメだな〉

安藤は、撮影を始めたばかりの頃、石井監督を呼びだした。

そして、あえて因縁をつけた。

「おまえ、今日のおれの撮り方は、なんだ！　キャメラの大きさが、違うじゃないか」

実は、それは安藤の一方的な言いがかりであった。映画用とテレビ用のキャメラは大きさが明らかに違うが、安藤には映画用のキャメラの違いはよくわからなかった。つまりケチをつける対象などなんでもよかった。

石井監督は、安藤を退けた。

「そんなことないです！」

その翌日である。安藤たち俳優やスタッフ全員がスタッフが泊まる安ホテルのロビーに呼び出された。午前七時であった。早朝の大雪山《だいせつざん》での撮影のため、集合が早かったのである。

ところが、石井監督自身がなかなか撮影に出かけようとしない。スタッフやキャストたちは、ひたすら待たされた。天気は快晴。いわゆる「ピーカン」であったにもかかわらずである。

五時間も待たされた安藤は、助監督の一人に言った。

「朝早くから呼んでおいて、おかしいんじゃないか。撮れよ！」

しかし、助監督に文句を言っても、どうにもならなかった。

そこで安藤は、石井監督に食ってかかることにした。

「天気はピーカンなのに、何で撮影をしないのか」

石井監督は答えた。

「撮らない。いまは、ピーカンすぎて撮れない」

さらに、続けた。

「雲が出るまで、待ってください」

安藤は怒鳴った。

「馬鹿野郎！　スモークを焚いてもいいじゃないか。早く撮影を始めろ」

それでも石井監督は、いっこうに撮影をしようとしない。

安藤の頭の中で、前日のキャメラに言いがかりをつけた件と撮影遅延が結びついた。

〈向こうは向こうで、俺への報復なのか〉

安藤は、みんなの見ている前で石井監督に言い放った。

「撮影しないなら、俺は帰るぞ」

そこには俳優の谷隼人や山本麟一もいた。

安藤は、さっさと自分のホテルに戻ると、マネージャーに帰り支度をさせた。

帰り際、安藤たちは助監督と出くわした。

助監督は、安藤と石井監督のやりとりを知らなかったのであろう。

「もう、お帰りですか？」

安藤は、すっとぼけた。

「おぉ、終わったから、帰るぞ」

助監督は、「お疲れさまです」と安藤とマネージャーをのんきに見送った。

二人は、そのまま旭川《あさひかわ》駅に向かった。

ところが、旭川駅に着くと、すでにスタッフたちが大挙して先回りし、あちらこちらから見張っていた。

安藤は、マネージャーに言った。

「あいつらに、見つかんなよ」

安藤たちは旭川駅で列車に乗ったまではいいものの、まだホーム周辺ではスタッフたちが大騒ぎで安藤を捜していた。

そこで安藤とマネージャーは、列車の座席に縮こまるように隠れて千歳《ちとせ》空港へと向かった。

その頃、事態を聞かされた東映の常務が東京から千歳空港に飛行機で向かっていた。安藤が乗っていた列車が千歳空港に着いた。そこで安藤は常務とバッタリ出会うのである。

常務は、開口一番で言った。

「安藤さん、待ってくれ！」

そして、懇願した。

「安藤さん、現場に戻ってください。撮影も、もうすぐ終わりますから」

安藤は断った。

「あの野郎は、やり方が気にくわないから帰る。それに、もう荷物を飛行機の中に入れたからダメだ」

常務は、消え入るように言った。

「そうですか……」

安藤とマネージャーは、そのまま飛行機に乗りこみ、東京に帰ってしまった。

安藤がいなくなったので、現場はてんやわんやとなった。物語はそれ以後がつながらなくなってしまった。すなわち決定稿と、実際に撮影されて完成したものでは違うものになってしまったのである。

本来、ラスト・シーンは、夕陽を背に安藤と高倉健の二人が馬に乗って、雪原を去っていくはずであった。考え方が違う二人の男、つまり高倉と安藤が互いに認め合うというのが本来の筋であった。

ところが、肝心の安藤がいないものだから、そのシーン自体がなくなった。

代わりに安藤の役は、ある悪党役に撃たれて死ぬことになった。

高倉の演じる役は、ラストシーンは、一人で立ち去るのである。なんとも中途半端な結末であった。撃たれて倒れる安藤役は、望遠で撮影されたこともあり、代役が演じた。

安藤はすでに東京に帰っていたので、それ以外どうにも手の打ちようがなかったのである。

ストーリーは、いきなり安藤が充分な見せ場もなく死んでしまう。映画を観た観客も、さぞや呆気《あっけ》にとられてしまったことだろう。

ただし安藤は、共演した高倉健については「いい男です」と称賛を惜しまなかった。

また、鬼寅親分役の嵐寛寿郎も、感じのいい人だったという。スクリーンで見せる迫力ある顔と、現場で見せるふだん着の顔が違った。ふだんの嵐寛寿郎は、腰が低く、なんとも感じのいい人だったという。

伝説のゲイボーイ吉野《よしの》寿雄《としお》の参画

『網走番外地』シリーズの『北海篇』『南国の対決』に出演している千葉真一によると、刑務所の中のシーンでは、さまざまな人たちが刑務所に入っていることを表現しようとしていた。このために、六本木でゲイバー『吉野』を経営していたおよしさんこと、吉野寿雄も出演していた。

千葉は、高倉健といるだけでいつもワクワクしていた。高倉にはいろいろなところに連れていってもらった。「モンマルトルのお芳」の役で出演していたおよしさんが営んでいるゲイバー（おかまバー）にも連れていってもらったこともある。

実は、スクリーンで見る高倉は無骨で生真面目そうに見えるが、そのようなバーも好きだった。およしさんの店に行ったときには、およしさんも喜んで店を貸し切りにしていた。もちろん、高倉は酒は飲まなかったが、その場の雰囲気を楽しんでいた。

伝説のゲイボーイとして名高い吉野寿雄は、昭和五年十一月二十九日、東京市本所《ほんじょ》区両国《りょうごく》（現・墨田《すみだ》区両国）に生まれた。高倉より一歳年上である。

父親は酒屋を経営しており、吉野が五歳くらいまでは裕福な暮らしをしていた。が、タニマチの一人として相撲取りを自宅に招いて酒を振る舞ったりしているうちに、店をつぶしてしまった。

その後、一家は貧しい暮らしを余儀なくされた。特に母親は働きづめとなって子どもたちを育ててくれた。

世の中は戦時体制に入り、軍需優先で日用品も少しずつ手に入りにくくなっていった。白米は食べられなくなり、芋ばかり食べて過ごした。普通の男の子たちは軍人に憧れていたが、吉野は小学生の頃から女の子とばかり遊んでいた。

祭りの盆踊りでは張り切り、自分も三味線がほしくてたまらない。そんな少年だった。

中学生になると、「自分は男の子が好きだ」という自覚がハッキリと生まれた。が、「男は男らしく、女は女らしく」が求められた軍国的な時代である。男が好きなど、口が裂けても言えなかった。

昭和二十三年、十七歳になった吉野は、銀座のダンスホール『美松』でボーイとして働くようになった。『美松』は、当時、シャンソン歌手の石井好子《いしいよしこ》やジャズ歌手のナンシー梅木《うめき》が新人として歌っていた。

吉野は、仕事の合間に出入りしていた数寄屋通《すきやどお》りの喫茶店兼倶楽部『ブランスウィック』で、作家の三島由紀夫《みしまゆきお》と知り合った。ここもゲイのたまり場であったが、一見普通の喫茶店であることから、何も気づかずにコーヒーだけ飲んで帰る客もいた。ゲイ同士は目と目を合わすだけですぐにわかるため、一緒にコーヒーを飲んだり、気になる相手を探したりする場所となった。

三島は当時、まだ色白で華奢《きゃしゃ》な青年だった。大きな声で話しては豪快に笑っていたが、密《ひそ》かにゲイたちの生態を観察していた。昭和二十六年、同性愛をテーマとした小説『禁色』を発表した。

その小説では、『ブランスウィック』は「有楽町のルドン」という名で登場し、店内や常連客の様子が克明に描かれていた。

ゲイたちも仮名で小説に登場し、吉野はナルシストの美少年「オアシスの君ちゃん」という名がつけられていた。いつも洒落《しゃれ》た身なりで、うなじをきれいに剃り上げ、外国人客にちやほやされる美少年である。が、吉野は小説のようにナルシストでもなんでもなく、三島が勝手に性格を描いたものだった。

その後、吉野寿雄は、ゲイバー『やなぎ』の経営者である島田正雄《しまだまさお》にスカウトされ、『やなぎ』に移った。

昭和三十五年、吉野は独立し、数寄屋橋にゲイバー『ボンヌール』を開店。その後、銀座八丁目に移転した。

銀座で働いている頃、両親が亡くなった。結局、両親には自分がゲイであることを打ち明けられずじまいだった。が、両親も薄々感じていたのだろう。兄弟たちも吉野に何も言わなかったが、なんとなく気づいていたらしい。吉野にできることは、なるべく実家に帰らずに、仕送りだけキチンとすることだった。父親の死に目には会えなかったが、母親の葬式は盛大におこなった。両親が亡くなると、カミングアウトしてテレビなどに出演するようになった。

その頃の銀座は、のちに住吉一家小林会初代会長、右翼団体・日本青年社初代会長となる小林楠扶《こばやしくすお》が遊び場としていた。まだ学生で、不良少年だった。

昭和三十九年、吉野は、六本木にゲイバー『吉野』をオープンした。当時はまだ、六本木交差点近くの七坪ほどの小さな店構えであった。

当時のゲイバーは、今ほど市民権を得ていなかった。線の細い美青年だった吉野を見て、本物の女性だと思いこむ純粋な男性客も数多かった。店は雑居ビル二階にあり、看板も出しておらず、一般の人が気楽に立ち寄れる雰囲気の店ではなかった。常連だけの超濃密な空間で、マスコミの人もいないため、スターがお忍びで来るにはちょうど良い隠れ家的存在だった。

営業時間は夜九時から朝の五時まで。当時はオールナイトの店は他になかったため、銀座で飲んだあとに流れてくる芸能人も多かった。

吉野寿雄

面白い話といっても、当時、吉野が披露できるのは下ネタくらいしかなかった。が、下ネタで怒って帰るお客さんはいない。適当に馬鹿を言って和んでもらえばよかった。

『吉野』の評判は口コミで広まり、歌手の美空《みそら》ひばり、坂本九《さかもときゅう》、森進一《もりしんいち》、沢田《さわだ》研二《けんじ》、俳優の石原裕次郎、北大路欣也、大原麗子、加賀《かが》まりこ、読売巨人軍の長嶋茂雄《ながしましげお》など、数多くの著名人たちが訪れる秘密の社交場となっていった。

北海道から上京してきたばかりのカルーセル麻紀《まき》が、ゲイバー『吉野』で働かせてくれと応募に来た。が、吉野は、カルーセルの女装を見て断ることにした。

当時、店で働くゲイボーイたちは、女装を軽蔑していた。これには理由があった。戦後、昼間から女装をして街に立つ男娼が、上野《うえの》や新橋《しんばし》にたくさんいた。彼らの蔑称が〝オカマ〟だった。

吉野が新橋のゲイバー『やなぎ』で働いていた頃、やなぎのマスター・島田正雄らとよく近所の銭湯へ行った。すると、たびたび女装のオカマたちと鉢合わせした。彼らはちょっとしたことですぐに喧嘩腰になった。「なんだこの野郎、てめえ！」など口汚い言葉で罵《ののし》り、威張りくさっていた。吉野たちは関わり合いになりたくないので、平身低頭、当たり障りのないように挨拶だけはしていた。芸を見せて人を楽しませ、それで商売をしているプライドもあり、オカマたちを軽蔑していた。

吉野は、カルーセル麻紀に言った。

「あんた、『青江』へ行きなさいよ」

勧められるまま、カルーセルは『青江』で働き始めた。が、やはり店で女装は許されなかった。カルーセルは伸ばしていた髪を切り、着流しの男性スタイルで接客していたものの、そのことに耐えられずに夜逃げして名古屋《なごや》、大阪《おおさか》のほうへ移ってしまった。

高倉健はゲイバー『吉野』の常連になった

ゲイバー『吉野』のママである吉野寿雄が、初めて高倉健に会ったのは、常連客の一人である中村錦之《なかむらきんの》助《すけ》（のちの萬屋《よろずや》錦之介）を通じてだった。

中村が、吉野に言った。

「およし、表に停めてある車の中に、連れが待ってるから呼んできてくれ」

吉野は言われたとおり店の外に出て、車中にいる高倉に声をかけた。

「錦兄《きんに》ィが呼んでるから、店に入りません？」

が、高倉は素っ気なく言った。

「いや、僕は帰ります」

吉野は思った。

〈あら、ゲイバーには抵抗があって、イヤだったのかしら〉

『吉野』で、再び高倉健の名前が出たのは、デヴィ夫人をインドネシアのスカルノ大統領に紹介したことで知られる東日貿易の久保正雄《くぼまさお》社長からだった。久保が高倉の面倒を見ているという。

しばらくして、吉野が久保の家へ遊びに行ったとき、高倉もそこにいた。久保の家に居候しているという。

遊び好きな久保は、長嶋茂雄や高倉健などを呼び出しては、赤坂《あかさか》の花柳界へよく足を運んだ。吉野も、赤坂の料理屋へ連れて行ってもらったことがあった。そこでは、のちに長嶋の妻となる西村亜希子《にしむらあきこ》と会った。当時、長嶋と西村が付き合っていると知らなかった吉野は、ふざけて長嶋に抱きついたりして、あとで「二人は結婚する」と聞いて肝を冷やしたことがある。

高倉健が初めてゲイバー『吉野』にやって来たのは、山口組三代目組長の田岡一雄《たおかかずお》に連れられてのことだった。このとき、高倉と結婚したばかりの歌手の江利チエミと、そのチエミの母親的存在であった喜劇女優の清川虹子《きよかわにじこ》も一緒だった。

それからというもの、高倉は一人で『吉野』に何度も来てくれた。酒は飲まず、いつもコーヒーを頼み、ジッと黙ったまま何時間もいる。当時、バーでコーヒーを注文されてもインスタントしか出すことができない。

吉野が高倉に訊いた。

「お酒は、召し上がらないの？」

高倉がボソリと答える。

「昔は飲んだけど、酒乱だったから、自分でやめたんです」

吉野が話しかけなければ、高倉から話しかけてくることはない。

〈いったい何が楽しくて、店に来るのかしら〉

さすがの吉野も、高倉に何を話していいのかわからずに、黙ったままの高倉とカウンター越しに対峙するしかなかった。

しばらくして、高倉が石井輝男監督を連れて来た。ちょうど『網走番外地』の四作目に当たる昭和四十年十二月三十一日公開の『北海篇』の撮影をおこなっているという。おしゃべりをするうちに、石井監督が言った。

「およしさん、今撮っている『網走番外地』に出てみませんか？」

学芸会的なノリでたまにテレビには出ていたものの、映画となれば話は別である。吉野は、酒の席の冗談だと思い、「いいわよ」と気軽に応じた。

ところが話はトントン拍子に進み、「明日の朝早く、東京都練馬区大泉の東映撮影所に来てくれ」ということになった。

吉野に与えられた役は、ゲイの「囚人七番」の「モンマルトルのお芳」の役である。どうやら高倉が吉野に目をつけ、役にピッタリだと石井監督に話したのだろう。

出演するに当たり、吉野は第一作目の『網走番外地』を観た。まだ白黒映画であったが、高倉と同じく新人囚人役の南原宏治とのコンビが面白く、脇を固める由利徹などの俳優陣もいい味を出していた。実際に会ってみると、みんないい人たちばかりで、吉野は初対面からやりやすさを感じた。

高倉健をはじめ、田中邦衛や由利徹もみんな囚人役である。新入りがオネエだったものだから、囚人みんながビックリするという設定である。

檻《おり》の中には、砂塚秀夫《すなづかひでお》の演じるもう一人のゲイ「囚人一〇八番」がいた。オネエ同士が意地の張り合いをして争うシーンも撮るという。

撮影は北海道の現地ロケでなく、東映東京撮影所のセットでおこなわれた。

おかま演技炸裂《さくれつ》の『網走番外地　北海篇』

初日はいきなりぶっつけ本番も同然だった。吉野は、緊張でブルブル震えているのが自分でもわかったが、セリフは自分でも意外なほどスッと出てきた。

まず、事故のサイレンが鳴り響き、火事が起きたのか牢の中は大騒ぎ。

その騒ぎの中でも、一一番のヒゲ面の由利徹と、一〇八番のオカマの砂塚秀夫が抱き合い、チュッチュッとしあっている。

そのうち、砂塚が由利に嫉妬して拗ねる。

由利が砂塚を罵る。

「てめえなんて、立てばサボテン。座ればバケツ。歩く姿が豚のケツっていうんだよ」

「まぁ、悔しい。純情な大和撫子《やまとなでしこ》に、何よォ」

二人は取っ組み合いの喧嘩を始める。

砂塚の穿いている赤い透け透けのパンツまであらわになる。

そこに、新入りの吉野が房に入ってくる。

高倉演じる橘真一が、吉野に声を掛ける。

「よッ、七番さんよ」

「なによ、七番さんなんて、色気のない呼び方をして」

吉野、高倉に抱きつくようにして囁《ささや》く。

「あたしって、あちらではね、みんな『モンマルトルのお芳』って呼んでるのよ」

「あちらって、何のことだい」

「うーん、パリよ」

お芳、急に立ち上がり、ラララン、ラララランと歌いながら、踊り始める。

踊りながら、声をはずませて言う。

「わたし張りきって、踊っちゃうわよ。だって、みんなイイ男ばかりなんですもの」

ダンスをするシーンは、フランスのポピュラー音楽『夢みるシャンソン人形』が使われる予定だったが、権利問題で使えず、別の音楽にした。

本番前、ダンスの先生の前で踊って「先生、どうです?」と聞いたところ、「じゃあ、それでいこう」となった。

自分のアイデアがどんどん採用となり、一発でオーケーが出る。

〈もし石井監督から、ああしろ、こうしろと言われたら、アタシもテンパっちゃって、演技なんかできなかったわ〉

そこへ、砂塚がケチをつける。

「あんた、誰に惚れてもいいけど、ウチの亭主だけは手をつけないでよ。惚れたらただじゃおかないよ」

逆に、お芳、砂塚に食ってかかる。

「あら、失礼しちゃうわ。わたしね、人の亭主にまで手をつけるほど不自由してませんわよ。なによ、あんたの顔。見れば見るほど醜い顔をして。まるで盛りのついたマントヒヒのよう。誰？　いったいあんたの亭主ってのは」

　由利がムッとする。

「俺だよ。これでもな、惚れられて、身がもたねえくらいだよ」

「ま、ひどいヒゲ」

「このヒゲに、惚れたんだよ」

「まぁ、不潔、わたしの好みの男性はね、こちらさんみたいな男なの」

　高倉に襲いかかりそうになる。

「ねぇ、ダーリン」

　高倉の頬を舐めにかかる。

　砂塚が、啖呵《たんか》を切る。

砂塚秀夫

由利徹

「ふん、わたしゃねえ、おまえさんとは違うんだよ。この道では、年季の入ったおネエちゃんだよ」

「あら、アイスクリームじゃあるまいし、人を舐めるのもいいかげんにおしよ。あんた、どこのネエちゃんよ」

「わたしゃねえ、『マカオの秀太郎』って言うんだよ。マカオってのの反対から読んでみなよ。ヘッ、刑務所でいただいた番号は、殺しの番号は……」

　口を開けて、男性のそれを含む形をして言う。

「マカオの、シャクハチ番よ」

　吉野は、緊張はしていても、ふだんどおりおネエ言葉を使って演技ができたため、撮影はスムーズに運んだ。石井監督も最初に「こうしてください」と箇単な説明をしただけで、あとは自由にアドリブでやらせてくれた。

囚人一〇八番役の砂塚秀夫も、吉野と同様に本物だった。だから、砂塚も一緒になって喜んで演じてくれた。お互いに自然に振る舞っていればいいので、アドリブのほうがかえってうまくいった。

インテリが頭をひねって台詞を考えても、本物から出るアイデアにはかなわない。ゲイボーイ同士なら素のままで理解し合えるから、一番やりやすかった。

実際、ノンケ（女性好きの男性）の俳優が相手では難しかったろう。地のままで、なめらかにオネエ言葉が出るのは、本物だけである。ゲイでない役者が演じようとすると、どうしてもオーバーな演技になってしまう。

吉野は思った。

〈演技というより、ふだんとほとんど変わらないままでいいのね。これならアタシにもできるわ〉

また、製作側との間に高倉が入っているので、スタッフたちも吉野を丁重に扱ってくれた。もしそうでなければ、「なんだこいつは」と無視されたに違いなかった。

由利徹はとても優しく、役柄と同様明るい人物だった。撮影で一緒だったことが縁となり、店にも飲みに来てくれるようになった。

小林稔侍は、当時まだチンピラ役で、のちにスターになるとはこの時点では未知数だった。

田中邦衛も気の利く良い人柄であったが、真面目な性格で酒を飲まず、『吉野』の店に来てくれることはなかった。

嵐寛寿郎とは撮影で一緒にならず、彼が京都を拠点としていることもあって、残念なことに縁がないままだった。

嵐は別格としても、当時の若手俳優は気取ったところもなく、和気《わき》藹々《あいあい》と楽しくおしゃべりを交わすことができた。

撮影後、高倉健はいよいよゲイバー『吉野』の常連になった。当時、『吉野』のすぐ近くに北大路欣也や、中村錦之助の弟の中村嘉葎雄《なかむらかつお》が住んでおり、よく店に顔を出してくれた。「俳優たちがよく来る店」ということで、高倉も安心したらしい。

高倉は吉野と二人きりになると、饒舌《じょうぜつ》になった。吉野もまた、当時新人俳優だった高倉に気軽に接することができ、少しずつ親しくなっていった。

おかまパワーアップ『網走番外地　大雪原の対決』

吉野寿雄は、シリーズ七作目となる『網走番外地　大雪原の対決』にも出演することになった。今度は撮影所ではなく、北海道でのロケである。

北海道ロケに行く直前、高倉が「北海道は寒いから」と言って、吉野のために靴やカバンなど、必要なものをすべて買ってくれた。

ピカピカのおニューを身につけて、吉野は先に行って撮影をしている高倉たちのもとへ一人向かった。飛行機で千歳空港まで行き、そこから札幌へ出て、汽車で士別《しべつ》へ向かった。

汽車が士別駅に到着すると、何やら大勢の人たちが駅のプラットホームに立っている。

〈何だろう、あの人たちは〉

そう思って見ると、そのなかに高倉健の姿が見える。高倉が吉野のために、わざわざ自分の一門全員を連れて出迎えてくれたのだ。

〈えっ、健さんが、アタシのために⁉〉

吉野は感激して、歓迎してくれる人々を見た。まるで自分が大名か何かになったような、足が地に着かない感じで、感激と驚きで肌が粟立った。

このロケのあいだ、高倉の部屋は旅館の特別室だった。その隣室が、なぜか吉野の部屋だった。

撮影が終わると、みんな特別室に集まっておしゃべりする。レコードをかけて一緒にゴーゴーを踊ることもあったが、高倉は踊りが苦手なようだった。

また高倉は、朝も苦手である。そのため、スタッフに「およしさん、お願いします！」と頼まれ、吉野はいつの間にか健さんを起こす係となっていた。

『網走番外地　大雪原の対決』で、モンマルトルのお芳役の吉野は、囚人番号一一〇番の由利徹とやり合う。

由利が田中邦衛演じる大槻にちょっかいを出そうとしたので、お芳が怒る。

「なにすんのよ、ワタシの大事な人を捕まえて！」

「後輩だと思って甘やかせばいい気になりやがって」

「なにさ、後輩も先輩もありゃしないよ。この道は厳しんだよ。悔しかったら、お美貌《びぼう》と肉体で勝負したらどうなの」

「なにが肉体よ。あんたなんてカサカサして、水気なんてありゃしない」

二人、取っ組み合いを始める。由利がお芳の尻を叩く。

お芳、叫ぶ。

「なによ、アタシの一番大切なところをぶつんじゃないよ」

それから、お芳が田中の頬をペロペロ舐める。

吉野は、昭和四十二年四月二十日公開のシリーズ八作目の『網走番外地　決斗零下30度』にも出演した。

この映画では、吉野寿雄と由利徹が詐欺コンビ役を演じた。

セットの列車の中で、お芳役の吉野は、妊婦のふりをする。やはり石井監督が自由に演技させてくれた。

由利の下半身を触ったりするのもアドリブでおこなった。

由利徹が大学生の角帽に学生服のスタイルで列車に乗っている。

そこに「車内で妊娠している女性がいて、いよいよ産まれそうで苦しんでいる。お医者さんはいませんか」とのアナウンスが流れる。

由利のところになんとか恋人のお産を手助けしてくれ、とジョージ・吉村《よしむら》演じる夫役の男が頼んでくる。

由利が断る。

「オレ、獣医学校の生徒でしてね。豚の子は産ませたことはあるけど、人間の子供は産ませたことはないんだ」

「なんとか頼む。おカネははずむから」

「いくらだ」

「片手だ」

「じゃ、やる」

夫が五百円を出す。

「何だ、これ？　五万円のことだよ」

「研究にもなる、ぜひ……」

その妊婦は、なんとお芳であった。

「パパ、苦しい。早く出してぇ」

芳、脹らんだ腹を触りながら、わめく。

由利が驚く。

「アレは、死に直面した声ですよ」

夫が声を潜める。

「シャーっと、流してほしい」

すなわち流産させてくれという。

由利、カバンから怪しげな水吹きのようなものを出す。

お芳の膝にかけている毛布をめくり、その水吹きでシュッシュと局部に吹きかける。

それからその水吹きを嗅いで、顔をゆがめる。

さらに自分の鼻の穴に突き入れ、シュシュ。

「あら、鼻の鼓膜破れちった。あとで医者に診てもらうからね。もう千円ちょうだい」

次に望遠鏡のような物を取り出し、お芳のスカート奥に差し入れる。中からシューっと液体が吹き、飛んで出る。

「あら、飛沫が眼に入った。あとで目薬買うからね。もう、千円ちょうだい」

由利、夫を促す。

「てめぇ、ちょっとあっちへ行っとけ」

夫は隣の車両に移る。

その間、由利が心配そうにお芳に声を掛ける。

「おい、おまえ、あいつに惚れてるんじゃあるまいな」

「あら、あんた、妬《や》いてるの。人のことを満足させることもできないくせに」

実は、お芳と由利はグルで男を騙しているのだ。

お芳が大きく伸びをする。

「あーあ。せいせいしたわ。ところであんた、いくらもらったの。ちゃんと分け前ちょうだいよ」

由利がうるさく言うお芳を引っぱたく。

由利、それでいてすぐにお芳を抱きしめる。

お芳、あえぎながら言う。

「やっぱり、あんた好きよ……」

由利、隣の車両に移り、お芳に騙されている夫に報告する。

「残念ながら、流産でした」

そこに橘真一役の高倉健がいて、由利に気づく。

「おい、おまえ、一〇一番じゃやねぇか」

網走刑務所のかっての同房の囚人仲間で、一〇一番と呼んでいた由利とわかったのだ。

続いて高倉がお芳に気づく。お芳も、やはり「モンマルトルのお芳」として同房の囚人仲間だったのだ。

高倉がお芳の夫に言う。

「お芳に子どもが産まれるわけないじゃないか。こいつ、男だもの」

夫が血相を変えて、お芳に食ってかかる。

「きさま、よくも俺をコケにしたな」

お芳、居直る。

「うるせぇ、このクソじじい。俺だってさ、おめえさんと同じようなもの持ってるんだよ」

お芳、由利に声をかける。

「あんた、別の車両に行きましょう」

二人、ほかの車両に手を取り合い消える。

騙された夫は、「おい、カネ返せ！」と二人を追う。

高倉の妻・江利チエミは夫と吉野の仲を深読む

ゲイバー『吉野』のママである吉野寿雄は、その後も『網走番外地』シリーズに出演を続けた。新しい映画を撮るたびに、同じ俳優でも設定が少しずつ変わってくるので、混乱してしまった。

昭和四十二年八月十二日公開の『網走番外地　悪への挑戦』では、ふだんどおりのゲイバーのシーンも撮った。ゲイバーにみかじめ料を取りに、チンピラ連中がやって来る。

チンピラ連中が言う。

「俺たちは、門馬のところの若い衆だ」

お芳がチンピラ連中に食ってかかる。

「門馬か竹馬か知らねえけど、おめえたちは来るな、と国からお達しがあったんだよ」

それからオカマ仲間の砂塚秀夫らと一緒にチンピラどもを踏んだり蹴ったりする。

その連中が立ち去るときにお芳は、店の表までわざわざ追って行って怒鳴る。

「あんたたち、もう来るんじゃねえよ」

そこへ高倉が現れるや、「あら、お兄さん、イイ男ね。寄っていらっしゃいよ。学割にしてあげる」としなをつくる。

高倉は、慌てて逃げる。


高倉は時間があると、ゲイバー『吉野』のママ・吉野寿雄を誘った。

「およし、ご飯を食べに行こう」

高倉は、南青山《みなみあおやま》にある吉野の家までポルシェで迎えに来てくれた。

二人で飯倉《いいくら》のイタリアンレストラン「キャンティ」に行き、その後『吉野』に来るのがお決まりのコースだった。

高倉は、自分が黙っていれば話しかけてこず、根掘り葉掘り何でも聞きたがったり、しゃしゃり出てくるタイプでもない吉野といると、ホッとできるようだった。

高倉は、ゲイバー『吉野』に来ては、水前寺清子《すいぜんじきよこ》の『いっぽんどっこの歌』『大勝負』などの歌詞に聴き入りながら、涙を流した。

「ああ、いい歌だなあ……」

そうして吉野の前でしょっちゅう泣くのだった。高倉と水前寺との間にはなんの関係もなかったが、高倉は水前寺の歌に惚れており、レコードを集め、テープに好きな曲を録音して聴いていた。

高倉は、誰かにプレゼントするのが好きだった。吉野もまた、誕生日に海外ブランドの高級時計をもらったり、当時は珍しかったグッチの服などいろいろなものを買ってもらった。が、吉野だけが特別なのではなく、共演者や周りのみんなに対しても同じだった。


東映プロデューサーの俊藤浩滋は、京都から東京銀座に移った文壇バー『おそめ』のママである上羽秀と一緒に暮らしていた。その当時、高倉健と吉野寿雄は、正月に俊藤らが住む青山のマンションに招かれて、お雑煮をご馳走になった。こうして高倉と吉野は、二人一緒に行動する機会が多かったことから、周囲の人がみんな「健さんと、およしさんはデキている」と噂になった。

あくまでも噂でしかなかったものの、東映では公然の秘密、暗黙の了解のようになっていた。

確かに、高倉と何か特別な関係でもなければ、正月に俊藤の住むマンションになど連れていかない、と考えるのが普通だろう。『おそめ』のママがつくってくれた雑煮を食べ終えた頃、ちょうど菅原文太《すがわらぶんた》がやって来た。当時はまだ菅原も二番手の役者で、大スターになるのはもう少し先の話である。

吉野寿雄が『網走番外地』の撮影で北海道に向かう前日の夜、江利チエミから電話が入った。

「ダーリンの下着を持っていってほしいから、今からそっちへ届けに行くわ」

チエミはネグリジェ姿のまま、車で吉野の自宅までやって来て、鞄《かばん》を差し出した。

「じゃあ、よっちゃん。これ、ダーリンの荷物、持っていって」

高倉とチエミが電話をして、下着が必要だという話になったとき、チエミは「小包で送る」と言った。ところが高倉は「およしに持たせてくれ」と言ったという。チエミは面白くなさそうな表情をしていた。自分の下着を吉野に託せと言われたのだから、妻の立場としては深読みしたくもなるのだろう。

吉野は荷物を受け取り、高倉の下着を持って北海道へ向かった。

高倉健と江利チエミの離婚の遠因

吉野寿雄は、親しき仲にも礼儀ありで、やたら他人のプライベートに嘴《くちばし》を突っ込んだりはしなかった。それでも、高倉健と毎日のように会っていれば、女の話も出てくる。

高倉が吉野に語ったところによると、高倉は役者になる前、女優の杉田《すぎた》弘子《ひろこ》と付き合っていたという。杉田は昭和十九年生まれで、高校を中退して俳優座養成所に三期生として入所。高倉と付き合っていた頃の杉田は、ちょうど松竹に入社して売り出し中の頃だった。

杉田が、高倉の前で何やら見せびらかしていた。

「これ、いい人にもらったの」

高倉は悔しがった。

「こんちくしょう。それなら俺も映画俳優になってやる」

杉田と別れた高倉は、そんな理由で俳優を志すことにしたらしい。

また高倉は、歌手の青木《あおき》はるみに惚れられて、追いかけ回されていた。

青木は昭和二十九年、芸者スタイルで『娘ごころは恥づかしうれし』で歌手デビュー。同年、香川《かがわ》県丸亀《まるがめ》のお座敷芸『野球けん』を歌い、大ヒットする。兄は日本歌手協会六代目会長の青木《あおき》光一《こういち》である。

が、高倉は、派手な顔立ちの美人が好きではないらしかった。結局、吉野の知る限り、付き合った女性のなかに美人は見当たらなかった。

そのせいもあって、「高倉健は同性愛者である」という説は根強かった。吉野はそのあたりの事情についても知っているが「暗黙の了解とさせていただく」「健さんとはいいお友達でした」と言って語らない。

『吉野』の常連客の一人だった江利チエミは、兄のトオルことトンちゃんと一緒に来て、高倉健との結婚エピソードについて話してくれた。チエミによると、最初は高倉のほうがチエミに惚れ、チエミの実家の玄関前で毎日待っていたという。

が、このときチエミには思い人がいた。のちに〝シャンソンの女王〟と呼ばれる越路《こしじ》吹雪《ふぶき》と結婚する内《ない》藤法美《とうつねみ》である。

内藤は作曲家兼ピアニストで、上流階級の出身だった。内藤とチエミは付き合っていたが、内藤の親から「三味線弾きの娘は家風に合わない」と結婚に反対されたという。失恋したチエミに惚れたのが、高倉健だった。

チエミの父親と兄は、口をそろえて言った。

「こんなに誠意のある男だったら、おまえを幸せにしてくれるから、この男と結婚しろ」

が、恋女房も時間が経つうちに色あせてくるのだろう。高倉はなぜかマンション探しを始め、吉野に相談した。

「この近くに、どこかいい物件ないかな」

内藤法美

吉野は思った。

〈チエミちゃんと別れるつもりなのかしら〉

詳しい事情は聞けぬまま、吉野は高倉と二人で六本木界隈を何度も探して回った。

そして、飯倉にあるイタリアン「キャンティ」やソ連大使館に隣接するマンションを見つけた。高倉は、そこに一人で住み始めた。

同じ頃、江利チエミが、吉野に相談していた。

「わたし、あまり色気がないので、どうしたらいいかしら」

吉野が勧めた。

「綺麗《きれい》にお化粧して、ネグリジェを着て、夜中に『ダーリン』って行きなさいよ」

するとチエミは、本当に吉野の言ったとおり実践したという。

「でも、健さんに蹴っ飛ばされちゃったわ」

高倉がチエミを問い詰めたところ「よっちゃんが、こういうふうにしろと言ったから、そうしたのよ」

と白状したという。

女房が妙に〝女〟を出してくることも鬱陶《うっとう》しく、高倉は受け止めることができなかった。

高倉本人からは、吉野に文句が入った。

「おまえ、女房に何を言ったんだ」

吉野は思った。

〈やっぱり映画の中の健さんと、本物の健さんは全然違う〉

妻に対する態度には、人間性が出る。結局、最後は誰もが人間性の勝負となる。高倉健は、あくまでつくられた偶像だった。「男は黙ったままがいい」というイメージが先行し、高倉は男の手本のようになっていた。が、妻や恋人のほうが「いったい何なの、この男は」と思ってしまったら、当然離れていくだろう。吉野から見ると、女性関係から見える高倉は、まるっきりの〝普通のあんちゃん〟だった。

高倉とチエミの夫婦関係については、一方的に高倉ばかりが悪いわけではなかった。家庭的な女性が好きな高倉だったが、チエミには「清川ママ」こと清川虹子《きよかわにじこ》がべったりだった。自宅に帰っても、清川ママと麻雀ばかりしている。

そんな清川虹子から、吉野はしつこく聞かれたことがある。

「ねえ、誰にも言わないからさ。ヨッちゃんと健さんって、何かあるんでしょ」

吉野はピンときた。チエミから頼まれたのだ。チエミは、高倉と吉野の仲を疑っていた。実兄のトンちゃんと一緒になって「絶対にあの二人はデキている」と確信していたらしい。

もちろん、吉野は否定した。

「そんなの、何にもないわよ」

吉野がそう言っても、清川ママはあきらめなかった。

「本当？　誰にも言わないから、わたしにだけは本当のことを言ってよ」

清川からすれば、自分はチエミの母親代わりのつもりだったのだろう。が、高倉は自宅に入り浸っている清川のことを嫌っていた。

吉野は、悩んでいる様子のチエミを見て思った。

〈愛だの恋だの言ってても、結局こうなっちゃうのね〉

吉野は、ストレッチや筋肉トレーニングに精を出している高倉の姿を思い出した。

〈健さんは身体を鍛えて外見はすごく男らしいけど、女に関しては強欲じゃないのね〉

高倉は女性と付き合っても、すぐにパッと別れてしまう。高倉が独身時代、クラブの女の子と付き合っていると聞いても、すぐに「もう別れた」という話が漏れ伝わってくる。吉野から見ると、そういう部分がやけに子どもじみて見え、男らしい肉体美とチグハグな印象だった。

〈女と真剣に恋愛するとか、そういう部分がないんだわ〉

女性に関しては、まるで「チンピラのあんちゃん」のようだったという。

第4章 「ヤクザ」映画の内幕

菅原文太《すがわらぶんた》が高倉健《たかくらけん》に感じた違う種類の人間

高倉健と菅原文太の初共演は昭和四十二年（一九六七）十二月二十三日公開のシリーズ十作目の『網走《あばしり》番外地　吹雪の斗争』。牢屋に入っているシーンだった。菅原は撮影時、「菅原文太と申します」と高倉に挨拶をした。

「高倉です。どうも」

高倉はいつもの流儀で応じている。当時、二人の間には歴然とした格の違いが存在した。菅原は逆立ちしても高倉にかなわなかったのだ。

俊藤浩滋《しゅんどうこうじ》が主宰するオスカープロダクションの社員と菅原が飲んでいる席でのことだ。悪酔いすると、菅原が決まって吐くセリフがあった。

「俺は、どうしても健さんに勝てねえんだよなあ。勝とうと思うのがおかしいのかもしれないけど。あの人はすごいわ」

菅原は映画スターではなかった。いや、スターではあるが、高倉健とは違う種類の人間だった。

種類の違いの一端を垣間見てみよう。

高倉健は人を笑わせるのが大好きだった。自分の作品には喜劇役者やコメディアン、漫才師らを好んで出演させている。

森繁久彌《もりしげひさや》を筆頭に伴淳三郎《ばんじゅんざぶろう》、三木《みき》のり平《へい》、藤山寛美《ふじやまかんび》、由利徹《ゆりとおる》、南利明《みなみとしあき》、渥美清《あつみきよし》、志村《しむら》けん、ビートたけし、たこ八郎《はちろう》など、錚々《そうそう》たる顔ぶれとの共演が実現している。これほど笑芸人と絡んできたスターも珍しいのではないだろうか。

先の吉野や当時のたこ八郎が高倉の呼びかけで「友情出演」したとしても、東映はギャラを支払わなかった。無名の素人がワンシーンちょっとしか映っていないのだ。そんなものに金は出せない。これが会社側の言い分だった。

ある日、岡崎二《おかざきじ》朗《ろう》は妙な光景を目にした。高倉が一万円札を数えている。

「おい、輪ゴムねえか？」

周囲に訊いている。誰かが手渡した輪ゴムで一万円札の束をまとめた。聞けば、三十万円だという。撮影の合間にその札束を高倉は友情出演してくれた人物のポケットにねじ込んだ。会社に代わって、ポケットマネーでギャラを払ったわけだ。

「三十万円」は高倉なりの相場だった。舞台挨拶に来てくれた場合にも、同じ額を自腹で払っていた。

東映が任侠路線をひた走っていた頃、「オールナイト」と呼ばれる興行がしばしばおこなわれた。新宿《しんじゅく》東映をはじめとする直営館を土曜日の深夜に開けて、夜通しヤクザ映画を上映する。客席はキャバレーのホステスと本職の暴力団員が埋め尽くした。

菅原文太

高倉を筆頭にキャストも劇場に呼ばれた。舞台挨拶をするためだ。だが、高倉はこうした場が得意ではない。何を話していいのかわからないのだ。

そこで、由利徹がしばしば呼ばれた。『網走番外地』シリーズで高倉と共演しているし、しゃべりはもってこいだ。

上映の幕間、舞台挨拶の時間となる。まずステージに登場するのは由利徹だ。

「健さん、かっこいいだろー？」

マイクを手にした由利が客席を煽《あお》る。「かっこいい」と次々に嬌声が上がった。

「これで健さん出てきたら、どうする？」

由利がさらに続けるが、客席は「うそー、出てこない」「うそつきー」とまったく相手にしていない。

「本当に来たら、どうすんだよ？　俺はコマ劇場だからよ。新宿はもう顔だから。俺が呼んだらよ、健さん来ちゃうよ」

「うそばっかりー」

「じゃあ、呼んでみるか？」

「健さーん」

観客の視線は舞台袖に集中する。だが、まだ何も起こらない。

「ほら、来ないじゃない」

客席からはブーイングの嵐だ。

「ほら、来ないじゃない」

「あれ、おかしいな。さっきはいたんだけどな。健さーん、来てください」

ここまで盛り上げたところで、高倉がおもむろに姿を現す。場内は騒然である。

「高倉です。よろしくお願いします」

モジモジして、どこか身の置きどころがなさそうだ。由利が助け舟を出す形でぽつぽつと言葉を吐くのが常だった。

「今度こういう映画を撮ってんです。お世話になります」

客席の期待を存分に高めたあとで、質問コーナーに入っていく。

「これから健さん、何だっけ。健さんもどこかで見るから。何か健さんに聞きたいことある？」

舞台挨拶が終わった舞台の袖で、高倉は由利のポケットに輪ゴムで束ねた三十万円を突っ込んでいた。

高倉健の行動の不思議さ

東映が任侠路線でヒットを連発していた頃の話だ。新宿の東京《とうきょう》厚生年金会館で「東映祭り」というイベントが開催されていた。高倉健をはじめ、梅宮辰夫《うめみやたつお》や千葉真一《ちばしんいち》ら、東映のスターがステージで歌を披露するショーである。

なかでも、歌の実力で知られていたのが『網走番外地　悪への挑戦』で高倉と共演している曽根晴美《そねはるみ》である。ある日、タキシードを着込んで蝶ネクタイをつけた出《い》で立ちで楽屋にいた。すかさず高倉健に見とがめられる。

「お前だけ五木《いつき》ひろしのようじゃねえか」

高倉自身は背広姿だった。曽根が慌てて弁解する。

「いや、おふくろが見ているもんで。ちょっといいとこを」

「何、おふくろが？　おふくろさんが来てるのか？」

「はい」

「どこにいる？」

「歌のときにはわかるんですけど。真ん中の一番前のほうに」

「じゃあ、挨拶しなきゃダメじゃねえか」

通常ならば、こうした催しで開演前に出演者が客席に出向くことはない。ましてや、高倉健である。そのまさかが現実に起こった。高倉は曽根とともに母親の席まで行き、挨拶したのだ。

「曽根さんにはいつもお世話になってます。高倉と申します。今日はごゆっくりご覧になってください」

曽根晴美

曽根の母はスターの醸し出すオーラにすっかり当てられてしまった。タキシードまで引っ張り出した息子の晴れ姿はどうでもいい。「健さん……」と目をハートにしてつぶやくのみだった。

吉野《よしの》寿雄《としお》は、高倉健と石井《いしい》輝男《てるお》監督との間に、何かトラブルがあったと噂で耳にした。が、ゲイバーのママが本職の吉野には、その原因まではわからずに不思議に思った。

〈どうして石井さん、『網走番外地』を十本目で辞めちゃったのかしら〉

石井監督作品は、決して芸術的ではないものの、大衆受けは抜群だった。週末の夜になると映画館は超満員で、驚くほど大勢の観客が詰めかけていた。

なお、谷隼人《たにはやと》によると、高倉と石井の関係は当初は順調だった。が、もともと高倉は、石井の我の強さを我慢している部分があった。そのため、高倉の人気が沸騰してくると、今まで辛抱できたことも難しくなり、少しずつ距離ができた。

高倉健と『網走番外地』シリーズを撮った石井輝男は、そのシリーズを終えてのち、疎遠になって作品もない。

ただ高倉は、『網走番外地』で自分をスターにしてくれた恩義は忘れなかった。このシリーズで三本のチーフ助監督を務めた内藤誠《ないとうまこと》の記憶では石井監督の『無頼平野』の撮影現場にキンカンを差し入れるといった心遣いもしていた。

さらに、石井が平成十七年八月十二日に亡くなったあとの平成十八年八月五日、生前に石井が希望していたとおりに、網走市の潮見《しおみ》墓園に墓碑が建てられ、遺骨が納められた。そこに彫られた「安らかに　石井輝男　高倉健」の碑文を書いたのは、ほかならぬ高倉健であった。

だが、このとき、高倉は、その一文に辿《たど》りつくまでには何枚も何枚も書き直した。除幕式まで間に合わない。そこまで差し迫っても書き続けた。あまりにも遅いので、東映の瀬戸《せと》恒雄《つねお》が高倉のもとを訪れてやっと碑文をもらえ、除幕式に間に合った。

しかし、高倉自身は、その除幕式には出てこなかった……。

俊藤浩滋の映画プロデュースの始まり

のちに「俊藤浩滋がいなければ任俠映画が花開くことはなかった」とまで言われた俊藤浩滋は、大正五年十一月二十七日、兵庫《ひょうご》県神戸《こうべ》市長田《ながた》区に生まれた。戦時中は、大阪《おおさか》の軍需会社日本マグネシアクリンカーで働いていた。

昭和二十年のある日、俊藤は、友人の誘いで、神戸にあった五島組の博奕場に出入りするようになった。博奕場には、素人衆が集まってきては、博奕でウサを晴らしていた。

そのうち、俊藤は、なぜか五島組の親分に気に入られ、可愛がってもらうようになった。

戦争が終わり、俊藤は神戸から京都《きょうと》に移り住んだ。が、五島組の親分との付き合いはその後も続いた。

昭和三十五年、俊藤は、当時京都撮影所の次長であった岡田茂《おかだしげる》に頼まれ、鶴田《つるた》浩二《こうじ》を東宝から引き抜き、六月一日付で東映に入社させた。

その年の秋、京都でクラブ『おそめ』を経営する俊藤のところへ、岡田が訪ねてきた。

岡田は、東映の大川博《おおかわひろし》社長からの頼みごとをもってきた。

「巨人の水原茂《みずはらしげる》監督を、東映フライヤーズに引き抜いてもらえないか」

水原茂は、昭和二十五年から三十五年までの十一年間で八回のリーグ優勝を果たした名監督だ。が、三十一年からは日本シリーズに出るたびにパ・リーグの優勝チームに敗れていた。そんなこともあり、水原と巨人の間に揉め事があるという情報も流れていた。その情報を察知した大川が水原と親しい俊藤に相談してきたのだ。俊藤と水原は、小唄春日流の家元、春日とよの兄弟弟子という関係から親しかった。春日は、小唄界初の紫綬褒章を授与されるほどの高名な師匠であった。

岡田と俊藤は、クラブ『おそめ』でたびたび会い、話を詰めた。俊藤は、大川社長から「金は出すが、口は出さん」という言葉を引き出し、水原を口説き落とした。

水原は、翌三十六年から東映フライヤーズの監督に就任し、三十七年にはみごとに日本一を達成した。

昭和三十七年のことである。当時、東京撮影所長の岡田茂が、俊藤に相談してきた。

「俊藤さん、鶴田が体調を崩してしばらく休養している。鶴田の穴を埋める何か面白い企画はないか」

俊藤は答えた。

「そうやな。いまラテン歌手のアイ・ジョージが、若者に大変な人気があるんや。『硝子のジョニー』という歌も大ヒットしている。ちょうどトリオ・ロス・パンチョスというメキシコの人気者も来てるから、これと組ませたら面白いと思うけどな」

「うん、そりゃ、おもろいな」

岡田は、すぐに乗ってきた。この映画は、『アイ・ジョージ物語　太陽の子』として封切られ、ヒットした。俊藤の初プロデュース作品であった。


俊藤浩滋の本格的プロデュースは、昭和三十九年八月十三日公開の『日本俠客伝』であった。

俊藤は、若いとき兵庫県神戸市に本部を置く五島組の親分にかわいがられていたため、周りのプロデューサーたちより、俠客の世界には詳しい。

俊藤は燃えた。

〈俺にうってつけの企画や〉

主役は中村錦之助《なかむらきんのすけ》（のち萬屋《よろずや》錦之助）であった。

中村錦之介は、昭和七年十一月二十日生まれ。満四歳になる直前に、歌舞伎の初舞台を踏む。昭和二十九年二月に映画界に転向する。
美空《みそら》ひばりとの共演作『ひよどり草紙』で映画デビューのあと、新東宝を経て東映に移籍。甘いマスクで注目されたこともあり、同社製作の映画『笛吹童子』『紅孔雀』に出演し、立て続けの大ヒットにより一躍スターとなり全国で「錦ちゃん」ブームが巻き起こった。沢島忠《さわしまただし》監督の『一心太助』シリーズ、内田《うちだ》吐夢《とむ》監督の『宮本武蔵』シリーズは当たり役となる。

ところが、主役と決めていた中村錦之助が、突然「出ない」と言い始めた。

錦之助は、田坂具隆《たさかともたか》監督の『鮫』に出演していたが、当初の予定より延びに延びていた。そのスケジュール調整が難しいうえ、文芸路線から急遽任侠映画に内容が変更されたことも気に入らなかった。

しかも、錦之助は、昭和三十九年五月、京都撮影所の俳優二十七人が結束してつくったクラブ組合の代表となっていた。錦之助にとって、任侠映画はいかにも反動的に映ったのであろう。

岡田茂京都撮影所長は、プロデューサーの俊藤とマキノ雅弘《まさひろ》監督に言った。

中村錦之助

マキノ雅弘

「錦之助のピンチヒッターに、高倉健を使おう。『飛車角』の宮川役の高倉は、なかなかよかった」

「わかりました。試しにやってみましょう」

俊藤と山根貞男《やまねさだお》との共著『任侠映画伝』（講談社）によると、俊藤は、『日本侠客伝』の主演をやってもらおうと、高倉との面談に昭和三十九年、東京大《とうきょうおお》泉《いずみ》にある東映東京撮影所の所長室に行ったという。

高倉は東京撮影所の役者で、二、三の例外は別にして京都の映画には出ていなかった。『網走番外地』も東京撮影所の作品である。

正式に、というか、プロデューサー対俳優として俊藤が高倉と話をするのは、これが初めてだった。

「今度、京都で『日本侠客伝』というのをやるんだが、出てくれへんか。面白いホン（脚本）やと思う」

俊藤は内容を説明していろいろと話したが、高倉は、「はい」「はい」と答えるだけで、イエスともノーとも言わず、なんだか上の空の感じであった。

そもそも俊藤に会うのさえ、渋々というふうに思えた。

〈いったい、ワイに対してどんな印象を持っているんやろう〉

敬遠するというか、うるさいやつやから仕方がない、という感じだった。

「じゃあ、ホンを読ませてください」

「うん。とにかく頼むよ」

俊藤は、脚本を置いて帰ったが、高倉はほとんど乗っていなかった。

ところが、翌日、高倉から電話がかかってきた。

「ぜひ、やらせてください」

この決断により、シリーズがスタートし、高倉は一躍スターの座につく。高倉と俊藤との長い付き合いが始まることになる。

しかし、俊藤が筆者に語ったところによると、いざ高倉に演技をさせてみて、マキノ雅弘監督も俊藤も頭を抱え込んだという。

日本刀を持って斬り込む高倉の姿は、まるで野球選手がバットを構えてバッターボックスに立っているようではないか。

〈冗談やない。これじゃ、とても任侠の雰囲気が出ない。本式のヤクザのできる役者を一枚嚙《か》ます以外にない〉

俊藤は、脚本家の笠原和夫《かさはらかずお》を呼んだ。

「せっかく完璧な脚本をつくってくれたんやけど、直してくれ。中村錦之助がヤクザとして出るシーンを、二日間でつくってくれ」

「錦之助、出ないんじゃないんですか」

「口説いてみる」

紆余曲折《うよきょくせつ》後の高倉と中村錦之助の出会い

岡田茂京都撮影所長は、俊藤に頼まれて、一度主演を断っていた中村錦之助を口説いた。

「錦之助、付き合いに少し出てくれ」

錦之助は、岡田が東京撮影所から京都撮影所に帰ってくると決まったとき、岡田が企画する映画に出る、と約束していた。だが、内容の面で一度断っていたので内心忸怩《じくじ》たる思いもあった。

笠原は、錦之助を木更津《きさらづ》の清治という流れ者のヤクザ役で登場させることにした。

舞台は、明治から大正期の東京深川《ふかがわ》。木場《きば》で古くから運送業を営んでいた木場政組は、新興で近代的な経営を営むふりをしながら、ヤクザ顔負けの強引な手口で客と馬力を引き抜きにはかる沖山運送に押されていた。木場政組の親分（伊井友三郎《いいともさぶろう》）の元には、五年前に木更津から駆け落ちで逃げてきた客分の清治（中村錦之助）がいた。青島に行っている辰巳の長吉（高倉健）がいたら、と親分は心残りのまま世を去る。

長吉は除隊し帰ってくるが、沖山運送の嫌がらせはやまず、木場政組は追い込まれていく。女房お咲（三田佳子《みたよしこ》）と子どもをつくり、ひっそりと暮らしていた清治は、恩ある木場政組の窮状を見かねて、一人で死を覚悟して沖山運送に殴り込みをかける。が、凄惨な死闘の末に息絶える。

清治の死体の惨状を見た長吉は、組の解散を旦那衆に告げたあと、仲間の若者たちとともに、沖山兄弟たちを殺す。

俊藤は、笠原の新しくつくった脚本を錦之助のところに持っていった。

錦之助は、笠原が急遽錦之助を念頭において書いた役柄に惚れ込み、引き受けた。

「この役なら、やらせてもらいましょう」

撮影に入り、錦之助の出番となった。

錦之助のヤクザの演技を見たマキノ監督は、眼を見張った。

「やはり、歌舞伎の出は違うなぁ。貫禄といい、絵ざまといい、すごいできやないか」

俊藤も感激した。

「見得の切り方から、何から何まで、それこそ、ほんまもんのヤクザの雰囲気や」


高倉は『日本侠客伝』に出演するとき、京都撮影所で一番良い部屋をもらっていた。が、中村錦之助が京都撮影所に来ることになった際、高倉はその部屋を譲った。

「俺はこの部屋を使ってきたけど、空けるから、錦兄《きんに》ィが来たらここを使ってくれと言ってくれ」

スタッフにそう頼んだという。

それを聞いた中村は感激し、『網走番外地』にオカマとして出演していた吉野寿雄の経営する『吉野』に来たときに、口にした。

「高倉はいいやつだ。そこまで気を遣ってくれて。俺みたいな人間を、一番いい部屋に案内してくれた」

いっぽう心配していた高倉の演技であるが、俊藤は、高倉の雰囲気に、親しい鶴田浩二とは違う味を見出していた。

〈高倉の三白眼には、どこかリアルなところがある〉

これまで、三白眼の役者は出世しない、といわれていた。が、高倉の三白眼には、テロリストの持つような殺気があった。その眼が独特のリアルな迫力を生んでいた。

鶴田ほど博徒を演じられる役者はいなかった。彼には、ヤクザ者としての男の陰の部分、哀愁が滲《にじ》んでいた。ヤクザ者がいつも孤独であることを、これまでの人生のヤクザ者との関わりの中で眼にしてきた俊藤にとって、鶴田ほどその孤独を演じきれる役者はいないと思われた。鶴田には男の色気もあった。が、高倉は、鶴田のような本物のヤクザの哀愁こそないが、鳶職《とびしょく》などの侠客を演じさせると、独特の迫力があることがわかった。

中島貞夫《なかじまさだお》監督も、『日本侠客伝』の高倉健の演技に目を見張った。周囲にこんな感想を漏らしている。

「この立ち回りは、錦ちゃん（中村錦之助）よりいいんじゃないか？」

東映の時代劇は様式美であり、「型」の世界だった。これに対し、高倉が『日本侠客伝』で見せたのは一発で決める「ぶった斬り」である。

高倉は東映時代劇でチャンバラをほとんど経験していない。巧みな太刀さばきとは縁がなかった。かえってそれが幸いしたのだ。

長ドスを手に大上段からバッサバッサと敵を斬る。中島はこれを見て「うわあ」と思わず唸《うな》っていた。

非常に斬新な感覚のアクションを任侠映画という土壌で高倉は開花させた。『日本侠客伝』がヒットした大きな理由は高倉の「一振り」だった。中島は今もそう思っている。

中島貞夫

岡田京都撮影所長も、『日本侠客伝』の試写を見て、喜んだ。

「これは、いける。高倉のリアルな迫力も、なかなかええじゃないか」

中村錦之助のピンチヒッターとしての起用が間違っていなかったことを、あらためて感じた。

〈これまでの時代劇の立ち回りに飽きていたお客を、高倉で引きつけることができる〉

三田佳子は、錦之助演じる清治の妻お咲を演じ、その健気《けなげ》さが好評であった。

三田によると、マキノ監督は、すべてのシーンが頭の中に入っており、矢継ぎ早に俳優たちに「はい、これやって」「次はこう」と自ら素早い指示を出す、珍しいタイプの監督だった。

マキノ監督は三田の障子の開け方についても指導したが、何度も撮り直すこともなくスムーズに撮影が進んだ。

マキノ監督はスピード重視で、まとめ撮りが得意であった。三田は監督の仕事が早いことに感心しながら演技をした。

『日本侠客伝』は、昭和三十九年八月十三日に封切られるや、爆発的にヒットした。

当時、東映の関西支社でセールスマンをしていた鈴木常承《すずきじょうしょう》は、岡田茂に、はずんだ声で言った。

「大阪で馬鹿当たりしていますから、全国ヒットも、間違いありません」

東京で当たっても、大阪で当たらない作品は、全国的ヒットにはならなかった。

「やはり、着流しの泥臭さが受けてるようですね」

ギャング映画は東京で当たったが大阪では客を呼べなかった。ギャング映画のヒーローたちは格好が良すぎる。

やはり、大阪の客には鶴田や高倉の着流し姿のほうがより身近に感じられるらしい。

岡田も、自信に満ちた口調で言った。

「おお、この路線で、とことんいくぞ」

岡田所長は、俊藤に言った。

「鶴田で『博奕打ちシリーズ』、高倉で『侠客シリーズ』をやろう。頼むで」

岡田の狙いどおり、鶴田は『博徒』で、高倉は『日本侠客伝』で、いちやく任侠映画界のスターになっていく。

『日本侠客伝』を境に明暗分ける中村と高倉

昭和四十年一月三十日に公開された『日本侠客伝』のシリーズ二作目『日本侠客伝　浪花篇』で、里見《さとみ》浩《こう》太《た》朗《ろう》は高倉健と共演した。

里見がそれまで高倉に抱いていたイメージは、『天下の快男児万年太郎』などの役で見せた「格好いいサラリーマン」だった。

一期違いで高倉が先輩、里見が後輩の関係であった。ところが高倉は、里見に対して「おはようございます」と、まるで自分が後輩であるかのようにお辞儀をするではないか。

「健さん、やめてください、僕のほうが後輩ですよ」

高倉が丁寧なのはわかる。が、里見に限らず後輩の立場である俳優たちは困ってしまう。慇懃《いんぎん》無《ぶ》礼《れい》という言葉があるが、高倉はとにかく打ち解けにくかった。親しい鶴田の心の中がわかる里見も、高倉の心の中まではわからなかった。

その後も何度も高倉と共演したが、高倉は東京、里見は京都が拠点だったので、なかなか付き合いは深まらなかった。

ヤクザを演じている鶴田浩二と高倉健は、二人とも本物の匂いがしてくるようだった。

時代劇がなくなり、ヤクザ映画、侠客伝のようなヤクザ映画が出てきたことによって、鶴田、高倉だけでなく、いろいろな俳優が活躍し、生き長らえることができた。

当時、俊藤プロデューサーは、任侠映画をつくりながら、いつも思っていた。

里見浩太朗

〈映画は、一つの夢や。実際の生活の中の汚いものを描いてもお客は喜びはせん〉

任侠映画で描かれる侠客は、弱きを助け、強きをくじく。

だが、実際のヤクザには、そういう者は少ない。実際のヤクザも、男らしさが描かれる任侠映画を見ると、そうなりたいと思うだろう。ところが、実際の生活で任俠映画のようなことをやっていたのでは生活できない。

だが、弱きを助け、強きをくじく男になりたいとは、ヤクザでなくとも誰もが思っている。

たとえば、夜、電車でひどい酔っ払いがいるとする。その酔っ払いが女性の客に絡んでも、見て見ぬふりをしたまま、ジッとしている乗客もいる。

しかし、その酔っ払いを懲らしめて、女性客を助けることができたら、これほど痛快なことはない。現実では、そのようにできないからこそ、そういう夢を任俠映画に託して見ていた人も多かったのだろうという。

高倉健主演の『日本俠客伝』シリーズは、なんと全十一作もつくられる。


この『日本俠客伝』を境に、中村錦之助と高倉健は、明暗を分けていく。

俊藤は、ふと思うことがある。

〈もし、『日本俠客伝』を錦ちゃんが初めの構想どおり主演で演じていたら、錦之助の俳優としての運命は変わっていたやろな。鶴田同様に着流しヤクザをみごとに演じ、十年は錦之助の時代が延びていたろうな……〉

中島貞夫監督は中村錦之助の東映時代の後半、親しく付き合った。錦之助の人生は面白い。一家を背負っていた。

客観的に見ると、女運は決してよくなかった。妻の有馬《ありま》稲子《いねこ》に振り回されるところも中島は見ている。

錦之助は、『宮本武蔵』の名匠・内田吐夢をはじめ、多くの演出家に愛された。中島は思う。

〈錦兄ィには、何より華がある。現場で一緒にいると非常に活力が感じられる。本当にいい役者だった〉

中島が錦之助と仲良くなったのはふとしたことがきっかけだった。撮影の準備が整うと、楽屋にスターを呼びにいかなければならない。これは当時、助監督であった中島の仕事だ。

ある日、中島は錦之助を呼びに行った。

「次が出番ですよ」

声をかけたが、なかなか出てこない。仕方なく大声を出した。

ようやく錦之助が姿を見せ、罵《ののし》った。

「この野郎、生意気な野郎だ」

そこから一気に仲良くなった。

妻だった有馬稲子がこの頃、錦之助に忠告した。

「あんたね、もう少しインテリとお付き合いしなさい」

有馬が選んだ「インテリ」が中島と鈴木《すずき》則文《のりぶみ》監督だった。それからは三人で飲み倒すようになった。何しろ夫人公認である。

中島はやがて京都撮影所内で「錦之助付き助監督」とでもいうような立場を与えられた。

錦之助の要望で当時の東映は社外から有名な監督を引き抜き、京都に呼んでいた。田坂具隆や今井正《いまいただし》といった顔ぶれはある意味で東映京都が最も嫌うタイプでもある。

それでも呼ばざるをえなかったのは錦之助に力があったからだ。結果として東映在籍中、錦之助は自分の好きなことをやり倒して出て行った。おかげでそれらの巨匠に中島は助監督として仕える機会を得られた。

有馬稲子

東映時代劇といえば、片岡《かたおか》千恵蔵《ちえぞう》・市川《いちかわ》右太衛門《うたえもん》の「両御大」がまずあり、続いて中村錦之助という序列だ。だが、中島の見るところ、実質的に最も力のあった俳優は錦之助だった。先輩で「重役スター」と呼ばれた両御大よりも上だったのだ。

「錦之助が言うんだからしょうがない」

「言うことを聞かないといけない」

錦之助は東映社内にそんな雰囲気をつくりあげていた。会社を動かせるスターだった。

錦之助と同格と見られていた大川橋蔵《おおかわはしぞう》もタマが違った。東千代之介《あずまちよのすけ》、里見浩太朗クラスになると、さらにぐっと小さくなっていく。

中村の懐《ふところ》に入った岡崎二朗の馬鹿話

中村錦之助に対する東映俳優陣の対応は独特なものがあった。神格化するあまり、誰一人としてバカ話などできはしない。実弟の中村嘉葎雄《なかむらかつお》でさえ、兄を敬愛して冗談の一つも言えなかった。

岡崎二朗は数少ない例外であった。どうでもいい話で錦之助は涙が出るくらい笑ってくれた。

昭和四十一年四月一日公開の『沓掛時次郎　遊興一匹』のロケでのことだ。錦之助は前年に有馬稲子と離婚したばかり。マスコミは旅館にまで押しかけてきていた。

現場では錦之助の身の上を気遣い、先に上げるようにしていた。マスコミ対策である。錦之助は他の俳優より先に旅館に向かい、風呂を使った。

ある日、撮影が終わったあと、昌太郎役の岡崎は砂だらけで旅館の部屋に引き上げてきた。風呂場に人影が見える。

〈あれ、部屋間違えたかな?〉

急いで表の番号を確認する。間違ってはいない。自分の部屋だ。では、風呂場にいるのは誰なのだろう。

「おお、ごめんねえ」

考える間もなく、風呂場の扉が開いた。出てきたのは、なんと中村錦之助ではないか。素っ裸でバスタオルさえ巻いてはいなかった。

「酒持ってきてるからさ。早く入んな。俺、先に飲んでっからね」

岡崎にとって時代劇への出演は生まれて初めて。役者の格から言えば、横綱とふんどし担ぎくらいの差がある。とにかく面食らってしまった。錦之助といえば、子どもの頃から憧れていたスターだ。

〈そんな人がなんで俺の部屋にいるんだ？　ましてや、二人で飲むなんて。どういうことだよ〉

考えたところで答えが出るわけでもない。岡崎は大急ぎで砂だけ落として、錦之助の元へ向かった。

待ち兼ねた様子で錦之助は出迎えてくれた。もっとも、ここは岡崎の部屋なのだが。

「はい、注いでやろうか」

大スターが徳利を傾けてくれている。

「なくなったら、俺の部屋にあるから。取ってくりゃいいからな。飲もう」

まずは聞いておかなければなるまい。

「錦之助さん、なんでわたしの部屋にいらっしゃるんですか？」

片頬で笑ったスターはお猪口《ちょこ》を口に運びながら答えた。

「ああ、うるせえんだよ。いろんな奴が。女房と別れたのなんのってね。いろいろ訊きに来るからさ。面倒臭えよ。『ここにいる』って言っちゃダメだよ。誰にも言ってないからね。俺、今日はここで寝るから」

大変なことになったものだ。岡崎は慌てて付け足した。

「眠れなくなっちゃいますね」

錦之助は右手を顔の前で大仰に振って言った。

岡崎二朗

「気にしない。『ただのおっさんだ』と思ってりゃいいんだから。俺ね、不眠症なんだよ。眠れねえから。睡眠薬代わりにね」

どうやら酒のことを言っているらしい。

「たいして好きじゃねえんだ、こんなものなぁ。しょうがねえから、寝るために飲んでんだから。俺が寝たら、もう放っといてくれよ」

錦之助の言葉に偽りはなかった。それから程なくして本当にこてっと寝入ってしまった。困り果てたのは岡崎だ。

「放っといてくれ」とは言われたものの、大スターをそのままにはしておけない。枕を置いたり、毛布をかけたり、それなりに気を遣わざるをえなかった。

そんな岡崎の奮闘を知ってか知らずか。錦之助はそれから一週間、岡崎の部屋に居座り続けた。

幸いにして、マスコミに嗅《か》ぎつけられることはなかった。旅館の玄関には相変わらずキャメラの放列ができている。だが、錦之助は記者やリポーターを「ダメ、ダメ」ととりなしながら、車に乗ってしまう。

ロケ現場に入ったら、帰りの車に乗るまでは声をかけてはならない。これが不文律だった。

錦之助と過ごしたある晩のこと。したたかに酔った岡崎は、勢いで訊いてしまった。

「なんで、あんないい女と別れたんですか？」

錦之助の前妻・有馬稲子のことだ。

「ストレートでくるな。直球勝負だな」

錦之助は身を乗り出しながら答えた。岡崎も遠慮はしない。

「いやいや、そういうの訊きたいんです」

錦之助はうなずき、一息ついて一気に吐き出した。

「あのね、俺はさ、『嫌だな』と思ったら、本当に嫌なんだよ」

錦之助の乗りに岡崎もかぶせていく。

「池内淳子《いけうちじゅんこ》さんは、すごい綺麗ですよね」

撮影中の『沓掛時次郎　遊俠一匹』に池内はヒロインとして出演していた。錦之助の意向による配役なのか。岡崎には知る由もない。だが、知りたい気持ちは抑えられない。

「あれを、狙ってんですか？」

無礼講にしても、言い過ぎかもしれない。

「えっ？　なんで？」

錦之助はどこまでも屈託がなかった。

「あれ、二朗ちゃんも狙ってんの？」

さすがとしか言いようがない。こんな答えは予想だにしていなかった。だが、ここで「いいえ」ではあまりに野暮だろう。岡崎は酔いに任せて言い切った。

「狙ってますよ」

明らかに興が乗ってきたふうだ。ここからは流れに任せた。

「あら。あら、ライバルじゃん。まずいな、こりゃ。どういう手で行くの？」

「わたしは年下なんで。可愛らしい感じ、甘えた感じで」

「あ、汚ねえ、汚ねえ。それやられたんじゃ、取られちゃうな。その手は汚ないよ」

錦之助とはこれほどに面白い男だったのか。撮影所で付き合いがなかったことが悔やまれるほどだった。

「女ができたら、どういうとこ連れて行くの？」

錦之助のほうがよほど直球ではないのか。岡崎は即答した。

「まあ、親もいるんですけど。自分の部屋が二階なんで。ちょっとこう飛び出てるんです。そこで……」

「あとは、どういうとこでやんの？」

「多摩川にお城みたいなシャトーっていうホテルがあるんです。車で行って、顔も見られないで、鍵だけ受け取って。あとは隙間だけ開けてお金を払うと」

「中は、どうなってる？」

「いや、回転ベッド。全部鏡で。それで腰使わないでも、回転のベッドが持ち上げてこうやってつくってくれるんです」

「そんなのあんの？　顔見えないで」

「大丈夫です。顔はわかりませんから。車でさっと行って、さっと帰ってくりゃいいです」

「それ行っちゃおうかな、俺」

「お風呂場が下も鏡、横も鏡、天井も鏡。鏡が重なってんで。アワビのお化けみたいなのがバーッて。五十個ぐらい写るんですよ」

錦之助は涙を流して笑っていた。

「まいった。こんなの教えてくれる奴は、誰もいないね」

中村は世間の常識が通じない「若様」

そしてロケの最終日を迎えた。撮影が終わり、岡崎は自分の部屋に戻った。錦之助がいない。

〈そういや、マスコミの連中もいなくなってたな。錦之助さんも帰られたのか？〉

大きな荷物を抱えて駅に向かう。新幹線のホームに出てみると、ロケ中にすっかり顔馴染みになった男が立っていた。

「何やってんの？」

錦之助は、相変わらずのマイペースである。

「『何やってんの』じゃない。東京へ帰るんですよ」

錦之助が手にしていたのはグリーン車の切符。岡崎は普通車で帰る予定だった。それぞれの乗る車両は離れている。

「一人だろ？　俺も一人だから。こっち来なよ」

「いや、わたしは」

「いいから、いいから」

錦之助は岡崎を半ば強引に引っ張って、グリーン車の自分の座席に誘った。仕方なく隣の席に腰を下ろす。

錦之助はそれを見届け、無言で姿を消した。しばらくすると、戻ってきた。

ひとしきり話をしたところで、岡崎は切り出した。

「わたしは、そろそろ自分の席に戻りますんで」

錦之助は全力で引き止める。

「いいんだよ、ここにいれば」

「いえ、帰ります。切符もないし」と言いかけて、岡崎ははたと気づいた。

〈錦之助さん、俺の分のグリーン車料金を払ってくれたんだ。さっき消えたのは車掌のところに行ってたんだな〉

岡崎の隣にいたのは、どこまでも粋でいなせな錦兄ィだった。

錦之助は網棚からバッグを下ろした。取り出したのは一冊の台本である。

「二朗ちゃん、悪いんだけどさ。『山本五十六《いそろく》』ってのをやってくれと頼まれてて。プロデューサーが東京駅で待ってるんだ。でも、俺、全然読んでないんだ。二朗ちゃんとずっと飲んでたもんな」

そんな事情はまったく知らない。岡崎は毎晩付き合っていた。

「そうですね」

「着くまでに読んで、返事しなきゃなんない。『やる』『やらない』ってね。だから、ちょっとホン読むから。居眠りでもしてて」

「わかりました」

大スターが出演作を検討するために台本を読んでいる。そんな場で居眠りなどできるはずがない。集中力を妨げるのも失礼だ。岡崎は席を立ち、ビュッフェに向かった。

「ビールちょうだい」

錦之助が台本を読んでいる間、のんびり過ごさせてもらおう。そんなことを思いながら、二口目のグラスを手にした、そのとき。ダーッダダダダッと走ってくる音がした。

〈なんだ、なんだ⁉〉

音のしたほうに目をやると、台本を手にしたスターが血相を変えている。

「汚ねえな。ビールならビールって言いなよ」

「だって、『山本五十六』を読まなきゃ」

「いや、ペロっとめくったから大丈夫だよ。こんなもんは。どうせやらねえんだ」

本当にそれでいいのだろうか。

「飲むよ。俺も飲む。おい、ビール」

そうまで言われては断れない。岡崎は錦之助とグラスを重ねた。何杯かお代わりしたところで、錦之助は居住まいを正した。

「こんな奴だけど、よかったら、友達になってください」

にっこり笑った錦兄ィの顔を岡崎は見つめた。子どもの頃から憧れていた人の意外すぎる一面を見た気がする。胸を打たれた。錦之助はときおりはっとするほど虚心な言葉遣いをする男だった。

「明日、何があんの？」

「明日は東京で撮影があるんです。深作《ふかさく》さんの」

錦之助の肚《はら》は読めている。東京駅を降りたら、そのまま岡崎を自宅へ連れて行きたいのだ。

セリフもまだ頭に入っていない。このまま飲まされてしまっては、撮影に差し支える。岡崎は「明日、撮影がありますんで」の一点張りでなんとか乗り切ろうとした。

「この新幹線、東京駅で失礼します」

埒《らち》が明かないと見たか、錦之助は攻め手を変えてきた。

「あ？　だって、白浜《しらはま》だろう、制作」

旧知の進行主任・白浜汎城《はんじょう》の名を挙げた。

「はい、そうです」

「それで深作か？　ああ、いいや。俺がな――」

まだ携帯電話はない時代だ。錦之助は車両を見渡した。

「ちょっと待て。あそこの公衆電話に行こう」

錦之助は勝手知ったる様子で東映東京撮影所の番号を回した。

「おい、白浜呼べ」

「はいはい」

「おう、俺だよ。明日、岡崎二朗、撮影あんだろ？　それを休みにしろ。俺が今日うちに連れて帰るからさ」

「やめてください、やめてください。そんなもの。明日ちゃんと撮影に来させてください。ちょっと替わってください」

錦之助は、岡崎に受話器を手渡した。

「絶対ダメだぞ。行ったら、帰ってこれねえからな」

白浜から厳命されてしまった。

東京駅に着くと、岡崎は必死で錦之助をまいた。捕まっては大変である。命からがらなんとか逃げおおせ、翌日の撮影には無事参加することができた。

それから数日後。岡崎は『大江戸捜査網』（東京12チャンネル系）の撮影で三船プロダクションに向かった。三船プロはスタープロダクションのなかで唯一自社撮影所を備えていた。東京都内で随一の常設時代劇用オープンセットは映画やテレビを問わず活用されていた。

出演者やスタッフが通る階段に差しかかると、真ん中に誰か腰を下ろしている。見れば、錦之助である。

「あっ、二朗ちゃんいた。何やってんだ？　こっち来て。ここへ座んなよ」

誰もが知っているスターが階段の真ん中に座っているのだ。本人はいいだろうが、通行する人たちはたまらない。錦之助を避けながら、行き交っていた。社長である三船敏郎《みふねとしろう》が通りかかったら、どうするつもりだったのだろうか。

錦之助に世間の常識は通じない。でたらめで破天荒なスターだった。

飲みに行っても、会計で金を数えるところを見たことがない。その点では勝新太郎《かつしんたろう》と双璧だった。

『日本侠客伝』がもともと中村錦之助主演の企画だったのは有名な話だ。錦之助はヤクザ役を好まなかったが、股旅ものの時代劇には何本か主演している。そう考えてみると、『日本侠客伝』の世界は長谷川伸《はせがわしん》そのものともいえる。


中村錦之助の性格を一言で言うと、どうなるだろう。岡崎二朗は思う。

〈若様だな〉

京都の置屋からべらぼうな額の勘定書きが東映にガンガンきたこともあった。だが、全盛期の錦之助なら、そんなものはどうということはなかった。

時代劇のスターとして独特の華があった。これに尽きる。岡崎は思う。

〈『一心太助』のときの錦之助さんなんて天才だった〉

岡崎は『子連れ狼』のパイロット版になかなかいい役で呼ばれている。錦之助も身内といえる役者には優しかった。「あいつを呼べ」と陰でしばしば声をかけていた。

身長が足りないのが玉に瑕《きず》。錦之助主演の作品で朝、現場に行くと、スタッフは穴掘りばかりしていた。

主役の背の低さを補うためである。

「俊藤の側近」川勝正昭《かわかつまさあき》の生い立ち

「俊藤浩滋の側近」と呼ばれ、俊藤の個人事務所「藤映像コーポレーション」の制作部長などを務めた川勝正昭は、若い頃から、大阪の夜の繁華街で働きながら、生計を立てるようになった。

当時は三代目山口組の田岡一雄《たおかかずお》組長の企業舎弟の神戸芸能社の全盛期だった。大阪のキャバレーやクラブはみんな町ごとに山口組系の組織が仕切っていた。宗右衛門町《そうえもんちょう》は白神組、ミナミは××組、梅田《うめだ》は××組とすべて決まっていた。もちろん各店から、みかじめ料を取り立てる。

川勝は、日本のヤクザではなく、尼崎《あまがさき》を縄張りとする華僑のボスの台湾人と知り合った。日本のヤクザたちは、決してそのボスの尼崎の縄張りを荒らすことはなかった。

ボスは、いわゆる戦勝国の台湾人で、田岡組長の舎弟で、プロレス、ボクシング、パチンコ、料理屋などを営業するビッグボスであった。彼の弟分が初代古川《ふるかわ》組組長の古川雅章《まさあき》であった。

昔の〝阪神裏〟の広場、今の大阪駅前は、闇市《やみいち》があり、売春宿が多くあった。

その台湾人ボスが、川勝に言った。

「おまえ、三十円やるから店の表に立って豚まんを売れ。おまえは日本人だから、客受けがいいはずや」

川勝は、もうもうと湯気を出す蒸し器の傍《そば》に立ち、一日に一千個もの豚まんを売った。そんなことを続けているうちに、少しずつ繁華街で顔が利くようになっていった。

川勝は、大阪梅田で金貸しをしているヤクザとも知り合った。そのヤクザが仕事をくれた。

「水商売は、ツケで飲ませた客からカネを回収するのが大変や。取りっぱぐれる店主が大勢いる。相手はサラリーマンやが、小遣いもなくて取ろうにも取れない。川勝、おまえは給料日前にそいつらの会社へ行って、ツケを払ってもらってくれ。俺みたいなヤクザが行っても警戒されてあかんねん」

川勝は、船場《せんば》にあるスナック『ルパン』を経営する店主の代理として、ツケの集金をすることになった。集金を担当する者は他に何人かいたが、川勝が一番成績優秀だった。他の者はカネを手にすると自分の懐にしまいこみ、平気で飲んでしまう。が、川勝はちょろまかすことなく、キチンと店主にカネを渡した。集金という細かい仕事も、キチンとこなせば信頼されるようになる。すると、仕事の幅が広がっていった。

尼崎の台湾人ボスが、川勝に頼んできた。

「山口組丸三組の陳三郎親分の店に、東京のストリップショーを呼びたい。手配してくれ。週二、三日は入れたい」

川勝は、都内千代田《ちよだ》区有楽町《ゆうらくちょう》にある日劇ミュージックホールで踊る女の子たちに、東京の芸能会社の斡旋で声をかけた。人気はそこそこで、お金をほしがっている子たちが、その話に乗り、喜んで大阪まで来てくれた。

トップの踊り子ではないが、日劇に出演するくらいだから、粒がそろっている。丸三組の陳三郎親分が、川勝に訊いてきた。

「川勝、ストリップの女と一緒に、飯食いに行ってもいいか？」

「どうぞ。僕が女の子に話しますわ」

すると陳三郎親分は、ポルシェに女の子を乗せ、レストランに向かった。女の子はステージのメイクに衣装のままである。当時、ポルシェに乗っている者など一人もいなかった時代である。外車に派手な美人を乗せて店に乗りつけるのだから、周囲は「どこのスターーか」と注目が集まる。おかげで陳三郎親分は、ずいぶんいい格好ができた。

陳三郎親分は、同じ山口組系で十三《じゅうそう》にある中川猪三郎《なかがわいさぶろう》を組長とする中川組の事務所にも、自慢のポルシェで乗りつけた。すると若い衆が十人も出てきて、親分が帰るまでポルシェの番をしていた。

昭和三十六年頃、大阪の繁華街でさまざまな仕事をこなす川勝は、ジャズ、ブルース歌手のディック・

ミネと知り合った。

川勝の家のすぐ近くに、ディックの愛人の一人が住んでいたのだ。ディックには東京に本妻がいるため、二カ月に一度のペースで仕事と称して大阪まで来た。そしてアルバイトで北新地《きたしんち》のクラブ『フラミンゴ』で歌をうたい、その稼ぎを愛人に渡していた。

『フラミンゴ』には百人ほどのホステスがおり、北新地で最も大きな店だった。淡谷《あわや》のり子《こ》、東海林太郎《しょうじたろう》、林伊佐緒《はやしいさお》といった人気歌手とともにステージに立つと、客が大勢入ってくれる。

クリスマス前後の十日間は、藤田《ふじた》まことが司会を務めていた。

ディックたち歌手は、『フラミンゴ』を拠点にして、他のキャバレーにも稼ぎに行った。夜の八時半、十時のステージでもみんな商売熱心で出かけていく。

川勝は、ディックに頼まれて運転手を引き受けた。ディックは愛人が可愛くて仕方がないらしく、しっかり稼いで回った。

ある日、ディックは、川勝に鶴田浩二を紹介してくれた。出会った頃はすでに東映のスターになっていた。

鶴田も商売柄、日本全国のヤクザに可愛がってもらわねばならない。真面目で気の利く川勝は重宝され、鶴田と親しくなっていった。

ディックは、大阪だけでなく京都へ足を延ばすこともあった。京都なら、神戸芸能が仕切り、フランク永井《ながい》などが歌いに来るナイトクラブ『ベラミ』へ行くのが常識とされていた。が、ディックは『ベラミ』ではなく、映画プロデューサーの俊藤浩滋と恋仲の上羽秀《うえばひで》が経営する『おそめ』で歌った。

ディックの運転手をしていた川勝は、『おそめ』で初めて俊藤と出会った。

この頃、俊藤は、東映で鶴田のマネージャー兼プロデューサーを始めていた。まだ名前はクレジットされていないものの、昭和三十七年九月九日公開の『アイ・ジョージ物語　太陽の子』を初プロデュースしていたのもこの頃である。

アイ・ジョージは、昭和三十四年から大阪最大のナイトクラブであった『クラブ・アロー』に、外国人歌手の代理として出演。

『クラブ・アロー』は、梅田の堂山町《どうやまちょう》の料亭『大和屋』の横にあった。外国人を起用したショーをステージで展開し、常々素晴らしかった。

アイ・ジョージは、ステージに立ちラテンの歌をうたったところ大盛況で、支配人に見込まれて専属の歌手となっていた。

なお、坂本《さかもと》スミ子《こ》も専属歌手であった。

その後、アイ・ジョージに『おそめ』で歌ってもらう機会があり、俊藤浩滋と知り合うことになったのである。

が、『おそめ』は川端康成《かわばたやすなり》など著名人が通う店として知られ、ナイトクラブとは一線を画していた。

興行をめぐるヤクザの存在

俊藤浩滋は若い頃に流行っていたジルバ、タンゴ、ルンバなどのダンスがうまかった。キャバレーやクラブで遊び、ステージに上がってダンスを披露すると、女の子たちが夢中になった。

二枚目で踊れるだけでなく、人当たりがよく、優しい雰囲気もある。クラブへ行っても酒は飲まないのでクラブとしては商売にならないが、それでも女の子たちはコロッと参ってしまう。

のちに山口組三代目の最高幹部となる菅谷政雄《すがたにまさお》は、若い頃から俊藤の遊び仲間だった。駆け出しのヤクザたちは貧乏で、遊ぶ金《カネ》もなかった。すると、俊藤が言った。

「ちょっと待っててくれ。カネをつくってくる」

そう言って、夜の街のどこかへ消えてしまう。菅谷たちが待っていると、みんなが遊べるだけのカネを用意してくる。

菅谷は、驚いて訊いた。

「おい俊藤、どこからカネを持ってきたんや」

が、俊藤は答えなかった。

「心配すんな、遊びに行こう！」

菅谷は思ったという。

菅谷政雄

田岡一雄

山本健一

〈女か。応援者がおるんやな〉
菅谷が後日、東映にふらりとやって来たとき、川勝に語ったところによると、菅谷らヤクザ者も、俊藤のようにダンスを楽しんだ。が、流行のステップを踏んで格好をつけても、どこかぎこちない。俊藤のように自然に踊ることはできなかったという。

山口組の経営にとって、興行は大事な柱だった。三代目・田岡一雄は、美空ひばりに続き鶴田浩二にも触手を伸ばそうとした。

昭和二十七年の秋、芸能プロモーターでもある田岡一雄が鶴田のマネージャー兼松廉吉にオファーした。

「美空ひばりと鶴田のジョイント公演をやろう」

が、断られた。

昭和二十八年の正月、鶴田浩二は大阪・千日前《せんにちまえ》、大阪劇場での「百万ドルショー」に出演し、夜は定宿である天王寺《てんのうじ》区の備前屋で休んだ。

田岡の命を受けた若い衆、ヤマケンこと山本健一《やまもとけんいち》（のちの山口組若頭、初代山健組組長）ら四人は宿に上がり込み、鶴田の頭をウイスキー瓶とレンガで殴りつけた。

鶴田が気を失うと、表に待たせた黒塗り乗用車で走り去った。

鶴田は救急車で近くの病院に運び込まれ、頭と手に十一針縫うケガを負ったが、俳優の命である顔は何も傷つけられていなかった。

こののち、芸能界では「田岡一雄の機嫌を損ねると、とんでもないことになる」と恐怖を植え付けられることになり、山口組が芸能での勢力拡大と収益を上げていく大きな追い風の役を果たした。

いっぽうで、そうしたヤクザと一定の距離を保ちつつ付き合える存在がなければ芸能界はある面で成り立たない。

もし、俊藤浩滋が東映に入らなかったら、時代劇の衰退とともに東映も終わっていただろう。ヤクザ映画もなかったから、鶴田浩二や高倉健もここまでの大スターにはならなかった。そのことを一番理解していたのは、岡田茂だったかもしれない。

東映のスターである鶴田浩二、高倉健、藤純子《ふじじゅんこ》、若山富三郎《わかやまとみさぶろう》、菅原文太、待田京介《まちだきょうすけ》らは、俊藤浩滋の個人事務所「藤映像コーポレーション」に移籍した。

きっかけは、岡田茂が多忙になり、俳優たちの面倒を見切れなくなったことにあった。そこで京都に移ってきた俊藤に、高倉や鶴田の面倒を頼み、自分は東京へ拠点を移した。

昭和三十八年から始まった沢島忠監督版『人生劇場』は鶴田浩二が主演であったが、このとき岡田は東京にいた。

俊藤は、映画の現場や役者を大切にした。また仕事を終えた役者たちを神戸の福原《ふくはら》のトルコ風呂（ソープランド）などでよく遊ばせてやった。梅宮辰夫や山城新伍《やましろしんご》などもよく遊んだという。

また、東映での仕事が終われば、俊藤の愛人、上羽秀が経営するバー『おそめ』で心ゆくまで飲むことができた。もちろん飲み代を払う必要はない。

こうした俊藤の役者を大切にし、まめに気を利かす姿勢に、役者はついていったのである。

俊藤の背景にあるバー『おそめ』のママ上羽秀

上羽秀は、京の祇園の玉川家へ預けられ、芸妓として売り出された。芸名は「そめ」であった。秀が自分で稼いだ資金で『おそめ』を開業した頃は、もう俊藤浩滋と深い関係にあった。なお、『おそめ』は、京都・木屋町《きやまち》に開いたのが嚆矢《こうし》なのである。さらにのち東京銀座に移った。

秀の母親のよしゑと姉は、浩滋と付き合うことに猛反対した。俊藤がいかにも玄人という雰囲気で、遊び人だと思ったのだろう。

が、秀のほうが俊藤に惚れていて、聞く耳など持たなかった。

秀は花柳界はもちろん、実業界にも知り合いが大勢いた。その代表は、ワコール創業者の塚本幸一《つかもとこういち》や、サントリー創業者の鳥井信治郎《とりいしんじろう》だった。

秀のファンは多く、『おそめ』には、川口松太郎《かわぐちまつたろう》、大佛次郎《おさらぎじろう》、吉井勇《よしいいさむ》、小津安二郎《おづやすじろう》、川端康成、服部良《はっとりりょう》一《いち》、青山二郎《あおやまじろう》、白洲次郎《しらすじろう》、白洲正子《しらすまさこ》などが出入りした。

白洲次郎は、男前で、遊びのプロで、まるで貴族のような雰囲気を持つ人だった。

秀は松竹創業者の一人の大谷竹次郎《おおたにたけじろう》とも非常に仲が良かった。

こうした面々が、秀のもとに集まってきたのだから、『おそめ』がいかに良い華やかな店だったかがわかる。

当時の京都では、三条大橋《さんじょうおおはし》のほとりにあったナイトクラブ『ベラミ』が、昭和三十二年に開業し遊興の中心になった。同店では越路吹雪《こしじふぶき》、奥村《おくむら》チヨ、加山雄三《かやまゆうぞう》、平尾昌晃《ひらおまさあき》などのスターのほか、レイ・チャールズ、ライザ・ミネリ、サラ・ヴォーンなどもそのステージに立った。
また外国人のヌードダンサーたちも大人気で、日本で稼がなければならない半崩れのアメリカ人女性たちが「一〇〇ドル時代の女」と呼ばれていた。一人当たり一晩一〇〇ドルの現金払いで、裸でステージに立ってくれる。

前述の俊藤浩滋の側近として知られる川勝正昭は、『おそめ』のママ上羽秀に頼まれて、こうした外人ダンサーたちの送迎を担当した。まずは東京や大阪に来ている娘たちを京都に呼ぶ。夕方六時になると宿泊先のホテルへ迎えに行き、電車で一緒に木屋町の『おそめ』まで連れて行く仕事を、一回一万円ほどの報酬で引き受けていた。

上羽秀

夜八時半と十時の二回、『おそめ』で踊ると、最終電車ギリギリの電車に乗せて大阪まで帰らせる。すると大阪で男が待っている、ということがよくあった。
川勝は、たまに『ベラミ』への送迎も引き受けた。やはり、派手なショーの規模や回数でいけば『ベラミ』のほうが圧倒的だった。

ところで、『おそめ』には、俊藤がまるでマネージャーか何かのような顔をして、いつも店にいた。が、むしろそれを望んだのは秀のほうだった。秀は、俊藤が夜の街をチョロチョロし始めると気が気でなく、浮気を疑った。

俊藤は、初めのうちは秀のヒモのようなものだった。が、東映の映画製作に勢いがついてからは立場が逆転した。俊藤が稼ぎ出したとき、『おそめ』はすでに全盛期を過ぎていた。

上羽秀が、ときおり俊藤の側近の川勝正昭に訊いた。

「俊藤は、今までどこに行ってたん」

川勝はごまかした。

「競馬のあれで、ちょっと」

が、秀の表情は硬いままだった。俊藤は正直だから嘘やごまかしがきかず、すぐに本妻の元に戻っていたのだと女の勘でバレてしまう。

が、秀もそれ以上のことは言わなかった。俊藤も秀に惚れており、女から言い寄ったとしても他の女にはほとんど見向きもしなかった。

素人に声をかけることもまずなかった。自分がプロデュースした映画で女優と親しくなっても、手を出すことはなかった。

俊藤は、たとえば、新東宝の女優の高倉《たかくら》みゆきのような、肉感的でセクシーな女性が好きだった。

俊藤の女の好みは岡田茂とよく似ており、それが映画のキャスティングに反映され、東映らしさの一翼を担うことになった。

文芸作品を撮っても、男の欲望には逆らえず、どうしてもエロティシズムに走ってしまう。

『おそめ』のママこと上羽秀が酔うと、色っぽくてなんとも言えず可愛らしくなる。京女でトップ芸妓だった秀は、着物姿でスッと立ち上がったり、背筋のシャンと伸びた姿勢で街を歩いたりするだけで、人々を魅了した。

その秀が、酔ってもしどけなくなるのではなく、キリリとした姿から物腰が柔和でかえって上品になった。これは誰にも真似することができなかった。

上羽秀の母親は、花街の芸者だった。実姉は高級クラブのママで、男性のように背が高く、飛び抜けて社交ダンスが上手だった。

秀の姉を見るたびに、俊藤が言った。

「でかい女は、かなわん」

やはり俊藤は、妹の秀のように小柄な女性がタイプだった。

俊藤浩滋の妻で藤純子の母親は、細面で綺麗な顔立ちをしている小柄な女性だった。若い頃に結婚したので、二人のなれそめを知っている業界人はほとんどいなかった。

俊藤浩滋の妻は、京都市右京区《うきょう》にある仁和寺の前に立つ、二十坪ほどの小さな平屋に長いあいだ一人きりで住んでいた。

俊藤と近い人たちの間では、京都の家や妻のことを「本家」と呼んでいた。

俊藤の側近である川勝正昭は、一カ月に一度、本家を訪ねた。

俊藤の妻は、川勝が来ると必ず尋ねた。

「オヤジ、元気か？　仕事しとるのか？」

オヤジとは夫の俊藤のことである。

川勝が答える。

「元気や。仕事もやってるよ」

俊藤は、本家に近寄ろうとしなかった。行きたい気持ちはあったろうし、川勝も行けばいいと思っていた。が、俊藤は「行けない」と判断したらしい。

だから俊藤の妻は、川勝に、自分の亭主のことを「元気か」と尋ねるしかなかった。それでも、川勝が訪ねてくることを楽しみにしてくれていた。

俊藤の辣腕《らつわん》が発揮された本格ヤクザ映画『博徒』

昭和三十九年二月、岡田茂が京都撮影所の所長になり、東京撮影所で成功した任侠ヤクザ映画を京都でもつくる方針を打ち出した。その第一弾が、鶴田浩二主演の昭和三十九年七月十一日公開の『博徒』であった。

鶴田浩二は、この作品で、押しも押されもせぬ任侠映画の大スターになっていくのである。

俊藤浩滋は、『博徒』の製作にあたって、自分でも信じられないほどプロデューサーとしての意気込みに燃えたと、『任侠映画伝』で語っている。

俊藤は、博奕打ちということに関しても、ほかの人物の設定についても、ドラマの軸になる義理や人情のあり方にしても、ヤクザを本格的に描く映画にしたい、と思っていた。

そのために俊藤は、脚本を書く小沢茂弘《おざわしげひろ》と村尾昭《むらおあきら》と一緒に、その方面の知り合いをはじめ、いろんな人のところへ取材に行った。普通の監督や脚本家が本物の博奕打ちの世界を知っているわけがないので、博奕の作法や渡世上のしきたりを教わった。

そして、いざ撮影となったときには、本職に来てもらい、現場であれこれと意見を聞き、主人公が命を賭けて勝負する博奕場のシーンでは出演までしてもらったという。

この映画の監督の小沢茂弘も、高橋聡《たかはしさとし》との共著『困った奴ちゃ　東映ヤクザ監督の波乱万丈』（ワイズ出版）で、俊藤プロデューサーの紹介で本職の大阪の石本久吉《いしもとひさよし》から脚本家の村尾昭とともに任侠道のしきたりや、仁義の口上などを聞いたことを明らかにしている。実際に賭場をめぐって、手本引きも見たという。

「映画の博奕のシーンは、役者ではなかなかできない。リアルにやるためには、本職の人を入れてやってもらうのが一番いい。博奕の中盆なんて素人ではできない。手本引きは、スタッフと主役の鶴田浩二をはじめ、役者たちもみんなで練習した。それで、要所要所を本職の人で締めてもらった。ピンと張りつめたかのような賭場の命懸けのような雰囲気も出た」

ときには、そのシーンに出てもらっていた本職の人が、警察が捜していた人物で、逮捕されるというハプニングまで起きたという。

襲名披露の段取りも、本職でないとわからない。

『博徒』は、明治中頃の大阪を舞台に、題名どおり、博奕に生きるヤクザの争いを描いている。鶴田浩二の演じる任侠道一筋のヤクザ立花猪三郎がいて、これに対して、東京から流れてきた新興ヤクザが鉄道工事や別の一家の縄張りなどをめぐって悪辣《あくらつ》な仕事を次々やるところから、両者は血みどろの闘いへと突入してゆく。

襲名披露の儀式や博奕場のシーンがリアルに描かれ、博徒の世界を初めて真正面から見せる迫力のうえに、ヤクザ同士が刺青を血に染めて殺し合うドラマの凄惨さが観客にかつてない衝撃をもたらした。

鶴田の共演は御家人崩れの敵役に天知茂《あまちしげる》、その手先となる悪玉親分に遠藤辰雄《えんどうたつお》のほか、主人公の子分に松方弘樹《まつかたひろき》、その子分と相思相愛の女郎に藤純子、主人公の本家の親分に月形龍之介《つきがたりゅうのすけ》、主人公と肝胆相照らす苦悩のヤクザ矢島安之助役に里見浩太朗、主人公を想う遊郭の女将に南田洋子《みなみだようこ》が起用された。

封切りは、昭和三十九年七月十一日だった。

俊藤は、『博徒』で主人公を演じた鶴田浩二について語っている。

「鶴田浩二はわたしのことを『兄貴』と呼んだ。単純にわたしのほうが年齢が上だからでもあったが、いったん落ち目になっていたところを引き上げてもろうたという気持ちの表れだろう。彼はいろいろ苦労しているだけに、そういう仁義をきっちり踏まえる男だった」

その姿勢は映画との関わり方にも出ているという。

「わたしのプロデュースする作品に絶対的な信頼を寄せてくれたし、なによりホン（脚本）の読み方が違《ちご》うた。ほとんどの役者は、ホンについて意見を出す場合、自分の役柄のことでごちゃごちゃ言う。ところが鶴田にはそんなことが絶対なかった。

『兄貴、この人物をもうちょっと大きくしていって、ここで逃がしたらどうやろ』

たとえばそんなふうに、シナリオ全体のコンストラクションについての意見を出した。

普通、特に主役の場合、九九％の役者は自分中心にしかホン（脚本）を読まない。鶴さんはその点がまったく違うた。苦労したからということに重ねて、映画というものに対する見方がちゃんとしていたんやと思う」

『博徒』は当たった。東映時代劇を見慣れてきた観客にとっては、本当のヤクザの世界を描いた映画を見て、まるで別体験をするようなショックがあったという。

当時、映画館の館主は非常に力を持っており、館主が「ダメだ」と言えば主役まで交代させられるほどだった。その館主たちが、「鶴田浩二が主役なら、どんな作品でもいい」と言うのだから、当時の人気ぶりがうかがえる。

そんな中で、鶴田に博徒シリーズ二作目の『監獄博徒』の主役オファーがきた。が、鶴田は脚本を読み、「これはあかん」と断ってしまった。

一作目に続く『監獄博徒』の監督の小沢茂弘は、映画の製作会議で脚本家がシナリオを読み上げたあと、不出来のものには「チートモおもろないワ！」と大声で宣告を下すような人物で、〝小沢天皇〟と恐れられていた。

小沢茂弘

俊藤プロで制作を担当する福井《ふくい》良春《よしはる》は、東映に断りを入れた。

「鶴さん本人が気に入らんから、『監獄博徒』には出さんといてください」

が、結局、嫌々であったが、鶴田は出演を承諾した。

そして、一作目からわずか三カ月後の昭和三十九年十月二十一日に公開された。

その結果、鶴田がその後何十年にもわたって後悔する作品ができあがってしまった。映画自体も大コケで、評判も良くなかった。

賢明な高倉健は、ずいぶん前から小沢監督に見切りをつけていたようだった。が、鶴田には、東映を助けたいと思う気持ちがあった。

俊藤の側近の川勝正昭は思った。

〈鶴さんと健さんは、まったく性格が違う。もちろん健さんにも情もなさけもあるが、鶴さんのほうが、人間的に泥臭いんやな〉

高倉よりも、鶴田のほうが役者として苦労したので、苦労性が身についたのかも知れない。そうした泥臭い情を持つ鶴田のことを、多くの人々が慕っていた。

なお、小沢監督は、岡田茂から「君には徳がない」とはっきり言われた。昭和四十三年一月三日公開の『人間魚雷　あゝ回天特別攻撃隊』では、キャスティングされていた高倉健に、「小沢作品には出たくない」と断られた。小沢には「役者なんて小道具」という不遜な考えがあり、のちに東映から解雇されている。

東映の歴史に重なる里見浩太朗の経歴

『博徒』で一作目、二作目に出演した里見浩太朗と鶴田の縁も深い。

里美のそれまでの経歴は、東映の歴史でもあるので、少し詳しく触れておこう。

里見浩太朗は、昭和十一年十一月二十八日、東京都渋谷《しぶや》区に生まれた。本名は佐野《さの》邦俊《くにとし》。

父親の亀一は、里見が誕生した翌年の昭和十二年七月七日、中華民国北京西南方向の盧溝橋《ろこうきょう》で、駐屯していた日本軍に向けて何者かによる攻撃があり、中国国民革命軍と日本軍が衝突した事件により現地の治安を守る憲兵として派遣され、中国山西省《さんせいしょう》で戦死した。父親の記憶がまったくない里見は、母親のエツの実家がある静岡《しずおか》県富士宮《ふじのみや》市に引っ越し、母子家庭で兄の要とともに育った。

里見浩太朗が初めて鶴田浩二という俳優を知ったのは、中学三年生のときだった。昭和二十六年十一月一日に公開された瑞穂春海《みずほしゅんかい》監督、美空ひばり主演の松竹映画の『あの丘越えて』を、夢中になって観た。十四歳の美空ひばりと二十七歳の鶴田浩二の歌声が美しい青春映画で、ひばりが歌う主題歌もヒットした。

鶴田は大学生役で、角帽をかぶったいい男だった。少年だった里見は、「松竹新三羽烏」と呼ばれた鶴田浩二、佐田啓二《さだけいじ》、高橋貞二《たかはしていじ》を憧れの俳優として見ていた。

静岡《しずおか》県立富士宮《ふじのみや》北高等学校に入学した里見は、音楽部に所属。三年生のときに『ＮＨＫのど自慢』に出場して伊藤久男《いとうひさお》の『山のけむり』を熱唱し合格した。このことがきっかけで、歌手を目指すようになる。

高校卒業後に上京した里見は、築地《つきじ》の魚市場で仲卸を営んでいた叔父の会社に就職し、働きながら歌手を目指した。

昭和三十一年、もうじき二十歳になる里見は第三期東映ニューフェイスに合格して東映へ入社した。同期には大川恵子《おおかわけいこ》、桜町弘子《さくらまちひろこ》、大村文武《おおむらふみたけ》らがいた。

里見浩太朗が初めて出演した映画は、昭和三十二年五月七日公開の松村昌治《まつむらしょうじ》監督の爆笑時代劇『上方演芸　底抜け捕物帖』だった。出演者は、のちの吉本興業に所属するミヤコ蝶々《ちょうちょう》、南都雄二《なんとゆうし》、秋田《あきた》Ａスケ・Ｂスケ、夢路《ゆめじ》いとし・喜味《きみ》こいし、大丸巖《だいまるいわお》などである。里見の役どころは鶴松である。

里見は、大部屋にいる先輩役者に言われた。

「おい、おまえ役ついたのか。芸名考えろよ」

里見は考えた。

〈よし、幕末の桂小五郎にならって鏡小五郎だ〉

すると、部屋の人に「おまえ桂小五郎みたいな真似するな」と不評を買い、鏡小五郎の芸名はこの映画一本きりとなった。

デビュー二本目は、昭和三十二年七月九日公開の井沢雅彦《いざわまさひこ》監督、尾上鯉之助《おのえこいのすけ》主演の浪曲映画『誉れの陣太鼓』だった。歌舞伎の「弥作の鎌腹」から材を得た、赤穂浪士の一人・神崎与五郎《かんざきよごろう》の物語である。

　里見は庄屋の息子で、主役である尾上鯉之助の恋敵役である。ところが映画が上映されると「おい、主役よりも恋敵のほうが綺麗じゃないか」と評判になった。尾上は歌舞伎の出身だったが、少しごつい顔立ちをしていた。神崎与五郎役にはピッタリであったが、当時の東映の映画では、里見のような柔らかい甘い顔立ちのほうが受けた。

　里見の梨園風の顔立ちを見て「出身は歌舞伎ですか」と聞いてくる人もいた。が、里見は梨園の息子でもなく、有名人の父親を持っていたわけでもない。本当にニューフェイスとして裸一貫、役者を始めたのだ。

　このときに考えた芸名は富士川一夫である。母方の田舎が静岡県富士川《ふじかわ》の隣であったことが理由だった。が、やはり先輩役者たちから「おまえ、長谷川一夫《はせがわかずお》の真似するな」と言われてしまった。

　昭和三十二年八月十一日に公開された佐々木康《ささききやすし》監督、月形龍之介主演の『水戸黄門』の撮影時に、里見浩太朗はエキストラで江戸城に座っていた。

　すると、助監督が来て里見に尋ねた。

「きみ、見慣れない顔だけど新人か？」

「はい、今度ニューフェイスで入りました」

「そうか。すまんけど、ちょっと衣裳部に行って、小姓の衣装に着替えてきてくれ」

　言われたとおり、小姓の格好に着替えて行くと、徳川綱吉役の片岡千恵蔵の隣に座らされた。

　小姓役には、里見と同い年ですでに大スターだった伏見扇太郎《ふしみせんたろう》が座っている。どうやら助監督のミスで、二人小姓のところを一人しかキャスティングしていなかったらしい。そこで急遽、里見に白羽の矢が立ったのである。小姓の七之助役がついた。

　水戸光圀役の月形龍之介が「上様、お土産でございます」と土産を差し出すシーンでは、小姓が綱吉の代わりに受け取らねばならない。受け取り役は伏見が、刀持ちは里見がそれぞれ演じた。結局は仕出しで台詞もない役であったものの、片岡千恵蔵の目にとまった。

「あの小姓をやっているのは、誰だ？」

「今度入ったニューフェイスです」

「ああ、そうか」

オールスターものだから現場にはプロデューサーも全員いる。里見本人はまったく気づかぬうちに、多くのスタッフ勢にお披露目する形となった。

三作目は、昭和三十二年十月八日公開の小沢茂弘監督、大友柳太朗《おおともりゅうたろう》主演映画『天狗街道』だった。

里見の役どころは主役と同じ階級出のチンピラ役であったが、小沢監督に役者としての洗礼を受けた。デビューしたての身では、演技ができなくて当たり前である。が、小沢は容赦なかった。

「おまえ、それで役者か！　何やってんだ！」

他の役者たちの前でも構わず、大声で怒鳴り散らす。あまりにつらく当たってくるので、里見は内心で反発していた。

〈もう小沢監督とは、口もききたくない〉

ところが、セットを離れた小沢はとても優しかった。京都・貴《き》船《ぶね》の料理旅館『べにや』あたりで一緒になると、小沢は里見を励ましてくれた。

「コウちゃん。あのな、いろいろわからないことがあるだろうが、先輩方に聞いてな、ちゃんとやってくれよ」

食堂で偶然会ったりするときも、セットのときとはまるで違って優しい。その態度のあまりの差に、新人の里見は首をひねるばかりだった。

「鏡小五郎」「富士川一夫」が不評だったため、また芸名を考えなければならない。そんなとき、プロデユーサーから、昭和二十九年に公開された『里見八犬伝』の話を聞いた。

「中村錦之助と東千代之介を歌舞伎から呼んで撮った『里見八犬伝』は、東映が赤字から黒字会社になるほど馬鹿当たりした。里見は縁起がいいぞ」

そこで里見とつけ、時代劇だから太郎をつけようということで里見浩太郎《こうたろう》となった。明るく覚えやすい名前であり、実際に四本目から主役に抜擢される幸先の良さとなった。なお、現在の「浩太朗」に改名したのは、昭和四十五年のことである。

加藤泰《かとうたい》、マキノ雅弘、鶴田浩二――里見に影響を与えた人々

昭和三十三年三月十一日に公開した加藤泰監督、中村錦之助主演の『源氏九郎颯爽記《さっそうき》　白狐二刀流』で、里見浩太朗は同心の幸田鱒二郎を演じた。

加藤監督は、ディテールに徹底的にこだわることで有名だった。

大店に乗り込む乱闘シーンで、バーンとピストルが発射される。ここで加藤が待ったをかけた。

「なんだ、ピストルは二丁しかないのか」

「ええ」

「もっとダンダンダンと、西部劇みたいにやりたいんだよ」

「監督、それは無理ですよ。小道具のピストルは、仕込んで一発しか撃てないんですから」

「それはあかんわ」

すると、主任が、太秦《うずまさ》警察へ行って頼み込んだ。

「すいませんけれど、映画で使いたいんでピストル貸してくれませんか？」

すると二人の刑事が六丁ずつ、計十二丁の拳銃を持ってきてくれた。ありがたいことに、中には空薬《からやっ》莢《きょう》まで詰めてきてくれている。本物とは知らない俳優たちに拳銃を渡し、一丁に六発詰まった拳銃を一気

にダダダダッと撃ちまくった。

「ＯＫ！」

今、こんなことをしたら警察庁長官の首が飛ぶほどの大事件である。が、昭和三十年代前半には、なんでもありの自由さがあった。


里見浩太朗が役者になったとき、岡田茂は製作部長であった。男っぽくて怖い人という印象で、あまり面と向かってものを言えない雰囲気だった。

昭和三十五年八月三十一日に公開されたマキノ雅弘監督、里見浩太朗主演の『神田祭り　喧嘩笠』は、真山青果《まやませいか》の歌舞伎「荒川の佐吉」を小川正《おがわただし》、野上龍雄《のがみたつお》が共同で脚色した作品である。

相手役は、里見と同期生の大川恵子である。大川演じる親分の娘は、里見演じる三下の佐吉に最初は「佐吉、佐吉、買い物に行くわよ」と付き人の扱いをする。が、佐吉が江戸を留守にしているあいだに組を乗っ取られ、親分は傷物になり娘は芸者に売られてしまう。

そのような状況下で里見と大川のラブシーンとなるのだが、マキノ監督がカットを入れて大川に呆れたように言った。

「恵子、おまえ色気がないなあ。なんでそんなに色気がないんだ。まだ処女なのか」

大川が答えに詰まっていると、マキノ監督が畳みかけるようにさらに聞いた。

「恵子、いま、パンツ穿《は》いているのか？」

大川は恥ずかしそうに「はい」と答えた。

「だったら、パンツ脱いでこい」

これには里見もスタッフたちも驚いた。大川はしぶしぶ衣裳部へ行って下着を脱ぎ、着物を着直してセットに入ってきた。

マキノ監督が里見に言う。

「おい里見、ラブシーンの形になれ」

里見と大川は「佐吉」「お嬢さん」と抱き合った。

するとマキノ監督が二人の近くにやって来て言った。

「恵子、足を開け」

大川がイヤイヤ足を開くと、マキノはさらに「里見の腿《もも》を足で挟め」と指示を出す。

下着をつけていない女性が開いた足の間に膝を突っ込まれ、その男の腿をあらわになった足で挟まなければならない。

すると大川から、初々しい処女の色気がパーッと立ち上った。下着を脱ぐ前とは明らかに違う。里見は感心した。

〈マキノさんは、すごい演出をする監督だな〉

里見が先輩役者のなかで、最も可愛がってもらったのは片岡千恵蔵だった。麻雀仲間だったので、一緒にいる時間も誰よりも長かったはずである。里見は片岡の送り迎えもしていた。

里見は、最近になって映画『恋や恋なすな恋』を見返した。

『恋や恋なすな恋』は昭和三十七年五月一日に公開された内田吐夢監督、大川橋蔵主演の作品である。映画の中で、原作の『芦屋道満大内鑑《あしやどうまんおおうちかがみ》』を執筆した初代竹田出雲《たけだいずも》役を、片岡千恵蔵が演じていた。台詞はいっさいなく、ただジッと主役の大川橋蔵と相手役の瑳峨三智子《さがみちこ》の二人を見ている。ただそれだけの短いシーンだったが、里見はそこに片岡の役者としての力量を改めて感じた。

〈やはり千恵蔵先生は、すごい役者だ〉

最近の里見は、「片岡千恵蔵さんと麻雀やった俳優さんなんて、もう（この世に）いないよ」と言われる。

マキノ雅弘監督の作品で、中村錦之助が宿屋でふざけて猿のものまねをするシーンがあった。歌舞伎役者である中村は、おそらく猿を真似た踊りも手の内にあるのだろう。みんなはうまいなあ、と思いながら見ていたのだが、マキノ監督がカットを出した。

「錦坊、ちっとも面白くねえぞ、その猿！」

みんなが「えっ⁉」と意外な表情を浮かべる中、マキノ監督が「見てろ！」と言ってセットに入り、猿のものまねをし始めた。

もともと猿のような顔立ちをしたマキノのものまねは、本物の動物の猿を見ているようで面白い。みんな大爆笑であった。

「監督、そのままやって！」と思わず声がかかったほど上手だった。

役者たちは、マキノ監督の演技力や演出力にただただ感服した。

〈だてに映画の父・牧野省三《まきのしょうぞう》さんを持った息子じゃないな〉

昭和三十五年、鶴田浩二が東宝から東映に移籍することになった。

里見浩太朗にとって、鶴田浩二は憧れの俳優だった。そこで、昭和三十九年二月八日に公開されるマキノ雅弘監督の『次郎長三国志　第三部』で、鶴田と共演させてもらうことになった。

里見は、胸をときめかせた。

〈鶴田浩二さんと共演できるのか〉

鶴田は清水次郎長役、里見は小政役であった。

鶴田は、表面的には怖い男に見えた。物静かであまりしゃべらず、「なんやおまえ」と言わんばかりにジロリと相手を見据える。

が、実際に話をしてみると、鶴田は意外にも笑い上戸で、「へへへへ」とすぐに笑い出す。

鶴田浩二は大正十三年生まれ、里見浩太朗は昭和十一年生まれでちょうど一回り年が離れており、同じねずみ年生まれだった。

干支《えと》が同じせいか、里見は鶴田の性格が自分と似ていることに気づいた。だから「これ以上言ったら、本当に怒られるだろうな」というところまで突っ込んで、鶴田と話ができる。腹を割って話せるので、一緒に仕事をしていてもお互いに楽しい。そんなふうにして、鶴田と里見は何本か時代劇で共演した。

プライベートでも一緒にゴルフや麻雀、ポーカーなどをするようになった。遊んでいても里見は鶴田の手の内が読めてしまう。

鶴田も同じことを感じていたようで、「里見、おまえ、俺の手がわかっているだろう」とよく言われた。

当時、ゴルフはチョコレートを賭けることが一般的で、売店には森永チョコレートが山のように積まれていた。レートやスコアによって「二枚負けた」「五枚勝った」となってチョコレートがやり取りされる。初心者だった頃の里見は、何だかわからないうちに「おまえは三枚の負けだ」「今日は五枚の負けだ」と言われ、負けた分のチョコレートを買って勝者に手渡していた。

鶴田のプレーは「飛ばせないが小技がすごく上手い」と評判だった。里見は鶴田と何度もゴルフを楽しんだ。

こうして遊び仲間になってからも、中学三年生のときに観た『あの丘越えて』で角帽をかぶった二枚目役の鶴田浩二の姿をよく思い出していた。

里見浩太朗は、鶴田浩二と麻雀やゴルフの付き合いで、他の俳優よりずっと深く付き合えた。わがままも言えた。

高倉・里見の初出会い内田吐夢監督『宮本武蔵』

昭和四十年七月二十四日に公開された内田吐夢監督の『宮本武蔵　巌流島の決斗』は、中村錦之助が宮本武蔵、高倉健が佐々木小次郎、片岡千恵蔵が家老、里見浩太朗が細川《ほそかわ》家の当主細川忠利《ただとし》の役である。

いよいよ巌流島の決闘となり、高倉、片岡、里見が並んで宮本武蔵を待ち受けている。このとき、里見が弓を射るシーンがあった。弓道は前々から練習していたが、このときは先生が来て指導を受けてから本番に入った。

弓は右手で弦を引いているように見えるが、実際は左手の親指の腹で弦を押している。そして矢を離すとピュッとまっすぐ飛んでいく。

的は、撮影中のセットの一番遠くにあった。素人ではとても届かない距離である。

内田監督が「じゃあ、いこうか」と声をかけて本番が始まる。家臣が左右に分かれて二十人ずつ砂利を敷き詰めた地面に片膝をついて控えている中、里見が弓を構える。

思いどおりに、矢はピューンと飛んでいった。ところが、内田は「もう一回いこうか」と言う。何かが気に入らなかったのだろう。里見は言われたとおり、もう一度矢を放った。が、内田はまたしても「もう一回」と言う。たまらずに片岡千恵蔵が「吐夢さん、何が気に入らねえんだ？」と聞いてくれた。

「いや、的に当たってないから」

今度は、里見がたまらずに聞いた。

「え、監督、あれに当てるんですか？」

内田吐夢

「まあ当ててください」

やむをえず、里見は「もうちょっと練習させてください」と断りを入れて何度か練習をした。

「よし、いきます」

「よーい、本番」

里見の放った矢は、みごと的に当たった。すると、砂利の上についていた膝の痛さに耐えていた家臣役の仕出しの人たちが、的に当たった瞬間に「当たったー！」と喜んで思わず動いてしまった。それでNGになってしまった。

「えー、せっかく当たったのに……」

里見は力の限りを尽くしてようやく的に当てたのに、またやり直しである。が、なんとか二度目も的に当てることができた。

「カット、的のアップ」

内田監督はロシア人の血が入っているとの噂で、身体は大きく性格もおおらかだった。話し方も「うーん、いこうかぁ」といった調子である。

いっぽうマキノ雅弘監督は、撮影を開始する時に「用意、スタート！」ではなく「用意、どん！」と言う。里見浩太朗は、初っぱなからずっこけてしまい、「先生、勘弁してください」と訴えた。

里見浩太朗が高倉健に会ったのは、このときが初めてだった。

高倉健が佐々木小次郎役に選ばれたのは、おそらく物干し竿を背負えるほど背が高く体格が良かったためだろう。高倉は、その後はあまり時代劇ものに出演しなかった。

昭和三十年七月十二日に公開された稲垣浩《いながきひろし》監督の『続宮本武蔵　一乗寺の決斗』では、宮本武蔵に三船敏郎、佐々木小次郎は鶴田浩二が演じた。

里見浩太朗はこの作品を観て、鶴田の佐々木小次郎にどこかとってつけたように感じた。

〈やはり、博徒、侠客の役こそ、兄貴が本領発揮できる映画だ〉

里見浩太朗にとっての若手先輩は、大川橋蔵、東千代之介、中村錦之助の三人だった。そのうちで、里見が最も手本にしたのは中村錦之助だった。芝居のキレに関しては、真似できないものがあった。

プライベートでも、中村錦之助と里見浩太朗は仲が良く、狩猟免許を取って一緒に鉄砲撃ちに行ったりした。

昭和三十六年、中村錦之助は女優の有馬稲子と結婚した。新居は、中村の父親から九百坪の土地を京都に与えられ、そこに百五十坪の豪邸を構えた。里見浩太朗が住んでいる京都のマンションのすぐ近くであった。

里見は、新築祝いを持って、豪邸まで遊びに行った。

里見が「家を見せてもらいます」と言うと、中村が「おう、見ろよ」と通してくれた。

ひととおり見終わると、中村錦之助が訊いてきた。

「おまえ何か感じたか？」

「いや別に」

「感じただろう」

「そういえば、畳が一畳も見えませんでしたね」

「そうなんだよ。おまえ気がついたか。この広い部屋に、日本間が一つもないんだ」

「ネコ（有馬の愛称）が全部設計して、おれは歌舞伎育ちなのに日本間が一つもない家に住まわされてるんだ」

第5章　道を分けた二人

プロデューサー以下すべてが真剣勝負を展開した『博徒』

プロデューサーの俊藤浩滋《しゅんどうこうじ》が、「時代劇もダメになった。何をやろうか」と言い出したとき、岡田茂《おかだしげる》が「ヤクザ映画やろう」と言い出した。そこで撮影したのが、京撮における任侠路線第一弾として昭和三十九年（一九六四）七月十一日に公開された小沢茂弘《おざわしげひろ》監督、鶴田浩二《つるたこうじ》主演の『博徒』だった。里見浩太朗《さとみこうたろう》も、鶴田の弟分として出演した。

時代劇の多かった里見浩太朗は、ヤクザを演じるために初めて断髪式をおこなった。みんなが集まる中、角刈りにされていく。

里見は長めの髪を切ったことがなかったので、初めての角刈りに抵抗があった。が、ひとたび角刈りにし、さらしを巻いて襦袢《じゅばん》のない着物一枚をパッと羽織ると、ヤクザの気分になった。時代劇用の鬘《かつら》をかぶらないことも新鮮だった。自由に動ける解放感の中で、芝居ができた。

鶴田浩二と里見浩太朗をはじめとしたヤクザ役の俳優たちは、朝早く来てまずは全身に入れ墨をペイントする。三時間ほどかけて昼にようやく仕上がるのだが、石鹸《せっけん》ですぐ落ちてしまうので毎日同じ作業を繰り返さねばならない。舞台なら入れ墨の描かれている肌色のシャツを着ているが、映画の場合はそうはいかない。必然的に昼からの撮影となるので、夜中まで仕事は終わらなかった。

自由に動ける解放感の中、里見はヤクザのしゃべり方や、何気ない動きにこだわった。時代劇と違う動きや言葉遣いが新しく感じられて、面白かった。

鶴田浩二はセットで台本をいっさい見ない。すべて覚えてくる。里見が「ちょっとすいません、ちょっと時間ください」と台本を見直していると、鶴田に言われた。

「なんやおまえ、セットで台本見るのか。しゃあないな、サットミ」

鶴田は、里見のことを独特のイントネーションで「サットミ」と呼んだ。

「おまえのことじゃ、しょうがないな。待ってやるわ」

そうして鶴田に勘弁してもらったことが何度もあった。台詞《セリフ》に関しては、まったくかなわない。鶴田はすべて完璧に覚えていた。

俳優たちは、「セットで台本を見ない」と評判の鶴田浩二と仕事をするときは、必死になって台詞を覚えてきた。が、他の俳優たちがダメなのではなく、鶴田が特別なのだ。

丹波《たんば》哲郎《てつろう》は台詞を覚えずに、現場で「どこやるんだおい、ここやるのか？」という泥縄状態で撮影にのぞんでいる。

丹波哲郎も、若山富三郎《わかやまとみさぶろう》も、みんな現場で台本を見ていた。大友柳太朗《おおともりゅうたろう》などは頻繁に見て、台本を離さないほどである。

片岡《かたおか》千《ち》恵《え》蔵《ぞう》は台本をジーッと見る。その顔がまた格好いいのである。

里見は思った。

〈本当に千恵蔵先生は、どこから見ても絵になる顔をしておられる〉

鶴田浩二は、厳しさがあって怖いけれど、うるさいタイプではなかった。セットに入った瞬間に、親分になりきってしまう。「俳優という仕事に真剣に取り組んでいる」という雰囲気が身体から滲《にじ》み出ているのである。だからこそ、共演者は鶴田を怖いと思う。鶴田自身を怖いと思うのではなく、鶴田の芸に対する取り組み方に怖さを感じるのである。

『博徒』で、主役の鶴田浩二と共演した里見浩太朗によると、俳優自身に怖さを感じるという点で言えば、鶴田より若山富三郎のほうがずっと怖かったという。

片岡千恵蔵

里見は、セットから出たあとの鶴田浩二のことを「兄貴」と呼んだ。『博徒』の中で鶴田を兄貴と呼んだことから、プライベートでも自然とそう呼ぶようになったのである。

里見は鶴田に対し、本当の兄のような甘えと尊敬の感情をもって「兄貴」と呼んだ。鶴田もそれを感じるから、普通なら「馬鹿野郎」と怒るようなことでも、里見には甘く許してしまう。

里見が俳優仲間でそのような関係を築けたのは、鶴田浩二だけだった。鶴田はふわっと柔らかく甘い顔をしているが、その奥には芝居に対する真剣さがある。だから芝居のときと遊んでいるときの差がはっきりしていた。遊んでいるときは全然怖くない。しかし芝居のときはつまらない冗談の一つもうかつに言えない。

鶴田の色気と男っぽさが同居した雰囲気は、誰にも真似できない鶴田浩二という俳優だけが出せる味だった。ヤクザ映画にピタッとはまるあの雰囲気は、芝居が上手とか下手だとかの範疇《はんちゅう》を超えていた。里見は思う。

〈兄貴のような匂いのする役者は、今までもいなかったし、これから先もきっと出てこないだろう〉

里見は、片岡千恵蔵に対しても兄貴分としての尊敬の念は抱いていた。が、「千恵蔵先生」と呼んでいたように、やはり先生と生徒のような関係だった。千恵蔵先生にジッと見られると、里見は心の奥底まで見透かされているような恐怖感を覚えた。

いっぽう、里見浩太朗から見た高倉健《たかくらけん》は、闘って死んでいく姿が格好いい俳優であった。小細工はいっさいなく、まっすぐ進んでいき、殺されて格好いい役者というのは、やはり高倉以外に考えられない。

鶴田は、闘い抜いて生き残ってこそ映える俳優である。これは、里見だけでなく、後輩俳優たちの多くが感じていたことだった。

里見浩太朗にとって、鶴田浩二や高倉健は自分と比較にならない役者だと最初から思っていた。

里見がライバルのように感じ、うまい、格好いいと思っていたのは、実は成田《なりた》三樹夫《みきお》や敵役でよく出てきた遠藤太津朗《えんどうたつお》だった。

長門裕之《ながとひろゆき》は、達者な役者だった。何をやらせても、こなせてしまう。

また、一映画ファンとして格好いい脇役だと思っていたのは河津清三郎《かわづせいざぶろう》だった。

成田三樹夫

遠藤太津朗

長門裕之

丹波哲郎とは、いつも家に遊びに行ったりして最も親しかった。共演した映画も多いが、いろいろな役柄をすべて自分のものにしてしまう。ときどき「えっ、こんなことを丹波さんやるのか」と驚くような芝居をする。里見にとって丹波は不思議な俳優であり、息子のように可愛がってくれた先輩だった。

里見浩太朗と同じく『博徒』シリーズに出演している若山富三郎は、「役者馬鹿」という言葉がまさにピッタリの、乗せればどんどん役にのめり込んで良い演技を見せるタイプだった。怒らせたら怖いことでも評判だったが、里見にとっては、とても可愛い先輩だった。

ある日、里見は、妻がつくったおはぎを仕事場に持っていった。丹波哲郎がいたので、「丹波さん、おはぎ食べる?」と声をかけると、「おお、食べる食べる」と喜んでくれた。

すると、丹波がいきなり二階の部屋から「おい、富三郎！　富三郎！」と大声を出した。後輩であろう丹波が若山富三郎を呼び捨てにするので、里見はヒ

若山富三郎

ヤヒヤした。

が、顔を出した若山は、気にする様子もなく「ほーい」と返事をした。

「今、浩太朗がな、おはぎ持ってきたから、一緒に食べるか？」

「ほい、いただきます」

甘党の若山は二つ返事で二階に上がってきて、三人で一緒に食べた。

甘いものに舌鼓を打つ若山からは、日ごろの恐ろしさなど微塵《みじん》も感じない。

里見は思った。

〈役者から離れたこの二人の様子を撮影して、誰かに見せたいくらいだよ〉

以後、東映映画の主流は任侠もので占められ、それは鶴田浩二がメイン・スターに躍り出ることでもあった。かって若い日にソフトな美貌で人気絶頂の座にあり、その後も映画のスターとしての輝きは失わなかったものの、自分を充分に生かす場に恵まれなかった俳優が、中年になって華々しく蘇った。

そしてそれは、俊藤浩滋と鶴田浩二が生涯の親友として行動を共にする始まりでもあった。

『博徒』シリーズ二作目の『監獄博徒』にも出演した里見浩太朗によると、俊藤浩滋は、プロデューサーとして企画だけに参加し、脚本もあまり書かず、演出にも口を挟まなかった。口にするのは、映画の流れと狙いのみである。

俳優、監督、演出家、脚本家たちにとって、俊藤のようなプロデューサーは非常にありがたい存在だった。現場に毎日顔を出すプロデューサーも、俊藤ただ一人だった。里見は、毎日セットにやって来る俊藤を見て思った。

〈俊藤さんは真面目というよりも、自分の作品に命を賭けているんだな〉

映画に関わっている全員が、里見と同じことを感じていた。だから役者も監督もいっさい手を抜かず、真剣に撮影に取り組んだ。だから俊藤浩滋のプロデュース作品は良い作品、すごい作品が多数できたのである。

時代劇ブームが去り、里見はもう一度ニューフェイスの役者に戻ったような新鮮な気持ちで任俠映画に取り組むことができたという。

『博徒』三作目に加わった松方弘樹《まつかたひろき》と鶴田浩二との因縁

『博徒』シリーズ三作目の小沢茂弘監督の昭和三十九年十二月二十四日公開の『博徒対テキ屋』に、松方弘樹も出演している。

松方は、昭和十七年七月二十三日、東京《とうきょう》市王子《おうじ》区生まれ。父親は、時代劇俳優の近衛《このえ》十四郎《じゅうしろう》、母親は女優の水川八重子《みずかわやえこ》。

松方は、昭和三十年の中学一年生のとき、当時松竹専属の鶴田浩二主演の『獄門帳』で、鶴田の子供時代の役で出演させられた。大曾根《おおそね》辰保《たつお》監督が父親に「おまえんところの子ども、鶴田に似てるやろ」と言い出したからだった。

松方と伊藤彰彦《いとうあきひこ》との共著『無冠の男　松方弘樹伝』（講談社）によると、松方が昭和三十五年に第二東映で『十七歳の逆襲』シリーズでデビューして間もない頃、東京大泉《おおいずみ》撮影所の松方の楽屋の戸がガラッと開き、鶴田が「俺に似ているやつがどいつや？」と言って入ってきた。『獄門帳』のときの子役が大きくなって大泉撮影所にいることをどこかで聞きつけたらしい。『獄門帳』の撮影時には、松方と鶴田は会ってはいなかったのだ。

「ほぉ、おまえがあのときの子か」

鶴田は、独特の口調で言い、さらに独特の笑いを浮かべ、「ふうん」と言った。

それが松方と鶴田との初対面であった。

『博徒対テキ屋』で、松方は主役の鶴田が演じるテキ屋菊家一家の四代目貴島政吉の長男竜太郎の弟の勝

松方弘樹

男役で出演した。映画では、勝男役の松方が、丸々一ページくらい兄役の鶴田に啖呵を切るシーンがある。

「あんちゃんおかしいじゃねぇか、俺にそんなこと言って、菊家の長はあんちゃんだぜ。そのあんちゃんがヤサ飛び出して、勝手なことして、よくそんな俺に偉そうな口がきけたもんだな……それからのあんちゃんは、なんだよ。親父に後ろ足で砂かけて、一家の面子をつぶして歩いてんじゃねぇか。あんちゃん、五年前に急にグレ出した。それには何か腹《モサ》があんだろ？　そのモサ、いまはっきり言ってもらいてぇんだ。そうじゃなかったら、いくらあんちゃんだって俺は承知できねぇ」

松方は、この長ゼリフでトチってしまった。すると、鶴田が、次のテイクで松方がしゃべるのを聞いていて、「ダメだ、こりゃ」という感じで松方のセリフを一字一句違わないで言ってのけてみせたのである。それも、松方に、ひょっとこ顔をしてみせながらであった。

松方はその鶴田の表情を見ながらやらないといけない。鶴田がそんな顔をしているのは松方にしかわからない。小沢監督には見えないわけである。あまり、鶴田がからかうから、松方は小沢監督に訴えた。

「すみません。鶴田先輩が、いろいろヘンな顔をするんです」

小沢監督は取り合わない。

「そんなことはガマンして、お芝居をなさい！」

鶴田はどんなに深酒をしても、そのように必ずセリフは覚えてきた。

松方は、その秘訣は聞いたことはないが、鶴田は京都《きょうと》駅のすぐそばのホテルに泊まっていた。京都の撮影のときはそこが常宿であった。

〈どうやって覚えていたのかなぁ〉

不思議であったという。

〈酒は毎日飲みに行っていたし、彼女も三百六十五日、毎日相手が変わるのに……どこで、どう覚えたのか〉

それに鶴田は、ものすごい人見知りというか、好き嫌いが激しい。嫌いな相手には、口もきかない。嫌いなヤツがいたらセットの向こうへ行って、別のところへ陣取っているぐらいだ。嫌いな人は嫌い。松方はそばへ寄って、からかわれるだけからかわれていた。

鶴田はよく「おい、松方」と呼んだ。「弘樹」ではなく「松方」であった。それほど可愛がってもらっていた。

鶴田は、とっても愛嬌がある。酒を飲んだら陽気で、松方にとってはめちゃくちゃ可愛い先輩、愛嬌がある先輩だった。

鶴田は、着流しのとき、胸をゆったり開けて着る。その撫で肩の後ろ姿が堪《たま》らなかった。背中で泣かせたら天下一品であった。

松方は、鶴田の色気がどうやったら出せるのかと思って、あるとき、鶴田の着付けを盗み見した。鶴田は自分で着物を着るが、裾合わせをするとき、足を内股にする。そして、きちっと裾を決める。そうすると、裾がすぼまったかっこいい着姿ができる。

松方はそれを真似したという。

青木卓司

松方弘樹は後輩の俳優・青木《あおき》卓司《たくじ》をことのほか可愛がっていた。きっかけは昭和四十六年十月二十七日公開の『昭和残侠伝　吼えろ唐獅子』での共演だ。この作品で青木は松方の弟分を演じている。

以来、東映東京撮影所所属の青木が京都撮影所に出向くと、松方に誘われ、飲みに行く仲になった。青木はいつしか松方のことを「兄ちゃん」と呼んでいた。

東映は「スターシステム」の映画会社だといわれる。プログラムピクチャー二本立ての興行形態が長かったため、伝統的に二枚看板で売ってきた。

時代劇全盛期には片岡千恵蔵と市川右太衛門《いちかわうたえもん》。やがて中村錦之助《なかむらきんのすけ》と大川橋蔵《おおかわはしぞう》。任侠路線に切り替えてからは鶴田浩二と高倉健。その次の世代のスターといえば、松方弘樹と北大路欣也《きたおおじきんや》と目されていた。

松方は時代劇時代に華麗な立ち回りで知られた近衛十四郎の長男。次男の目黒祐樹《めぐろゆうき》も俳優として活躍した。対する北大路の父は「重役スター」市川右太衛門である。

どちらも芸能一家の出身ではあるが、どちらかといえば、北大路のほうが「名門」の匂いがした。

高倉健はそんな北大路をよくからかった。

「欣也はさ、おぼっちゃまだから」

「そんなこと言わないでくださいよ」

そんなやり取りが二人の間でよく交わされていた。

松方によると、鶴田浩二ほど短い刀、匕首《あいくち》が似合う俳優もいなかったという。

鶴田は長い刀は持たなかった。匕首が多かった。だからあの色気が出たという。

いっぽう高倉健は、長い刀だから男らしさが漂ったという。

鶴田はあれだけ間がいい、いい映画もいっぱいある人なのに、同時代に石原裕次郎《いしはらゆうじろう》というとんでもないスーパースターがいたからその陰になって、自分が育てた高倉健に肩を越されてしまった。

亡くなったときも、石原裕次郎、高倉健ほどには騒がれなかった。

〈おっさん、すごくせつなかったのでは〉

あんなにお芝居が上手い人はいなかった。もう、あんな役者はいないと松方は断言している。

鶴田の機嫌が悪いときは、みんな音一つ立てないよう気をつけた。鶴田の側近の川勝正昭がセットに入って、シーンとしていると「ああ鶴さん機嫌悪いんやな」とわかった。それほどに力があった。

今は、鶴田のようなスターはいなくなった。はなたれ小僧のような役者が幅を利かせている。もう時代は変わってしまった。

昔は京都撮影所の俳優センターの二階から鶴田の階段を降りてくる音が聞こえると、「降りてきたで！」と声を掛け合い、みんなが出迎えてセットに送り出したものである。

松方弘樹もまた、スタッフが出迎え、セットに送り出した。ところが松方は、そのあいだに「スポンサーから何億入って……」とカネの話をしながらスタッフの間を通っていく。その中には、ギャラが安くて食うにも困るような大部屋役者もいる。その日に演じる役の衣装を身につけたら、本番前だろうがセット裏であろうが、気持ちを切り替えていなければならない。が、松方にはそれができなかった。

結局、松方が鶴田に「味がない」と言われるゆえんは、セットに入る直前まで世俗にまみれたカネの話などをして、心を決めずにセットに入っていくその姿勢にあったのかもしれない。

鶴田は、松方にそのあたりのことをくどいほど注意してきた。が、何度言っても松方は死ぬまで理解できなかったという。

ヤクザを描く現代もの『昭和残侠伝』の光と影

俊藤浩滋プロデューサーは、『日本侠客伝』は、時代劇的な要素が強いのに対して、『昭和残侠伝』はずばりヤクザを描く現代ものとして企画したという。

俊藤は、鶴田浩二で『博徒』シリーズをやっていたので、高倉健でも「正真正銘のヤクザの映画を」という狙いがあったという。

それも、義理と人情のしがらみを究極までぎりぎり追い詰めていって、どうにもならなくなるヤクザの話をやってみよう、との試みがあったという。

『昭和残侠伝』のヒットは、高倉が歌う主題歌『唐獅子《からじし》牡丹《ぼたん》』の魅力も要因である。

俊藤プロデューサーは、この『唐獅子牡丹』の歌のできるいきさつについても語っている。

降旗康男

まだ映画が企画の段階の頃、俊藤が高倉に「歌をぜひ入れたいなあ」と言ったところ、高倉が一本のテープを持ってきた。

「こんな演歌があるんですけど」

それが『唐獅子牡丹』だった。

水城《みずき》一狼《いちろう》という役者が作詞作曲したもので、兄貴分と慕っている高倉のところへ「何かに使えないかなあ」と持ってきたという。

聴いてみると、まさにぴったりのイメージで、俊藤は主題歌に即決した。

つまり、まず唐獅子牡丹の刺青があってから歌がつくられたのではなく、逆に、歌から刺青の図柄が決まったのだった。

高倉はすでに『網走番外地』の主題歌で歌い手として人気を呼んでいたが、「義理と人情を秤にかけりゃ……」という『唐獅子牡丹』はそれ以上にヒットし、流行した。

任侠映画にはやはり演歌が一番なんだと、俊藤は改めて思ったという。

この映画の〈特報〉は、助監督としてついていた降旗康男《ふるはたやすお》が演出した。

特報は作品がクランクインする前につくるものだから、本編の映像は何もない。

それで大泉撮影所で撮った高倉の和服姿のモノクロ・スチルを集めてきた。

これをシネマスコープのサイズにはめ込んだ。が、スチルはサイズが違うから両端に余白ができる。その両端を金箔にしたり、浅草《あさくさ》の提灯を撮ってきて入れ込んだりと、かなりどぎつい特報をつくった。

特報をつくっている時点で主題歌の『唐獅子牡丹』が先行してできていたので、降旗はそれをバックに流した。

♪義理と人情を　秤にかけりゃ
　義理が重たい　男の世界
　幼なじみの　観音様にゃ
　俺の心は　お見通し
　背中《せな》で吠えてる　唐獅子牡丹

すると、降旗の耳に喜ばしい情報が入ってきた。

「映画館で特報を見たお客さんが、健さんの歌に乗っている」

降旗は映画のヒットを予感した。

当初はこの歌を、劇中では一節しか使う予定がなかったが、会社から言われた。

「もっと長く、挿入してくれ」

ところが、この会社の要求に、佐伯清《さえききよし》監督が怒った。

「俺は歌謡映画を撮っているんじゃない！」

佐伯監督は言った。

「長くする部分の画は、降旗君とキャメラマンの星島一郎《ほしじまいちろう》君とで考えて、撮れ」

この映画の時代背景は、敗戦直後の浅草である。露天商を営む人々は新興ヤクザの新誠会によって、上納金に苦しめられていた。

そんな中、反目していた神津組四代目の川田源之助が新誠会に射殺された。そこに戦争に行っていた寺島清次（高倉健）が復員する。

親分の死に直面した清次は、亡き源之助の遺言であった五代目を継ぐ決意を固め、露天商の商品集めに奔走する。

そんな清次たちを卑劣な手段で妨害する新誠会に対して、五郎（梅宮辰夫《うめみやたつお》）が単身殴り込んでいく。だが、五郎は恋人の娼婦の美代をかばって殴殺されてしまう。

客分として神津組に草鞋《わらじ》を脱いでいた風間重吉（池部良《いけべりょう》）は、美代が実の妹であったことを知る。

神津組は、浅草の復興を願う親分衆の力によりマーケットを完成させるが、それも束の間、新誠会によって放火されてしまう。ついに、清次は風間と共に短刀を握りしめて、新誠会に殴り込みをかけにいく。

なお、高倉の役名は一本目は寺島清次だが、シリーズの二本目から花田秀次郎となる。

佐伯監督に言われた降旗と星島は、高倉と風間重吉役の池部が並んで歩き、新誠会に殴り込みに向かう場面を延ばすことで会社の要望に対応することにした。

だが、そこをリテイクするためだけに池部を呼ぶわけにはいかず、高倉が一人で歩いている場面を撮り、追加した。撮るといっても、風呂敷にくるんだ刀を出したり、刀の鯉口を切ったりといったシーンを撮った。

が、止まってやると歌と合わない。高倉には歩きながらその動きをやってもらった。

無理にシーンを延ばしているので、よく見ると、二人で歩いているはずが、途中で高倉一人だけの場面があることがわかる。

『昭和残侠伝』が生み出したもう一人のヒーロー池部良

『昭和残侠伝』シリーズは、高倉演じる花田秀次郎という人気ヒーローを生み出したが、もう一人、池部良が演じた風間重吉のことを忘れるわけにはいかない。

俊藤は一本目の『昭和残侠伝』の企画を練ったとき、当初から、高倉演じる主人公に絡む流れ者の役は池部良にやってもらいたいと思っていた。それには俊藤なりのいくつかの理由があった。

〈池部良は鶴田浩二のような色気を感じさせる役者やなぁ〉

ところが、『任侠映画伝』によると、周りのみんなは池部の起用に反対だったという。

しかし、俊藤はこのキャスティングに固執した。一見ヤクザ役には縁遠い役者に見える池部だが、ヤクザはいかにもすごみのある役者がやるものという固定イメージを裏返すことができれば、もっと別の生々しい迫力が出てくると思っていた。

〈甘いマスクの二枚目がヤクザを演じるところに、新鮮さと可能性があるんやなかろうか〉

俊藤がそのようにこだわったのには、もう一つ理由があった。

少し前の昭和三十九年三月一日に公開された松竹の映画『乾いた花』に出演した池部良が素晴らしかったのである。

石原慎太郎《いしはらしんたろう》原作、篠田正浩《しのだまさひろ》監督の『乾いた花』には、博奕場のシーンがあり、本格的な「手本引き」が出てきた。俊藤にはこの映画に主演し、ニヒルなヤクザを演じた池部良がとても印象的だった。

池部良は、大正七年二月十一日、東京・大森《おおもり》生まれ。昭和十六年に東宝に入社する。監督希望だったが、映画監督の島津保次郎《しまづやすじろう》に請われて、その年公開の『闘魚』に脇役で出演する。それが好評となり、知的でスマートな若手俳優のホープとして注目された。

昭和十七年の『緑の大地』のクランクアップの翌日に陸軍に召集され、中国山東省《さんとうしょう》に派遣され、昭和十九年には南方戦線に転じた。竹一船団の輸送船「天津山丸」に乗船するが、五月十二日に敵の潜水艦に撃沈され、セレベス海に投げ出される。池部は十時間も泳いだのち、海軍の艦船に救出され、インドネシア北東部のハルマヘラ島へ配属された。ハルマヘラ島へ移り、少尉ながら衛生隊本隊を任されて、終戦まで戦った。

昭和二十一年六月まで抑留され、南方から苦労して復員船に乗り、日本に帰国。東宝や高峰秀子《たかみねひでこ》に熱心に請われて、俳優に戻った。

復帰後は、一七五センチの身長と渋い容貌を生かして、次々と主演作品をヒットさせる。特に昭和二十四年の今井正《いまいただし》監督の『青い山脈』では、当時三十代だったにもかかわらず、旧制高校の生徒をさわやかに演じ、戦後の自由な雰囲気を象徴する映画として大ヒットした。

池部良

昭和三十二年の『雪国』などの多くの文芸作品で翳《かげ》のある青年を演じ、文芸路線や都会派映画に欠かせない二枚目スターであった。

池部をなんとか起用したい俊藤は、周囲の反対を振り切り、直接会うことにした。普通なら会社の俳優課に任せるところだが、直談判をする必要があると思ったのだ。

俊藤は、池部を口説くために、松竹の大船《おおふな》撮影所に足を運んだ。

俊藤は、松竹の撮影所で、誠心誠意、懸命に説得したという。

「池部はん、ぜひあなたに出てもらいたい。あなた以外に、この役をできる人はいません」

「いやあ、僕はそんなものに向かないよ」

池部は、志村三代子、弓桁あや編の『映画俳優 池部良』（ワイズ出版）でそのときの心境を打ち明けている。

《最初は抵抗がありましたね（笑）。今まで、文芸映画中心でずーっとやってきたでしょ。しかも、東宝はサラリーマン会社だから、義理人情だとかなんとかはないんだよね。なんとなくやりとりが空々しい、そういう中で育ってきたものだから……。それから、当時はそういう映画に出てしまったら、俺はもう終いかなと思っていたんだよ》

が、俊藤の説得がすさまじかったという。

「池部さんがいないと、この映画はできませんで」

「僕がいなくたって、大丈夫でしょ」

「いやあ、そんなことありまへん。高倉健なんてのは、出たてで、本当にホヤホヤですから。ひとつ、あれの支えになっていただけませんか。お願いしますわ」

池部は、まだその気がなかったので、押し問答が続いた。

押し問答のあげく、ようやく俊藤は脚本だけをなんとか渡すことができたという。

だが、その後、池部から返事は全然こなかった。なにしろ、池部の妻がヤクザ映画に出ることに猛反対していたのである。

それでも、俊藤は、まだあきらめなかった。

池部の所在を探し出すと、京都へ仕事で来ていて、祇園《ぎおん》に定宿があるという。

俊藤は、その定宿に押しかけて、さらに出演を依頼した。また押し問答になった。

俊藤は、それでもあきらめなかった。連日、夜討ち朝駆けで池部を口説いた。

池部によると、なんと俊藤は畳の上におでこをこすりつけてまで頼みこんだこともあったという。

池部は、長年東宝に所属していたが、東宝時代に会社からそこまでして必死に何かを頼まれたりすることはなかった。俊藤の執念は、ついに池部の心を動かしていく。

俊藤は、五日目に、ようやく池部から出演の承諾を得ることに成功した。

池部は出演を承諾する際に条件を出した。

「刺青を入れないこと」

「ポスターに写真を入れないで、字を小さくすること」

「毎回死んでしまうこと」

その三つであった。

青木卓司は池部良と『昭和残侠伝』シリーズで共演した。このシリーズには青木も思い入れがある。花田秀次郎（高倉健）と風間重吉（池部良）だからこそ成り立った世界。ゲストとして鶴田浩二や片岡千恵蔵ら大物が出演することもあるが、ラストに控える秀次郎と風間の二人の道行きがすべてをかっさらっていく。フットライトが当たる中、『唐獅子牡丹』の歌をバックに殴り込みに行く秀次郎と風間は美しかった。

撮影所で青木と顔を合わせた池部は優しかった。穏やかでおおらかな人物という印象がある。

高倉健はキャリアの要所要所で相手に恵まれた俳優だった。池部もその一人だ。一歩下がってわきまえる。高倉も共演者を立てる芝居ができた。青木は思う。

〈親父さん（高倉）も池部さんも、決して上手い俳優ではない。むしろ不器用だ。見ようによっては「大根が二ついる」と謗《そし》られかねない。なのに、秀次郎と風間のシーンはなんとも言えない味がある。『昭和残侠伝』はシリーズとなり、お客さんを呼んだ。九本も撮れたのは親父さんと池部さんが組んでいたからだろう〉

『唐獅子牡丹』の歌を背に殴り込む男と男の恋を思う

『昭和残侠伝』シリーズ第一作で、助監督を務めた降旗康男によると、風間重吉役の池部良は東映の任侠映画に初出演で慣れていないゆえに、「お控えなすって」という仁義を切るセリフが言いづらかった。何度もNGが出た。

物語序盤、神津組を訪れた風間が言う。

「ご当家、軒下の仁義、失礼ですがお控えくだすって」

江藤昌吉役の菅原謙次《すがわらけんじ》が相手をする。

「ありがとうございんす。軒下の仁義は失礼さんにございんすが、手前、控えさせていただきやす」

さらにやり取りが続き、風間が名を名乗る。

「手前、生国は大日本帝国、日光《にっこう》、筑波《つくば》、東北、関東は吹きおろし、野州《やしゅう》は宇都宮《うつのみや》でございんす。家業、縁を持ちまして、身の片親《かたや》と発しますは、野州宇都宮に居をかまえます十文字一家三代目を継承いたします坂本一太郎に従います若い者でございんす。姓は風間、名は重吉。稼業、昨今の駆け出し者でございんす」

その頃からすでに俳優のテッパリ、つまりスケジュールの重なりが始まっていた。池部の仁義を受ける親分の川田源之助役の新派の伊井友三郎《いいともさぶろう》が、夕方から舞台があり、それに間に合わせたい。だが、池部のセリフがうまくいかず、佐伯清監督もイライラしてきた。

「良ちゃん、何やっているんだよ」

池部も自分のせいでうまくいかないのがわかっているから余計焦ってくる。

結局ＯＫが出なくて、そのシーンは二日かけて撮った。そのように池部は初めはまったく馴染んでいなかった。

池部は、一、二本出演してから、東映の任侠映画への出演が面白くなってきたという。

「話が単純だし、時代劇映画そのものじゃないんだけど、半時代劇映画的なんだよ。だんだん型をつくっていく、この面白さがある」

池部は俊藤浩滋プロデューサーに次のように言われたという。

「日本人の原型っていうのはこういうところにあるんですよ。義理と人情、これですよ」

それについて、池部も、自らの考えを語っている。

「これは非常に面白い。義理人情をいろいろと敷衍《ふえん》していくと、なるほどと思うところがある。『昭和残侠伝』シリーズは、オーバーに言うと自由主義みたいなものを描こうとしている。自由主義というのは、ある枠があって、その枠の中で自由に生きていくということが必要なんですよ。だから、枠のない自由主義というのはありえなくて、その枠がなかったら、放埒《ほうらつ》というか、デタラメになってしまう。まあ、ヤクザ的な義理人情だけを基にして生きていたら、ちょっとおかしくなっちゃうけれども。そんなこんなで、やっているあいだに面白くなった」

池部良は、高倉演じる主人公とともに殴り込み、死にに行く心理について語っている。

「今まで岸恵子《きしけいこ》と共演した『雪国』にしても何にしても、女の子との掛け合いがあって、それが主になっているけど、それもまあ一つの偶然といえば偶然だし。『昭和残侠伝』シリーズは、これはいやらしい意味じゃなくて、男と男の恋愛だと思うんだよね。何て言ったらいいんだろう、まあ恋愛に似た気持ちだと思う。男が男に惚れるという言葉があるんだよね。それはなんで惚れたのかといったら、まあ恋愛に似た気持ちだとわきまえている男だと、これこそ男だなっていうんで惚れる。それで、向こうもこっちに惚れる。そういう男と男の義理人情以上の感情というものがあることは事実だよね。だから決して『雪国』や何かからかけ離れているわけではないんだ」

俊藤浩滋プロデューサーの狙いどおり、池部の演じる風間重吉は鶴田浩二と同じような匂いのするヤクザであった。

池部は、のちに降旗康男が監督し、高倉が主演する映画には常連というほど出演する。

任俠映画ファンの作家の三島由紀夫《みしまゆきお》は、『昭和残侠伝』の風間重吉について、「他人の心にある火を自分のことのように、そっと温めている」と熱く語っている。

唐獅子牡丹の刺青と高倉健の存在が意味するもの

昭和四十年に公開が始まり、全九作が制作された『昭和残侠伝』シリーズは唐獅子牡丹の刺青と高倉健が歌う主題歌で知られている。高倉演じる主人公が刺青を入れている点に、この映画の特徴が出ている。

俊藤浩滋は、『任俠映画伝』で、片肌を脱ぐとスパッと刺青が現れて、それが唐獅子牡丹であることが

『日本侠客伝』シリーズと似ていながらも、決定的に違うところだと語っている。

ヤクザの刺青にはいろいろな種類がある。凝ったものでは不動明王や水滸伝の人物があるが、なかでも唐獅子牡丹はヤクザ者の代名詞になっていた。普通の刺青は朱と黒が多いが、映画の唐獅子牡丹の刺青は金色や青色が入っていた。その点が映画的だったという。

ただし、この刺青を入れたことで、撮影は大変だったという。この映画の助監督であった降旗康男に筆者が聞いたところによると、降旗は高倉に頼んだという。

「二日だけ、早起きしてよ」

神経質な高倉は、好きなコーヒーを飲んで眠れなくなり、睡眠薬を飲んでから寝ることがあった。

クライマックスの斬り合いでは、高倉が着物をはだけて唐獅子牡丹の刺青を見せる。この刺青を描くのには長い時間がかかった。朝九時に撮影を開始するには夜明けの四時から刺青を入れる必要があった。もし高倉が寝坊をすれば、スタートが昼頃になってしまう。

しかし、高倉は寝坊してしまった。

降旗はスタッフから言われた。

「刺青ができあがるのは、夕方の五時になりそうです」

そうなると、会社と組合が揉めていたときなので、午後五時以降は時間外労働となり撮影ができない。

しかも高倉は、撮影所の中では、強きをくじき弱気を助けるという姿勢を貫いていた。

夕方の五時になり、「ハーイ、時間外拒否です」と言われると、普通の俳優は、あとワンカット残っていれば「あとワンカットなんだ。なんとかしてくれ……」と無理を言う。鶴田浩二ならば、「五時でやめるとは、何事だ！」と激怒するところだろう。

だが高倉は、五時になれば、組合員のことを慮り、「今日はお疲れさん」ときっぱりと撮影をやめていた。そのため高倉は組合員たちからは人気があった。

降旗は、組合の執行部にかけ合った。

「今夜一晩で、健さんの斬り合いの場面を撮りきる。今回だけは、頼むよ」

「わかった、夜明けまでには終えてくれよ」

翌日は他班が使うキャメラ以外、撮影所にあるだけのキャメラを全部集めて撮った。それでも、「お疲れさん」と撮影が終わってスタジオの大扉を開けたら、朝日が差し込んできた。降旗は思った。

〈ああ、健さんだからこそ、みんながやってくれたんだな〉

岡崎二朗《おかざきじろう》はシリーズ二作目で、佐伯清監督の『昭和残侠伝　唐獅子牡丹』に出演している。岡崎は高倉演じる花田秀次郎に斬られた親分の甥っ子の助川武役だった。映画では、刑期を終えて戻ってきた高倉に突っかかるシーンがあった。


ストーリーは、時は昭和初期。高倉健演じる花田秀次郎は宇都宮の石材採掘請負業を営む左右田組《そうだぐみ》の客人であった。秀次郎の弟分である清川周平（津川雅彦《つがわまさひこ》）は、恋仲であるくみが左右田組親分の息子に惚れられていることを知りながら駆け落ちをする。秀次郎は駆け落ちは自分の差し金だと左右田組の親分に話を通しに行く。

駆け落ちは許されたがその代わりに、同じく石材採掘請負業を営む対抗組織である榊組《さかきぐみ》の親分を斬ることを命ぜられ殺す。

三年の刑期を終えた秀次郎は真っ先に榊組の親分の墓参りに行くが、墓前で偶然に榊組親分の妻子に出会う。左右田組の仁義のないやり方を出所後弟分である周平に聞かされていた秀次郎は、左右田組に痛めつけられている榊組の若い衆を助ける。

この作品で高倉が演じる花田秀次郎は宇都宮の石材採掘請負業を営む組同士の争いに巻き込まれる。富《と》山《やま》県黒《くろ》部《べ》市の石切場で一週間にわたるロケーション撮影がおこなわれた。

ロケ地周辺にはこれといった遊び場もない。撮影が終わると、部屋に籠《こ》もるしかなかった。

岡崎《おかざき》は、昭和三十九年八月二十六日公開の深作欣二《ふかさくきんじ》監督の『狼と豚と人間』での共演を経て、高倉の部屋に自由に入ることを許されていた。撮影所でも高倉のあとについていつもちょろちょろしていた。ががや騒ぐメンバーの一員であり、高倉にとっては弟分のような存在である。

昼間の空き時間には裸になり、トレーニングで一緒に汗を流した。高倉は撮影所にもバーベルやダンベル、ベンチプレスを持ち込んでいた。千葉真一《ちばしんいち》や梅宮辰夫は撮影所内のトレーニング仲間である。

ロケ先でも高倉は鍛錬を欠かすことはなかった。ときには昼飯を抜いてまでトレーニングに没頭することもあったほどだ。

あるとき、岡崎は高倉の視線に気がついた。自分の腹の周りを凝視している。

「健さん、どうしたんですか？」

「うん？　いや、おまえの腹筋をハサミで切りてえなあ。俺はどうしても腹筋ってやつが出てこねえんだ」

あれほど鍛えているにもかかわらず、高倉の腹筋は割れていない。それが不満のようだった。岡崎は大学の空手部出身でもともと筋肉質だった。きついトレーニングも苦にはならない。高倉たちのグループにも馴染みやすい面があった。

昼食時も高倉は仲間と一緒だった。

「部屋に来いよ」

声をかけられた山本麟一《やまもとりんいち》や岡崎が、高倉の部屋に集まってくる。そこで出前の鰻をパクつくのだ。

「おい、鰻食うか？」

「でけえの取ってやれ」

「ああ、ありがとうございます」

無酒の高倉と豪酒の勝新太郎の交友の源

よく知られていることだが、高倉健は酒を飲まない。明治大学在学中までは結構なウワバミだった。だが、俳優となってからは滅多に口にすることはなかった。

水城一狼

だが、撮影所の高倉の部屋ではしばしば酒盛りが繰り広げられていた。そこでも高倉は飲まない。だが、歌は好きだった。

当時、東京撮影所の大部屋に水城一狼という俳優がいた。流しの経験があり、ギターもうまかった。水城も高倉に可愛がられており、歌の伴奏をさせられることがあった。『昭和残侠伝』シリーズの殴り込みの場面で流れる主題歌『唐獅子牡丹』の作詞・作曲者として今も名前が残っている。だが、『唐獅子牡丹』は厳密には水城の作品ではない。これは『網走番外地』や『484のブルース』も同様である。

これらの楽曲はもともと刑務所の中やヤクザの世界で歌われていた。作者不詳である。水城はそうした曲の一つに自己流の詞をつけ、譜面に起こし、『唐獅子牡丹』と名づけた。高倉はこの曲を気に入り、『昭和残侠伝』の主題歌に推薦している。

『唐獅子牡丹』の歌詞にはいくつか違うバージョンが存在する。高倉がレコーディングし一般に発売されたものと、劇場で流れるものとではまったく異なる。

『昭和残侠伝　唐獅子牡丹』の撮影中、招集がかかった。ロケ地である石切場からほど近い旅館に一行は宿泊している。ロケ中は意外に暇で時間を持て余すことも多かった。

岡崎二朗はギターを抱えた水城一狼とともに高倉の部屋に向かう。それから三人で十曲以上を歌った。元流しだけあって、水城はどんなリクエストにも応え、伴奏をこなせる。

水城一狼の伴奏に合わせて高倉健も歌った。歌の合間にこんな打ち明け話がときに飛び出す。

「チエミの野郎よ、俺の歌はお経みてえだって言うんだよな」

高倉の妻・江利《えり》チエミはかつて『唐獅子牡丹』のレコーディング時、現場についてきたこともある。夫の歌唱力に信頼が置けなかったのだろうか。

岡崎は慌てて取りなした。

「そんなことないですよ。健さん、声がいいですから」

これは本心である。高倉の低くて深い声の味は得難いものだった。俳優として欠かせない魅力の一つでもある。

「ああ、そうか。じゃあ、歌ってみるか」

「声がいい」と褒められ、まんざらでもなかったのだろうか。高倉は気を取り直して再び歌い始めた。

水城や岡崎と一緒のときのレパートリーは決まっていた。『網走番外地』や『唐獅子牡丹』の原曲、元歌である。歌詞は現在のものとはかなり違っていた。

たとえば、『網走番外地』の元歌。「ベコウ三宮《さんのみや》（神戸《こうべ》の三宮）」や「リョウフの街（不良の街）」といった言い回しが頻発する。いずれも当時の不良が使っていた常套句である。

『唐獅子牡丹』の原曲は一人語りから始まる。

「イリヤカンタン」「イリヤの鐘が鳴る」と地名が織り込まれていた。「イリヤ」とは神戸・新開地《しんかいち》にあった花街。東京でいえば、吉原《よしわら》のような一角である。

「そんな街に生息する夜の蝶が遊び相手。今日もまた明け暮れる」といったセリフのあと、水城のギターが鳴く。ダダダダダンとイントロに続いて手拍子に乗って歌が始まっていく。

〈健さんや水城と歌っているひとときは楽しかった。撮影より一所懸命だったかもしれない〉

岡崎はそんな想いに駆られることもある。ディック・ミネの代表曲『旅姿三人男』も高倉の十八番だった。「海道一の大親分」と謳われた清水次郎長《しみずじろうちょう》（本名・山本長五郎）の子分、大政《おおまさ》、小政《こまさ》、森《もり》の石松《いしまつ》を題材にした演歌。石原裕次郎、美空《みそら》ひばり、藤圭子《ふじけいこ》、天童《てんどう》よしみ、五木《いつき》ひろしらがカバーしている。

興が乗ると、高倉は十数曲も歌うことがあった。ひとしきりお気に入りをさらうと、高倉は岡崎に水を向けた。

勝新太郎

「岡崎、歌え」

部屋の中でコタツに入りながら、三人きり。マイクなど、もちろんない。地声で歌うのだ。

岡崎も七〜八曲は歌った。ときに高倉が訊いてくる。

「岡崎、六曲前に歌った歌。あれよかったな」

気に入ってもらえたのは嬉しい。だが、六曲前に何を歌ったのか。皆目見当がつかなかった。

「もう一回やれ」

「ああ、それじゃねえな」

「あ、そうかそうか」

高倉が気に入った曲を探すのに、岡崎は何曲か歌ってみせなければならなかった。

岡崎はもともと石原裕次郎の大ファンだった。東映に入っていなければ、日活に行くつもりだった。裕次郎のヒット曲はほとんどそらで覚えている。高倉の前で披露することもあった。

東映の大看板の前で日活のスターの持ち歌を繰り返し歌う。本来であれば、岡崎の取った行動はご法度である。だが、高倉はそうしたことには頓着しなかった。

高倉健は勝新太郎《かつしんたろう》の映画を好んで見ていた。岡崎二朗はたびたび高倉に誘いを受けている。

「映画館に行くから、ちょっと乗れ」

高倉の愛車で都内の劇場に向かう。そんなとき、高倉は決まって変装していた。ハンチング帽を目深にかぶり、サングラスをかけていた。

勝新の作品では『悪名』や『兵隊やくざ』のシリーズによく足を運んでいた。岡崎と一緒に見にいっただけでは飽き足らなかったらしく、後日こんなことを口にしていたものだ。

「岡崎、あの映画な、あれから、あと三回見に行った」

少なくとも同じ映画を四回見たことになる。岡崎の見るところ、高倉は演技者として勝新を尊敬していた。

「ああいうのを、ヤクザっていうんだな」

感じ入ったように、そうつぶやく。

『悪名』は昭和三十六年、『兵隊やくざ』は昭和四十年に公開された。その後も続編がつくられ、大映のドル箱シリーズとなっていく。

高倉は昭和三十九年に封切られた『日本侠客伝』のヒットで東映任侠路線の金看板となった。

「これがヤクザなんだ」

任侠道に生きる人物像をつくりあげようと、高倉が参考の一つにしていたのは先行する勝新の作品だった。

「いたずらっ子」高倉のプレゼント

高倉健はいたずらっ子がそのまま大きくなったようなところがあった。茶目っ気で片づけるには明らかに度が過ぎる。

ちょうどその頃、高倉は催眠術に凝っていた。撮影の合間に丹波哲郎に頼み込んで伝授してもらったのだ。

その頃、東映東京撮影所には「お二階さん」と呼ばれるスタッフがいた。「二階にいる照明技師」である。

「ちょっと来い」

高倉がそのお二階さんを呼んだ。催眠術の標的とするためだ。

丹波譲りの催眠術は本格的だった。「目が合っただけで効いてしまう」と撮影所内で評判を取ったほどだ。

高倉は、スタッフやキャストを相手に次々と暗示にかけていった。

「おまえまだ仕事中だけどよ。休み時間になったから、少し楽にしろ。いいから、肩の力を抜いて。楽にして。おお、楽になったな」

高倉がそう囁くと、お二階さんはもう寝ていた。掛け値なしにたいしたものだ。一部始終を目撃していた岡崎たちは思わず口走った。

「これ、女にでもなんでも使えますよね」

「そうですよね」

それを聞いて、高倉は思わず嘆息していた。

「おまえらは、すぐにそういうことを考える。だから、ダメなんだ」

高倉の催眠術は本物だった。かけられるのを嫌って、「もうやめてください」と逃げ回るスタッフが続出したほどだ。

高倉と目が合うだけでかかってしまう。効き目が出たスタッフは、そのまま寝かせてやっていた。

「おい、今、香港ロケに来ている。そのことはわかるか？」

高倉が話しかけても、まともな反応は返ってこない。

「うーん、うーん」

眠っているようにしか見えない。岡崎たちキャストやスタッフにはこれが芝居ややらせだとはどうしても思えなかった。

「ほら、いい女が寄ってきたぞ。お前に『仕事は何をやってるの？』って聞いてるぞ」

「ライトマンです」

「ライトマンなんて言ったら、ダメだよ。お前。『映画のプロデューサー』ぐらい言っとけよ」

「プロデューサーです」

ロケ中は暇を見つけて、こうしたやり取りを続けていた。ロケ隊の仲間は大笑いしながら周りを囲んでいる。ずっとである。「かかったふり」であれば、そうはいくまい。だんだんと見破られ、人が離れていったことだろう。


かつて渋谷《しぶや》に「恋文横丁」と呼ばれる一帯があった。戦後の闇市から発展したマーケットの一角である。現在の「渋谷プライム」は「道玄坂百貨街《どうげんざか》」と呼ばれており、その一番奥、今ではヤマダ電機があるあたりが「恋文横丁」だ。英語が書けない女性を対象に米兵宛てのラブレターを代筆する恋文屋があったことからこの名がついた。丹羽文雄《にわふみお》の小説、映画化した作品『恋文』で全国に名前が知られるようになる。

この恋文横丁に米国人お下がりの洋服を扱う店があった。岡崎はそこへ通い、ジャンパーやジーンズを購入していた。

高倉も若い頃、この店の常連だった。長身とあって、舶来物がよく似合ったのかもしれない。岡崎は店のおかみに高倉の噂をよく聞いていた。

「そうね、もう十年くらいは来てないかな。でも、高倉さんが出る映画の切符は東映の社員さんが必ずここに届けてくれてる。渋谷東映に必ず見にいってるわ。それがもう十年続いてるってことね」

岡崎はその話を高倉に確かめてみたことがある。

「高倉さん、恋文のジーパン屋行くんです」

「おっ。俺も昔よく行った」

「いや、聞いてました。おかみがね、『くれぐれもよろしく言ってくれ』って言ってましたよ」

「おうおうおう」

「映画の切符だけはお店に必ず届けてたらしいじゃないですか」

「……」

高倉健の愛車にはサングラスが常に置いてある。岡崎二朗の目にはどれもいい品に見えた。高倉が身につけるものはすべてまぶしく、手の届かないものに感じられるのだ。

だからといって、それらの品を褒めてはいけない。

「そのサングラス、いいですね」

とでも口にしようものなら、大変なことになってしまう。

「ああ？　俺、今、一番気に入ってんだよな」

などと受け答えしながら、いつも持ち歩いている手帳に何やら書きつけている。高倉は英語が堪能で、メモはアルファベットによるものだった。ここでは「ジロー・オカザキ。サングラスのレイバン」と書かれている。

次に会ったとき、「ほい」と包みを投げてよこす。開けてみると、あのサングラスが入っていた。高倉の愛用品を褒めたことなど、とうに忘れている。高倉は手帳のページを開いて、いたずらっ子のような笑顔を見せた。

「ちゃんと書いてあるからな」

よく覚えていたものだ。岡崎は「すみません」と言うしかなかった。同じような仕儀で皮のジャンパーを贈られたこともあった。

肌クリームも常用する高倉の身体への考え

高倉との共演が多かった谷隼人《たにはやと》によると、高倉は、プロデューサーの坂上順《さかがみすなお》などに「裸になって撮影する日」がいつかを必ず聞いて、その日に向かって身体を鍛えたという。

脱いだときに見事な肉体を披露できなければ、『昭和残侠伝』シリーズの「死んでもらいます」といった決め台詞も決まらない。

が、俊藤浩滋プロデューサーが言った。

「本物のヤクザに、あんな上腕三頭筋が浮き出たやつはいない。高倉はいわば車引きの身体だ。ヤーさんの体つきは菅原文太《すがわらぶんた》が似てる。痩せて抉《えぐ》れて、夜活動して昼間寝ているから陽に焼けていない、あの感じさ」

高倉自身も、芝居についてあれこれ考えていた。俊藤に「車引きの身体」と言われても、時代劇のようにバッタバッタと人を斬り倒せるわけがない。日本刀の長脇差で人を一太刀《ひとたち》で斬り殺すには、肉体を鍛え抜いた男が全力をかけて向かわねばならない。そんなふうに考えていた。

いっぽう鶴田浩二は、前述したように短い匕首がよく似合った。高倉のような豪速球ではなく、テクニックを使って、人を殺害するシーンもどこか柔らかく見えて、色気がある。

高倉が谷隼人に言った。

「おまえな、メロドラマをやっていても、身体を鍛えなきゃダメだぞ。女をパッと抱き上げるときだって、筋力が必要だ」

高倉は、谷を自らが通う都内港《みなと》区麻布台《あざぶだい》にあった「クラークハッチ健康管理センター」によく連れて行ってくれた。

このジムは、昭和四十八年から日本にエアロビクスを紹介したチャック・ウィルソンが共同経営者として参画したことで有名になった。当時、ジムに通っている客は外国人のスポーツ選手や商社マンばかりで、日本人の姿はほとんどなかった。

高倉の裸を間近で見て、谷は息をのんだ。筋力トレーニングのおかげで、高倉の身体は引き締まり、盛り上がった分厚い大胸筋と、上腕三頭筋の仕上がりが見事だった。

谷はかって夜の商売をして酒、女、煙草が欠かせない自堕落な生活を送っていた。

だが、高倉の鍛え抜かれた身体を見て、すっかり気持ちを入れ替えた。

高倉はサウナの中で谷に腕立て伏せをさせた。

そこに高倉を慕う小林稔侍《こばやしねんじ》も加わって、三人でトレーニングを一生懸命続けた。

高倉は、自らを厳しく律して酒を飲まず、筋力トレーニングを続け、後輩の谷や小林にも目配り心配りをしてくれた。

谷は改めて思った。

〈やっぱりこの人はすごい。自分の生涯の兄貴にしよう〉

高倉健と同じジムに通い始めるようになって、谷隼人は気づいた。高倉が、保湿のためにクリームを身体全体に塗っているのだ。

今は珍しくないが、当時は男性が肌荒れを気にして身体にクリームを塗ることはまずありえなかった。

この頃、高倉が愛用していたのは昭和四十三年から日本で発売され始めたドイツのバイヤスドルフ社の「ニベア」だった。

今ではコスパの良い化粧品として定着しているが、当時はまだ珍しかった。

ジムで谷が高倉の背中にニベアのクリームを塗っていると、通りかかった外国人が「ホモセクシャル」

と言った。

〈ケッ、関係ないよ。旦那はプロの俳優だから塗っているんだ〉

高倉は撮影で裸になることも多く、刺青が映える肌質を保たねばならない。そうした考えから保湿にも注意していたのである。

当時、「カスミちゃん」と呼ばれる絵師が、高倉の刺青の絵を描いていた。筋力トレーニングで身体を鍛え、ニベアで肌を保つ高倉の身体に、「カスミちゃん」の描く刺青はよく似合った。

さすがの谷も、ニベアを塗ることだけは真似をしなかった。が、七十歳を過ぎてから、初めてニベアを購入し、身体に塗ってみた。

〈ああ、旦那はまだ三十五、六の頃から、こんなふうにクリームをつけていたのか〉

谷は他のクリームも試してみたが、一万円もする高級品よりも、ニベアのほうがずっと肌馴染みが良く、現在も愛用し続けている。

岡崎二朗に見る高倉と鶴田の仲間観の違い

昭和四十年四月十八日公開の『網走番外地』大ヒット前夜の頃の話だ。高倉健は低迷していた。前年に主演した『ジャコ萬と鉄』『狼と豚と人間』はいずれも興行的に失敗に終わった。

東映上層部の判断は素早く厳しいものだった。

「高倉は入らんな。若手でいこう」

そこで白羽の矢が立ったのが岡崎二朗だった。石原慎太郎原作の昭和四十年五月一日公開の『おゝい、雲！』で主役に抜擢される。三田佳子《みたよしこ》や藤純子《ふじじゅんこ》、千葉真一らは脇に回ったこの作品の二週間前の併映作品が『網走番外地』だった。当時の東映は二本立て興行。一週間ごとに番組を入れ替えていた。

『おゝい、雲！』はカラーで撮影されたが、『網走番外地』は白黒。明らかに「添え物」だった。四対六か七対三で予算も『おゝい、雲！』のほうが多い。高倉は、一作目は悔しい思いをしたに違いない。

撮影所内でも「健さんが主役では当たらない」が定説化しつつあった。弟分の岡崎としては複雑な心境である。しかも、『網走番外地』は前評判も散々だった。

「しかもなあ、こんな刑務所の映画なんか、誰が見るんや」

こうした声は恐らく高倉の耳にも届いていたはずだ。

ところが、蓋を開けてみると、『網走番外地』は大ヒット。高倉にとってはデビュー以来初めて会社に利益をもたらした作品となる。

また、昭和三十八年三月十六日公開の東映京都製作の沢島忠《さわしまただし》監督、鶴田浩二と高倉健が共演した『人生劇場　飛車角』も大人気を博した。こうして高倉は鶴田浩二と並んで任侠路線を引っ張るスターの座へと駆け上っていく。

こうなると、上層部の反応も変わってくる。この前まで「新人で行くでー」と言った撮影所長が「ベテランで行く」と方向転換。岡崎たち新人は一気に暇になった。たまに役がついても、せいぜいが高倉の子分。画面に登場したかと思ったら、蹴っ飛ばされて終わり。そんな仕事ばかりが続いた。

そんなおり、昭和四十二年のことだ。岡崎二朗に日活からお呼びがかかる。小林旭《こばやしあきら》主演昭和四十二年六月二十八日公開の『爆弾男といわれるあいつ』への出演依頼だった。

ちょうど東映との二度目の契約が切れる時期である。都合三年ほど在籍していた。生活に不自由がない程度のギャラは受け取っていた。だが、脇役ばかりでは物足りない。

日活の話がくる直前、岡崎は高倉に相談を持ちかけていた。

「実は『網走』に出たいんですけど」

高倉はしばし黙考した上で口を開いた。

「あのな、岡崎な」

一言ずつ区切るように言葉をつないでいく。

「俺は親しすぎると、かえって照れちゃって。知らない人とのほうがいいものができるような気がするんだ。だから、俺は自分の映画のキャスティングにはいっさい口を出さないんだよ」

そう言われては岡崎も引き下がるしかない。岡崎の気持ちを察してか、高倉は意外な提案を持ち出してきた。

「そうだ。岡崎は鶴さんのところに挨拶に行ったか？」

東映東京撮影所で鶴田とは何度も顔を合わせている。岡崎は正直に答えた。

「いや、すれ違っても、知らん顔されちゃうんです」

鶴田は高倉と正反対の俳優だった。気心の知れた身内ともいえる俳優陣で周囲を固める。「鶴田一家」ともいえるような集団を形成し、トップに君臨していた。岡崎のことは「あれは高倉の若い衆や」と認識しているに違いない。

高倉と鶴田の間には長年にわたる確執があった。犬猿の仲と言ってもいい。撮影所内でこのことを知らない者はいない。それはそれとして、高倉はあえて岡崎に勧めた。

「岡崎は今はもう主役きついから。鶴田さんのところに行ってこい。おまえも知っているとおり、俺は鶴さんのことが嫌いだ。でも、岡崎はいろんなことをやんなきゃなんねえんだから。俺とだけ付き合っててもしょうがないぞ。みんなに可愛がられなきゃダメなんだぞ」

岡崎には高倉の温情が痛いほどわかった。

「申し訳ないですけど、行かせてもらいます」

岡崎は『狼と豚と人間』で高倉と共演していた。以前には主役を張った経験もある。以前は岡崎の相手役だった役者が「網走」シリーズへの出演で一気に人気者になっていった。その最たる例が大原麗子《おおはられいこ》である。

鶴田浩二は配下のためにはキャスティングに遠慮なく介入した。「プロデューサーを呼べ」と付き人に命じ、「おう、○○ってのを次入れとけ」とねじ込むことなど日常茶飯事。「台本に役がなくてもつくってしまう」との評判さえあった。まさに「鶴の一声」である。高倉はそのことを熟知した上で岡崎に促しているのだ。

鶴田と岡崎の間にはちょっとした因縁があった。任侠路線が確立され始め、岡崎の仕事が減ってきた昭和三十九年一月一日公開の鶴田主演の『東京ギャング対香港ギャング』にキャスティングされた。

衣装合わせも終わり、指示に従ってパスポートも取得した。ところが、撮影が始まっても、いっこうにお呼びがかからない。

岡崎は演技事務に確認した。

「俺、なんで出番ないんだよ？」

担当者が言いにくそうに説明するには、配役表にあった岡崎の名前を赤ペンで消した人物がいたらしい。鶴田だった。

高倉はこのことを知っているのだろうか。いずれにせよ、東映で岡崎の居処がなくなってきているのは事実だ。

高倉にべったりのままでは現状維持も難しいだろう。ここは鶴田に当たってみるほかあるまい。

岡崎は役者仲間から鶴田の住所を聞き出した。当時、鶴田は世田谷《せたがや》区の深沢《ふかさわ》に邸宅を構えていた。

そのころ、高級酒といえばスコッチウイスキーである。なかでも人気があったのがジョニー・ウォーカーの黒ラベルだった。岡崎は「ジョニ黒」を三本携え、深沢に向かった。

〈どうせなら留守がいいな〉

これまでの経緯もあり、いきなり面と向かい合うのも気が引けた。鶴田がなるべくいなさそうな時間帯を狙っての訪問だ。

予想どおり鶴田は不在。妻が応対した。

「新人に入りました。岡崎二朗と申します。ご挨拶に参りました」

岡崎は深々とお辞儀をした。手にした包みを差し出す。

「本当にこれ、お恥ずかしいんですが」

数日後、東京撮影所を歩いていると、耳慣れた声が響いた。

「岡崎ーっ」

振り返ると、撮影所の主が中庭の向こうから手を振っている。鶴田である。

まぶしいくらいに満面の笑みだった。それまでぷいと横を向いていた男とは信じ難い。

「おまえ、なかなか義理堅いな。家まで挨拶に来たらしいじゃないか」

鶴田との距離は一気に縮まった。だが、時すでに遅し、である。岡崎は日活への移籍を決めていたのだ。

鶴田の舞台における核心部分

岡崎二朗の日活移籍直後は順調だった。主役も結構演じた。シリーズ化されたものも何本もあった。

岡崎は「東映調」を身にまとって、日活に降り立った。当時、東映の興行人気は日活を凌駕していた。

岡崎は貴重な戦力として重宝された。二枚目だけでなく、とぼけた味があるのも幸いした。

だが、日活と岡崎の双方にとってのよい時期はそう長くは続かなかった。日本の映画館入場者数は昭和三十三年、十一億二千七百四十五万人に及び、過去最高を記録している。以後、長期低落傾向に入っていく。

他社に比べ入っているとはいえ、東映もこの時流には逆らえなかった。ましてや日活は急坂を転げ落ちるように下火になっていく。

日活移籍から六〜七年ほど経った頃、岡崎は大阪のテレビ局の番組に出演したことがあった。ホテルの部屋にいると、どうも隣室の様子がおかしい。ガヤガヤしているだけではない。水を浴びる音や、女性が大声で話す声が聞こえてくる。

〈うるせえな〉

不満に思いながら、岡崎は床に就いた。

翌朝、チェックアウトの時刻に合わせ、荷物をまとめ、ロビーに向かった。エレベーターの前に見慣れた背中がある。鶴田浩二だった。七〜八人ほどの連れも一緒だ。慌てて声をかける。

「おお、なんや。どないしとるんや？」

鶴田も懐かしそうだった。岡崎は近況を説明した。

「あれから日活に行きました。会社がおかしくなって。今はもう遊んでます」

鶴田は思案顔で耳を傾けていた。

「来月は、空いとるか？」

思いがけない問いだった。岡崎が言葉に詰まっていると、鶴田は言葉を継いだ。

「わし、今、コマ劇場出とってな。昨日梅田《うめだ》コマが終わったんや」

出し物は鶴田の当たり狂言、『人生劇場　飛車角』だった。

「来月もコマ劇場をやる。新宿《しんじゅく》コマや。お前、出るか？」

何も迷う必要はなかった。

「ぜひお願いします」

鶴田のお付きのなかでも、「一の子分」と自他ともに認めるのが国一太郎《くにかずたろう》である。そのときも側に控えていた。

「おう、国。お前は来月休め。岡崎が入るから。役を教えといたれ」

国が梅田コマで一カ月間演じた役を新宿コマで岡崎が引き継ぐ。あっという間に配役の変更が決まった。

さすがは鶴田だ。

国は浴衣姿で廊下に出てきてくれた。その場で簡単に役の勘所や所作を伝えた。あとは初日まで死ぬほど台本を読むだけだ。

舞台では相手役の唇を注視する。相手のセリフが「終わったな」と思ったら、すかさず自分のセリフを言うのだ。

鶴田の座長芝居では舞台稽古はしない。抜きで初日を迎えるのが常だった。立ち回りだけでも長いものがあり、共演者は大変である。それでも、座長が稽古を好まない以上、仕方がない。

岡崎の役どころは鶴田演じる飛車角の兄貴分。鶴田は『人生劇場　飛車角』で飛車角を初めて演じて以来、当たり役としてきた。

梅田と新宿、二回のコマ劇場での公演は映画での初役から約十年後。鶴田は五十歳を目前にしているころだ。

幕が開いてすぐ登場する飛車角は、十八歳の設定。鶴田は果たしてこの役をどう演じるのだろうか。同じ演技者として岡崎は単純に興味を覚えた。

新宿コマでの初日。岡崎が子分を引き連れているところに、鶴田が「ごめんよ」と入ってくる。岡崎は思わず目を見張っていた。藤色の着物をまとった鶴田は輝いている。間違いなく十八歳の少年がそこにいた。

場内は大騒ぎだった。「ドカーン」という音が確かに聞こえたような気がする。それはどの沸きようだ。大地震が襲ったのかと勘違いしてもおかしくない。千両役者・鶴田の腕の見せどころだった。

新宿コマでは芝居のあと、歌謡ショーのコーナーへと続いていった。

新宿コマでの公演は一カ月続く。岡崎には一つの疑問があった。

〈舞台の上での鶴田さんは本物の十八歳にしか見えなかった。なぜ、あんな芸当ができたんだろう？〉

公演中、開演前に鶴田の楽屋にたびたび足を運んだ。メイクが終わったあとの鶴田は決まって上機嫌だった。すでに藤色の着物に袖を通している。どこから見ても十八歳だった。

「おう、おはよう。今日も頑張れ」

笑顔の鶴田は決まってそう激励してくれた。だが、岡崎の謎はいっこうに解けないままだ。

ある日、意を決して、早めに楽屋へ向かった。恐らくメイクは終わっていまい。それは百も承知だった。

「おはようございます」

足を踏み入れると、メイク前の鶴田と目が合った。微妙な空気が流れる。どうやら岡崎は招かれざる客のようだった。鶴田も口にこそ出さないものの、明らかに気分を害している。

鶴田が変身できた仕掛けは「テープ」だった。今ではどんな役者も使っている。

舞台俳優はメイクをする前に「羽二重」をつける。絹でできた鉢巻のような装飾具である。鬢《びん》付け油と合わせて使えば、絹の生地に皮膚感が出る。ドーランや白粉の付きがよくなる。薄くて軽い素材だが、多少強く引っ張っても問題はない。

羽二重はテープで止める。うまく使えば、皮膚を引っ張りシワを伸ばしたり、目を吊り上げたりもできるのだ。

鶴田はこの羽二重とテープを使って、十八歳に化けていた。メイク前、ちょうどガムテープをぐるりと回し、縦、横、斜めを貼っている最中に岡崎は楽屋に踏み込んだ。

〈お、何だか宅配便の荷造りみたいだな〉

岡崎の疑問は完全に氷解した。だが、鶴田はおかんむりである。やむをえないことだが、それから四～五日はご機嫌斜めが続いた。

新宿コマでの二カ月は瞬く間に過ぎていった。鶴田とは初めての本格的な共演。岡崎にとっては忘れがたい貴重な時間であった。

鶴田はやはり映画俳優だ。舞台には滅多に出ない。岡崎と一緒にステージに上がることはこれを最後に二度となかった。

が、岡崎には思い出が一つある。

舞台が終盤を迎える頃、スタッフから袖で一通の手紙を渡される。岡崎の妻からの離縁状である。出番の一分前「このお芝居を観て、外国に出発します」との文字。

着物のふところに手紙を入れて、すぐに大立ち回り。動転しており、絡みの役者霧島《きりしま》の目尻を本当に斬ってしまい、霧島本人と座長の鶴田に謝りに飛んでいくと、岡崎は言われた。

「岡崎は謝らんでいい。役者の気持ちと芝居も毎日変わる。どっから刀がきても、スッとよけんかい」

鶴田はそう言って、付き人を怒り、素敵な笑みを見せて、岡崎を庇《かば》った。

「そんなことより片岡千恵蔵御大の麻雀の相手してくれて、ありがとうな」

第6章　レジェンド周りの群像

東映館主会の要請で製作された『新網走番外地』

降旗康男《ふるはたやすお》監督が昭和四十一年（一九六六）十月三十日公開の『地獄の掟に明日はない』を高倉健《たかくらけん》で撮ることになったのは、十作も続いた『網走番外地』シリーズが、高倉と石井輝男《いしいてるお》監督と植木照男《うえきてるお》プロデューサーがバラバラになって続けられなくなってしまったせいである。

しかし、東映の館主会は、ドル箱の高倉健の『網走番外地』の歌が流れる作品がなんとしてもほしいわけである。

そこで、降旗に会社側が言ってきた。

「健さんと企画の植木照男さんに新たな監督を加えて、新シリーズを立ち上げたい」

その頃、東大泉《ひがしおおいずみ》にある東映東京《とうきょう》撮影所（通称・東映大泉）には、監督会と助監督会というのがあった。石井監督は監督会に所属していたから、監督会が「石井監督は喧嘩をしてこのシリーズをやめたんだ。監督だけワリを食うのはおかしいじゃないか」と石井を守ろうとしていた。

降旗は、さすがに「わたしにできません」と断った。

降旗に続き、野田幸男《のだゆきお》、まだ助監督だった伊藤俊也《いとうしゅんや》、澤井信一郎《さわいしんいちろう》のところにも話がいったという。とにかく新人でやろうとして若手に片っ端から声を掛けたのである。ところが、みんな断った。

会社側はどうしようもなくなって、俊藤《しゅんどう》プロデューサーに何とかしてくれと泣きついた。そもそもこのシリーズは東映大泉でやっていたものだ。京都《きょうと》撮影所にいる俊藤プロデューサーに関係なかったが、俊藤に頼らざるをえなかった。

館主会といえば、お客に映画を売る人の集まりだ。俊藤プロデューサーとしても、その意向をいい加減には扱えない。

当時映画本部長であった岡田茂《おかだしげる》が、俊藤に頼みにきた。

「こういうわけや。ぜひ引き受けてくれ。『網走番外地』というのは、なかなかおもろい素材やろ」

「冗談やない。他人《ひと》のやった企画をいまさらやれるかいな」

「いや、それは困る。館主会の決定なんや。いままでとはちょっと変わったものをつくってほしい」

押し問答の末、昭和四十三年十二月二十八日公開の年末封切りのいわゆる正月映画『新網走番外地』をプロデュースした。

俊藤プロデューサーは、任俠映画の大御所であるマキノ雅弘《まさひろ》監督を連れてきて、新シリーズの第一作『新網走番外地』を撮らせた

『新網走番外地』はまる一年ぶりの『網走番外地』ものである。大ヒットした。

マキノ監督がやるとなったら、誰も文句は言えない。一本目をやってしまったんだから、あとは誰がやっても同じだろうというので、降旗のところに昭和四十四年八月十三日の盆公開の二作目の『新網走番外地　流人岬の血斗』の話がきた。

物語は四国の今治《いまばり》を舞台に囚人たちが造船所で船を造るという、これは実際にモデルがあるが、中身がほとんどないような村尾昭《むらおあきら》の脚本であった。

しょうがない。降旗は、それまでも何度か出演してもらっていた由利徹《ゆりとおる》や南利明《みなみとしあき》に「何か面白いことをやってくれないか」と注文して、二人からいいアドリブが出てくるまで、テストを何回もやった。

なんと、映画の出だしから由利のアドリブである。

荒波を背景に例によって、高倉健の網走番外地の歌が流れる。

♪遥か　遥か彼方にゃ　オホーツク
紅い真っ紅な　ハマナスが
海を見てます　泣いてます
その名も　網走番外地

山城新伍

網走刑務所が映るや、次に雑居房。由利を中心に高倉ら六人が囚人服を着て、ズラリと並び頭を下げている。拍子木が鳴り、全員顔を上げるや、由利が観客に向けて大見得を切る。

「東西〜、東西〜、そこもとご覧に供しまするは、『新網走番外地』それの主役を演じまするは、わたし由利徹にございます。側にひかえまするは、高倉健ちゃん、よーくこれまでこの面で主役を務めたもんだと、わたし、ほんとうにビックリしております。このほいとかぐら。これからは、どうぞわたしにご声援あらんことを。あとにひかえるは、雑魚ばかり」

となりの山城新伍《やましろしんご》が、由利を小突く。

「おい、こら。台本どおりやらんか！」

四国に移ってからのアドリブは、南利明が受け継ぐ。

そんなことをやっているうちに、高倉も乗ってきた。要するにアドリブ大会みたいなことで撮影を進めていった。

『新網走番外地』は、結局、八本つくられるが、そのうち六本を降旗が手がけることになる。

降旗康男監督は、高倉健お気に入りの監督の一人だった。高倉に注文をつけることなく、自由に演技をさせてくれる。傍らにいるプロデューサーの俊藤浩滋《こうじ》のほうが焦れて、口を出した。

「降さん、健ちゃんの顔は、右を向けたほうがええやろ」

すると、降旗は、ようやく高倉に指示を出す。

「健さん、右向いて」

高倉は素直に従う。が、俊藤が口出ししてこない限り、降旗が高倉に指示を飛ばすことはなく、ほとんどワンテイクでオーケーを出した。

美空《みそら》ひばりから呼び出されたとき、高倉は必ず降旗を「俺一人じゃ、あれだから」と誘った。それくらい降旗とは気心が知れた仲だった。

降旗監督は、東京大学文学部フランス文学科を卒業した秀才だった。

高倉はときどきこんな降旗評を周囲に披露していた。

「降旗さんは殿様だ。殿様の家系だから、全然微動だにしない」

降旗の生家は信州上田《うえだ》藩で家老を務めた家系だ。祖父は立憲民政党衆議院議員・降旗元太郎《もとたろう》、父は日本進歩党衆議院議員を振り出しに第二次吉田《よしだ》内閣で逓信大臣、松本《まつもと》市長を歴任した降旗徳弥《とくや》。叔父の降旗英弥は住友銀行副頭取を務めている。地元の名士の家系と言っていい。高倉の言う「殿様」とはそういう意味だ。

このように育ちも良く教養もあるので、感情的にならず騒ぐこともなく、頭が良いので映画の絵づくりも得意だった。また観客が求めるものも察知する能力があり、『新網走番外地』では突き抜けたような迫力ある映像を撮った。

逆に、高倉は、細かな指示を連発する深作欣二《ふかさくきんじ》監督が苦手だった。監督自ら真剣に、微に入り細に入り指示を出すことを好ましく思う俳優もいただろう。が、高倉はダメだった。

日本大学芸術学部の卒業生である深作欣二監督は、映画の娯楽性を重視して観客を楽しませてくれた。昔のヤクザ映画ならなおさら、きれいごとなど排除して、方言丸出しのヤクザたちを縦横無尽に暴れさせる。観客にはそうしたリアリティが受けた。

昭和三十九年二月八日公開の谷口千吉《たにぐちせんきち》監督、黒澤明《くろさわあきら》脚本の『ジャコ萬と鉄』が深作欣二監督、高倉健主演でリメイクされた。

独特の存在感を示し始めてブレイク直前の高倉だったが、それまでの年嵩《としかさ》の監督から個性を伸ばすように育てられてきた高倉にとって、同学年の深作欣二とは合わなかった。鋳型にはめ込む深作演出は窮屈で仕方なく、高倉はプロデューサーの吉田達《よしだとおる》に「押し付ける演出はもう嫌だ」としきりに漏らした。

そういう高倉にとって、降旗監督は精神安定剤のようなものだった。集中して芝居をしたいときも降旗なら黙って思うとおりに演じさせてくれた。

宍戸錠《ししどじょう》の見た高倉健のこだわり

かつて日活のアクション映画で活躍した映画俳優の宍戸錠も、降旗作品の『新網走番外地　大森林の決斗』『新網走番外地　嵐呼ぶダンプ仁義』で高倉健と共演している。

宍戸は、この映画に出演した際に、高倉健とともに風呂に入ったことがあるという。

当時の宍戸は、人気の絶頂期にあり、超ハードスケジュールであった。年間十二〜十三本の映画に出演するいっぽうで、テレビドラマにも出演していた。一日の平均睡眠時間が三時間ほどという日々が約六年近くも続いたという。

このときも、宍戸は、ロケに呼ばれたが、スケジュールの関係で二日間しかロケ地の北海道《ほっかいどう》にいられなかった。二日目には撮影を終えたら、すぐにまた移動しなければならないほどであった。

宍戸錠

初日、宍戸は、撮影がおこなわれている北海道の山奥の温泉場にあるロケ地に向かった。宍戸は、ロケ地に着くと、すぐに主演の高倉健に挨拶した。

「今回もお世話になるので、よろしくお願いします」

高倉は、その頃、東映の大看板スターになっていた。宍戸のほうが高倉よりも売れるのは早かった。だが、年齢は高倉が二つ上であった。

宍戸の挨拶を受けて、高倉が言った。

「今回は忙しい中で、無理を言いましてごめんなさいね。忙しいなか、二日間を僕にくれて、ありがとうございます」

宍戸は思った。

〈相変わらず、礼儀正しい人だな〉

だが、その日はあいにくの天気で、撮影はできなかった。

宍戸は、高倉に誘われた。

「今日はあいにくの雨で、残念ですね。悔しいから僕は風呂入りますけど、良かったら行きますか」

「ええ」

こうして宍戸と高倉は風呂に入ることになった。

高倉の体は、さすがに『昭和残侠伝』などで上半身晒《さら》して取り組むなど肉体の逞しさも売りものの一つであっただけに、とてもよく鍛え上げられていた。

だが、宍戸から見て、高倉は、運動神経の良さそうな体つきには見えなかった。いわゆるスポーツマン的な筋肉のつき方には見えなかった。

宍戸は思った。

〈もっと鍛え方を工夫すれば、良い筋肉のつき方になるのにな〉

ただ、その代わりに、高倉からは自分の体を鍛えなければいけない、という強い信念を持っているのが伝わってきた。

宍戸と高倉は、風呂で歓談した。

宍戸は、高倉にあまり撮影の時間が取れなかったことを詫びた。

「今日は一時間しかできないし、明日も五時間しかできなくてすみません」

高倉は言った。

「いいんですよ。出演していただくことが重要なんですから」

高倉は言った。

「今日は雨でできなくて悪かったですね。でも、ここの温泉はけっこういいですから、一緒に腕立てしましょう」

そう言うと、なんと、高倉は、いきなり腕立て伏せを始めたではないか。それも百回近く続けている。

宍戸もなんとなく高倉につられるようにして、一緒に腕立て伏せを百回することになった。

青木《あおき》卓司《たくじ》、谷《たに》隼人《はやと》の述懐

『新網走番外地』シリーズには由利徹や南利明などの喜劇役者が多く出演している。青木卓司の見るところ、出ている本人たちが一番楽しんでいた。高倉健をはじめ東映側の扱いも丁重だった。

好き勝手に自由にやっている。結果的にそのほうが芝居が生きていた。高倉にとっても貴重な気分転換の時間だった。

夕食が終わると、みんな高倉の部屋に集まってくる。スタッフのなかにギターが弾ける者がいた。やがて歌が飛び出す。高倉が歌う。由利が歌うこともあった。

みんなで騒いでいるうちに、いつの間にか空が白んでくる。そんな毎日だった。

高倉は朝方、ベッドに潜り込む。青木はそうはいかない。片付けをして、一時間ほど仮眠を取る。

まどろんだと思ったら、床を抜け出さなければならない。コーヒーの準備があるからだ。豆を挽いてコーヒーが入ったら、高倉の部屋に行き、起こす。

だいたい撮影開始時刻から一時間ほど遅れて高倉は現場に入る。昼食後はすぐにトラックへと向かう。また横になるためだ。

その間、降旗監督は他のシーンを撮っている。そこは計算済みだ。

青木は高倉が寝ているトラックの荷台ではなく、その下の日陰で倒れるようにいびきをかいていることが多かった。

連日、ほとんど寝ていない。昼寝が唯一の睡眠時間だった。

昼寝の様子をスチルのキャメラマンに撮られたこともある。

「何、おまえも同じように寝てんだよ」

写真を見た高倉が、茶々を入れてきた。

「いや、あの……」

「でも、考えたらそうだな。おまえも寝てねえんだもんな」

高倉は青木の大変さをちゃんと理解していた。

青木卓司の見るところでは面白さという点では『新網走番外地』シリーズよりも石井輝男が演出した旧『網走番外地』シリーズに軍配が上がる。

旧シリーズの魅力は、なにより高倉の相手役の配役にある。新東宝時代から石井作品の常連だった吉田《よしだ》輝男《てるお》、定番の脇役を務めた嵐寛寿郎《あらしかんじゅうろう》、田《た》中邦衛《なかくにえ》、杉浦直樹《すぎうらなおき》らが醸し出す味わいには格別なものがあった。

『新網走番外地』ではこれら顔なじみの俳優陣は退場。代わって山本麟一《やまもとりんいち》らが悪役として登場した。

山本麟一は明治大学で高倉健の先輩に当たる。私生活はめちゃくちゃだが、お茶目で優しくかわいげのある俳優だった。

青木にとっては好きな人物の一人だ。「最高の人」だと今でも思っている。

どこか子どもみたいなところがあった。ある日、撮影所で山本があたふたしている。

「高倉よりも俺が遅れたらまずいよな」

後輩でありながらスターである高倉を気遣っていたのだ。

千葉真一《ちばしんいち》は、東映ニューフェイスの第一期生で先輩にあたる、悪役で有名な山本麟一とはしょっちゅう釣りに出かけた仲だった。

よく「悪役を演じる人のほうが本当は優しい」と言われるが、まさに山本はそれを地でいっていた。面白く、優しかったという。

降旗はのちに高倉の盟友となっていく監督だ。だが、活劇の演出は必ずしも得意ではない。『新網走番外地』でも石井輝男を超えるエンターテインメントになりえていただろうか。

谷隼人は、石井輝男監督の『網走番外地』だけでなく、『新網走番外地』にも四本も出演している。その谷によると、徹底して自らを律していた高倉も、朝だけは弱かった。話し好きな高倉は、酒を飲まない代わりにコーヒーを二十杯、三十杯と飲みながら夜更かしをする。

高倉がコーヒーしか飲まないのだから、谷隼人ら後輩も「コーヒーはあまり好きじゃない」などの文句は言わずに、高倉と同じように飲む。

「おまえらは酒を飲んでいいぞ」

そう言われても、酒なんか飲みたくないふりをして深夜二時、三時までコーヒーをひたすら飲む。

小さなデミタスカップであったが、それだけカフェインを摂取すると、疲れていても眠れなくなってしまう。

俊藤プロデューサーが、谷に命じた。

「おまえが毎朝、健さんを起こしてこい」

谷は朝六時、七時には起きて待機した。

〈うちの旦那は、こんな時間には絶対起きてこないな〉

内心そう思っていても、共演する以上は朝早く行って、高倉をお出迎えしなければならない。が、谷も高倉と一緒に夜更かしをしている。寝過ごすこともたびたびだった。

高倉は朝寝坊し、撮影前には必ず行きつけの医者に寄って、栄養剤を注射する。そして正午近くになってようやく寝ぼけ眼で撮影所にやって来る。すると、共演する青木卓司が、淹れたてのコーヒーを高倉のもとに持ってくる。

高倉は、谷隼人に芝居の話もしてくれた。

「おまえら、小芝居なんかするな。悲しい気持ちは自然と表に出る。たとえば家で不幸があったときなんかに、人から『どうしたんだ今日は、悲しそうな顔をして』と訊かれたことはないか？　人間はそういうもんだ。だから小芝居はするな」

谷隼人は昭和四十三年から、TBS、東映制作の大ヒットアクションドラマ『キイハンター』にレギュラー出演していた。高倉が、このドラマを観てくれて「小芝居をしている」と感じたのかはわからなかった。が、谷は言われたとおり小芝居をやめ、与えられた役になりきり、その心の内が表に出るような芝居を心がけるようになった。

谷隼人は、高倉健に連れられて、都内港《みなと》区の飯倉片町《いいぐらかたまち》に近いナイトクラブ『リヴィエラ』へよく出入りした。東日貿易の久保正雄《くぼまさお》がパトロンのクラブであった。

ジャズやムード歌謡歌手の松尾和子《まつおかずこ》がおもに出演していたクラブである。東日貿易は戦後の対インドシナ賠償利権と深く関わり合いがあったらしく、またラスベガスの名士でアメリカのショー・ビジネス界に顔が利いた人物であった。

店にはフランク・シナトラや、サミー・デイヴィスJr.なども出入りしていた。谷は、高倉のおかげでそうした自由で楽しい時間を共有できた。いい時代だった。

東映三大スターを頂点とする派閥

「青木卓司は旦那（高倉健）のところの人間だ」と見なされるようになったのは、東映京都《きょうと》撮影所のほうが早かった。東映入りから一年ほど経った頃のことだ。『日本侠客伝　花と龍』の撮影で高倉が京都に行く際、青木が付き人のような立場で同行したことで太秦《うずまさ》では知られるようになった。

いっぽう、東映東京撮影所で青木が高倉のお付きであると認識されるまでには、一年半から二年を要している。

『日本侠客伝　花と龍』がクランクアップして東京に戻ると、高倉からじきじきに申し渡された。

「青木、そろそろ手伝ってくれ」

ちょうど『新網走番外地』の撮影に入る頃だった。監督はマキノ雅弘《まさひろ》。『新網走番外地』はシリーズ化され、佐伯清《さえききよし》、降旗康男がメガホンを取っている。

青木卓司は高倉健を「親父」と呼んでいた。そんな呼び方をする俳優、スタッフは東映でほかに誰もいない。

青木が東映に入ったばかりの頃のことだ。電話で高倉と話す機会があった。撮影所で周囲を見ていると、鶴田《つるた》浩二《こうじ》や若山富三郎《わかやまとみさぶろう》のことをみんな「先生」「先生」と呼んでいる。青木は「そういうものなんだ」と思った。電話中、そのことが頭をよぎった。切り際に高倉が言った。

「青木、それで頼むぞ」

青木は気をきかせたつもりで応えた。

「じゃあ、それで。先生」

高倉からは思わぬ反応が返ってきた。

「馬鹿野郎っ、俺は先生じゃねえぞ、この野郎。先生ってのはな、国会議員か医者、教師だけだ」

高倉はお付きの者に自分を「先生」と呼ばせることはなかった。もっぱら「旦那」である。「鶴田先生」「若山先生」と呼ばれて当然という顔をしているスターたちへの批判精神もあったのかもしれない。

特に顕著だったのが若山富三郎の姿勢だ。

「『先生』と呼びなさい」

周囲には常にそう言い聞かせていた。仕方なく、みんなが「若山先生」と呼ぶ。「若山一家」の若い衆は例外なくそうしていた。ただし、青木ら高倉の身内の者や鶴田についている者が若山を「先生」と呼ぶことはなかった。だが、若山が周囲にそう促していることを撮影所で知らぬ者は誰一人いなかった。

親分気質の若山富三郎には取り巻きが大勢いて、「若山組」などとも呼ばれていた。その組員の一人である山城新伍もまた、若山を「先生」と慕い、「黒いものも白」と言うほどの忠誠心で若山に尽くしていた。

また、鶴田浩二は、俳優としての顔と私人としての顔を使い分けていたが、高倉健はどこまでいっても「俳優・高倉健」のイメージを守り抜いた。それに従う谷は、どちらも好ましいものとして受け入れていた。

鶴田が私的な部分をオープンにしてくれる様子は嬉しかったたし、高倉のイメージを守るガード役を引き受けるのも楽しかった。

ともあれ、当時の東映には高倉健、鶴田浩二、若山富三郎という三大スターを頂点とする派閥が半ば公然と構成されていた。青木はもちろん高倉派の若い衆である。

青木は思う。

〈俺が入った頃の東映は本当に面白かった。一番楽しかった時代なんじゃないか〉

話を高倉と青木に戻す。

一連の任侠作品ではクライマックスになると、主役の高倉健が決まって双肌脱いで見せた。『日本侠客伝』では刺青なし、『昭和残侠伝』では刺青あり。その違いはあれど、高倉の鍛え抜かれた上半身は見事だった。

青木卓司が東映に入ったとき、高倉はすでにトレーニングに日々励んでいた。かつて港区・麻布《あざぶ》狸穴《まみあな》のソビエト大使館裏にあった「クラークハッチ健康管理センター」。今風に言えば、フィットネスクラブだ。高倉はここの会員だった。現在はチャック・ウィルソンがあとを継いで経営に当たっている。

高倉がクラークハッチ健康管理センターに通い始めると、俊藤浩滋もあとに続いた。目的はもちろん、トレーニングだ。

青木が東映入りから一年半ほど経過した頃、高倉に声をかけられた。

「おまえも入れ」

クラークハッチ健康管理センターへの入会手続きはすでに取ってあった。青木も高倉とともに通うようになる。体はさすがに締まっていった。

ジム以外で高倉のトレーニングに付き合うことも増えた。ランニングのお供は特に多い。皇居を一周するコースがおもだった。

青木卓司が俊藤浩滋のことで思い出すのはその優しさである。

高倉健も交えた三人で「クラークハッチ健康管理センター」に通っていたのも懐かしい。

俊藤に「年齢に応じたトレーニング法」を指導するのは青木の役目だった。

当時の高倉はまだ若い。トレーニングを長年続けて慣れてもいた。だが、俊藤はとうに還暦を過ぎている。走るにせよ、フィットネスバイクを漕ぐにせよ、あまり一生懸命にやりすぎると、無理が祟《たた》る可能性が高い。

「これくらいでいいですよ」

青木は遠慮がちに俊藤にそう指示する。だが、ほとんどの場合、逆効果だった。

「青木、おまえにはまだ負けんぞ」

そう言いながら、やたらと張り切るのだ。俊藤は負けん気があまりに強すぎた。

当然、俊藤はオーバーワークでバテバテになってしまう。あとで高倉に叱られるのは青木だ。

「おまえ、年を考えて指導しないとダメだよ」

「『おまえになんかまだまだ負けるか』っていうから、結局こうなっちゃったんだよ」

トレーニングへの情熱からもわかるとおり、俊藤浩滋はエネルギッシュな男だった。特に映画に振り向けるエネルギーは他に類を見ないほどだった。青木は思う。

〈東映のヤクザ映画は俊藤さんがいなければ、できなかった。それだけは間違いなく言えるだろう〉

やはり俊藤自身が五島組の関係者であり、ボンノこと山口組三代目若頭補佐・菅谷政雄《すがたにまさお》と兄弟分という出自によるところが大きい。

ヤクザ映画のプロデュースといえば、いろいろと機微に触れる部分が出てくる。すべてにおいて配慮を行き届かせるのは容易ではない。俊藤はそれをやってのけた。

高倉健と酒のあれやこれや

前述してきたが、高倉健は酒をたしなまない。そのことを陰でくさす者もいた。

「健さんは酒も飲まないし。こっちは飲みたいのに」

周囲にいる人は酒を我慢してコーヒー党の高倉に付き合う。お構いなしにマイペースで飲んでいたのは降旗康男監督と青木卓司ぐらいのものだった。

「青ちゃん、水割りつくってくれる？」

「はいー」

降旗の好みは熟知している。手早く用意すると、青木は高倉に尋ねる。

「親父さん、僕ビールもらっていい？」

「いいよ」

高倉を囲む「宴席」はこうして始まる。小林稔侍《こばやしねんじ》は下戸だ。他の人間は異口同音に「結構です。もう飲まなくていいです。コーヒーで」と言うばかりだ。

高倉健は酒を飲まない。これはよく知られている話だ。禁酒を続けていたのには理由がある。明治大学に通っていた頃、高倉は酒で失敗しているのだ。一部には「人を殺めてしまった」という噂もある。だが、これは事実ではない。

高倉の失敗は間に入ってくれる人がいて、ことなきを得た。その人物とは「群馬の虎」と呼ばれた東日貿易の社長・久保正雄だった。学生時代から高倉は久保のところに出入りしていた。そこで長嶋茂雄《ながしましげお》とも知り合っている。のちに二人は兄弟同然の間柄となった。

問題を起こすまでの高倉はかなりの酒豪だった。毎晩のように大酒を飲んでいたが、失敗して以来、ぴたりとやめた。

青木卓司自身も酒が原因で事故を起こした経験がある。警察の厄介にもなった。東映の幹部に迎えにきてもらい、ようやく外に出ることができた。

後日、東映の役員に呼びつけられ、お説教された。

「おまえな、酒飲んで喧嘩するって絶対よくないぞ。相手を傷つけるってなおさらだ。だから、酒はやめろ」

青木もそれ以来、酒はいっさいやめた。もう一生飲まないはずだったのだが……。

運命のいたずらだろうか、のち昭和五十年、青木にコマーシャルの仕事が入った。よりによってサントリービールである。

実は、そのいきさつに高倉健が嚙んでいる。

あるとき、現場にあるカメラマンがやってきた。福井《ふくい》てつやというサントリービールの広告でスチルを撮っているらしい。もちろん、目的は高倉健を撮ることだ。

福井は高倉健を撮ったあと、なぜか青木の姿もカメラに収めた。川の側《そば》で上半身裸のままぼうっと遠くを眺めている様子だ。

これが思わぬ仕事につながっていく。サントリービールのコマーシャルの企画が動き出していた。メインは丹波《たんば》哲郎《てつろう》で決まっている。他のキャストを探るのも福井キャメラマンの仕事だった。

川の側で撮った青木の写真は広告代理店サン・アドを通じ、サントリーの宣伝部に渡った。

ある日、東映を通じ、サン・アドから青木に「お会いしたい」と連絡があった。

出向いてみると、「キャメラを回したい」という。

コマーシャルのディレクターとキャメラマンが命じるままに被写体を演じた。「どうもご苦労さまでした」と、その日はそれで終わった。

後日、東映から青木に連絡がきた。

「契約しましたから」

「えっ、何を？」

「サントリービール」

「えっ、あれ決まったんですか？」

「いや、最初に会ったときに『いけるんじゃないか』っていうんで」

青木はさっそく高倉健を訪ねた。相談するためだ。

「すみません、ビールのコマーシャルが入って」

「俺がアサヒやったら、今度はおまえがサントリーか？」

高倉はその直前、アサヒビールのコマーシャルに出演していた。共演は山本麟一と今井《いまい》健二《けんじ》。「実際にビールは飲まない」という約束で一年間の契約だった。

高倉健は青木に言った。

「いいじゃないの。しかし、おまえもしっかりしてるなあ。俺の写真を撮りにきた有名カメラマンがおまえを撮って。それを見せたら、それでコマーシャルが決まったって。おまえも本当に」

余談だが、このとき、サン・アドのプロデューサーの手伝いをしていたのが黒澤明組でスクリプターを務めていた野上照代《のがみてるよ》である。

仕事は引き受けても、実際に飲まなければいい。青木はそう決めていた。すでに広告代理店サン・アドの担当者にもそう告げている。

「酒飲めないんですよねえ」

代理店側も心得たものだった。

「いや、飲まなくても飲んだ真似をすればいいんだから」

高倉にもそう伝えた。喜んでもらえると思ったからだ。

ところが、師匠の反応は意外なものだった。

「おまえな、飲まないとダメだ。確かにアサヒのコマーシャルで俺は飲まなかった。それだと、やっぱりうまそうに見えないんだよ。だから、飲んでいいんだぞ。その代わり、ほどほどにな」

そうまで言われてはしょうがない。撮影本番で青木は飲んだ。久しぶりのビールをぐいっと空ける。

共演は丹波哲郎と小野《おの》進也《しんや》だ。当初は千葉真一の実弟・矢吹《やぶき》二朗《じろう》がキャスティングされていた。一本目は葉山《はやま》で矢吹と一緒に撮影している。ところが、映画の主役が何本も決まり、矢吹は身動きが取れなくなった。小野は矢吹の代打である。

丹波、青木、小野のトリオで一年間、無事に完走した。丹波はその頃、『Gメン'75』（TBS系）で土曜九時の顔となっていた。青木や小野もコマーシャルの中で丹波を「ボス」と呼んでいる。

このコマーシャルがきっかけで青木は再び飲むようになった。『幸福の黄色いハンカチ』の撮影中、北海道へ陣中見舞いに行ったときのことだ。高倉健と食事に出かけた。

「俺はちょっとワインもらうから」

この日ばかりは高倉も酒に手を出すようだ。

「おまえ、好きなビール頼めよ」という師の言葉に甘え、青木はビールを注文した。

高倉は舐めるようにワインに口をつけている。青木は好きなビールを堪能した。思い出話に花が咲き、束の間の宴を兼ねた食事は終わった。

それ以来、二人で食事をするときは高倉が「おい、飲め」と促すのが恒例になっていった。

高倉に傾倒していた萩原健一《はぎはらけんいち》と同性愛説

高倉のハワイ旅行の際は、表向きは「高倉健と谷隼人が一緒に遊びに行く」という格好だったが、ゲイバー『吉野』のママ吉野《よしの》寿雄《としお》も別便でハワイに飛び、現地で合流していた。

高倉が女性関係をひた隠しにし、それを谷隼人や小林稔侍が手伝うものだから、週刊誌などで「高倉健と谷隼人はホモの関係だ」と書かれ、インターネット百科事典「ウィキペディア」には一時期「高倉健と小林稔侍はデキている」とまで掲載されていた。

高倉が同性愛者というのはまったくのデタラメで、ある意味うまく女性関係を隠しおおせた証拠でもあった。

ハワイには、ほかにも強い協力者がいた。千葉真一主演、深作欣二監督、昭和四十一年六月四日公開のアクション映画『カミカゼ野郎　真昼の決斗』で高倉が出演した際、ロケ地の台湾などへの渡航手配をした旅行代理店社長である。高倉は以来、その社長と親しくなり、プライベートで旅行するときはいつもその社長に依頼するようになった。

谷隼人は、高倉健の紹介でアメリカのロバート・アルドリッチ監督に、都内新宿《しんじゅく》区の京王プラザホテルで会った。

高倉は、ロバート・アルドリッチ監督の昭和四十五年公開の『燃える戦場』に出演していた。

アルドリッチ監督は言った。

「きみは高倉のようなジャパニーズフェイスじゃないから、東洋人の役では使えない。だが体格もいいから、英語さえしっかり勉強すれば、絶対に海外でも通用する」

まだ二十代だった谷は、夢を膨らませた。

〈だったらロサンゼルスに住んで、ラーメン屋で修業でもしながら現地の俳優学校に行ってみようか〉

が、日本で次々と仕事が舞い込んでくる中、いつの間にかハリウッド行きの夢は頭から消えていた。

谷隼人は、一九七〇年代に伴淳三郎《ばんじゅんざぶろう》とＴＢＳのテレビドラマ『寺内貫太郎一家』『ムー』『ムー一族』などで一緒になった。

共演の最後の頃になると、伴は体調を崩しがちになった。そんな伴が、谷を見て言った。

「谷ちゃんは、健ちゃんの真似だからね」

伴の言うとおりだった。高倉に憧れて高倉と同じ佐藤理髪店へ行って髪を短く刈り、そのほかにもいろいろお手本にしていた。北大路《きたおおじ》欣也《きんや》もまた、佐藤理髪店の常連だった。が、伴はダメ出しをした。

「でも、足りないね」

「何がですか？」

「本当に優しくなければ男じゃない。強くなければ男じゃない。それに加えて、ユーモアがあって心が広い。健ちゃんはそういう人だ。この四つがあったら、男として最高だよ」

伴淳三郎もまた高倉を愛し、何かというといつも高倉のことを褒めていた。

七十歳に達しようとする年齢で、体調を悪くしていた伴の言葉は、谷の心に沁《し》みた。

〈バンジュンさんは「外見だけ真似するんじゃなくて、もっと心の広い男になれ」とアドバイスをくれたんだな〉

伴淳三郎

萩原健一

谷隼人から見て、高倉健に最も傾倒していた俳優は、なんといっても萩原健一だった。萩原は、憧れの高倉を見るために「クラークハッチ健康管理センター」へ入会し、毎日足繁く通った。『前略おふくろ様』で萩原は、滑舌をわざと悪くして「そうなんっすよ」「やばいっすよ」というしゃべり方をした。これも高倉の台詞回しの真似であった。
ほかにも田中邦衛、由利徹、南利明など、高倉に憧れた俳優は数多くいた。

這《は》い上がってきた監督・深作欣二

深作欣二

『仁義なき戦い』で輝く深作欣二は、昭和五年七月三日、茨城県《いばらき》水戸市《みと》郊外の東茨城郡緑岡村《みどりおかむら》の農家に生まれた。いわゆる「水戸ッぽ」である。父親は東京帝大農学部を出て、茨城県庁で農林技師をしていた。

深作は、本を読むのも好きだが、汗を流して農作業をするのも好きであった。水戸中学二年生のときには、父親の手伝いを通じて、畑の作物も田んぼの作物もみんなつくれるようになっていた。苗代から始め、田植え、夏の雑草取りから収穫までできた。彼は、農作業を通じて、物をつくっていく面白さを知った。

〈ははあ、初めにしっかりやっていたことが、収穫期になってこのように生きてくるんだなあ〉

映画を観に行くことは、学校の推薦映画以外、禁止されていた。が、彼は、中学生の帽子をポケットに隠して、東宝系の映画館常盤座に飛びこんだ。

最も面白く感じたのは、黒澤明監督の処女作『姿三四郎』であった。もちろん、学校の推薦映画ではない。

映画の芸術性を味わうというより、闘争の生々しさに興奮させられた。その頃、稲垣浩《いながきひろし》の『無法松の一生』や、田坂具隆《たさかともたか》の『五人の斥候兵』などの映画を観ていたが、どこか枠にはめられていて感動が薄かった。

チャンバラ映画にしても、初めから約束事が決まっている。主人公は、やたら強い。そんなに力を入れなくても、悪い相手を投げ飛ばせる。斬り倒せる。が、黒澤監督の映画は違っていた。そのような約束事が取り外されている。姿三四郎の決闘のシーンは、力がみなぎっていた。まさしく、リアリズムの映画であった。

昭和二十三年八月、深作は、運命を変える映画と出合う。マルセル・カルネ監督の『悪魔が夜来る』であった。

ドイツ占領下の昭和十七年につくられたこのフランス映画は、中世の寓話を描いたものであった。そのラストシーンで、恋人たちは、悪魔によって石に変えられてしまう。カルネ監督は、悪魔をドイツのナチスにたとえ、石にされても鳴りやまぬ恋人たちの心臓の音に、領土は占領されても精神までは圧殺されないフランス人の誇りを託した。

深作は、強烈な衝撃を受けた。

〈フランスにレジスタンスというものがあるとは知っていたが、こういう表現で抵抗を示すこともできるのか〉

時事的なテーマはもちろん、現代劇さえ禁じられていた状況の中で、このような映画をつくってみせたのである。興奮を禁じえない深作は決意した。

〈俺も、映画監督になろう〉

それまで漠然と農業をやろう、と考えていた。しかし、農業は、いつでもできる。自分の可能性を試してみて、ダメなら農業をやればいい。

昭和二十四年四月、深作欣二は、脚本家を志し、日大芸術学部映画学科に入学した。

が、授業に飽きたらなくて、映画研究会というクラブに入った。映画学科の各学年から二十人ぐらいずつ入っていた。そのクラブでは、研究発表や映画批評がおこなわれた。そのクラブのなかで、特に光っていたのは、二年先輩の蔵原惟繕《くらはらこれよし》であった。蔵原は、深作も好きだった黒澤明の『野良犬』の批評をした。

「映画的な方法は、確かに素晴らしい。さすがに黒澤監督だ。しかし、志村喬《しむらたかし》演じる刑事の物の考え方は、あまりに保守的だ。戦前の日本人が持っていた家父長的な考えに貫かれている。志村刑事の正義感は、どこか嘘だ。われわれとつながっていない」

深作には、シャープな批評をする頭のよさそうな蔵原の意見が、いちいちもっともに感じられた。

〈そうだ、そのとおりだ。木村功《きむらいさお》演じる犯人のあり方への共感がなさすぎる〉

蔵原は、のちに日活に入り、石原裕次郎《いしはらゆうじろう》の『憎いあンちくしょう』など都会的で粋な映画を撮る。

深作は、二十八年三月の卒業をひかえ、映画会社を受けたい、と思っていた。が、シナリオの同人誌に加わり、シナリオばかり書いていて、まともに勉強してないので、自信はなかった。入社するのに、コネもなかった。

そこに、たまたま深作の親戚の土建会社の社長から連絡が入った。

「欣二、おまえ、映画会社に入りたいらしいが、東映なら、おれが口きいてやるぞ。東映の重役でもある俳優の市川右太衛門《いちかわうたえもん》を知っている。おれから、おまえのことをよろしく頼んでやる」

深作は、筆記試験は合格した。次は面接試験であった。彼は、ドアをノックし、面接室に入った。

面接試験官である社の幹部たちは、深作の姿を見て驚きの表情をした。深作は、原稿用紙に書いたシナリオを紐で何冊も綴《と》じ、両手にぶら下げて入ってきたのである。

深作は、試験官の前にそれらのシナリオを置いた。

幹部たちは、深作のシナリオを一冊一冊めくってみた。

幹部の一人が訊いた。

「きみは、時代劇しか書かないのかね」

深作は、待ってましたとばかり胸を張った。

「いや、現代劇もやりたいんですが、東映が時代劇中心ですので、今回のところは、時代劇だけを選んで持ってまいりました」

深作は、晴れて東映に入社することができた。

が、東映に、脚本部はなかった。一年間は、本社の企画本部で事務をやらされた。深作は、つまらなくて、さすがに申し出た。

「現場に出してください」

深作は、大泉《おおいずみ》にある東京撮影所の助監督になった。

助監督には、チーフ、セカンド、サード、フォースと段階がある。深作は、まずフォース助監督から始めた。フォース助監督は、助監督といえば聞こえがいいが、ほとんど雑用係であった。朝から晩まで、機材を運ぶ。出演者を呼びに行く。弁当や、薬を買いに走る。ときには、俳優の肩までもんだりする。

ある日、新宿でロケがあった。新宿のような繁華街のロケは、必ず地元の顔役であるヤクザの親分に了解を求めなければならない。しかし、日程が迫っていたのと、ちょっとしたロケだったので、断りなくロケを開始した。案の定、地元のヤクザの子分がすっ飛んできた。

「おい、おめえら！　ここを、どこの縄張りだと思ってんだ。ちょっと顔貸せや」

監督は、すぐ深作に命じた。

「おい、深作、おまえ、親分に会って詫び、ついでに許可をもらってこい」

深作は、さっそく、命令どおり、親分のいる組事務所へ行った。ふんぞりかえっていた親分が深作と顔を合わすなり、叫んだ。

「おお、なんだ、深作だっぺ！」

深作は、やや考えて声を上げた。

「おお、おまえ、松井か！　何やってんだ。いつの間に、ヤクザの親分になったんだ」

深作は、事情を話した。松井親分は、すぐに承諾した。子分たちに言った。

「おい、おめえら、こいつは、俺の水戸中学の同級生だ。今後はいっさい、こいつの撮影は、フリーパスだ。わかったな」

深作は、苦笑いしながら、顔の前で両手を合わせ、拝む格好をした。

深作が、助監督時代、東京撮影所でついた監督は、小林恒夫《こばやしつねお》、関川秀雄《せきかわひでお》らであった。いわゆるBクラスの作品の監督ばかりであった。東京撮影所には、『土』を撮った内田吐夢《うちだとむ》をはじめ、『青い山脈』の今井正《いまいただし》ら、『キネマ旬報』のベストテンに入るような映画を撮る巨匠たちもやって来ていた。

深作も、巨匠につきたかった。どの監督につくかは、順番制になっている。ところが深作がつく番になると、深作を飛ばして、別の助監督がついた。演出部の連中が、巨匠との信頼関係を重視して、深作を外すわけである。深作は、頼んだ。

「一度でいい、内田監督か、今井監督に俺をつけてくれ」

しかし、頼みこむたびに蹴られた。

「いま、千恵さんの多羅尾伴内が忙しいんだ。そちらを手伝ってくれ」

深作は、片岡千恵蔵《かたおかちえぞう》が運転手などに化けて拳銃をぶっぱなす、荒唐無稽《こうとうむけい》な多羅尾伴内シリーズの手伝いに回された。

深作は、助監督時代四十本もの作品についたが、ついに、巨匠たちにはつかずじまいであった。ただし、小林恒夫や関川秀雄たちB級作品の監督からしたたかに学んでいった。

小林監督は、「警視庁」シリーズをはじめ、『暴力街』や『終電車の死美人』などリアリズムの傑作があった。関川監督の何本かの映画も、低予算ながら光っていた。深作は、B級映画にしかつけないで腐って酒を飲み、荒れ、喧嘩をしている仲間たちに言った。

「ぶつくさ言うのもいいけどよお、映画をつくれないよりいいじゃねっか。マイナーは、マイナーの自尊心を持つべきだよ」

深作は、この頃、暇をみては、アメリカのB級ギャング映画を観ていた。『罠』『暴力行為』『裸の町』などの金のかかっていない独立プロのギャング映画を観ながら、おのれを鼓舞していた。

〈俺も、B級の犯罪映画の傑作を撮ってみせるぞ〉

自分には、どうせ、予算のたっぷりある大作の監督は回ってこない。アメリカのB級ギャング映画の主人公のように、犯罪に傾斜していく人間の心情、行動なら描けそうに思った。

自分の日常生活も、心情的には、そういう主人公たちと変わらないように思った。酒ばかりくらっているうちに、夜の街の裏の世界にも詳しくなっていた。彼自身は暴力こそふるわなかったが、そばで人を刺す光景も目撃していた。

「水戸《みと》っぽ」で、都会に対する敵愾《てきがい》心を抱きながらも、都会のなかで崩れていくことに、ある種の快感さえ感じていた。そういう自分の鬱屈《うっくつ》した心情を、フィルムに定着してみたい、と思っていた。

ついに、深作の夢がかなうときがきた。彼は、昭和三十六年六月九日封切りの『風来坊探偵　赤い谷の惨劇』、続いてシリーズ二作目『風来坊探偵　岬を渡る黒い風』、さらに『ファンキーハットの快男児シリーズ』二本を監督した。が、フィルム五〇〇〇フィートの短いＳＰ映画であった。

オリンピック体操代表を目指した千葉真一

「風来坊探偵」シリーズの映画の主演の千葉真一は、昭和十四年一月二十二日、福岡《ふくおか》県福岡市に二男三女の長男として生まれた。

父親は大刀洗町《たちあらいまち》にある陸軍飛行戦隊に所属する軍人で、母親は熊本《くまもと》県出身で学生時代に陸上競技をしていた。

戦時中、パイロットであった父親の収入は良く、現在の貨幣価値で一億円相当に当たる二万円もの資産を持っていた。千葉は、三人のお手伝いさんがいる家庭で育てられた。

昭和十八年、千葉が四歳のとき、父親が千葉《ちば》県木更津《きさらづ》市へ異動となったため、家族で千葉県君津《きみつ》市へ転居した。

終戦後、貨幣価値が大きく変わってしまったため、千葉家は一瞬で財産を失ってしまった。一億円からの資産家が無一文同然となったのである。千葉が小学校一年生のときだった。

軍が解体され、父親は漁業組合の役員へ転職したが、家計は厳しかった。千葉は、小学生の頃から新聞配達や牛乳配達をして家計を助けた。貧乏ではあったが大自然に囲まれていたため、米以外は不自由せずにいろいろな食物を食べることができた。それが千葉の肉体の基礎をつくってくれた。

両親の血を受け継いだ千葉は、幼い頃から抜群の運動神経の持ち主だった。小学校のときはどんな運動をさせてもダントツの一番で、「運動会は俺のためにあるんじゃないか」と思うほどであった。

父親は、日本の武士道を地でいくような男であった。その影響もあって、千葉は子どもの頃から『君が代』が大好きだった。

〈こんな美しい国歌はどこにもない。詩も世界一だ〉

昭和二十七年夏、ヘルシンキオリンピックが開催された。中学生になった千葉は、夢中でラジオにかじりついて実況中継を聞いた。

日本はレスリング男子フリースタイルバンタム級で優勝した石井庄八《いしいしょうはち》選手が、戦後初の金メダルを獲得した。千葉は、ラジオから流れてくる君が代に感動し、後日新聞で石井が日章旗をバックに金メダルをもらう写真を見て、涙を流して喜んだ。

〈ああ、俺もオリンピックに出たい〉

千葉は器械体操を始め、オリンピックで日の丸を掲げたいという夢を抱くようになった。

昭和二十九年、千葉県立木更津一高へ入学した千葉真一は、一年生のときに器械体操で全国大会上位入賞、三年生で全国大会優勝を成し遂げた。

が、家に財産がないことを知っていた千葉は、大学に進学してスポーツの道を極めることは最初から諦めていた。

ところが、周囲の大人たちが千葉の父親を説得してくれた。

「これだけ運動神経の良い子なんだ。大学に行かせ、オリンピックに出しなさい」

そして無事、千葉は日本体育大学体育学部体育学科に入学が決まったのである。

日本体育大学は、都内世田谷区深沢《せたがやふかさわ》にある。大学へと続く桜新町《さくらしんまち》駅からの道は、一キロほど続く有名な桜並木がある。入学式の日は、満開の桜がみごとに咲き誇っていた。

なぜ、日本体育大学へ続く道に、桜並木があるのか。そう考えて、千葉は直感的に思った。

〈親父がいつも言っていた。花は桜木、人は武士。そうか。日本体育大学は、これが言いたいがために桜並木をつくったんだ。たいした大学だ〉

「花は桜木、人は武士」とは、花のなかではぱっと咲いてぱっと散る桜の花が一番であるが、人の最もみごとな生き方は、美しく咲いて潔く散る武士であろう、という意味である。スポーツ選手もまた、武士に通じるものがある。

千葉は、改めて気を引き締め直した。

〈こんな素晴らしい大学へ通えるんだ。負けるもんか。絶対に俺は、オリンピック選手になってみせる〉

日本体育大学に入学するや、さっそく器械体操の訓練に明け暮れた。先輩には、ローマオリンピックで男子団体金メダル、個人鉄棒銀メダルに輝いた竹本正男《たけもとまさお》や、昭和二十九年開催の世界体操競技選手権で日本女子体操界初の金メダリストとなり、「ローマの恋人」と呼ばれた池田敬子《いけだけいこ》らがいた。

千葉は、誰よりも練習をしている自負があった。それでも生活費まで実家に頼ることはできない。練習の合間にやむなくアルバイトをすることにした。

〈どうせアルバイトをするなら、筋肉を鍛えられるものにしよう〉

千葉が選んだのは、大きな荷物を運ぶデパートの配達員や、大学のある桜新町の庭造りの作業員の仕事だった。まだ十代だった千葉は、アルバイトをしながら体を鍛えられれば一石二鳥だと思い、鍛えれば鍛えるほど強くなれると信じていた。

ある日、くたくたになるまで練習をしたあと、器械体操の仲間たち十人ばかりと一緒に、大学の近くにある大きな銭湯に行った。鍛え上げたオリンピック候補生ばかりなので、裸になるとみんな驚くほど良い体をしている。

ワイワイとおしゃべりしながら風呂に入り、風呂上がりに脱衣所で着替えていた千葉は、ふと壁のポスターに目をとめた。

「ミスタースポーツウエア・コンテスト出場者募集。一等賞五万円、二等賞三万円、三等賞一万円」

千葉が仲間たちに訊いた。

「スポーツウエアって、何のことだ？」

みんなが首を捻《ひね》った。

「さあ。わからんが、スポーツって書いてある。スポーツといえば、俺たちはその最たる者じゃないか」

スポーツウエアが何のことだかわからなかったので、何のコンテストかもわからない。が、当時の五万円といったら二カ月間は食っていける金額である。

「おい、みんなで行って、五万円もらって潤うか」

結局、十人のうち五人が参加することにした。千葉もアルバイトをする身なので、ついて行った。

会場に行ってみて、ようやくコンテストの趣旨を理解した。スポーツウエアとは、運動をするときに着る衣装のことで、衣装を着て歩くモデルを選抜するためのコンテストなのである。

むろん、全員がモデル経験など皆無である。が、みんな器械体操の選手候補なので、見た目は抜群である。

二時間から三時間のウオーキング・テストの結果、千葉真一だけが二位に入賞し、残りは全員落ちてしまった。

入賞した理由は千葉本人にもわからなかった。ただ言われたとおり、舞台を行ったり来たりしただけである。

三万円を握りしめて、参加した五人でさんざん飲み食いをした。二カ月間充分に食っていける金額だったが、一晩で使い切ってしまった。もったいないような気もしたが、千葉にとって大学時代の一番の思い出になった。

オリンピック目前での挫折《ざせつ》からの俳優転身

しかし、いい目ばかりはそうそうない。千葉真一は元のアルバイトに戻った。だが、バイトの重労働は、決してやってはならないことだった。ある日突然、千葉の体はピクリとも動かなくなってしまった。医者に行くと、座骨神経失調症と診断された。オリンピックまであと一歩という、大学三年生のときだった。医者一週間練習をしなかったら、他の候補生たちに後れを取ってしまう。そうした厳しいオリンピックの世界で、医者から「一年間運動停止」を宣言された。

オリンピックの夢は、もろくも崩れ去った。休学も検討したが、学費を工面できないため退学することにした。

ひどいショックを受け、落ち込みのあまり死人のような表情になった息子を、父親は、「頑張れ、頑張れ」と励ましてくれた。

〈ここまでやってくれた親父や家族たちのために、俺は働こう〉

ひたすらオリンピックだけを目指してきた千葉は、ここで初めて考えた。

〈金になる仕事って何だろう、就職って何だろう、男が働くって何だろう〉

そのとき、ふと「ミスタースポーツウエア・コンテスト」のことを思い出した。

〈一日たった二、三時間歩いて三万円ももらえる、あの世界はいったい何だったんだ。俺も、あの世界に入ることができないだろうか〉

そう思いながら、実家に帰ろうと代々木《よよぎ》駅で乗り換えようとしていたときである。

腰が痛いため、休み休み歩いていた駅のホームで、なにげなく見たポスターにこう書いてあった。

「東映第6期ニューフェイス募集！」

千葉はひらめいた。

〈ああ、ここが一日三万円くれるところだ。これが、芸能界ってやつなんだ〉

千葉は手帳に「東映、ニューフェイス募集」とメモを取った。それから小学校から高校まで一緒だった親友に、半分冗談のつもりでこの話をした。

すると、親友が真面目な顔をして言った。

「応募しろよ」

が、千葉は取り合わなかった。

「そんなもの、応募したって入るわけがないよ。ダメに決まってる」

ところが親友は、勝手に自分のカメラを持ってきて千葉に言った。

「ちょっと外へ出ろよ。写真撮るから」

そしてパチパチと千葉の写真を撮り始めた。

〈そんな素人写真で合格するはずもないのに。勝手にしろ〉

親友は、写真を現像して履歴書と一緒に東映へ送ったらしい。

しばらくして、書類選考に合格したと通知がきた。

テストは五日間ほど実施された。千葉はもちろん、演技の経験などゼロである。ただ「こういう台詞《セリフ》を話せ」と言われれば、指示どおりにしゃべってみる。女性を相手に「演技をしろ」と言われれば、素人なりに演技の真似もしてみた。

面接では、東映の取締役で、撮影所長でもある山崎真一郎が、千葉の経歴を面白がった。

「日本体育大学みたいなところから来たのは初めてだ。おまえ、面白いな」

最後は、水着にさせられた。その目的だけは、まだ世間知らずの千葉でもわかった。男の水着などどうでもいい。審査員たちが、女の子の水着姿を見たいからなのだ。

が、応募してきた男性は二十歳前後の線が細い青年ばかりである。そのなかで、筋肉隆々で胸囲が一二〇センチもある男は千葉ただ一人だった。オリンピック候補選手であった千葉の肉体美は、彼らのなかで際立っていた。

二万六千人もの応募から男性六人、女性十四人が合格し、千葉真一はなんとトップの成績だった。山崎真一郎が、ずっと千葉に注目していた結果だった。

試験最終日、山崎が千葉を呼び止めて言った。

「合格者のなかで、おまえが一番の成績だった。入社式のときは、ニューフェイスを代表して東映の大川《おおかわ》社長の前で『誓いの言葉』を読むんだぞ」

同期には、亀石征一郎《かめいしせいいちろう》、山波宏《やまなみひろし》、太地喜和子《たいちきわこ》、真山知子《まやまともこ》、茅島成美《かやしまなるみ》、新井茂子《あらいしげこ》、都築克子《つづきかつこ》らがいた。

東映の担当者が、千葉の実家に挨拶に行くことになった。千葉本人も同行した。

「あなたの息子さんを預からせていただきます」

すると、父親は激怒した。

「貴様、河原乞食《かわらこじき》に成り下がりやがって！　勘当だ、帰ってくるな！」

千葉は、河原乞食の意味がわからなかった。あとでいろいろ調べてようやく、歌舞伎役者を貶《おとし》めて言う言葉だということを知った。かつての大軍人で頭の良い父親から見れば、東映の役者など河原乞食同然だということなのだろう。

千葉は心に誓った。

〈よし、くそ親父に、いつか必ず「帰ってこい」と言わせてみせるぞ〉

昭和三十四年、千葉真一は東映に入社した。入社式当日、千葉真一は同期のニューフェイス十九人の前

千葉真一

川内康範

に立ち、大川博《ひろし》の前で誓いの言葉を読み上げた。

晴れて東映ニューフェイスとなった千葉真一は、俳優座に六カ月通って演技を徹底的に覚え、芸能界がどういうものかを学んでいった。

給料は月にわずか八千円。そのうち部屋代として三千円が消える。父親に勘当された千葉は、アルバイトをすることにした。日中は毎日芝居の稽古があるから、夜に寿司屋の出前を引き受けた。

いよいよ俳優座での研修が終盤となった。東映の担当者が、千葉真一に言った。

「うちには二つの撮影所がある。京都の太秦《うずまさ》と東京の大泉、どちらへ行くか自分で決めろ」

太秦は、大泉よりも名の通った撮影所である。時代劇専門で、この頃は片岡千恵蔵、大友柳太朗《おおともりゅうたろう》、大川《おおかわ》橋蔵《はしぞう》、中村《なかむら》（萬屋《よろずや》）錦之助《きんのすけ》などが活躍しており、特にこの頃の中村錦之助は全盛期を迎えていた。

千葉は考えた。

〈時代劇をやる前に、まず根本的な現代劇を勉強してからのほうがいい〉

千葉は、大泉撮影所を選んだ。そこで運命的な出会いをしたのが、高倉健と深作欣二であった。千葉は、心から敬愛できる二人と出会ったことで、初めて自分は運がいい、と思えた。

が、深作と高倉に会うのはもう少し先の話である。千葉は、大泉に通い始めてすぐ主役をもらった。

昭和三十五年一月七日にテレビドラマ『新　七色仮面』の二代目・蘭光太郎として主演デビューした。『月光仮面』の川内康範《かわうちこうはん》が、七つの顔を持つ男・多羅尾伴内をモチーフにしてつくりあげたのが波島進が演じる『七色仮面』であった。波島から主人公を引き継いだ千葉は、器械体操で培ったアクロバティックなアクションを披露。のちに製作されていく変身ヒーローを題材とした作品にも大きな影響を与えていくこととなる。

続けて千葉は、『新　七色仮面』後枠でやはり川内康範原作のテレビドラマ『アラーの使者』でも主演を務めた。以来、千葉は川内康範と親しくなり、実にさまざまなことを教えてもらった。

千葉の「高倉派」絶対の原点

千葉真一にとって、高倉健は、昭和三十年に東映ニューフェイス第二期生の先輩であった。

東映の大泉撮影所に配属されて三カ月後、千葉は、初主役として『新　七色仮面』に出演していた。

ところが、千葉は、学生服しか持っていないために学生服で撮影所に通っていた。

ある日、東映のスタッフに呼ばれた。

「高倉健さんが呼んでます」

それまでは挨拶をするだけで、親しく会話をさせてもらったこともなかった。

〈え、なんだろう。俺、なんか悪いことしたかな〉

千葉は、恐る恐る撮影所の高倉の楽屋に入った。

「千葉です。失礼します」

高倉は笑顔で、千葉に言った。

「おお、千葉君。頑張っているな、いい仕事がきて、良かったな」

高倉がさらに言った。

「あのなあ、ちょっと一つ気になることがあるんだ。おまえ、東映に入って、俳優座で勉強して、その間ずっと東映から給料をもらっているだろう。そして、今撮影所に入ってきて、ギャラをもらって仕事をしている。言うなれば、おまえは東映に入って、一人の社会人になったわけだ。もうそろそろ学生服はやめろよ。着るものはないのか」

千葉はしどろもどろになりながら、説明した。

「実は気がついたら主役をいただいて、洋服を買う暇もなかったんです」

高倉は言った。

「そうかわかった。そういうことだから、ちゃんとした社会人として、しっかりと勉強しろよ」

それから一週間が経つと、なんと千葉の家に高倉から背広が届いた。千葉は涙が出るほど嬉しかった。

高倉が、一、二回しか着ていない背広であった。しかも、どれも大柄な千葉の身体に合うサイズの背広だった。

千葉は思った。

〈俺は絶対に、この人についていこう〉

千葉真一は、東映に入社して以来、高倉健派となった。

「高倉健派以外考えられませんでした。健さんを頭にした会をつくっていたくらいです。健さんを筆頭に、山本麟一さん、室田日出男《むろたひでお》、山城新伍、梅宮辰夫なんかがいて、一カ月に一回、幹事が今日は何をやるか決めるんです。全員で、まだ残っていた遊郭の吉原《よしわら》に遊びに行ったりもしましたよ」

いっぽうで、千葉は、鶴田浩二とは親交はほとんどなかったという。

「鶴田さんはあとから東映に入ってきましたから。それと、健さんの手前もあって、深くお付き合いはしませんでした」

高倉には世界中にファンがいて、よく外国人のキャビンアテンダントとも頻繁に食事をしていた。

「『お前のファンがいるから来い』なんて言われてついていくと、パンナムのキャビンアテンダントがズラリといました。健さんは英語をしゃべれますから、対等に会話をしていたりする。でも、こっちは当時は英語がしゃべれないから、何を言っているかがわからない。『健さん、なんとおっしゃっているんですか?』と訊くと、『千葉、おまえのことを可愛いと言っているぞ』なんて言われました(笑)」

岡田茂の左遷から深作の監督の座確立

昭和三十六年九月、岡田茂が、京都撮影所長から東京撮影所長として移ってきた。岡田は、深作に眼をつけ、丹波哲郎主演による七五〇〇フィートの本格的な昭和三十六年十一月一日公開の作品『白昼の無頼漢』を撮らせた。

この作品には、白人、黒人、日本人とあらゆる人種を登場させた。黒人は、米軍基地の軍人に出演してもらっていた。

ところが、撮影なかばに、米軍基地からストップがかかった。

「外出時間が長すぎる。これ以上、彼を出演させるわけにはいかない」

深作監督は、頭を抱えこんだ。彼は、何度か米軍基地の担当者とかけあったが、埒《らち》があかない。

岡田は、深作に命じた。

「ダメなら、その黒人兵の出ている場面を、すべてぶった切ってしまえ」

深作監督は驚いた。

〈現場あがりらしい、ずいぶんと強引なことを言う人だな〉

気の弱い監督ならそのまま押しきられてしまう。が、深作も、初の七五〇〇フィート作品である。粘った。

「それは、できません」

岡田は、切り替えも早かった。

「ぶった切れないというなら、なんとか騙して連れてこい。何かいい手があるだろう」

「黒人兵の女房が、日本人です」

「そうか。じゃ、その女にカネでも握らせ、米軍基地に内緒で、なんとか連れてこい」

深作は、岡田の果断さに舌を巻いた。

〈現場あがりで修羅場をくぐりぬけている者は、さすがに違う。作品をつくるためには、なんでもやってのける〉

黒人兵を、なんとか連れてくることができ、作品を無事に完成させることができた。

深作監督は、続いて、鶴田浩二主演で昭和三十七年三月二十八日公開の『誇り高き挑戦』をつくった。

この作品は、批評で褒められた。

すると、東映の幹部は言った。

「そんな批評は、無視しろ。それにとらわれているようでは、おまえは、ダメだ」

深作監督は、続いて昭和三十七年十一月二日公開の『ギャング対Gメン』を監督した。

その頃、テレビでFBI特別捜査官のエリオット・ネスの『アンタッチャブル』が人気を呼んでいた。

岡田は、深作監督に言った。

「『アンタッチャブル』のようなのをやれ」

「そんな土壌は、日本にはないでしょう」

「セミ・オールスターでやらせるから、やってみろ」

セミ・オールスターキャストは、佐久間良子《さくまよしこ》、梅宮辰夫ときて、千葉真一も入った。千葉もスターへの階段を上ってきたのだ。

千葉真一が鶴田浩二と共演し、梶修役を演じた『ギャング対Gメン』は、千葉がデビュー以来組んでいた深作欣二監督による作品だった。

主演は、昭和三十五年に東宝から東映に移籍してきた鶴田浩二で、高倉健を「健さん」と呼んで暇なときには運転手を買って出るほどの「高倉派」の千葉からすれば、映画界のトップスターである鶴田はいろんな意味で気になる存在だった。

いっぽう、鶴田を慕う「鶴田派」からすると、千葉の存在は気持ちのよいものではなかったようだった。そのことは、撮影現場でも如実に表れた。

千葉の見せ場となるアクションシーンを撮影していたときだった。一人の録音スタッフが、トラブルを知らせてくる。

深作監督は、やむなく撮影を中断した。

「どうした？」

「千葉さん、ちょっと今のセリフはわかりにくいんだけど」

せっかく最も盛り上がり、気持ちも乗ったところで引き戻される。

撮影を止めた録音のスタッフが鶴田派だということも、千葉にはわかっている。

しかたなしに、気を取り直して撮り直す。

ところが、これはうまくいくと思った頃合いでも、あからさまに千葉のリズムを狂わせるトラブルが発生した。めったにNGを出さない鶴田までもあえてNGを出したのだ。

そのようなことが三度、四度と続いた。

さすがに千葉としてもリズムが狂って、アクションの精度は落ちる。アクションをする相手との間合いも微妙にずれてくる。

「高倉派」の千葉へのあからさまな嫌がらせだった。

こんなときに声を荒らげたのが深作監督だった。二度や三度のことならば目をつぶったが、あまりにもひどすぎたのだろう。

深作監督は、はっきりと言った。

「いいか、俺が監督だ。俺がキャメラを止めるまでは、多少のことがあっても続けろ。千葉ちゃんがこれだけ大立ち回りをしているんだ。セリフが聞こえないくらい、どうでもいい。雰囲気があればいいんだ、雰囲気が！」

深作監督は、鶴田派による千葉への嫌がらせをばっさりと断ち切った。

そんな男気のある深作に千葉は惚れこんでいく。

千葉と深作は、それからずっと長い付き合いとなり、正月も家族ぐるみで過ごすほどの親しい仲となっていく。

鶴田浩二がもっと感情を抑えられる人間だったら、もっと尊敬されていたに違いなかったという。

撮影が終わり、試写を見た岡田が、深作監督に訊いた。

「長さは、なんぼや」

「八〇〇〇フィートです」

「テンポが速すぎて、七五〇〇フィートにしか見えんぞ」

深作のテンポの速さは、すでにこの頃から際立っていた。

深作監督はいった。

「のろくてダレるより、いいんじゃないですか」

「セミ・オールスターなんだ。もっと堂々としたテンポで運べ」

深作監督は、テンポの速さには心の中で自信があったので、抵抗はあった。

〈時代劇育ちの岡田所長にはそう映るかもしれないが、俺には、俺のテンポがある〉

作家の三島由紀夫《みしまゆきお》も、この映画の試写を観た。深作は、あとで宣伝部の者に聞かされた。

「三島さんが、褒めていましたよ」

この頃から、封切り初日の日に、観客のアンケートをとり、観客の満足度を調べていた。『ギャング対Gメン』は、この調査で九〇％の満足度であった。

岡田は、眼を細めて深作監督に言った。

「俺は、おまえを見直したよ」

岡崎二朗《おかざきじろう》を高倉と親しくさせた『狼と豚と人間』

高倉健と親しい岡崎二朗が俳優の道に足を踏み入れたのは、昭和十八年十二月二十六日生まれの岡崎が明治学院大学在学中のことだった。平凡出版（現・マガジンハウス）が発行していた『週刊平凡』が主催する「ミスター平凡コンテスト」で準優勝。日活と東映から声がかかった。

岡崎はもともと石原裕次郎の熱烈なファンである。

〈日活に入りたいな〉

すぐにそう思った。当時の日活は、石原裕次郎、小林旭《こばやしあきら》に続く「第三の男」赤木圭一郎《あかぎけいいちろう》が撮影所内の事故で死去した直後。宍戸錠や二谷英明《にたにひであき》はもちろん、二枚看板の石原裕次郎・小林旭の主演作でも観客動員がおぼつかなくなってきていた。

日活でスターの座を狙う。当時、ついていたマネージャーも岡崎の意見に賛同してくれた。

だが、せっかく東映からもスカウトされている。興味本位で「ちょっと寄ってみるか」ということになった。

岡崎は東京・銀座《ぎんざ》の東映本社に出向いた。対応したのは当時の企画部長である。机に広げた岡崎の写真と本人を交互に見比べながら、彼は一人ごちた。

「こういうのがほしいんだな」

岡崎の顔を改めて眺めて言葉を継ぐ。

「今、クランクイン直前の写真が一本ある。ちょうど一人探してるところなんだ」

岡崎はもとより冷やかしで来たつもりだった。どうも意外な方向に話が転がり始めている。

部長はもう一人の男を伴い戻ってきた。男は部屋に入るなり、喜びをほとばしらせた。

「おお、一人決まったな。この子でいこう」

男の名は深作欣二。のちに『仁義なき戦い』をはじめ、ヒット作、話題作を連発する巨匠となる。当時、昭和三十九年八月二十六日公開の『狼と豚と人間』を準備中だった。その時点で主演の高倉健、三國連太郎《みくにれんたろう》以外の配役はまったく決まっていなかった。

『狼と豚と人間』には深作の夫人となる中原早苗《なかはらさなえ》も出演している。この作品が契機となり、二人は結ばれた。この時点では、誰も予想さえしていない未来である。

思い出したように深作は尋ねた。

「なんて言うんだ、名前は？」

岡崎も気づいた。まだ自己紹介さえしていない。本名の倉岡誠《くらおかまこと》を名乗る。「岡崎二朗」という芸名はまだ与えられていなかった。

こうして、とんとん拍子で岡崎の東映入社が決まった。同時に憧れの日活スターへの夢は消滅する。

岡崎は東映の東京・大泉にある東京撮影所と契約を交わした。当時の大泉では一部のスター以外は自動車で往来する習慣がなかった。岡崎も西武池袋線かタクシーを使って通うことになった。

守衛の脇に車を止められるのは、昭和三十八年三月十六日公開の『人生劇場　飛車角』ですでに輝きを増していた鶴田浩二と高倉健、佐久間良子の三人だけ。大泉の大看板である証《あかし》だ。それ以外のスターはオープンセットのある撮影所の裏に駐車していた。

撮影初日の朝、岡崎は撮影所の前でタクシーを降りた。正門に差し掛かったとき、一台のスポーツカーがさっと追い抜いていった。

〈あ、ＭＧだ。かっこいいなあ〉

岡崎にも車種はわかった。英国製の小型スポーツカーである。車は撮影所内に入り、ぱっと切り返した。

〈中に入ったってことは、鶴田さんか高倉さんが乗ってるんだろうか？〉

岡崎は歩を進め、正門に入った。守衛に挨拶し、通り過ぎようとした瞬間。ＭＧの運転席から一人の男が降り立った。長身。服の上からも鍛え上げられた肉体であることがうかがえる。

〈あ、高倉健だ〉

岡崎にもすぐわかった。映画俳優を間近に見るのは初めてのことだ。車から降りてくる。ただ、それだけの動作なのに人を惹きつける。なんとかっこいい人だろうと思った。

高倉は台本を開いて、出演者と役名を対照させていた。眉間《みけん》にしわが寄っている。まぶしそうな表情だった。ふと、台本から目を上げ、岡崎のほうに向き直った。

「おっ、よろしくな」

にっこり笑って、高倉から声をかけてもらえた。大泉に通い始めたばかりの岡崎にとっては大変なことだ。

〈まんざら俺も捨てたもんじゃねえな。それにしても、健さんはかっこいい。すごいな〉

あれから半世紀が経過した。岡崎は今でも初対面での高倉の振る舞いを忘れられない。人懐っこい笑顔は脳裏に焼き付いたまま。独特の低音で発せられた言葉は耳の奥で響いている。

この映画のストーリーは、次のとおり。

ドブ臭い空気が充満する貧民窟で育った三人の黒木兄弟。長兄の市郎（三國連太郎）は、年老いた母の金を奪うと、新興ヤクザ岩崎組に入って幹部になった。次兄の次郎（高倉健）も、母を裏切ると、あらゆる悪の道に手を出しながら、金持ちの杏子（中原早苗）のヒモとして、一匹狼となっていた。そして末弟の三郎（北大路欣也）は母の最期をみとると、チンピラの群れに加わった。

いつまでもうだつの上がらない生活に倦《あ》きた次郎は、国外脱出に自分の新しい生活を求めた。その資金は、岩崎組の麻薬取引現場を襲って、四千万の金品を奪うのだ。

相棒の水原、そして弟の三郎と仲間たち。人数はそろった。兄にすさまじい憎悪を抱く三郎も、一人アタマ五万円の分け前に、半信半疑ながら、賛成したのだ。計画は成功した。市郎も、水原も、胸算用しては悦に入っていた。

だが、意外なことが起きた。四千万円の運搬にあたっていた三郎が、この金を隠してしまったのだ。幼い弟たちを見捨て、病弱な母を置いて飛び出した市郎に対する面当てが、三郎の動機であった。この不測の出来事に慌てた次郎は、三郎や仲間を拷問したが、三郎の口は開かなかった。

北大路欣也

いっぽう市郎は自分の弟たちの手によって、懸命になって叩きあげた地位が、失われようとする焦りと、岩崎の疑惑の眼を感じて、四千万を必死に追求した。ついに岩崎組の手によって、次郎たちの居場所はつきとめられた。かつて幼い兄弟の遊び場であった倉庫の中だ。頑として口を割らない三郎を中心に、疲れはてた仲間たち。市郎の誘いの言葉に、水原は、三郎に拳銃を向けた。だが、次郎は、三郎を擁護して、一瞬早く水原を撃った。

このとき、次郎と三郎は、二人が血のつながった兄弟であることを強く感じ、遠くにいる市郎に同じ怒りを抱いた。すべてを拒絶した三郎らを、岩崎組の拳銃が一斉に射撃した。ついに金のありかもわからず、引き揚げる市郎の姿には、敗残者の寂しさがあった。

いよいよ撮影が始まった。

撮影所がまだ活気があった時代である。すべてのシーンは東映東京撮影所で撮られた。ロケーション撮影はなしだ。

配役は次のようなものだった。主演は高倉健。ヒットこそまだなかったが、東京撮影所の大看板の一人である。演じるのは三人兄弟の次男。アウトローの「狼」だ。

長男役は三國連太郎。金の欲に塗《まみ》れた「豚」である。

三男は北大路欣也が演じた。三兄弟のなかで最も「人間」らしく生きる男だ。

岡崎を虜《とりこ》にした一本のタバコ

新人ながら、岡崎二朗はこの映画で北大路が率いるグループの一員のタケシという役を与えられた。東映時代劇の大御所・市川右太衛門の子息である北大路より目立つところもある。重要な役どころだった。グループのなかで岡崎だけがさらわれる。高倉に焼きを入れられる。万力《まんりき》で岡崎の手を締め上げ、リンチする。そんなシーンから撮影は始まった。

この万力のシーンで岡崎はいきなり壁にぶち当たった。何しろ新人である。深作はなかなかＯＫを出さなかった。

何度もリハーサルを繰り返すうち、いつの間にか時計の針は十二時を指していた。昼食の時間。一時間の休憩だ。

撮影は中断となった。岡崎は紐でぐるぐる巻きにされている。スターであれば、いったん解《ほど》いて休憩に入るところだ。だが、岡崎は新人。万力で手がつぶされる設定だから、血で汚されている。これを拭って、午後の撮影でもう一度やり直すのはなかなか骨が折れる。だから、スタッフはそのままにして食事を摂りに行ってしまった。

スタジオには誰もいなかった。岡崎一人が取り残された。照明も落とされた暗がりの中、再開を待つしかなかった。

スタッフやキャストの多くは撮影所内の食堂に向かう。だが、高倉は専用の楽屋で昼食を摂ることが多かった。鰻などの出前を取って、親しい俳優たちと一緒に食べる。

後日、岡崎が聞いたところによると、その日も高倉は楽屋で仲間と飯を食っていた。誰からともなく、疑問の声があがる。

「そう言えば、新人の岡崎の姿が見えないな。どこへ行ったんだ？」

「ああ、まだまだ縛られたまんまじゃないですか？」

「飯も食わないでか？　そりゃ、ちょっとかわいそうだな」

役者の一人がそう答えた。高倉はそんなやり取りをよそに、無言で鰻重をかき込んでいる。

照明が落ちて三十分ほど経っただろうか。スタッフの一人が、スタジオに戻ってきた。

「やっぱり、ここにいたか」

そうつぶやきながら、岡崎の側で足を止めた。

「飯はあとで食うにしても、ちょっと一服したらどうだ？」

そう言いながら、タバコをくわえさせ、火を点けてくれた。両手は縛られたままだが、一息つけて助かった。

「ありがとうございます」

礼を言いながら、煙を肺腑にくぐらせた。束の間だが、生き返った心地がする。存分に味わったあと、くわえた一本を地面に吐き捨てた。「ケント」のロゴが入っている。

「東京撮影所でケントといえば、健さん」——後日、先輩が得意げに教えてくれた。なかなか憎い真似をしてくれる。

〈そうか。タバコの差し入れは健さんからだったんだ〉

新人の岡崎が飯も食わずにスタジオに取り残されている。それを知った高倉はスタッフに命じて、一服させることにしたのだろう。岡崎は看板俳優の気遣いが嬉しかった。

高倉がよこしたのは付き人ではなかった。本人に「あのタバコは……」と確かめるのも、どこか無粋な気がする。

「あれは健さんなんだろう？」

数日が経過したところで、ケントに火を点けてくれたスタッフに尋ねた。

「そうだよ」

高倉からは一言も言ってこない。その態度には感じ入るしかなかった。

デビュー作から好評を得て、岡崎の俳優人生は順調な滑り出しを見せる。主演の高倉健との縁はここからすでに始まっている。

いつも周囲に目に見えない一線を張り巡らせる。高倉健はそんなところのある俳優だった。撮影所の部屋に入れる人間も決まっている。誰かれ構わず踏み込むことは許されない。

楽屋に入っていいのは、まず、ごくわずかなスタッフ。高倉が心を許す人間は決して多くない。

俳優も例外ではない。筆頭は中村錦之助。年齢は高倉より一つ下だが、芸歴・序列では上を行く。「錦《きん》兄《に》ィ」と呼んでいた。

錦之助の実弟・中村嘉葎雄《なかむらかつお》も親しかった。だが、嘉葎雄は滅多に撮影所に顔を出さない。

ほかには高倉を慕う後進たち。北大路欣也や千葉真一、岡崎二朗らである。岡崎が日活に移籍して以降は谷隼人も加わった。

錦之助から谷まで、高倉の楽屋に出入りを許された俳優たちには共通点があった。高倉との共演作は一、二本しかないのだ。

自分の主演作であっても、配役に高倉が口を出すことはなかった。むしろ、気心の知れた者たちで周囲を固めるのは嫌いだったと言っていい。

高倉の付き人を買って出た千葉

千葉真一は、丹波哲郎とは、ＴＢＳ系列で放映された昭和四十三年四月六日から四十八年四月七日まで毎週土曜日夜の九時から九時五十六分まで放送されていたテレビドラマ『キイハンター』で五年間共演した。

国際犯罪者の天国・スパイの甘い猟場ともいわれる大都会東京に架空の国際警察特別室を設定して、室長の村岡だけが知っている六人の冒険者・キイハンターが平和をおびやかす組織・陰謀・悪と戦う活躍を描き、どんでん返しを含むストーリーや絶妙のチームワークと、千葉真一のアクション・スタントで大ヒットした東映アクションドラマの代表作である。最盛期には視聴率三〇%を超えていた。

丹波哲郎演じる黒木鉄也は、元国際警察外事局諜報部員。国際警察特別室特殊スタッフという肩書きは村岡以外の国際警察員は誰も知らない。村岡の元同僚だったが、人間味のない組織に嫌気を感じ辞職。キイハンターのキャップでメンバーからは「ボス」と呼ばれ、チームの取りまとめ役である。射撃の名手で空手・剣術の達人、医学に該博、英語に堪能でプレイボーイ。普段は鋭敏な推理力と行動で事件を解決に導く。黒の帽子がトレードマーク。

千葉真一演じる風間洋介は、元毎朝新聞社会部敏腕記者。鋭い推理とずばぬけた身体能力で、危険な潜入捜査にも真っ先に行動を起こす、切り込み隊長的存在でもある。窮地に陥ったときにもめげずに、ユーモアを忘れない。普段はズッコケ・オトボケキャラで、谷隼人演じる島竜彦、壇俊介からは「先輩」として、谷口ユミには「兄貴分」として慕われている。ボスの命令には従順、野際陽子《のぎわようこ》演じる津川啓子とはお互いにあしらい合う間柄で、金髪美人にはめっぽう弱い。自動車・モーターボート・軽飛行機・ヘリコプターを自由自在に乗りこなし、登山・乗馬・スキー・射撃の名手。格闘はキックボクサーレベルで、剣術にも秀でている。軽業師顔負けの敏捷《びんしょう》性と、体操競技選手なみの運動神経と筋力そして柔軟性を持つ。

丹波は、あれほど面白い人はいない。おだやかな人柄で嫌みがない。恐らく敵はいないだろう。

千葉にとってはいい兄貴分で、『キイハンター』で、「ボス」と名づけたのは千葉だった。

このＴＢＳで五年間放送された人気ドラマでの華麗なアクションで自らの人気を不動のものとした千葉

だが、実はこの当時、多忙な中でも時間があれば、個人的に慕う高倉健の付き人を務めていたという。

「僕は『キイハンター』に出演していたときに高倉健さんの付き人を買って出ていたんです。暇なときだけですが、そばにいるだけで嬉しかったんです」

あるとき、撮影所にいる千葉の元に高倉から電話がかかってきた。

演技課に行き、電話に出ると、相手は高倉だった。千葉は畏《かしこ》まって言った。

「なんでしょうか」

「高倉だけど、おまえ、今日五時に終わるよな。五時に終わったら、悪いけれど、俺の部屋に届けてほしい物があるんだ。頼むな」

高倉は具体的に届ける物を挙げた。

「わかりました。撮影が終わりしだい、お届けいたします」

千葉は撮影後、高倉から言われたものをそろえて、世田谷《せたがや》の上野毛《かみのげ》にある高倉の自宅に向かった。

「持ってきました」

「おお、ありがとう、千葉。おい、お茶でも飲んでいけよ」

千葉はコーヒーをもらうことにした。

高倉の邸宅は大きな家で、リビングも広く、囲いがあり芝生もあった。

ペットの犬もいて、見ると庭のそこかしこにウンチがあった。

そう判断した千葉は、高倉に提案した。

〈これは、付き人の仕事だな〉

「健さん、ワンチャンのウンチを片付けますよ」

そう言って腰を浮かしかけると、高倉が真剣な顔をして言った。

「千葉、俺の仕事をとるなよ」

高倉にはそういう無骨なところがあったという。

千葉が語る。

「まさに高倉健は本当の侍なんだなと思いました。『俺の仕事をとるなよ』なんて言葉が出てくるんですから。健さんの生き方をずっと見てきましたが、健さんは人に『こうしろ』なんて、絶対に言わない。自分で生き方を見せるんです」

千葉は高倉からさまざまなことを教わったという。

「よく『千葉、今日空いてるか？　メシでも行こう』と健さんに誘ってもらうこともありました。ご一緒させてもらうと、食事の仕方はもちろん、ファンとの接し方など、すべて学ばせてもらいました」

千葉真一は、高倉健といるだけでいつもわくわくしていた。高倉にはいろんなところに連れていってもらった。のちに『網走番外地』シリーズの数作に出演もする、およしさんが営んでいるゲイバー『吉野』にも連れていってもらったこともある。

実は、スクリーンで見る高倉は無骨で生真面目そうに見えるが、そのようなバーも好きだった。およしさんの店に行ったときには、およしさんも喜んで店を貸し切りにしていた。もちろん、健さんは酒は飲まなかったが、その場の雰囲気を楽しんでいた。

ほかにも、「今日はどこどこに行くから、一緒に行かないか」とよく誘われた。千葉のファンがいるからと連れていかれたこともある。

千葉が印象深いのは、パンアメリカン航空の国際便の客室乗務員と食事したことだ。高倉は一人で海外によく出かけたので、その往復の便で知り合ったらしい。もちろん、その場に来た客室乗務員はすべて外国人ばかりだった。

高倉は英語が堪能なので楽しそうだったが、千葉は英会話はできない。一人取り残された気分だった。

第7章　斜陽する映画界で……

葛藤の中の佐久間良子《さくまよしこ》

佐久間良子にとって、ようやく動き出した女優としての歯車に微妙な狂いが生じ始める。最初のつまずきは、田坂具隆《たさかともたか》監督の時代劇『鮫』への出演が取り消されたこと。予定では昭和三十九年五月九日公開の『越後つついし親不知』の撮影が終わったらすぐに『鮫』に取りかかるはずだった。佐久間は、主役の中村錦之助《なかむらきんのすけ》の妻を演じることになっていた。だが、今井正《いまいただし》監督の撮影日程がずれ込んでしまい、田坂監督を約二カ月も待たせてしまった。

「ヒロインの佐久間君が使えないのでは、どうしようもない」

業を煮やした田坂は、ついに佐久間の出演を断念した。

佐久間はショックで言葉が出なかった。悲しくて夜も眠れないほどだった。『五番町夕霧楼』で自分を成長させてくれた人生の師と組めば、さらに飛躍できると期待もしていたからだった。

佐久間は、東映に休養を申し入れた。『越後つついし親不知』での過酷な撮影がもとで原因不明の咳《せき》が続いていた。自分の気持ちもきちんと整理したかった。自宅に籠もり、鬱々《うつうつ》とした日々を送っていた。

苦難はさらに重なる。どういうわけか予定していたいくつかの話題作への出演が取りやめになってしまった。盲導犬を扱う『ロバータ　さあ歩きましょう』など佐久間がとても楽しみにしていた作品の製作もなぜか次々に頓挫《とんざ》した。

もどかしい日々が続いた。「自分のイメージを大切にしたい」という気持ちが心の中で日増しに強くなっていた。

プロデューサーがさまざまな作品を企画してくれたおかげで、『肉体の盛装』『花と龍』『にっぽん泥棒物語』など数々の話題作に出演することはできた。

だが、念願だった田坂監督作品への出演は昭和四十一年十一月十三日に公開される『湖《うみ》の琴』まで実現しなかった。

渥美清《あつみきよし》との『喜劇急行列車』など新作の喜劇映画シリーズにも出演したが、それほど長続きはしなかった。

やがて東映は刺激のより強い路線に踏み出す。『大奥㊙物語』が公開されたのは昭和四十二年七月三十日のことだった。タイトルを付けたのは、東京《とうきょう》撮影所長時代から何かと佐久間に目をかけてくれた岡田茂《おかだしげる》だった。

たしかに斬新なタイトルではあったが、興味本位の印象がやや強いように感じた。

そして昭和四十四年三月六日公開の『妾二十一人　ど助平一代』で、佐久間は、東映との路線のズレができてしまったことを認識する。観客の興味を引くためとはいえ、お色気イメージがあまりに強すぎた。

その後、『大奥㊙物語』を撮った中島貞夫《なかじまさだお》が、大奥を舞台にした作品の出演交渉に、わざわざ佐久間のいる北海道《ほっかいどう》にまで来た。

しかし、佐久間は断った。中島監督は土下座せんばかりに依頼してきたがそれでも断った。

〈これからいったい、どうなってしまうのかしら?〉

佐久間は、自分の将来に対して不安を感じ始めていた。

佐久間が結婚したのは、昭和四十五年四月十六日、相手は俳優の平幹二朗《ひらみきじろう》だった。その四年後には、男の子と女の子の双子を出産。長男はのちに俳優となる岳大《たけひろ》である。しかし、昭和五十九年には離婚する。

その間も佐久間は、舞台にドラマ、映画とさまざまな作品に出演する。

佐久間は、世界の俳優とも共演している。

忘れられない俳優は、ジョージ・チャキリスだ。一九六一年十月（日本では昭和三十六年十二月）に公開された『ウエスト・サイド物語』でベルナルド役を演じ、アカデミー助演男優賞、ゴールデングローブ賞などを受賞したのをはじめ、テレビドラマ、舞台で活躍している。日本でものちの昭和五十九年にＮＨＫが制作した『日本の面影』で小泉八雲《こいずみやくも》（ラフカディオ・ハーン）を演じている。

平幹二朗

G・チャキリス

E・テイラー

佐久間も、昭和五十四年五月、東京宝塚劇場での石井《いしい》ふく子《と》演出の舞台『白蝶記』で共演したことがある。チャキリスは、言葉は通じないし演技がうまいというわけではない。しかし、その仕草一つひとつに情感がこもっていて、なんとも言えない艶があった。

そして、俳優が自分を見せようとしがちだが、チャキリスは相手を大きく包みこむ。包容感にあふれていた。そのような素晴らしい世界の俳優と共演できたのは佐久間にとって誇りだ。

チャキリスは、世界的な女優であるエリザベス・テイラーをはじめ、さまざまな女優との共演経験を持っている。

佐久間は、チャキリスとの共演時にチャキリスから言われた言葉が忘れられない。

「エリザベス・テイラーさんをはじめ、名女優と言われる多くの女優さんと芝居をしてきたけど、佐久間さんが一番やりやすくて親切だった」

『バターフィールド8』や『ヴァージニア・ウルフなんかこわくない』でアカデミー主演女優賞を受賞している世界のエリザベス・テイラーと比べて言われたのである。このような評価は嬉《うれ》しかった。

佐久間の葛藤は、あるいは東映いや映画界の近未来の不安ゆえだったかもしれない。

東映作品の核となる監督への階梯《かいてい》

いっぽう、後年のテレビによる影響がなく、映画産業が右肩上がりだったときのことだ。

のちに『トラック野郎』シリーズの監督として名を馳せる鈴木則文《すずきのりぶみ》は、任侠映画の傑作と評判の高い加藤泰《かとうたい》監督の『明治侠客伝　三代目襲名』の脚本を手掛けることになる。鈴木が生前筆者に語ったところによると、鈴木は、立命館大学の経済学部三年生の夏、東映京都《きょうと》撮影所に小道具のアルバイトに行った。

小沢茂弘《おざわしげひろ》監督の時代劇で、高い台の上にのぼり、花笠踊りをしている女たちの上から紙でつくった桜の花びらをふらせる仕事であった。

鈴木は、桜の花びらをふらせながら思った。

〈映画は、嘘なんだな。しかし、嘘から出た実でもあるんだな〉

鈴木が下をのぞくと、不思議な光景がくりひろげられた。

女たちの踊りがだれていても、小沢監督の号令一つで、まるで魔法でもかけたように一瞬にして全員の動きが引き締まった。

鈴木は、感心した。

〈へええ、俺もあんなことをやってみたいな……〉

鈴木は、それまで太宰治《だざいおさむ》の小説にかぶれ、作家になろうと思っていた。が、小沢監督の動きを見ているうち、映画監督になりたい、と切実に思い始めた。

鈴木則文

が、この当時映画監督は、東大や京大出身のエリートばかりであった。立命館大学出身の映画監督といえば、三隅研次《みすみけんじ》くらいであった。

鈴木は、映画に取り憑かれ、その後も、京都撮影所に小道具のアルバイトで通った。

そのうち、助監督たちの話に耳を傾けるようになった。

エリート大学を出た助監督のことだ、よほど高尚な映画論や文学論を闘わせているだろうと聞いていると、たいしたことを話してはいない。

〈この程度なら、俺でも〉

鈴木は、いきなり製作課長の岡田茂に直接会いに行き、頼みこんだ。

「助監督にしてほしい」

まだ大学も卒業していない学生の頼みに、岡田は一瞬驚き、怒鳴った。

「映画は、そんなに簡単にできるもんじゃない！」

が、鈴木はあきらめなかった。彼の知り合いに松田《まつだ》定次《さだつぐ》監督と懇意な者がいた。鈴木は、その人を通じて、松田監督にも「助監督になりたい」と訴え続けた。

が、採用してはもらえなかった。

そのうち、東映が量産態勢に入った。人手が足りなくなったらしく、岡田茂から鈴木に呼び出しがかかった。昭和三十年の暮れであった。

鈴木が京都撮影所に顔を出すと、岡田が言った。

「助監督をやりたいといってたな。一本だけ、ついてみろ」

鈴木は深田《ふかだ》金之助《きんのすけ》監督、東千代之介《あずまちよのすけ》主演の『忍術左源太』に助監督のフォースとしてついた。

佐々木《ささき》康《やすし》監督の助監督を務めていた深田監督にとっても、東映で第一作目の監督作品であった。

その頃、スキャンダラスなハリウッドの腐臭と甘美を描いた、ノーマン・メイラーの『鹿の園』にかぶれていた。映画監督はダメでも、虚栄の市、栄光の花園、映画界を舞台とした背徳とスキャンダルの小説のネタは拾えそうだと思った。

鈴木は、その後、松田定次監督にも助監督としてついた。当然、大学は中退した。

松田監督からは、映画は職人芸であることを叩きこまれた。特に、映画のテンポと、カッティングのあざやかさを学んだ。

鈴木がのちに監督になり、演技力のない役者を使わざるをえないときは、サード時代、松田監督から学んだテンポやカッティングのあざやかさによって何度か切りぬけた。

巨匠の内田吐夢《うちだとむ》にもついた。セカンドの助監督が山下耕作《やましたこうさく》で、鈴木は、その下のサードの助監督としてついた。

内田監督の住む鳴滝《なるたき》の家は、夜ごと内田組のスタッフや内田シンパが押しかけ、酒を酌み交わし談論風発、さながら梁山泊《りょうざんぱく》の観があった。悠々たる大人の風格をもつ内田監督は、いつもにこやかな温顔で、激論する若者たちの顔を見守っていた。

鈴木もまた、その席に同席し刺激を受けた。

内田監督作品のほとんどのプロデューサーを引き受けていた玉木潤一郎《たまきじゅんいちろう》が、鈴木に言った。

「吐夢は、昔から青年たらしといわれてたんや、若いもんを手なずける天才や」

そう言ったあと、

「せやけど、気イつけえいや、吐夢は岡山県《おかやま》やさかいな、岡山県人は人が悪い。ずるいんや、骨の髄までしゃぶられるでえ」

そう付け加え、大声をあげて笑った。

ある夜、内田監督は、いつものように酒を酌み交わしながら当時全盛の時代劇を一言のもとに切って捨てた。

「東映時代劇の最大の弱点は、観念がないことだよ」

鈴木は、思わず訊いた。

「チャンバラに、観念はいらんでしょう」

「いる。フィルムは、観念を映すのだ」

内田監督は、鈴木を睨みすえるように見て言った。

「おまえな、フィルムが観念を映さなくなったら、作家は終わりだぞ」

玉木が、内田監督について常々言っていた。

「吐夢は、戦前、友人たちから、『ロジカン』と言われていたのや。『ロジック監督』の略で、論理好きで観念癖のある青年監督内田吐夢につけられた愛称や」

鈴木は、それまでも多くの監督と知りあっていたが、内田監督ほど「芸術」「観念」「論理」「思想」という語彙《ごい》が口にのぼる監督は見当たらなかった。

鈴木がパロディに使うのさえ難しいと羞恥《しゅうち》に身もだえるそのような言葉を、まさに正面きって堂々と語り、諄々《じゅんじゅん》と説く内田吐夢の風貌、姿勢には常に圧倒された。「映画こそ二十世紀文明が生んだ最高の芸術だ」と、つい思いこまされてしまうある呪縛力があった。

が、内田監督は、単に論理一本槍の監督ではなかった。

鈴木に、常に言っていた。

「感覚の爪を研ぎ、論理の牙を磨け」

さらに教えてくれた。

「テーマは、その映画のあるワンシーンにある。そのワンシーンがない映画は、ダメだ。監督は、そのワンシーンを発見し、その映画の全テーマを注ぎこむのだ。そのとき必要な論理は、弁証法だ」

内田監督は、昭和三十四年九月十三日公開の、中村綿之助、有馬《ありま》稲子《いねこ》主演の『浪花の恋の物語』の撮影に入った。

鈴木は、この映画にもついた。

会社首脳部が、撮影の途中、内田監督に要望した。

「東映時代劇は、やっぱり立ち回りを入れてもらわないと……」

内田監督は、

「立ち回りは、ありますよ。人間心理の立ち回りがね」

と答えて、ガッハハハハハと大笑いした。

〈人間心理の立ち回り〉

鈴木の胸に、深く突き刺さった言葉である。人間をとことん追いつめ拡大する矛盾の集積の爆発がドラマのクライマックスであるという吐夢流のドラマトゥルギーを、別の側面から浮かびあがらせている名言と思った。

鈴木は、内田監督に続いて、中村錦之助主演の『真田風雲録』から、加藤泰監督の助監督としてついた。

加藤泰監督の描く女への感謝と贖罪《しょくざい》

加藤監督は、鈴木に言った。

「僕は、三百五十円の銭をにぎって映画館に足を運んでくれるお客さんのために映画をつくる。映画館の観客のほとんどは、庶民である。その人たちに、観てよかった、と満足してもらえる映画をつくっていきたい」

加藤監督のそういう考えは、表現手法においては、徹底したローアングルシステムとなって現れた。加藤組についてまず驚かされたのは、スタッフが、ツルハシとスコップをいつでも用意していることだ。

加藤監督が指示すると、突然に穴を掘らなくてはならない。たとえ地面がコンクリートであっても、壊して穴を掘らねばならない。

「ああ、また穴掘りだ……」

クレーンや移動車を操作するのが目的の撮影効果係のスタッフたちは、ぶつぶついいながら、穴を掘る。キャメラを低いところに置いて地面に這いつくばるようにして撮るだけでは気がすまず、地面に穴まで掘り、そこに監督が入り込み、地面すれすれにキャメラを置いて撮影する。

加藤監督は、人間を形としてではなく、生活者としてとらえるために、そういう手法をつかうのだ。人間は、地面の上で生きているのは当たり前のことだが、地面の上で生活している人間を認めるためには、地面にへばりつくしかない、と頑固に思いこんでいる。

加藤監督の母方の叔父である山中貞雄《やまなかさだお》監督も、『人情紙風船』ではローアングルを見せ、その友人の小《お》津《づ》安二《やすじ》郎《ろう》も、ローアングルの監督であった。が、小津の画面は、生活臭を排除し、きちんと整理され配置されたシンボリックなイメージである。

ところが、加藤監督は、その不自由なアングルに、詰め込むだけ詰め込む。「縦の構図」に詰め込まれた俳優は、遠景にちらちら見える程度でも休んでいることを許されない。

クローズアップを撮るときでも、その背景に生きている人間の姿を執拗《しつよう》なテストでつくりあげる。

鈴木が、加藤監督に言った。

「あそこは、入らないかもしれませんよ」

加藤監督は、頑固に押し通した。

「もし映らなかったとしても、やってもらってください」

大川橋蔵《おおかわはしぞう》主演の『幕末残酷物語』では、加藤監督のやり方についに悲鳴をあ

加藤泰

げた俳優がこぼした。

「これじゃ『幕末残酷物語』じゃなく、『バック待つ残酷物語』だよ」

実証主義者の加藤監督は、『幕末残酷物語』では、大川橋蔵に鬘《かつら》を使わせずに、地毛で演じさせた。

加藤監督の演出の被害者には、録音部もある。

加藤監督は、シンクロ、つまり同時録音主義者であった。キャメラ前、中間、遠景と配置された俳優がしゃべり、動きまわる音を正確にとらえるだけでなく、川が流れ、雨が降り、風が吹き、波が寄せる音も、同時に撮らなくてはいけない。

中村錦之助主演の『風と女と旅鳥』では、数百枚の筵《むしろ》をトラックで奈良の奥山の川に運び、川底に敷き、川音を塞いで撮影をおこなったと聞いていた。

鈴木の眼の前で、加藤監督と、録音技師が一触即発で喧嘩になりかねないときが何度もあった。鈴木は、加藤監督と録音技師を喧嘩させないよう絶えず気を遣わねばならなかった。

鈴木は、加藤監督に訊いた。

「監督、なぜシンクロに固執するんですか」

「あとから音を入れると、どうしても嘘になる」

「嘘は、悪いんですか」

「悪い、嘘は、人の心を打たない」

「嘘から出た実《まこと》ということもあるじゃないですか。お客は、シンクロだと、かえって聞きにくいかもしれませんよ」

「それは、ある。だが、ぼくは嘘をやりたくない。どうしても、違うんだ」

取り付く島もなかった。

鈴木は、加藤監督から、どのように下手な役者も根気よく教えて使う、ということも教わった。加藤監督は、通行人役の人にも、一人ひとりに声をかける。

「きみは、いまどこに行ってきたところなの」

「……」

「買物に行ってきたところなんだろう」

そう言われれば、通行人も、役どころを意識し始める。

「監督、そういうことをしている暇があるんですか」

と鈴木が言っても、一人ひとりの通行人にそうして声をかけ、辛抱強く教えている。

「きみの役柄は、ご飯を食べたあとなのかな、それとも食べる前なのかな……」

声をかけられると、安心して演じられるよ。

加藤監督の描く女の魅力は、男にとって永遠に幻に近い理想の女でもあった。

加藤監督は、自分の映画を説明することをあまり好まなかったが、鈴木がそばで見ていて思うことがあった。

〈加藤さんの底流を流れるのは、女への感謝と贖罪の意識ではなかろうか〉

日本の敗戦や、その後の共産党の弾圧をはじめ、国家の運命をいやがおうでも眼《ま》のあたりに見せつけられてきた加藤監督にとって、現実の社会をつくるのは、男である。その社会が及ぼす害毒もまた男によって、であるという思いが強い。女こそ、悪女も含めて善である、という考えから女を理想的に描くのではあるまいか。それが『明治侠客伝　三代目襲名』にも生きる。

藤純子《ふじじゅんこ》の女優デビューと成長

鈴木則文は、監督となり長谷川《はせがわ》幸延《こうえん》の人情話、『大阪ど根性物語・どえらい奴』にとりかかった。自分のアイデアの夢を大阪人独特のバイタリティで貫く主人公は、藤田《ふじた》まことにした。

大正時代の大阪を舞台に、霊柩車《れいきゅうしゃ》を発案した主人公と従来の葬式屋が繰り広げる葬儀合戦を、恋あり、笑いあり、涙ありで描いた娯楽喜劇である。

鈴木は、助監督時代、その当時爆発的人気を博していた藤田まことと主役のテレビドラマ『てなもんや三度笠』の映画化の脚本を書いていて、藤田まことは親しかった。

そのしたたかな女房役を、藤純子にした。

鈴木は、藤純子を、よく知っていた。

藤純子（のちの富司純子《ふじすみこ》）は、昭和二十年十二月一日、疎開先の和歌山県御坊市《わかやまごぼう》で生まれた。父親の俊藤浩滋《しゅんどうこうじ》は、『任俠映画伝』で娘の藤純子について語っている。

《純子は中学生の時分から宝塚歌劇のファンで、宝塚の音楽学校に入りたいと言うたことがある。私は頭から反対した。理由はごく単純で、女の子なんやから、やっぱりやがてはええ亭主を見つけて普通に結婚したほうがいい、と。そのあと、テレビにちょこっと出た。高校を卒業した三つ上の姉が、スカウトされて大阪よみうりテレビの歌謡番組のカバーガールをやっておったところ、妹さんも、ということになったんだ。

それから少しして、京都の高校へ通っているとき、松竹のプロデューサーが『娘さんともどもお会いしたい』と言うてきた。すでに私は東映の仕事をしていたし、何のことやらわからなかったが、純子を連れて松竹へ行った。帷子《かたびら》の辻のいまの松竹京都撮影所へ。》

俊藤と藤純子が会ったのは、松竹の白井昌夫《しらいまさお》専務で、連絡してきたプロデューサーは横にいた。

「娘さんを映画女優にしませんか」

「いちおう考えます」

俊藤はそう言って、すぐに帰った。

その帰り道、近くの太秦《うずまさ》の東映撮影所へ寄った。すると、マキノ雅弘《まさひろ》監督がいた。次回作の準備をしているようだった。

マキノ監督は、俊藤が珍しく娘を連れて歩いているのを見て、訊いた。

「どないしたんや」

「松竹のプロデューサーがうちの娘を女優にせんか言うてきたんで会うたんやけど、そこそこで帰ってきた」

「おまえ、娘を女優にするつもりあるのか」

「いや、俺はそんなつもり全然ない。娘はやりたいなあ言うてるんやが」

「それだったら、ここで女優にせんか」

言うなり、マキノ監督は決めてしまった。

「そや、ちょうどいい。今度のシャシンに使おう」

「そんな無茶苦茶な！　芝居をやったこともないし、素養もないのに、そんなこと言うたかて」

「いやいや、大丈夫だ」

その映画が昭和三十八年六月三十日公開の『八州遊侠伝　男の盃』だ。千葉真一《ちばしんいち》の恋人役でデビューした。

藤純子の藤は、父親である俊藤浩滋の藤をとった。

藤は、映画をやることになったとき、俊藤といろいろ約束を交わした。何年間はちゃんと映画をやります、お金をいくらいくら貯めます、などの十カ条ぐらいあった。彼女のベッドのうしろの壁に、そう書いて貼っていたという。

なお、その約束をほとんど実行することになる。俊藤は語っている。

「子どもの頃から芯《しん》の強い頑張り屋やったから」

俊藤浩滋プロデューサーは、マキノ雅弘といえば、女優を育てる名人で、そ

藤純子

の監督に娘の藤純子を預けたから心配はなかったが、やはり気になった。そこで藤純子のデビュー作、『八州遊俠伝　男の盃』のあと、マキノ監督に尋ねた。

「で、どないや、親父」

「うん、なかなかいけるぞ」

マキノ監督の答えを聞いて、そうか、それならええか、と安心したという。といっても、俊藤としては『男の盃』の純子を見て、特別に何かは感じなかった。

ところが、昭和三十八年九月二十九日公開の大西秀明《おおにししゅうめい》監督の『めくら狼』を見たとき、思ったという。

〈あ、これは女優としてはいけるな〉

『めくら狼』は、東千代之介《あずまちよのすけ》が盲目の三味線弾きで仲間から「めくら狼」と恐れられている俠客の捨五郎を熱演。藤純子演じるお志乃は、父親の博奕の質代わりとして追われ、母親を探す身の上であり、捨五郎と惹かれ合う。

社内でも評判になり、新聞記者に「あの女優は誰や」と言われたりしたので、ひと安心した。

〈純子は、女優として初めて認められたということだろう〉

藤は任俠二大作『博徒』『日本俠客伝』に当初から参加

鈴木則文が、藤純子と一緒に仕事をしたのは、加藤監督の昭和三十九年四月五日公開の『車夫遊俠伝喧嘩辰』が初めてであった。

鈴木は、俊藤とも知り合いで、藤純子は、仕事で組む前からよく知っていた。

彼女の顔や、どっしりとした体型から匂う日本の母や妹のもつ優しさに魅《ひ》かれていた。『車夫遊俠伝喧嘩辰』に出演するようにしたのも鈴木であった。

鈴木は、加藤監督に藤純子を薦めた。

「加藤さん、実はとっておきの秘密兵器があるんです」

ところが、撮影中、藤純子の卒業式とぶつかった。

チーフであった鈴木は、藤純子に言った。

「スケジュールを調整するから、卒業式には、出なさい」

しかし、藤純子は、きっぱりと言った。

「わたし、行きたいのは、行きたい。でも、この道を選んだんです。この仕事で必要なことなら、頑張ります」

鈴木は、藤純子の根性に惚れ直した。

〈この根性がある限り、必ず大女優になれる〉

鈴木は、藤純子に言った。

「大丈夫だ。みんなでスケジュールを調整する。一生に一度のことなんだから、行っておいで」

全員で努力し、藤純子を卒業式に行かせた。

藤が東映に入ったときは、俊藤は自分の娘だということを極力表に出さずにいた。もちろん周囲のみんなは承知している。が、まだ女優として何の力もないうちから、俊藤が出演を強行するような形を取りたくないと考えていた。

俊藤は決して娘を甘やかさなかった。自分がプロデューサーをする映画に純子が出演するときでも、個室を持てない俳優たちが雑居する狭い部屋で寝泊まりさせた。

その様子を見かねて、スタッフが俊藤に言った。

「純子ちゃん、もうちょっと、ええ部屋に泊めてやったらええやん」

「それはあかん。名前に沿うた部屋で充分や」

俊藤は、純子にも釘を刺した。

「ものには順番がある。自分に甲斐性があって一人前になれば、旅館で一番ええ部屋に泊まって、下にも置かぬもてなしを受けられる。実力しだいや」

が、上品で凛《りん》とした顔立ちをした藤純子は、いろいろな映画で重宝された。特に鶴田浩二《つるたこうじ》が好んで、自分の作品に純子を起用した。

俊藤プロの制作を担当する川勝正昭は、藤純子を見ていて思った。

〈純ちゃんに品があるのは、育ちの問題や。お父さんでなく、お母さんに育てられたからな〉

俊藤は、ほとんど自宅には帰ってこず、純子は父親が東映で働いていることすら知らなかった。そんな中で、母親は娘たちをごく普通に育て、芸能界とは無縁の教育を施した。

女優になりたいと強く願っていたのは、純子よりも姉の允子《みつこ》のほうだった。が、姉妹とはいえ純子と允子はずいぶん違っており、允子は男勝りで扱いにくい気性だった。当時求められていた女優は、上品でおしとやかなタイプである。特に東映は、色に染まりやすい、素直で柔和な女優を求めていた。そのような女の子なら、みんなが大事にもしてくれる。女優に向いていたのは、妹の純子のほうだった。

が、女優になれる、なれないは、最後は運しだいである。藤純子は運に恵まれていたし、時代にも合っていた。

純子の顔立ちは、父親にそっくりだった。俊藤も若いときは二枚目で、神戸《こうべ》の繁華街・三宮《さんのみや》あたりをウロウロしていた頃は、非常にモテた。

藤純子デビュー後、常に俊藤の腹心で東映制作の福井良春《ふくいよしはる》がそばにいて、相談に乗っていた。福井は任侠映画の初めから、俊藤の番頭であった。

そうこうするうち、俊藤のところに、あっちの監督もこっちの監督も「使わせてくれ」と言ってきた。

俊藤は思った。

〈ま、それだけ可能性があるんなら、女優をやらせても大丈夫か〉

したがって本格的な任侠映画の鶴田浩二主演の第一作、昭和三十九年七月十一日公開の『博徒』にも、高倉健を売り出した昭和三十九年八月十三日公開の『日本侠客伝』にも出演させた。

さすがに自分の娘だから使いにくいということはあったという。

というのも、最初の『博徒』のとき、藤純子は芝居ができなくて泣いた。

現場では俊藤はあくまでプロデューサーとして動くし、藤純子も勝ち気な性質だからその点は充分わきまえているが、やっぱり自分の娘にそういう目はさせたくなかった。

それでも、監督ばかりか、鶴田や高倉からも引っ張りだこで、藤本人もやる気で張り切っている。

「なら、ええか」

俊藤はそのように思っていた。

待田京介《まちだきょうすけ》は、俊藤浩滋の実の娘である藤純子とも、多く共演している。

「純ちゃんはデビューしたときから、イイ女だなって噂になってました。俊藤さんの娘だとは知らない曽《そ》根晴美《ねはるみ》が純ちゃんをメシに誘って断られたらしいんですけど、その話が鶴田さんの耳に入った。鶴田さんから『おまえ、藤純子は、誰の娘だと思ってるんだ。俊藤さんの娘だぞ』と一喝された。曽根は知らなかったんだよね」

男のヤクザ世界に女との絆《きずな》を置いた『明治侠客伝　三代目襲名』

加藤泰監督は、『加藤泰映画華』（ワイズ出版）で昭和四十年九月十八日公開の『明治侠客伝　三代目襲名』について、最初は断ったという。

その頃、東映が撮っているようなヤクザ映画は、確かに興行的な成功を収めているかもしれない。が、しかし、そういうヤクザ映画は、加藤監督は撮れないと思った。

「わかりやすく一言で言えば、長谷川伸《はせがわしん》の世界でいいんなら」

「具体的に、どうしたい？」

「つまり、男と女の世界でやりたい」

「いいだろう」

しかし、それがそうは簡単ではない。

なにしろヤクザの世界は男の世界。言ってしまえば、女は乗せない戦車隊だ。女は、あくまで男のセックスのハケ口にすぎない。女に人間性を認めたとき、そこに絆ができる。

ところがヤクザの世界の絆は、あくまでタテ割りの親分子分、兄弟分以外、あってはならない。期待されるヤクザ映画像のあるべき姿は、そういう単色の人間関係のドラマである。

ところが、長谷川伸の世界は、そのヤクザの世界の男に、人間としての女がひっからまってくる。加藤は、そういう世界なら自分にできる、と引き受けた。加藤にとって初めて手掛けた本格的な任俠映画である。

脚本は、鈴木則文と村尾昭《むらおあきら》で、舞台は、明治四十年の大阪《おおさか》。

古くから続く土地のヤクザ・木屋辰一家は、湾岸地区の土木工事の建材調達を一手に引き受け、新進の星野建材はなかなかそこに入り込めないでいた。木屋辰から事業を横取りする野望に燃える星野建材の社長・軍次郎（大木実《おおきみのる》）は、喧嘩祭りの日に殺し屋（汐路章《しおじあきら》）を雇って木屋辰の二代目・江本福一（嵐寛寿郎《あらしかんじゅうろう》）を襲撃させる。福一は殺し屋に腰を抉られたもののなんとか一命を取りとめ、軍次郎の暗殺計画は失敗に終わる。が、軍次郎は福一が寝たきりになったのをいいことに、配下の唐沢一家を使って木屋辰の事業をことごとく妨害する。

ある日、木屋辰一家の若衆である菊池浅次郎（鶴田浩二）は、遊郭で唐沢竜造（安部徹《あべとおる》）に無理矢理身請けされそうになっている娼妓の初栄（藤純子）を助ける。親が危篤だという初栄を自分が数日身請けすることで初栄を故郷に帰す。この事件を機に、初栄は浅次郎に恋心を抱くようになる。が、遊郭はそんな初栄をとうとう唐沢に売り飛ばしてしまう。

看病の甲斐なく福一が息を引き取り、夫人の意向により木屋辰の三代目は浅次郎と決まる。福一には春夫（津川雅彦《つがわまさひこ》）という一人息子がいる。春夫は浅次郎を憎んで毒づくが、浅次郎は春夫を殴る。

「ヤクザの木屋辰は俺が受け継ぎ、春夫にはカタギになってもらって木屋辰の事業を繁栄させてほしい」と泣いて懇願する。この言葉を聞いた春夫は改心して浅次郎と和解する。

が、福一を失った木屋辰一家に対する軍次郎と唐沢の妨害はますますエスカレートし、ついには春夫が重傷を負い、客人の石井仙吉（藤山寛美《ふじやまかんび》）が殺害される。

激怒した浅次郎は汽車の屋根に飛び乗ると警戒厳重な唐沢一家の根拠地に飛び込んで奇襲をしかけ、軍次郎を刺殺。

さらに初栄の見ている前で唐沢をも血祭りに上げる。しかし、今まで見せたことのなかった凶暴なヤクザの顔を初めて見せた浅次郎が唐沢にとどめを刺そうとすると、初栄が必死に止めに入って浅次郎は我に返る。

薄暮の街を、追いすがる初栄を振り払いながら、浅次郎は警察に連行されていくのだった……。

加藤泰監督と鶴田浩二の喧嘩《けんか》など波乱の撮影

ところが、この映画は、鶴田浩二の撮影は初めから困難を極めた。ある日、俊藤プロデューサーが別件で二時間ほど現場を離れ、撮影所に戻ってきたら、撮影がストップしているではないか。進行主任が走ってきた。

「あきません。主役と監督が喧嘩ですわ」

「何を言うとるんじゃ、この忙しいときに」

俊藤は、すぐ鶴田浩二の控え室に行った。

「いったい、何があったんや。俺がおらんときに、中止だなんて、困るやないか」

鶴田が訴えた。

「兄貴、まあ聞いてくれ。兄貴も知っているように、もう一週間になるけど、あの監督は芝居を何遍やっても、『違いますねえ。もう一遍やってください』『うーん、もう一遍やってください』と、そればっかりや。一週間辛抱していたけど、今日は頭にきた。それで、『あんたの望んでいるのはどういう演技なんだ。どういう芝居がしてほしいんだ。言うてみい。なんでもやってやるから。それを言わんと、やってください、やってください、なんて、そんなもの演出家やない。それなら誰でも監督できるわい』と。そしたら怒って帰ってしまいよったんや」

俊藤は、鶴田から不満を聞くや、加藤監督をスタッフルームでつかまえた。

「どないしたんや」

「いやあ、鶴田こそ失礼ですよ」

「何も失礼なことはないやないか。あんたが気に入る芝居をさせたかったら、言うて、させろよ。鶴田は、演出家の注文するどんな芝居でもする、と言うてるんやから。それでできなんだら、嗤《わら》ってやれ。とにかく、今、そんなことで揉めてる場合やない。ちゃんと映画を撮ってくれんとあかん」

なんと撮影日数はわずか十八日しかなかったのだ。それゆえ加藤監督以外、B班までつくっての突貫工事風の撮影であった。

結果、両方とも俊藤の顔を立てて、撮影は再開された。

加藤監督と鶴田は、よほど険悪だったらしい。殺陣師の上野隆三《うえのりゅうぞう》も、証言している。

星野軍次郎役の大木実が、鶴田演じる菊池浅次郎を取り調べるときに殴るシーンがある。

加藤監督が、上野をけしかける。

「上野ちゃん、殴るのをリアルにやるには、大木さんに、本当に鶴田さんを殴らさなあかん」

加藤監督としては、鶴田への鬱憤を晴らそうとしているのだ。

しかし、上野は、加藤監督に反発した。

「監督、それは違います。本当に殴ったら鶴田さんの反応がないでしょう。殴ったように見せかけるのが、演技ですよ。そのほうが、かえって迫力が出るんです」

上野が加藤監督とディスカッションを重ねると、鶴田は勘が良いので上野に囁いてきた。

「上野、俺を殴れと言うとんのやろ」

結局、大木は鶴田を殴らなかった。上野によると、加藤監督はそれほど役者への好き嫌いが激しかったという。

俊藤は、そのときはちょっと頭にきたが、あれが加藤泰監督なりのやり方だったんだとは思う。良くも悪くも、非常に癖のある監督だったという。

撮影は再開されたものの、そのあと、二人は最後までほとんど口をきかなかった。

それなのにできた映画が大傑作なのだから、映画というのは不思議なものだという。

主役と監督が対立して仲直りせず、「芝居ってのはこうするんだ。あいつに負けてたまるか」「俺の思うような映画の演技を、おまえ、やってみい」と、互いにエネルギーをぶつけ合ったことが、みごとにプラスになったのではないかと俊藤はいう。

なお、鶴田浩二と加藤泰監督は、この『明治俠客伝　三代目襲名』が初顔合わせで、もう一本、『緋牡丹博徒　お命戴きます』で一緒に仕事をする。そのときも、撮影中、二人はほとんど口をきかなかった。

もしもそれが俊藤のつくる映画でなかったら、鶴田は出演を断ったに違いないという。

加藤泰監督の『明治俠客伝　三代目襲名』は、『博奕打ち　総長賭博』と並ぶヤクザ映画の傑作だ。加藤はローアングルにこだわる演出で知られる。加藤が地面を掘ってまでカメラの位置を低く設定しようとするところを青木卓司《あおきたくじ》も現場で目撃した。

脇役にあえて藤山寛美起用の俊藤プロデューサー

この脚本を書いた鈴木則文は、藤の父親の俊藤プロデューサーからは別に何も言われなかったが、逆に言ったという。

「今のうちに加藤さんにシゴかれたほうが、いい女優になりますよ」

藤純子は、『明治侠客伝　三代目襲名』の娼妓初栄役について『女優 富司純子』（キネマ旬報社）で、語っている。

「女郎役は難しかった。毎日毎日、男にオモチャにされて身体を売ってズタズタの生活をしている女ですからね。ましてや、実際に見たこともありませんし。昔の遊郭の本とかを読み、そういう女はどういう身体つきになったり、生活の中で、どういう感情やものの見方をしたものか、調べたりした。そういう頭の中の知識しかないから、それをどういうふうに表現するか、本当に難しかった」

この映画の名場面といえる初栄と鶴田演じる菊池浅次郎とのせつない愛のシーンのイメージのために、加藤泰監督は美術監督の井川徳道に大阪中之島《なかのしま》の蛸の松といわれている河土手の松の写真を渡し、頼んだ。

「これを参考に、セットで造ってくれ」

河土手の松のたもとで、藤純子が演じる娼妓の初栄に浅次郎が声をかける。

「お父《と》っつあん、どうやった」

「着いて二日目に……おかげでお父さんの死に水をとることができて……」

初栄は改まって訊く。

「どうして、ウチみたいなものに……」

「行きずりの気まぐれみたいなもんや。気にすることはない」

初栄は、手籠から新鮮な桃を二つ取り出して浅次郎に手渡す。

「田舎の庭からもいできたんです」

浅次郎は、顔をほころばせ、桃を見つめる。

しかし、初栄は遊郭に帰ると、浅次郎に恥をかかされ恨んでいる安部徹演じる唐沢竜造に手足を縛られ、いじめぬかれる。

そこに現れた浅次郎は、唐沢をひとまず追い返し、その夜初栄と初めて床を共にする。

が、初栄は唐沢に身請けされてしまう。

初栄は、いま一度浅次郎に会い、嘆く。

「わたしは、売り者、買い者の女郎や」

浅次郎も、初栄を強く抱きしめる。

「人間は、体やない。心や。おまえは、きれいな女や」

初栄は浅次郎にしがみつき、必死で訴える。

「ウチを離さないで、ウチを、連れて逃げて。ウチは唐沢に身請けされるんや。あんた、それでもいいの……」

浅次郎は苦しむ。

「堪忍してくれ。ワイは、あの晩、おまえのところに泊まったばかりに、親分の死に目にも会えなかったのや。いまのワイはワイであって、ワイでないのや。木屋辰三代目の看板を背負ったワイから義理の二字を取ったら、単なるアホな菊池浅次郎にすぎないのや」

この脚本を書いた鈴木則文は、十九歳の藤は初栄役をよく頑張ったと高く評価している。

俊藤は、藤純子というスターも育てた。それが実の娘というところが尋常ではない。青木卓司は思う。

〈藤さんは俊藤さんにそっくりだ。それも年を追うごとに似てくる。俊藤さんはまれに見る二枚目だった。もてたのは間違いないだろう〉

この映画では、松竹新喜劇の藤山寛美も色を添えている。

俊藤によると、お客さんを入れるために、鶴田浩二の主演なら、誰を脇に持ってきたらいいか、藤山寛美を出すか、いっそ漫才コンビにするか、そういうことにひどくエネルギーを投入したという。

藤山寛美

事実、藤山寛美が出てくれれば、そのシーンは面白くなるし、加藤監督も燃えた。

藤山寛美の出演は、俊藤の知り合いが、俊藤のもとに連れて来て頼んだという。

「映画のほうで面倒を見てやってくれませんか。借金でどうにもこうにもいかんようになった」

ロケ中の俊藤のところに、撮影所から電話がかかってきたことがある。

「いまからヤーさんが、そっちへ藤山寛美の身体をさらいに行くと言うてます」

「何や、それは」

「借金の取り立てですわ」

サラ金のない当時、小口の金貸しはほとんどヤクザで、藤山寛美はあちこちから借りていたのである。

この映画では、藤山寛美は、津川雅彦演じる木屋辰の二代目江本福一の息子春夫が料亭二階の座敷で、安部徹演じる唐沢竜造の罠にかかり殺されかかるのを助けに入る木屋辰一家の客人石井仙吉役である。が、数人に斬られに斬られ、階段から転げ落ちる。そのシーンで、藤山はうまく落っこちきれない。藤山は、B班監督の倉田《くらた》準二《じゅんじ》に助けを求めた。

「誰か、いませんか。吹き替えは」

「寛美さんダメですよ。顔がわかるから、ダメですよ」

藤山はあきらめ転がり落ちながら、苦しそうにうめいた。

「痛いわあ」

喜劇役者の藤山寛美も、待田京介の印象には強く残っているという。

待田は藤山とも昭和四十三年五月三日公開の『博奕打ち　一匹竜』などで共演している。

「寛美ちゃんは借金だらけで毎日追い込みがかかる。借金で困って、俊藤さんのところに来て『お願いします』と頼んで任侠映画でコミカルな役をやることになった。寛美ちゃんは撮影が終わると、ロケ地からすぐに車で帰る。借金の言い訳をしたり、カネの工面に大阪に戻るわけです。

朝方、眠そうな顔して帰ってきた。相手役をよくやりましたが、寛美ちゃんはテストどおりにやらない人で突然何かをやるんです。でも、それがさまになるんです。ほかの役者は受けられないけれど、こっちもアドリブに合わせるから相手役をよくやりました。俊藤さんの頭の中にもそれがあったんでしょう。新喜劇に戻ったあと、陣中見舞いで大阪に顔を出したんですが、寛美ちゃんは器用だから、お客さんの要望に合わせて、舞台でも臨機応変にやってましたよ」

役者であることを中心に据えた鶴田の人となり

それでも中心は鶴田浩二である。

鶴田の芝居は本物だった。それは映画を劇場で観ていると、より鮮明になった。

上演中、数千もの人々で埋め尽くされた会場が、シーンと静まりかえる。観客が鶴田の演技に引き込まれ、息を呑んでステージを見守っているのである。

俊藤プロで制作を担当する川勝正昭が、特に印象深く思ったのは、辰巳《たつみ》柳太《りゅうた》郎《ろう》と共演した舞台『人生劇場　飛車角』だった。

辰巳柳太郎

舞台の後半で、飛車角役の鶴田と吉良常役の辰巳が互いに背を向け合って床《しょう》几《ぎ》に腰掛け、延々と語り合うシーンがある。派手な演出もなく、座って動かずしゃべりだけで十分間も場を保《も》たせなければならない。非常に高度な演技力が試される場面である。

鶴田は抑揚のない低い声で話し続け、観客たちは固唾《かたず》をのんで芝居の世界に没入していた。二時間半もの長丁場の芝居は、座ったままのこのシーンでクライマックスを迎え、静かに、だが最高の盛り上がりを見せる。

川勝は改めて思った。

〈ほんまにすごい芝居や〉

こんな演技は、鶴田浩二以外、他の役者には絶対にできなかった。相手役の辰巳の演技も素晴らしかったが、やはり鶴田の芝居により魅了されてしまう。

舞台『花の生涯』では、裃《かみしも》を身につけた井伊《いい》直弼《なおすけ》役の鶴田が、羽織袴姿を二十人も連れて歩いた。台詞《セリフ》はいっさいなしで、舞台を十往復もするのである。

行ったり来たりを繰り返し、舞台の中央で軽く見得を切るだけなのに、やはり鶴田は絵になった。観客に背中を向けていても、ちゃんと背中で芝居をしている。それだけ観衆を惹きつける魅力にあふれていた。

鶴田は、監督やキャメラマンがどのような絵をほしがっているかを、常に気にしていた。キャメラがどの位置にあり、自分がどのような角度で動けば求められている絵になるかを計算する。

また、「ストーリーから外れた芝居は絶対にしたくない」との信念を持っており、演出家の言うことをよく聞いていた。だから、キャメラマンが思わず「よっしゃ！」と声をあげるほど、製作側にとっても理想的な芝居ができた。

鶴田は、人がいるところで台本を開くことは決してなかった。ただし、自宅や撮影所の個室などに一人でいるときは、台本を熟読していた。

もちろん、鶴田の部屋を芝居の合間に訪ねる失礼をする者などいない。人には見せないが、人がいないところで人一倍の努力をする。

セットでは、他の俳優たちが台本に目を落とす中、鶴田はキャメラの位置などをしっかり観察している。東京12チャンネルの時代劇に出たとき、無能な監督が鶴田に何度もダメ出しをし、「もう一回お願いします」と五回も繰り返した。

鶴田はプロデューサーを呼び、「監督が何の絵がほしいか説明せんかい。そのとおりに芝居してやる」と言った。どんな絵がほしいのか、何を狙っているのか役者に伝えもせず、何度も撮り直しさせる監督は、ただのバカとしか言いようがなかった。

鶴田は、監督を尊重してなるべく文句を言うことはしなかった。やはり、なるべく撮りたい絵を撮らせてやろうと考えていたのだ。

鶴田は、いい映画を撮りたい気持ちで役に臨んでいた。だから「俺のアップを撮れ」といったわがままな要求はいっさいしない。

監督が、物語の本筋から外れるような暴走をし始めたときだけ、たしなめた。まだ売れてないやつの芝居のときだけ偉そうに言ったりする監督もいた。

が、なんとなく気に入らないから、と撮り直しさせる監督でも、鶴田の場合は一発オーケーを出した。

鶴田浩二は、梅宮辰夫《うめみやたつお》、岡崎二朗《おかざきじろう》、待田京介ら、後輩の役者たちによく言っていた。

「ワシはおまえらに何もしてやれん。が、ワシを足がかりにして、役者として一歩でも前進して飯を食えるようにしいや」

厳しさと優しさのある言葉である。

いっぽう、高倉健《たかくらけん》は違った。高倉はロレックスの時計や、ブランドもののジャンパーなど物品を後輩にプレゼントするのが常だった。

また高倉は、亡くなったヤクザ者に線香代を送ったり、自分の名前入りのジャンパーをつくればそれを札幌や九州のヤクザに送ったりした。そうした行動のおかげで、高倉には独自の熱心なファンがついた。ヤクザや渡世人からも「世話になった」「神様みたいな人」と敬われた。

鶴田浩二はそんな贈り物などはしない。物を贈るのは、あの時代の大スターでは高倉だけだった。

鶴田浩二は、高倉のように物こそ贈りはしなかったが、自筆の手紙で近況をよく送っていた。

東大の哲学・美学科からの破天荒

昭和四十二年六月公開で、鶴田浩二、高倉健らが出演した『あゝ同期の桜』の監督を務めた中島貞夫が筆者に語ったところによると、中島は、昭和九年八月八日、千葉《ちば》県東金《とうがね》市に生まれた。

中島は、日比谷《ひびや》高校から昭和三十年、東大に入った。その頃は、漠然とジャーナリストになろうと思っていた。

その頃の東大は、入ってから一年半後に専攻を決めなければならなかった。哲学にいくつもりだったが、のち『北の国から』などのテレビドラマの脚本を描く倉本聰《くらもとそう》と出会ったことで、方向が変わった。

倉本と知り合ったのは、大学一年のときだった。クラスは別だったが、演劇好きの共通の友人を通して知り合った。駒場《こまば》祭で、倉本のクラスが、倉本の書いた芝居をやることになった。そのときに、共通の友人を通して、手伝ってくれないか、と言われたのがきっかけだった。

当時の倉本は、ガリガリにやせていた。そんな縁で知り合い、専攻を決めるときに、倉本が訊いてきた。

「おまえどこにいく」

中島は答えた。

「俺は、美学科にいくよ」

「じゃあ、おれも美学にいく」

当時、美学は、十七、八人の学科だった。そのなかに、たまたま芝居好きが五、六人いた。そこで、せっかくだから何かやろうや、ということで『ギリシア悲劇研究会』なるものを始めた。その仲間が、倉本や、のちテレビマンユニオン取締役の村木良彦《むらきよしひこ》、同じくリクルート出版取締役の森村稔《もりむらみのる》であった。

四年生の五月に、日比谷野外音楽堂で公演をおこなった。それが反響を呼んだ。新聞が文化欄でとりあげてくれた。オイディプス王の芝居で、内容はエディプスコンプレックスの話であった。自分の父親を殺して、母親と結婚する、というストーリーであった。この芝居で、中島は戯曲の翻訳と演出を担当した。

このとき、三千人の客が入った。

この公演の成功で、中島は大学を卒業したら芝居の世界へ進もうかなという気が起きた。

そんなとき、友人で東大野球部のピッチャーだった吉田治雄《よしだはるお》（のちテレビ朝日取締役）が、東映の大川《おおかわ》博《ひろし》社長の娘と結婚することになった。

その吉田と談笑しているときだった。

中島が、ふともらした。

「映画の世界も面白そうだな。映画にでもいこうかな」

吉田は、何の気なしにいったその言葉を聞くや、「東映に来い。おれが入れてやる」と、吉田は勧めてきた。

中島は、吉田の勧めを受けて東映の試験を受けることにした。

東映の試験を受ける前に、吉田に連れられ世田谷《せたがや》にあった大川博社長の自宅を訪ねた。

吉田が、大川に中島を紹介した。

「こいつは、演劇なんかやっていて、ちょっと左翼っぽい男です」

大川社長が言った。

「うちは、左翼だろうとなんだろうと関係ない。金儲けさえしてくれればいいんだ」

当時、中島は、今井正、家城巳代治《いえきみよじ》、内田吐夢などの映画を観ていたが、東映の時代劇は観たことがなかった。しかし、東映に入ることになり、大学四年の秋に、東映の時代劇を新宿の映画館に観に行った。沢島忠《さわしまただし》監督、中村錦之助主演の『一心太助』だった。

それまで時代劇など観たことがなかった中島には、初めて観る時代劇がえらく新鮮に感じられた。特に錦之助の啖呵の歯切れのよさが、面白く感じられた。

中島は、昭和三十四年四月、東映に入社した。新入社員の研修が終わる頃、中島は、人事課に呼び出された。人事課長の真田が言った。

「おまえ、ギリシア劇をやってたんだってな」

「はい」

「それじゃあ、時代劇だな」

論争する気もおきず、中島は呆気にとられた。東京に残って現代劇をやりたいと思っていたが、京都に行かされることを認めてしまった。

五月過ぎ、中島は特急つばめに乗って、京都へ行った。

当時東映は、年間百本以上の作品を製作していた。

昭和三十五年には第二東映も発足する。

中島は、作品数も多く忙しかったので、サードを三本ぐらいやっただけでセカンド助監督になれた。セカンドになると、予定を立てなければならない。

秋元隆太監督の『南国太平記』についたときのことである。

中島は、進行主任と相談して予定を立て終わると、二人で飲みに出かけた。

河原《かわら》町《まち》に出た中島と進行主任は、翌日のロケ費をポケットに入れていた。ロケ地に顔を出すヤクザに渡す金だった。

すっかりいい気分になった中島らは、「めったにやつらも来やしねえよ」と、つい大きな気になり、ロケ費まで飲んでしまった。当時で、二万の金だった。

翌日、奈良《なら》県の二条山《にじょうさん》の北側にある屯鶴峯《どんづるぼう》でロケをやっていると、中島の予測が外れて、ヤクザが現れた。中島は、必死になって、みんなに頼みこみ、金を集めてヤクザに渡した。

その日のロケが終わり、京都撮影所に戻ると、製作部長の岡田に呼び出しを受けた。

製作部の岡田のところに顔を出すと、

「おい、おまえ、屯鶴峯、飲んだんだってなあ」

と、一発かまされた。

中島は思った。

〈きつい言い方をするなあ〉

中島貞夫は組合小間使いから真の監督の道へ

が、岡田は、ユーモアにくるんで言ってきた。中島は、「すみません」とだけ謝って帰された。

その頃の京都撮影所は、「走れ、走れ」だった。つまり、京都撮影所には、歩いているやつはいなかった。そのようなキャッチフレーズができるほど忙しい撮影所だった。

中島は、そのうち「走れ、走れ」が馬鹿馬鹿しく感じられてきた。助監督部で「走らない運動」を始めた。中島が言い出しっぺで、四、五人が賛同してくれた。

それがきっかけで、入社二年目から組合の仕事をやらされ始めた。組合の助監督部会のチーフの仕事だ。小間使いのようなものであった。

助監督には、先輩の山下耕作や、中島など、大学出が何人かいたが、大学を出ていない連中のほうが多い。

叩き上げの活動屋のほうが多かった。

山下は、中島に理解があったが、その他の先輩や、小道具や衣装の連中は、中島ら大学出に対して「何が大学出だ」という意識があり、風当たりが強かった。

何かものを頼んでも、知らないふりをされた。中島も、その頃は、喧嘩早いほうだった。そのうち「ボクサー崩れ」などと、あだ名されるようになった。

中島は、これではいかん、と反省し、叩き上げの助監督や小道具や衣装の連中を酒に誘い、コミュニケーションを図るようにした。金は、もちろん、中島が払った。

その頃の京都には、東映の助監督だというと、出世払いで飲める店がけっこうあった。

飲みに行くと、東映時代劇の批判を言ったりして、彼らと議論になった。

中島は主張した。

「被写体をきちんとつくらなければいかん」

つまり、役者にきちんと芝居をつけなければいかん、ということである。いっぽう、中島に反論してくる者たちは言った。

「ラフにポンポン撮ったっていいんだ。要は、フィルムの編集なんだ」

中島は、そういう連中とは、よく喧嘩をした。その頃は大量生産で、ラフにポンポンポンポン撮影をしていた。それを見て、ちょっと違うんじゃないか、という気持ちが中島の中にあった。

中島は、思っていた。

〈俺は、東映ドラマトゥルギーのパターンに、どうしても馴染めない〉

東映時代劇のパターン化された勧善懲悪のドラマに、ついていけなかった。しかも、強力なスターシステムだ。そういうものに対する批判的な気持ちは強かった。

〈もっと人間を深く描くには、このパターン化された壁を、どこかで打ち崩さなければいけない〉

その頃松竹からは、大島渚《おおしまなぎさ》ら日本ヌーベルヴァーグの連中が出てきていた。中島には、俺たちだけが取り残されている、という焦りがあった。

それに、東京では、安保闘争だ。中島は、京都に来たことを、本当に後悔した。

中島は、山下耕作のように内田吐夢監督の組につきたかった。内田監督は、被写体をきちっとつくっていた。

昭和三十五年の年頭に田坂具隆監督がこの年六月二十一日に公開する『親鸞』を撮りに、初めて京都にやって来た。

田坂監督の作品でもあるし、作品の質もいい。助監督連中の間では、誰がつくか話題になった。中島もつきたかった。幸い、理由はわからないが、中島に助監督が回ってきた。

田坂監督は物静かだったが、頑固なところもあった。

中島は思った。

〈こういう人が、ものをつくる人なんだな〉

田坂監督には、映画づくりの姿勢というようなもので影響を受けた。田坂監督は、一つひとつのカットには、それぞれきっちりした理由があるということを教えてくれた。

スタッフ一人ひとりが、監督にとってどんなに大切なものであるか、ということも、田坂監督のスタッフに対する接し方から教えられた。

『親鸞』の撮影のときに、中村錦之助が遅れてきたことがあった。

田坂監督は、錦之助にはっきりと言った。

「錦ちゃん、僕は、自分よりもここで待っているみんなのほうが大事だから」

完全なスターシステムの中で、そういうことはなかなか言えないセリフである。田坂のスタッフを大事にする気持ちがよくわかった。その次の日から、錦之助は、意地になって一番乗りで来るようになった。

中島は、田坂監督に遠慮なく理屈や質問をぶつけた。

そういうときでも、田坂監督はスパッと答えてくれた。

このとき中島は、四人の助監督のなかのまだサードであった。普通ならサード助監督が監督に理屈をぶつけることなどできない。しかし田坂監督は、どの助監督も平等に扱った。

この映画で雪が降る中、屋台に座っている錦之助を、後ろからロングで撮るところがある。田坂監督は、キャメラを移動させながら撮影した。

中島が、田坂監督に質問した。

「ロングで撮ってるんだから、キャメラを移動しなくてもいいんじゃないでしょうか」

田坂監督は答えた。

「キャメラを移動することによって、ムードを一つずつ高めていくんだ」

田坂組は、監督が五十八歳と高齢だったせいと、体が弱かったので、夜も時間どおりに撮影が終わった。それまでの組のように、徹夜もなかった。

中島は、時間ができたので、助監督仲間数人で、シナリオ誌を出すことにした。その費用を会社も出してくれるように交渉に行った。その交渉相手が、岡田茂だった。

岡田は、気持ちよく受けてくれた。

そのときのシナリオ仲間は、鈴木則文、内田監督の息子の内田有作《うちだゆうさく》などであった。

倉本聰と共に手掛けた『くノ一忍法』から『893愚連隊』へ

岡田が、昭和三十九年二月に京都撮影所長として帰ってくるや、助監督の中島貞雄を見つけて声をかけた。

「おい、おまえ、偉そうなことを言ってるけど、何しとんのや。何か書いてもってこい」

岡田は、東京撮影所で、深作欣二《ふかさくきんじ》や佐《さ》藤純彌《とうじゅんや》を監督にしてきていた。京都でも監督を育てたい、という気持ちが強かった。

中島は、岡田にそう言われ、冗談半分に言った。

「山田《やまだ》風太《ふうた》郎《ろう》の『くノ一忍法帖』なんかやったらどうですか」

岡田は、とっさに言った。

「そんなもん、おまえ」

が、数日後、中島は岡田に呼ばれた。

所長室に入ると岡田は言った。

「どうや、この前の話、いっぺん考えてみたらどうや。シナリオを書け。シナリオを読んでよかったら、いくからな」

中島は、冗談半分で言ったものが、シナリオを書けとまで言われ困ってしまった。

そのうち、また呼び出され、岡田に言われた。

「いろいろ考えたんだけどな、撮るやつおらんから、おまえ撮ってみろ。言い出したんやから、やれ」

監督までやらされる羽目になった。

倉本聰

中島は、第一回監督作品が『くノ一忍法』と決まるや、倉本聰に電話を入れた。

「おい助けてくれ。手伝ってくれ」

倉本は、東京から京都に来てくれた。

約一カ月半、撮影所近くにあった中島の借家に泊まってもらい、二人で『くノ一忍法』を書きあげた。

脚本は、岡田が読み言った。

「よし、カラーでいけ」

新人なのに、いきなりカラーで撮らしてくれた。色彩的な効果が必要だし、ある程度客が入ると読んだのであろう。

三島ゆり子

妖《あや》しい世界を現出するため、オールセットにして様式化することにした。スタッフは、変わったことをやりたがっている若い連中を集めた。彼らは、いつものワンパターンの時代劇ではないから、面白がって一生懸命やってくれた。

中島が何より苦労したことは、女優を裸にすることである。

当時、時代劇では、女優もずいぶん裸になっていたが、東映京都の風土の中では、ないことであった。

撮影前に女優に台本を読んでもらい、汗をかきかき、説得した。

女優も覚悟して撮影所に入るわけだが、彼女たちもいちおう理由をほしがっている。彼女たちは、訊いてくる。

「このシーンは、どういうことですか」

中島は、汗をかきかき説得した。

「ドラマの必然性で、ここで裸になってもらわないといけないんだ」

中島は、いろいろと理屈をこねたが、本当は必然も何もなかった。

撮影中、中島は、どうしても「もう少し脱げ」と言えなかった。「ちょっとな」「ちょっとな」と言いながら、しだいに脱がしていった。

そのうち、だんだんに胃が痛くなってくる。

撮影の終わる頃は、女の裸を見ると条件反射的に胃が痛くなった。

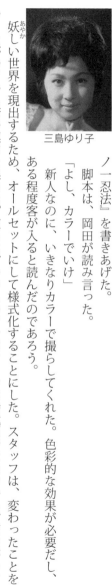

女忍者役の一人の三島《みしま》ゆり子は、撮影の終わったあとで、笑っていた。

「監督があんまり汗ビッショリでかわいそうだから、しょうがなく脱いじゃったわ」

中島は、やっとの思いでデビュー作を撮り終えた。

映画を撮り終わったときは、良いのか悪いのかわからなくなっている。なんともいえない不思議な気持ちであった。

試写を観終わった岡田が第一声を発した。

「裸が、少ねぇ」

中島とすれば、あれほど女を裸にしたはずなのに、まだ少ないという。

昭和三十九年十月三日に公開された『くノ一忍法』は、非常に毀誉褒貶《きよほうへん》の多い映画であった。評価してくれた者は、「奇想天外さと大胆不敵さと様式性がよかった」と言ってくれた。評価しなかった者は、「四畳半映画だ」と非難した。最初だから、やはり批評も気になった。

最初の作品は、やはり監督の個性が出る。中島は、『くノ一忍法』を自分なりに分析してみた。結局は、「女は強い」という自分の女性観が出ていると思った。

それは、未だにずっと彼の映画の底流に流れている。

そういう女性に対する意識は、のちに宮尾登美子《みやおとみこ》原作の『序の舞』を撮ったときに気づくが、母親の影響であった。

中島の実家は、味噌や醤油をつくる醸造の仕事をやっていた。母親は、その家の女ばかり三人姉妹の長女だった。女学校の専攻科を卒業するときに、彼女の父親、つまり中島の祖父が亡くなり、家を継いだ。文学少女で、上の学校に行きたかったが、それも許されなかった。家業を継いだ母親は、婿養子、つまり中島の父をもらった。

ところが、中島の父親は、中島が小学校四年のときの昭和十九年に戦死した。

荒木一郎

その一週間後に、弟を出産した。母親は、中島たち五人兄弟を抱え、中風の祖母の看病をし、家業の切り盛りをしなければならなかった。戦争で食糧もないような時代だったから、家業の切り盛りにも相当の苦労があった。並大抵の男なら、逃げ出してしまう。

そういう中で、中島らを育てあげ、大学まで行かせてくれたことに、母親の強さのようなものを強く感じた。

『くノ一忍法』のテーマは、子どもを守るというのがテーマであった。そのテーマには、無意識ではあるが、自分を育ててくれた母親に対する思いがあったのだと、のちに気づく。

中島は、『くノ一忍法』を撮ったあと、もう一本『くノ一化粧』を撮った。

中島は、再び、コツコツとシナリオを書き始めた。その脚本が『893愚連隊』だった。

「おもろいやないか」

今度は、岡田所長も乗ってきた。ようやく日の目を見たわけである。それまで、一年かかった。

『893愚連隊』のテーマは、当時の中島の心境だった。いきがったってしょうがない。それが、テーマだった。大きいものに反抗するには、ゲリラしかない、ということを込めた。

荒木《あらき》一郎《いちろう》演じる戦後派愚連隊に言わせた。

「いきがったらあかん、ネチョネチョ生きるこっちゃ」

一九七〇年代安保へ生きがいを持てぬ世代に「ネチョネチョ派」という言葉が、流行した。

中島は、のちにも荒木一郎をよく使う。荒木のいいかげんさが好きだったからである。その当時の中島は、あまり芝居芝居した演技が好きでなかった。できるだけ、その時代の若者の生態を、そのまま描きたかった。役者役者していない荒木が気に入っていた。

映画はネチョネチョ粘り強く生きるチンピラたちの逞《たくま》しい青春群像を描いて注目される。

ついでながら、中島貞夫が東京大学文学部卒業後、東映に入社したのは昭和三十四年。前年の三十三年、日本の映画館入場者数は十一億二千七百四十五万人に及び、過去最高を記録した。

中島が映画界に入って以降、数字は落ち続けていく。中島のキャリアはかつて大きな影響力を誇った映画が斜陽産業化していく過程とほぼ重なっている。

『くノ一忍法』で監督デビューしたのが昭和三十九年。東京オリンピックが開かれたこの年、映画館入場者数は頂点から四割減っている。中島は観客が急激に減っていく中で映画を撮り続けていくしかなかった。

中島は思った。

〈自己主張みたいなものをどこかに入れないと、やってられない〉

鶴田浩二は中島らの世代とは映画に取り組む姿勢が明らかに違う。映画界の上昇期を知っているからだ。

劇場で多くの観客に見せる映画の形態は今後どういう形で残っていくのか。消えてしまうとは思えない。

だが、影響力が下がってきているのは間違いない。

中島は思った。

〈監督にとっては、減っていったほうがやりやすいのかもしれん〉

第8章　戦争・恋……暗い情念

中島貞夫《なかじまさだお》監督と鶴田浩二《つるたこうじ》のスタート『あゝ同期の桜』

中島貞夫が初めて監督した鶴田浩二の作品は昭和四十二年六月三日公開の『あゝ同期の桜』である。

それまでこの第一人者の鶴田浩二と組むことはなかったが、以前からプロデューサーの俊藤浩滋《しゅんどうこうじ》を介して鶴田と酒を酌《く》み交《か》わしたこともある。顔見知りではあった。

当時から鶴田、俊藤の二人の絆《きずな》は固かった。俊藤が兄貴分、鶴田は舎弟という「兄弟分」の間柄である。撮影所で鶴田が「兄貴」と呼べば、俊藤は「おう」と答えた。中島は二人を見て思った。

〈兄弟盃を交わしたヤクザと一緒。これはまさに「兄弟」やな〉

中島は移籍当初から鶴田を知っていた。

〈あの人が鶴田さんか。何か二枚目ぶってるな〉

鶴田はそれまでの東映にはないタイプの俳優だった。撮影所内でもどちらかというと浮いていたと言っていい。

東映移籍直後は美空《みそら》ひばりの相手役にちょうどよかった。ひばりも「お兄ちゃん」「お兄ちゃん」と鶴田を慕っていた。

実は東映で顔を合わせる以前にも、中島と鶴田にはちょっとした縁があった。中島が日比谷《ひびや》高校で野球部に所属していた頃の話だ。

日比谷といえば、戦前の旧府立第一中学時代から東京《とうきょう》帝国大学への進学者を数多く輩出した名門で知られる。進学校の常で野球部は弱小中の弱小だった。鶴田の妻の弟、義弟は日比谷高校野球部で中島の先輩に当たる。

鶴田は当時、「大門」という硬式野球チームを主宰していた。試合で人手が足りないと、義弟を介して日比谷野球部にも「来てくれたら」と呼集がかかる。

中島も一度だけ出た。鶴田とも顔を合わせている。「わー」とか「きゃー」などとは言わない。馬鹿にされるからだ。

中島は一塁を守ることが多かった。鶴田のプレーを見て思った。

〈ああ、結構器用な野球をする人なんだな〉

後年、東映で再会したおりにはその顚末《てんまつ》には触れなかった。鶴田も気づいてはいなかっただろう。

前述の中島貞夫と鶴田浩二が組んだ『あゝ同期の桜』は、題名からもわかるとおり、特攻隊をテーマにしている。鶴田は当時からこう自称していた。

「自分も海軍第十四期飛行予備学生だ」

この発言には虚実がない交ぜになっている。鶴田が「第十四期」であることは事実だ。だが、鶴田は本科には進んでいない。予科の生徒だった。正しくは「第十四期飛行予備生徒」である。

正しい意味での「第十四期飛行予備学生」は本科に進んだ大学生。彼らこそ学徒動員され、飛行機で突っ込んでいった。真の特攻隊員である。

話が少々ややこしくなった。説明が必要だろう。戦前の大学には予科と本科が設けられていた。予科は本科に進む予備的な教育、本科では専門教育が行われる。予科は現在の教養課程、本科は学部に当たる。

鶴田は十九歳で関西大学に入学した。だが、その年に学徒出陣令で徴兵されている。

恐らく意図して鶴田は本科と予科の区別をせず、「第十四期飛行予備学生」を名乗っていた。だが、飛行機の操縦をはじめ実地訓練を徹底的におこなったのは「本科」の「学生」のみである。「予科」の連中はそのあとなので、飛行機にはほぼ乗っていない。訓練の中身と練度において両者には確然とした差がある。

にもかかわらず、鶴田は「第十四期飛行予備学生だ」と言い放った。第十四期側も「鶴田があれだけ言ってるんだから、いいじゃないか」と半ば黙認していた。

鶴田の放言に対して第十四期側にはもともと非難、排除の動きはほとんどなかった。もちろん、多少なりとも事情を知っていれば、疑問は感じる。

〈あ、鶴田さん、あんまり飛行機乗ってないのにな〉

繰り返しになるが、鶴田ら「予科」の「第十四期飛行予備生徒」は飛行機の操縦訓練はほぼ受けていない。当時、旧日本軍は慢性的な飛行機不足に悩まされていた。訓練もギリギリの数のなかでようやく回していたにすぎない。

ただし、これだけは言える。第二次世界大戦が何らかの事情で続いていれば、鶴田も出撃していた可能性は高い。「次の要員」であったことは間違いないからだ。

しかし、鶴田の出撃を待たず、戦争は終結した。「第十四期飛行予備学生」の大半は戦死している。「第十四期飛行予備生徒」が特攻に参加することはなかった。

ただし、「第十四期」を世に知らしめるに当たって、鶴田が果たした功績には多大なるものがある。これは認めざるをえないだろう。

第十四期飛行予備学生有志が戦死した同期の鎮魂のため、昭和四十二年、高野《こうや》山一《さんいち》の橋《はし》の大圓院《だいえんいん》墓地に慰霊碑「あゝ同期の桜の塔」が建立された。

このときも鶴田は招かれ、列席している。鶴田が飛行機の訓練をほとんど受けておらず、「予科」だったとはいえ、第十四期の側には馬鹿にしたり、無視したりする考えはなかった。鶴田の列席は何よりの証拠だろう。

本当の意味で鶴田は特攻隊の生き残りではなかった。「海軍第十四期飛行予備学生だ」と自称したのも厳密には嘘である。鶴田の言動を批判するのはたやすい。

だが、学徒出陣や特攻隊に対する鶴田の純粋な思いまで否定できるだろうか。

中島は鶴田の底流に触れて以来、特攻に対する言動を揶揄《やゆ》することは自戒してきた。中島は思う。

〈予科も本科も同じ第十四期には違いない。精神的な教育の面ではほとんど変わらないものを受けているのだから〉

鶴田の語る「海軍第十四期飛行予備学生」の真実

「第十四期飛行予備学生」のなかには生き残った者もいる。著名なところでは茶道流派・裏千家の大宗匠、十五代千宗室《せんそうしつ》（現・千玄室《せんげんしつ》）や俳優の西村晃《にしむらこう》の名が挙げられる。彼らは「本科」であり、特攻隊要員だった。千と西村はコンビを組まされ、一緒に飛行機に乗っている。

「第十四期飛行予備学生」が与えられた飛行機は艦上攻撃機と呼ばれる。飛び立って敵艦に魚雷を放ち帰還する。これが艦上攻撃機の使命だ。沖縄あたりまでは十分に飛べた。

だが、「第十四期飛行予備学生」はこの飛行機を特攻に用いた。燃料は片道分しか積まない。帰る必要がないからだ。

艦上攻撃機には二人で乗り込む。前に操縦士、後部には偵察が乗る。艦上攻撃機の後部座席には計器がある。偵察はこれを見ながら、計算をする役割を担っている。計算しながらでなければ、飛べないとも言える。

幾何学的な数字いじりができるだけの知性が偵察には必要だ。予科練上がりの兵員では難しい。艦上攻撃機を安定的に飛行させる上では操縦士よりもむしろ重要な位置づけにある。

海軍上層部の意向は明確だった。艦上攻撃機の操縦士・偵察は基本的に「第十四期飛行予備学生」同士で組ませる。操縦士が足りない場合のみ、予科練出身者をあてがうわけだ。戦争も末期に入り、飛行機よりも乗員のほうが多いくらいだった。

こうした背景で千と西村は組まされることになる。

二人がコンビとなった理由は体型によるものだ。西村は短軀、千は長身だったため、積載重量の問題もあり組むことになった。

いよいよ飛び立つ段になって、海軍首脳部にも迷いが生じる。裏千家の家元となる千を突っ込ませてしまっていいのか。

結果的に千は安全な部署に異動となった。特攻に参加することはなくなったのだ。

西村は一度飛んだ経験がある。沖縄戦の折、全機飛び立った。

だが、天候不良のため、「全機引き返せ」の命令に従っている。

中島はのちに西村から帰還したときの様子を聞いた。

「基地に戻ってきたら、長靴の中はびしょびしょだった。知らんうちに小便してたんだ」

西村は学生結婚しており、妻は飛行場の近くに住んでいた。次に飛び立つのを待っている間に終戦を迎えた。

鶴田浩二が特攻隊について発言をしていた昭和四十年代。戦争が終わってからすでに二十年以上が過ぎていた。予科と本科の区別を明確にできる人は多くない。中島貞夫にしても、映画を撮るために調べたからこそわかった点も多々ある。

鶴田といえば、親しい人と飲みにいくと、泣きながら特攻隊の話をすることで有名だった。「同期の桜」もよく歌っている。

♪貴様と俺とは同期の桜
同じ兵学校の庭に咲く
咲いた花なら散るのは覚悟
みごと散りましょ国の為

セリフも語っていた。

《昭和二十年三月二十一日　陽光麗らかな日
「美しく立派に散るぞ！」

千玄室

西村晃

そう言って一番機に向かう戦友《とも》の胸に、俺はまだ蕾だった桜の一枝を飾って
送った
明日は俺の番だ
死ぬ時が別々になってしまったが、靖国神社で逢える
その時は、きっと桜の花も満開だろう》

だが、中島の前でそうしたそぶりを見せることはなかった。中島が「第十四期飛行予備学生」であった西村晃と親しかったことを鶴田は知っていた。中島は思う。

〈「こいつは第十四期のことを多少は知っているな」と鶴さんは警戒していたのかもしれない〉

『あゝ同期の桜』は岡田茂《おかだしげる》・俊藤浩滋の二人プロデューサー体制

『あゝ同期の桜』は企画自体がかなり異色なものだった。

中島貞夫は映画の原作となった遺稿集『あゝ同期の桜・帰らざる青春の手記』の著者の一人である和田《わだ》稔《みのる》の妹・若菜《わかな》と、実は日比谷高校で同級生だった。

「お兄ちゃんは、こんなふうに死んだんだ」

あるとき、そう話しながら、原稿を手渡された。稔が遺した手記である。のちに『あゝ同期の桜・帰らざる青春の手記』の一部として刊行された。

中島は帰宅後、読みふけった。東大をトップで出ているだけあって、しっかりした文章である。恋人もいない中、妹に宛てて心情をつづらざるをえなかった。哀切極まる内容だ。

和田は東京大学法学部を首席で卒業した俊才である。学徒動員で徴兵され、第十四期海軍飛行専修予備学生の一員となった。和田は飛行機ではなく、潜航艇の乗員となっていく。

特攻には参加しなかったものの、終戦後かなりの時間が経ってから、瀬戸内海で遺体となって発見された。出撃命令も出ていないのに、和田はなぜか船を出す。端座したまま死んでいたという。自殺か病死か。死因は明らかになっていない。

手記を読み終え、中島は打ちひしがれた。世代的に反戦運動に関わった経験もある。

岡田茂のプロデュースで東映はすでに『日本戦歿学生の手記　きけ、わだつみの声』を映画化し、ヒットを収めていた。それは陸軍の話である。『あゝ同期の桜・帰らざる青春の手記』は海軍だ。

〈いつかは、この原作で映画を撮ってみたい〉

東映に入って以来、中島は胸の内に思いを秘めてきた。だが、毎日仕事をしている現場はとてもそんな雰囲気ではない。

〈この会社にいる限り、『あゝ同期の桜・帰らざる青春の手記』を映画にするのは難しいんだろうか〉
中島は『あゝ同期の桜・帰らざる青春の手記』の映画化をプロデューサーの俊藤浩滋に持ちかけてみた。答えは意外なものだった。

「やってみよか？」

頼みの綱は岡田茂だった。『日本戦歿学生の手記　きけ、わだつみの声』を当てた実績は何ものにも代え難い。そこに任侠路線を牽引《けんいん》するヒットメーカー・俊藤を加える。岡田と俊藤。どちらが欠けても成り立たない企画だった。中島は考えた。

〈俳優たちのマネージメントを握っているのは俊藤さん。映画全体の企画は岡田さんに掌握してもらう。最大の壁である大川博《おおかわひろし》社長を説得するには二人に組んでもらわないと無理だ〉

岡田と俊藤がどんな策を弄《ろう》したのかはわからない。だが、『あゝ同期の桜』の企画は意外にもすんなり通ったのである。

しかし、東映本社では「戦争映画なんていまさらそんなもの」とけんもほろろで、大川社長も猛反対した。

俊藤は、企画を出し、反対を受けたときに、大川社長に会って言った。

「これまで戦争映画というと、反戦ばかりを訴える映画ばかりやったわけです。そんなもん、当たり前に決まってるわけや。戦争なんて、悪いに決まってる。神風特攻隊だって、本当は好きで飛んでいくやつなんて一人もおりませんよ。しかし、時代という背景の中で、その時代の若者は飛んでいったわけや。乾坤《けんこん》一擲《いってき》、それしかない、といわれ、なかには喜んで飛んでいった若者もいるかもしれない。そういう状況で、あえて日本のため、家族のために死んでいった若者の気持ちや、人間の機微を描くことがテーマなんです。

理屈じゃないんですよ。誰が考えたって、戦争なんて悪いに決まってる。国と国の戦争のなかで、犠牲になるのは国民でね。だけど、その時代の理想として、国に忠、国家に忠、親に孝行、という教育を受けたわけや。戦争が終わってから戦争批判をする人はたくさんいてるけどね、その時代の中で理屈を言って戦争に行かなかったやつは、おかしいんだ。卑怯者なんだ。誰だって戦争にいきたくないんだ。しかし、自分の住んでいる国がつぶれたら、親兄弟はどうして生きていくんだろう。子どもたちを、どうして守っていくのか。そういう状況の中で、戦い死んでいったわけやな。そういう若者たちを描けば、絶対に当たります」

岡田と俊藤という二人のプロデューサー体制で撮影準備に入る。脚本は、第十四期海軍飛行専修予備学生・須崎勝彌《すさきかつや》と中島が共同執筆することに決まった。中島は第十四期の面々と会い、取材に入った。

鶴田の熱い視線と高倉健《たかくらけん》の特攻解釈

着々と準備が進んでいくさまに静かで熱い視線を送っている男がいた。鶴田浩二である。中島は、奔走しながら思った。

〈鶴さんは、「この映画は当然俺がやるしかない」と思ってるんだろうな〉

時代は昭和十八年。全国およそ十万の学徒たちが学業半ばにして出陣の途についた。

海軍二等兵として舞鶴《まいづる》海兵団に入団した紅顔の若者たち、白鳥（松方弘樹《まつかたひろき》）、半沢（千葉真一《ちばしんいち》）、南条（夏八木勲《なつやぎいさお》）、不破（蟹江敬三《かにえけいぞう》）、由井（村井國夫《むらいくにお》）などが、出身校は別として同期の、新しい友情で結ばれた。

昭和十九年二月、彼らは第十四期飛行専修予備学生として、少尉に任官した。

しかし、敢闘精神一筋に鍛えられてゆく若者たちの日常は、白鳥少尉の理想主義、由井の戦争への抵抗、不破の軍国主義、そして妻子ある南条の苦悩、滝（金光満樹《かねみつみつき》）の平和主義など、複雑な明暗の色に彩られていた。

だが、目前は、訓練に続く訓練、歯をくいしばる彼らに攻撃精神の養成、そんなある日、滝が脱走した。

そして、日本軍の相次ぐ玉砕の報届く頃、十四期生たちは、それぞれの専攻分野に分けられた。白鳥、不破、南条は、操縦士として出水《いずみ》へ、半沢少尉たちは偵察として徳島《とくしま》へ配置された。

サイパン島玉砕。東条内閣崩壊、昭和十九年九月、白鳥たちは、東九州宇佐《うさ》空に移った。

昭和二十年。フィリピン攻防戦が展開され、やがて一機一艦を葬る特攻作戦が始まった。

徳島から、由井、半沢たちがやって来た。

そして、十四期生たちに最後の外出が許された。

しかし、特攻の初陣が発表され、南条は串良《くしら》基地へ発《た》った。そのあとを追うごとく、B29の空襲があった。由井が戦死し、不破が負傷した。

やがて、白鳥たちも特攻基地、串良へ向かった。そこには片目の剣持大尉（高倉健）がいた。そして南条もいた。特攻機故障のため、引き返して来たのだ。白鳥たちは喜んだ。だが、松田司令以下、高級将校たちは、南条を腰抜けとののしっていた。

また、そこの整備兵に脱走した滝がいた。

憲兵に捕まった滝は無気力な姿で、おどおどと飛行場の片すみで働いていた。白鳥たちはなんとかして滝を慰めようとしたが白鳥たちに出撃の命が下った。

陣之内大尉（鶴田浩二）以下出撃搭乗員三十余名が、南海の決戦場に飛び発っていった。昭和二十年四月だった。

いよいよキャスティングを決める段に入った。年齢的に特攻兵は無理ということで、鶴田は大尉役に決まる。西村晃や小沢昭一《おざわしょういち》も、上官役で出演を決めた。

小沢は麻布《あざぶ》高校から海軍兵学校に進んだ。従軍経験もある。中島自ら出演交渉に当たった。

「昭ちゃん、出てよ」

「西村より上の役だったら、出るわ」

小沢昭一

いかにも小沢らしい受け答えだった。

戦争映画を撮る際、兵隊だったことのある俳優を配役できる。当時はまだそんな時代だった。

「若い俳優の何人かはオーディションで集めるしかない」

そんな話が持ち上がり、オーディションもおこなった。

戦闘シーンを忠実に再現していたら、予算はいくらあっても足りない。「セミドキュメント方式でいこうや」という方針は比較的早くから決まっていた。

劇中では実写が効果的に使われている。当時は著作権の問題もそれほどうるさくはなかった。使用料さえきちんと払えば、映像も使わせてくれた時代である。

中島は鶴田と演出プランについて話し合いの機会を持った。鶴田が演じるのは特攻兵の上官陣之内大尉。学徒動員で徴兵されてきた連中にある程度理解がありながらも、海軍士官としては厳しく見守る。

『あゝ同期の桜』を撮影していた頃、鶴田浩二と高倉健はそれほど親しいわけではなかった。かといって、確執といえるほどのものもない。

当時、高倉は任侠映画への出演で急速に存在感を増していた。いっぽうの鶴田には「自分のほうが先輩だ」という意識がある。そこは高倉もわきまえており、立てるところは立てていた。

中島と高倉健が初めて衝突したのは、『あゝ同期の桜』の撮影中のことだった。

高倉は鶴田と同じく大尉役。第十四期を直接指導する。

訓練中、主人公・松方弘樹の乗る飛行機が事故に見舞われる。同乗していた高倉は片目を失明するが、持ち前の飛行技術で自分と松方の命は救った。

高倉で往生させられたのは役柄をめぐる解釈の相違だった。

「監督、僕はどうしても特攻で逝きたい。生き残りたくないんです」

そう言って聞かない。

最後のロケーション現場で、高倉が声をかけてきた。

「ちょっと監督、話がある」

そのままホテルに行き、話し合いとなった。高倉は「俺は逝きたいんだ」と一点張りを続ける。中島は諭した。

「苦しいものを内包しながら、飛び立っていく連中を見送る。この受けの芝居が映画にはどうしても必要なんだ。むしろ、そちらのほうが大事だと思って、この役を頼んでいるんです」

話し合いは平行線のまま朝を迎えた。結局、二人は一睡もしないまま撮影現場に向かう。問題のシーンは台本どおりに撮影された。

この頃から高倉は俳優としての自分を大事にする姿勢を明確にし始めた。プロデューサーや監督、脚本家にとってかなり扱いづらい存在になっていく。

千葉真一から大川博東映社長までさまざまに揺れる戦争観念

半沢少尉役で出演した千葉真一が生前筆者に語ったところによると、若者の死を美しいものでなく「果たしてこれに意味があるか」と疑問を投げかけるような、どこか乾いた雰囲気があったという。

ところが、千葉は、半沢少尉役を熱演しながらも、その反戦色の強さからか、中島監督が「よーいスタート」「OK」と言うたびに、どういうわけか物足りなさを感じた。自分でも不思議であったという。

オールラッシュでかなり寸断されたが、それでもなんとか完成し本社に送った。

寸断したのは、岡田や、俊藤でなく、軍人上がりの製作課長の意見であった。

中島は、京都撮影所の所長室に呼ばれた。そこには、岡田と俊藤の二人がいた。

岡田が言った。

「大川さんが、ラストシーンを切れといってる」
ラストシーンは、中島が山手線に乗っていて、二周するあいだにやっと考えついたものだった。特攻隊が敵に向けて突っこんでいく。途中でストップする。そこに「その瞬間、彼らは生きていた」とテロップを入れる。そして特攻機が海に突っこんでいく。

その後に「三カ月後、戦争は終わった」と再びテロップを入れて終わる。

このシーンは、中島なりに自分の戦争観を入れたつもりであった。つまり、戦争で死ぬことは犬死にだという意味合いをこめたものだった。

中島は、そこだけはなんとしても切りたくなかった。

「そこを切られたら、僕は東映を辞めます」

岡田が言った。

「おまえ、ちょっと外に行って、頭を冷やしてこい」

中島は、所長室を出て、撮影所のオープンセットで頭を冷やしていた。

しばらくすると、助監督が中島を探して「岡田さんと俊藤さんが、呼んでますよ」と呼びにきた。

再び所長室に行くと、岡田が案を出してきた。

「ラストシーンを切らずに、社長にタイトルを入れさせよう。こういうタイトルにするから、おまえ、がまんせえ。社長は、犬死にのイメージがいけんのじゃ、といってるんだ。そこで『この映画は散華した英霊たちにささぐ映画である』とタイトル入れさそう」

しかし、中島は、それでも納得できなかった。また外に出て、頭を冷やした。

岡田と俊藤は、辛抱強く待っていてくれた。中島が所長室に戻ったときは、もう夜中になっていた。

中島は、妥協案を出した。

「さっきのタイトルを、東映マークが出る前に入れてくれますか。そしてそのあとに、大川博という名前を入れてくれますか」

つまり、映画が始まる前に「この映画は散華した英霊たちにささぐ映画である」とタイトルを入れる。そして、その責任は大川博にある。東映マークの後ろは、監督の責任であるが、その前は監督の責任ではない、ということを強調したかったのである。

中島の妥協案を聞くと、岡田は苦笑いした。

「また、おまえらしいこと言うわ。それは、もう社長に言わんと、そのとおりにしよう」

結局は、そういうことで映画が上映された。


中島は『あゝ同期の桜』では高倉とはぶつかったが、陣ノ内大尉役の鶴田浩二とは決してぶつかってはいない。

ただ、できあがった映画を見て、鶴田がどう思ったかは難しいところだ。鶴田自身が思うものとは違っていたのではないか。

中島は昭和九年生まれ。鶴田より十歳下である。十一歳で終戦を迎え、学生時代には反戦運動に加わった経験もある。学徒動員で徴兵された鶴田とは、明らかに世代が違う。

〈鶴さんは特攻を美しいもの、「万歳」で送り出すものだと思っている。そこが大きく違うところ。瀬戸内海の潜航艇の中で死んでいた和田稔さんの印象が、僕には強すぎる。『あゝ同期の桜』を見て、鶴さんはカチンときたかもしれない〉

いっぽうプロデューサーの俊藤浩滋には俊藤の見方があった。中島にこんな注文をつけている。

「最後に、降伏は絶対に認めんと言い張った男の乗った特攻機がどこへともなく飛んでいくラストシーンがあるやろ。あそこで「海ゆかば」を流してもらいたいんや」

これには中島も頭を抱えた。ラストで「海ゆかば」とは。この発想は鶴田のものではない。恐らく俊藤自身の中から出てきたのだろう。そうしたケレンはむしろ東映らしさともいえる。だが、この作品には似合わない。

作曲家の鏑木創《かぶらぎはじめ》も反対した。

「いや、それはちょっと甘すぎる」

中島は俊藤の申し入れを断った。

俊藤は、『あゝ同期の桜』を会社の反対を押し切って強引につくってはみたが、なにせ初めての戦争映画だから、自分にも得意の任侠映画の場合ほどの自信はなかった。

俊藤は、封切り初日の昭和四十二年六月三日、自宅で「どうやろなあ」と不安がっていた。午後一時頃、製作本部長の坪井與《つぼいあたえ》専務が電話をかけてきた。

「大ヒットだ。丸の内東映は、お客の列が周りを巻いてるよ」

その一言で胸がスッと軽くなったという。

俊藤は、『任侠映画伝』で語っている。

《われわれの世代、つまり大正から昭和ひとケタの戦前生まれの人間は、だいたい〝天皇陛下万歳〟のくちだろう。国に対する観念が戦後世代とは違うてて、戦争が起こったら国のため家族のために死ににいくんだ、と。本当のところ、死ぬのを喜ぶ者はひとりもいないけれど、表向きは、特攻隊に選ばれて死ぬことが名誉なんだという思想というか観念を植えつけられている。あのシャシンをつくったころは、まだそういう戦争中の時代への郷愁があったんやないかな。若い人も見てくれた。アンケートをとったら、自分の親父がどういうふうに死んでいったか、兄弟はどうだったのか、そんな興味で見たという答えが多かった。戦争の善悪に対する思想とかは別にして。でなかったら、コヤをぐるりと巻いたりせん。戦争映画を撮るとき、戦争は悪なんだという姿勢だけでやっても観客を感動させることはできない。それが私の信念だ。戦争が良くないことぐらい子どもでも知っているわけで、わざわざそんなことを強調せんでも、戦争がこういう形であったということをきちっと描いたらいい。で、結果、『いやあ、戦争って勇ましいな』と見る人、『戦争は悲惨や。二度と起こしたらあかん』と思う人、それはいろいろだろう》

『あゝ同期の桜』と並んで「東映戦記映画三部作」と呼ばれる『人間魚雷　あゝ回天特別攻撃隊』『あゝ予科練』にも鶴田は出演。こちらは特攻賛美の色合いが強い出来栄えだ。

中島は、両作には関わっていない。鶴田自身の信念や美学はわかる。だが、監督として作品の節を曲げるわけにはいかなかったという。

『あゝ予科練』で谷隼人《たにはやと》が感じた鶴田と高倉の対照性

『あゝ予科練』は鶴田浩二、西郷輝彦《さいごうてるひこ》主演、村山新治《むらやましんじ》監督、昭和四十三年六月一日公開の「東映戦記映画三部作」の三作目に当たる。

海軍飛行予科練習生（予科練）として土浦海軍航空隊に入隊した少年の猛訓練と、沖縄戦に特攻出撃していくまでが描かれている。

谷隼人は海軍飛行予科錬生の一人として出演することになった。共演はほかに太田博之《おおたひろゆき》、長沢純《ながさわじゅん》らで、小林稔侍《こばやしねんじ》と大原麗子《おおはられいこ》と一緒だった。

真面目な性格の村山監督と鶴田のコンビである。谷は、鶴田を前に演技するときに、今までにないくらい緊張した。

本番前に、鶴田が谷に言った。

「キャメラが俺をなめてから、それからおまえの顔だからな」

鶴田の言ったとおり、本番ではまずキャメラが鶴田の顔をアップで撮り、そのまま谷のアップへ移っていく。谷のこのときのプレッシャーは極度に達した。

仕事が終わると、鶴田は必ず谷ら若手俳優を撮影所の自分の部屋に呼んでくれた。

鶴田が実際に海軍航空隊に所属し、特攻隊を見送った話などを聞いたときには、谷は自然と正座となり、背筋が伸びた。

「予科練生はみんなお国のために命を捧げた。彼らを演じるとき、芝居の上手い下手なんて考えなくていい。大声で歯切れ良く、キチンと話すようにしなさい」

実体験のある鶴田の言葉の一つひとつには、説得力があった。が、鶴田は固い話ばかりをするのではなく、素顔をさらけ出してくれるので、高倉健に比べてむしろ柔らかい雰囲気があった。

「俺には娘が三人いる。女ばっかりだ。谷、おまえ彼女がいないんだったら、俺のところの娘はどうだ」

谷は恐縮しながら答えた。

「いや、すみません、もう俺には彼女がいまして」

鶴田の外見もソフトだった。肩が少し下がっていて、着崩した着物スタイルが実に色っぽい。着物をカチッと着てあくまでも男らしい高倉とは対照的だった。

鶴田浩二は、俳優としての鶴田浩二と、私人としての小野榮一《おのえいいち》の二つの顔を、上手に使い分けていた。

『あゝ予科練』の撮影が終わってしばらくして、谷隼人が鶴田浩二と偶然再会したのは、都内港《みなと》区にある芝《しば》ゴルフ場だった。先に来て練習をしていた谷は、鶴田が一人きりで自分の車からバッグを下ろしていることに気づき、飛んで行った。

「おう、なんだ」

「僕も練習に来ていたんです。荷物下ろし、僕がやります」

「そうか。今日はクラブを新調したから、ちょっと試してみたくてな」

谷は、鶴田が練習している様子を見守ることにした。

「どうだ？」

「ああ、良いですね」

こんなとき、鶴田相手に「良い」と言うのは当たり前だった。谷は鶴田が「カラスは白い」と言えば「白いですね」と言う。高倉に対しても同じだった。

鶴田の思いが吐露された中島監督『日本暗殺秘録』

『あゝ同期の桜』の次に中島貞夫監督が鶴田浩二と組んだのが、昭和四十四年十月十五日公開の『日本暗殺秘録』である。

この映画の撮影をめぐって、中島と鶴田は決定的な衝突をすることになる。

日本の暗殺百年史である幕末・明治・大正・昭和の四代に勃発《ぼっぱつ》した各事件を題材にし、オムニバス形式で描く。

桜田門外《さくらだもんがい》の変、紀尾井坂《きおいざか》の変、大隈重信《おおくましげのぶ》遭難事件、星亨《ほしとおる》暗殺事件、安田善次郎《やすだぜんじろう》暗殺事件、ギロチン社事件、血盟団事件、相沢《あいざわ》事件、二・二六事件を取り上げており、鶴田は「二・二六事件」のパートで磯部浅一《いそべあさいち》を演じた。

磯部は、二・二六事件の首謀者北一輝《きたいっき》の下に出入りし、皇道派青年将校グループの中心人物であった。昭和十一年二月二十六日の決起の計画・指揮に当たった。陸軍青年将校ら一千四百八十三名の下士官・兵を率いて、首相官邸などを襲撃し、高橋是清《たかはしこれきよ》大蔵大臣ら政府要人を殺害した。

二・二六事件を巻き起こした磯部たち将校は天皇のために立ち上がった。

だが、天皇は彼らの蹶起《けっき》を認めず、銃殺を命じる。これでは死んでも死にきれない。磯部たちに残ったのは天皇に対する恨みである。

もともと将校たちには天皇に対する「恋闕《れんけつ》」があった。恋闕とは恋い焦がれる心情を指す。だが、命を賭した恋厥は裏切られた。その瞬間、恋厥は怨恨に姿を変える。この怨恨こそが作品の核である。

翌年八月十九日には、銃殺刑に処された。

磯部は、日記に次のように書き記した。

《今の私は怒髪天をつくの怒りにもえています。私は今は陛下をお叱り申上げるところに迄精神が高まりました。だから毎日朝から晩迄陛下をお叱り申しております。天皇陛下何と云ふ御失政でありますか。何と云ふザマです。皇祖皇宗に御あやまりなされませ》

中島は当初、作品のラストで磯部の日記の一部を使った仕掛けを考えていた。笠原和夫《かさはらかずお》の脚本にも日記は引用されている。

日記は、すさまじい恨みが綴《つづ》られている。

《天皇陛下、陛下の側近は国民を圧する漢奸で一杯でありますゾ。お気付き遊ばぬでは日本が大変になりますゾ。今に今に大変なことになりますゾ》

日記は鶴田のナレーションという形を取ることにした。

「声だけ録らせてください」

鶴田に頼み、スタジオに入ってもらった。本番に入ると、録音の最中、鶴田がマイクの前で何やらわめいている。

「こんな文言を入れて、ＯＫになるはずない」

どうやらそんなことをぼやいているようだ。中島にはピンときた。

〈鶴さんにとって、磯部の思想はあまりに過激なんだな。確かにテロリズムを賛美している内容には違いない〉

中島も若かった。「反体制」の一点で、右翼に感情移入していたのだ。

鶴田は特攻を美化し、先の戦争を肯定している。だが、「一人一殺」を唱えるような右翼思想とは相容《あいい》れないものがあるようだ。

とはいえ、鶴田はプロであり、俳優だった。最終的には中島の注文どおりナレーションの収録に協力してくれた。

ところが、ある日、東映の大川博社長から撮影所の中島に電話がかかってきた。

「直接こういうことを言うのはなんだが。岡田がつかまらんので、君に言うが、これはやめてくれ」

「これ」とはほかでもない。磯部の日記のことだ。

どうやら中島の仕掛けが外に漏れたらしい。当時、自民党幹事長であった保利茂《ほりしげる》から大川社長に「やめさせてほしい」と圧力がかかったというのだ。

「わかりました」

中島はあっさり矛を収めた。大川社長とは『あゝ同期の桜』でも揉めている。勝手知ったるものだった。

中島はさっそく、この作品の脚本を担当している笠原和夫と作業に入った。

磯部の日記で触れられている昭和天皇に対する恨みつらみ、怨念を軟らかい言い回しに次のように変更することにしたのだ。

「特攻は無力なり。権力者の前には無力なり。個人が最後に頼みとしたる軍司法権による公正なる裁判。あたら軍幕僚の高等政策、彼らが生きんがための機密政策のために蹂躙されたる個人らは銃後の首をさらされたるなり。今や国民はあきらかに知るべし。権力者の前には国法は無力なり。予はいかん。全日本窮乏国民は神に祈れ。しかして、自ら神となれ。神となりて天命を受けよ。天命を奉じて日本国中の悪人ばらを撃ち尽くせ。焼き払え。日本国中に一人でも武人の思想信念を解せざる悪人ばらの存せる以上、決して、退場することなかれ」

その上で鶴田のナレーションを録り直した。中島は思った。

〈『あゝ同期の桜』にせよ、『日本暗殺秘録』にせよ、日本的な中庸の精神からは大きく外れている企画だ。ただ、撮っているこっちは、彼らの心情にどこか惚れるところがあるからやれる〉

「ゆっくり一歩」の里見《さとみ》浩太《こうた》朗《ろう》の困惑

里見浩太朗は、『日本暗殺秘録』に鶴田演じる磯部浅一とともに二・二六事件の首謀者の一人で死刑を宣告される村中孝次《むらなかたかじ》陸軍歩兵大尉役で出演している。

里見がデビューしたての頃は、ヤクザ映画といえば着物にドスだった。が、やがて時代の変化で、ヤクザも背広と拳銃に変化していた。

里見にとって、時代劇と、着物を着たヤクザものの映画は仕草もほとんど同じで違和感はなかった。背広を着たヤクザは、ずっと現代的でなんでも自由にできる。が、里見は背広を着て演じることに違和感を覚えた。

背広を着たヤクザが主流になってから、撮影所の中は本物のヤクザと役者のヤクザの区別がまったくつかなくなった。

監督たちは、博奕場など本物のヤクザにやってもらうのが一番だと考えていた。役者がやるよりずっと迫力あり、格好いい。

里見浩太朗と俊藤浩滋は、麻雀友だち、ゴルフ友だちで気の置けない間柄だった。

ある日、里見は俊藤とゴルフを楽しみながら、ヤクザ映画の出演について相談した。

「俊藤さん、俺は着物を着たヤクザなら役柄に入っていける。けれど、背広を着てピストルを持ったヤクザはどうも性格的に合わないし、キャラクターでもないと思う。だから、俺はもうヤクザ映画はいいよ」

俊藤が言った。

「おまえ役者なのに『いいよ』って、どういうことだ」

「いや、つまり勘弁してほしいんです」

「やりたくないのか」

「やりたくないというか、やる気にならないんです」

「しょうがないな。好き嫌いもあるからかまわないが、なんでもやるのが役者と違うのか」

「それはわかりますけど、どうも乗っていけないんです。役者は乗らなけりゃ、絶対に映りは良くならないと思いますので」

里見は、『日本暗殺秘録』を最後に東映の任俠アクション映画にはきっぱりと出演していない。

里美は、東映の任俠映画を振り返って思う。

里見から見た高倉健は、闘って死んでいく姿が格好いい俳優であった。小細工はいっさいなく、まっすぐ進んでいき殺されて格好いい役者というのは、やはり高倉以外に考えられない。

いっぽう鶴田浩二は、闘い抜いて生き残ってこそ映える俳優である。これは、里見だけでなく、後輩俳優たちの多くが感じていたことだった。

里見にとって、鶴田浩二や高倉健は自分と比較にならない役者だと最初から思っていた。

前述したように、里見がライバルのように感じ、うまい、格好いいと思っていたのは、成田三樹夫《なりたみきお》や敵役でよく出てきた遠藤太津朗《えんどうたつお》だった。

また、一映画ファンとして格好いい脇役だと思っていたのは河津清三郎《かわづせいざぶろう》だった。

ほか、前述したように丹波哲郎《たんばてつろう》とは、最も親しく息子のように可愛がってくれていた。

そして、これも前述したが若山富三郎《わかやまとみさぶろう》は、「役者馬鹿」という言葉がまさにピッタリの、乗せればどんどん役にのめり込んでいい演技を見せるタイプ。

若山富三郎は怒らせたら怖いことで評判だったが、里見にとっては、とても可愛い先輩で、里見が妻のつくったおはぎを仕事場に持っていった際、丹波と若山の三人で一緒に食べて〈役者から離れたこの二人の意外さ〉を思った。

長門裕之《ながとひろゆき》は、達者な役者だった。何をやらせても、こなせてしまう。

山下耕作《やましたこうさく》監督は、役者を傷つけない静かで温厚な監督だった。特に女優からは「あの監督ともう一回一緒にやりたい」と思わせる監督であった。

ただし、酔っ払うと人が変わってしまう。

なお、里見浩太朗は、これまで約二百本の映画に出演してきた。

里見浩太朗の座右の銘は「ゆっくりと一歩」である。

中島監督の意図を体現した千葉と片岡千恵蔵

中島監督の意図は、むしろ『日本暗殺秘録』の中の『血盟団事件』の首謀者で「一人一殺」を唱える日蓮宗の僧侶の井上日召《いのうえにっしょう》役の「御大」片岡千恵蔵《かたおかちえぞう》らのほうが素直に受け取ってくれた。

若者に暗殺を扇動したのは井上日召である。この稀代の宗教者をどう描くか。そこが問題だった。

千葉真一の役は、小沼正《おぬましょう》。井上日召の家父長的カリスマの影響下に捨て石的革命運動に没入する若者は小沼正。絶望的な反抗心を育み、テロリズムに到達していく。

旧正月に茨城《いばらき》県に帰郷したとき、百姓の窮乏を見るに忍びず、これは井上準之助《いのうえじゅんのすけ》前蔵相のやり方が悪かったからと殺意を生じさせる。

小沼は波打ち際で「南無妙法蓮華経、南無妙法蓮華経、南無妙法蓮華経……」とお題目を一心不乱にあげ続ける。

昭和七年二月九日、小沼は総選挙の応援演説のために東京本郷《ほんごう》の駒本小学校を訪れた井上準之助を背後から銃弾三発を撃ち込み、絶命させた。

小沼正は小器用な芝居よりも、一途さを出せる千葉真一が配役される。中島監督はこの役を「ヤクザ映画のスターがやるべきでない」と考えていた。

血盟団事件を起こしたときの小沼は二十一歳で、千葉は「三十歳ぐらいの自分が、キャスティングされるぎりぎりの線であったと思う」と語っている。

小沼が再就職して出会う従業員のたか子には、藤純子《ふじじゅんこ》を配して脇を固めている。

中島や脚本家の笠原和夫がこの作品の中で最も惹きつけられた事件だった。

中島は「人殺しをする情念とはいったい何か。本当に情念なのか、狂気なのか」、笠原は「実在のテロリストたちが持つ光芒を出したい。ある種、観念的な主題」を描こうと、それぞれ決意していた。

小沼正へは、中島、笠原、千葉の三人が三日間通いつめて、ようやく話を聞くことができた。出版されていなかった血盟団事件の公判記録も貸してもらう。

中島は小沼正と話しているうちに「おまえは左翼じゃねえか」と笑いながら言われることもあったが、どこか気が合って可愛がってくれたという。

笠原和夫は小沼について、「風貌はいい人だが、目つきがすごかった」と語っている。

千葉は「物静かな方」とそれぞれ語っている。

中島は思った。

〈右翼の思想や行動はもちろん、何にもわかっていなかった若い連中が、青春のはけ口として走ってしまった。そこが面白い〉

千葉自身もこの作品が大好きであった。

千葉は、当時、主演していたテレビドラマ『キイハンター』を休んでまで、小沼役に専念し、悩み苦しみながら、覚醒《かくせい》していった。

宗教家でテロリストの井上に片岡はぴったりで、その片岡と千葉は四つに組んで共演した。

小沼を演じる千葉には、片岡演じる井上に育てられたという現実があった。

片岡千恵蔵は、厚みのあるひとだった。千葉真一が初めて共演したのはデビュー二年目の昭和三十八年六月三十日公開の『八州遊侠伝　男の盃』。

そのとき、東京から来た新人の俳優ということで、千葉を一流の料理屋に連れていってくれた。

それからというもの、千葉は、片岡千恵蔵のことを気にし続けていた。

京都《きょうと》にある俳優会館の二階は、スターたちの控室がならんでいた。片岡千恵蔵が片方の端っこに陣取り、反対側の端は当初市川右太衛門《いちかわうたえもん》の控室だった。いつの頃からか右太衛門がいなくなったので、次には高倉健が入っていた。しかし、鶴田が東宝から移籍してくると、鶴田がそこに入った。恐らく高倉が場所を譲ったのだろう。高倉はその二階の真ん中あたりの部屋を使うようになっていた。

『日本暗殺秘録』は、昭和四十四年十月十六日に公開された。千葉真一は、この作品での演技を高く評価され、京都市民映画祭で主演男優賞を、笠原和夫は脚本賞を受賞した。

この映画には意外な反響があった。中島監督の意図からは外れ、右翼に喜ばれる映画になった。

〈これは、ちょっと違うんだけどな〉

そんな中島の思いとは裏腹に作品の評判は独り歩きしていく。

『あゝ同期の桜』と『日本暗殺秘録』は共に非常に政治的な映画である。だが、右翼にもてはやされる可能性があるからと、最初から直してしまっては作品が駄目になってしまう。

ところが、『日本暗殺秘録』以降、中島貞夫は鶴田浩二と完全に関係が絶たれてしまう。撮影所内で顔を合わせても、お互い挨拶もしなかった。スターではあるが、鶴田は決して人格者ではない。人間ができているとは言えない面があった。中島も若く尖《とが》っていた。

やはり問題となったのは鶴田演じる二・二六事件の首謀者である磯部浅一の最後の日記である。天皇への恨みつらみを綴っていた。

鶴田は「こんなものが通るわけないぞ」と何度も言った。それでも中島は強行した。

〈あのバカ、やりやがって〉

鶴田にはそんな思いがあったのだろう。

当時、東映京都撮影所内には「鶴田一家」然としたお付きの役者が大勢いた。その多くはのちに「ピラニア軍団」として一気に時代の波に乗っていく。それらの役者も中島を無視した。

鶴田浩二は昭和六十二年六月十六日、慶應義塾大学病院で逝去する。六十二歳だった。

鶴田の入院中、中島貞夫は見舞いに訪れた。病床の鶴田と中島が最後にした会話は天皇をめぐるものだった。

二人が一時、袂《たもと》を分かつきっかけになった『日本暗殺秘録』。二人は、撮影当時を振り返り、なぜぶつかったのかに話が及んだ。意外なほどしっかりした口調で鶴田が言った。

「天皇陛下や」

鶴田の中には天皇の問題が非常に重くのしかかっていた。

〈鶴さんは、やっぱり天皇を信じていたかったんだな〉

鶴田の天皇観は中島とは異なる。戦中派特有のものかもしれぬ。現人神《あらひとがみ》としての天皇の存在が確固たるものとして鶴田の中にあった。

中島の父親は、中国戦線で戦死している。

かつて先祖代々の墓とは別に戦没者の墓を造り弔う習慣があった。戦争で亡くなった人は神。だから、代々の墓には入らず、独自に立派な墓を建てた。中島の家もそうだった。

中島家が代々眠る墓とは別に戦死した父親は「陸軍上等兵」と刻まれた墓石の下に入っていた。あるいは「埋葬料」がどこかから出ていたのかもしれない。学生時代、靖国神社のすぐ近くに四カ月ほど下宿したことがあった。それでも、中島は決めていた。

〈靖国には、絶対に行くまい〉

鶴田が本当に愛した岸恵子

里見浩太朗は、鶴田浩二が毎年開催している梅田《うめだ》コマ劇場での芝居と歌の座長公演を必ず観に行っていた。

里見は毎年、大好きな鶴田の大ヒット曲『ハワイの夜』を歌ってくれるのを待っていた。が、何度観に行っても歌ってくれない。

里見は、鶴田の松竹時代からの古参の付き人に声をかけた。

「おれ、何回も見に来ているけど、なんで兄貴は『ハワイの夜』を歌わないんだ?」

『ハワイの夜』は、昭和二十八年一月八日公開で、マキノ雅弘《まさひろ》監督、鶴田浩二と岸恵子《きしけいこ》が主演で、大ヒットした映画である。同名の曲を鶴田が歌い、こちらも大ヒットした。

♪ハー　ハワイ
みどりの夜
月も宵から
波間に燃えて
ああ　パパイヤは仄かあまく
君慕うウクレレ
やさしのハワイ
ああ　ハワイ

付き人は黙ったままだった。

「なんで歌わないんだよ」

繰り返し問うと、ようやく口を開いた。

「あとで、教えてやるわ」

頑なに言おうとしない。里見もムキになり、何度もしつこく訊いた。すると、とうとう付き人が折れ、事情を話してくれた。

「誰にも言うなよ。鶴田さんは『ハワイの夜』に出演したとき、本当に岸恵子さんを愛してしまったんだ。岸さんも同じだよ。どうにもならない愛に二人は陥ったんだ。鶴田さんにはすでに許嫁《いいなずけ》がいて、妊娠していた。どうにもならなくて、泣く泣く別れた。だから岸さんも『ハワイの夜』の撮影が終わって半年もしないうちにイヴ・シャンピ監督と結婚して、フランスへ行ってしまっただろう。信じられない話かもしれないが、鶴田さんは悲しくて『ハワイの夜』は歌わないんだ」

里見は深く納得した。

〈ああ、やっぱり兄貴はそういう人なんだな。確かに、一途で純なところがある〉

里見は、もし自分が鶴田の立場だったら、と考えてみた。

〈きっと「ハ〜、ハワイ、みどりの夜」の歌い出しから涙ぐんで、声が詰まってしまうだろうな〉

鶴田浩二はプレイボーイで通っており、いろいろな女性たちと浮名を流した。が、岸恵子だけは特別だったようで、本気の愛は誰にも見られたくない、触れられたくないものだったらしい。

岸恵子

もし何かのタイミングが違っていたら鶴田浩二と岸恵子は結婚していたかもしれない。

「不倫は善くない」は正論であるが、役者の恋愛遍歴も芸の肥やしとよく言う。

里見は思う。

〈同じ世界に住む者であれば、不倫や恋愛をする役者の気持ちを理解できるの

だろうな〉

『ハワイの夜』で鶴田浩二と共演し、恋にも落ちた岸恵子は、鶴田の死を悼み、『週刊朝日』昭和六十二年七月三日号に特別手記を寄せている。

《スターになった私が映画界の穢いあくに染まらぬようにと、鶴田浩二さんは心配してくれた。

「君はいつ迄も今のままでいなさい。女優くさくなっちゃ駄目だ」

度重なるお説教節に私は内心ペロリと舌を出していた。私は映画界のあくに染まったり、女優くさくなるほど素直でかんたんな女の子ではないのだった。

ロケ帰りの或る日、私達は暗い山道を走っていた。『君の名は』はまだ撮っていなかったが、同時に二本も三本もかけ持ちをさせられる十代の女の子は、自分の行動形態が次第にスターという生き物に近づいてゆくことに苛立っていた。人目を避けるためについ暗い道を選び、人混みの中では顔をかくすようにしても凄く足早に歩く。それは私の性にも合わなかった。

「ねえ、ネオンのキラキラした明るい町中を走りましょう。いっぺんでもいいから鶴田さんと銀座のど真ん中を歩いてみたい」

「おそろしいことを言うお嬢さんだね」

「どうして天下の大道を二人で歩いちゃいけないの？　男と女だから？　スターだから？」

興奮した私を軽くいなして彼は山の頂上のようなところで車を止めた。

「さあ降りなさい。天下の大道を二人で歩こう」

「いや。こんな山の中いや。明るい天下の大道がいいッ」

「駄々をこねるんじゃない」

山頂に車を止めたときの俺らは上機嫌だった。ちょっとばかりロマンチックでない匂いがただよってはいたが、あまりのうつくしさに私は息を呑んだ。満天の星が手をのばすとつかめそうだった。

「ここ、とっても高い山なの？」

「天下の嶮《けん》と人の言う、山の名前は箱根《はこね》でござんす」

私は嬉しくなってステップをふみながら大きな声を張りあげた。

「トッオッキョ、ブギウギ、リズムウキウキ」。その人は淋しさを曳いた笑いをさざめかせて私をみつめていた。

「やだーあ」。どうしたわけか私は、ずぶずぶっと三十センチ位、冷たい庭に沈み込んだのである。駆け寄ったその人に抱きあげられた私の足はぐしょんぐしょんに濡れてヘンな匂いがした。その人は声をあげて笑いくずれた。

「いやーだ。これ、コヤシ、コヤシの匂い」

「当たり前だ。君は水田に落ちたんだよ。ここは畑のあぜ道だったんだよ」

「どうして天下の嶮のてっぺんにコヤシの匂いのする畑があるの！」

その人は私を包み込むように抱きしめて背中をさすってくれた。揺ら揺ら揺られながら私の胸がドクンと鳴った。星が鳴り止み辺りがしんとした。その人の瞳の中に星影が宿り、黯《くら》い熱い光が揺れた。

「さ、君から先に離れてくれ、おれ、君がとても大事なんだ。大事にしたいんだ」

私ははっとして身をひいた。死にたいほど恥ずかしかった。「ごめんなさい」と言いながら何故あやまらなくてはいけないのか分からなくて泣きべそを掻いた。

彼はまた抜けるような明るい笑いで笑い、私を軽々と抱き上げて、バスケットボールのように天空にかかげた。

「両手をうんと高くあげて星を奪《と》れ。沢山奪ってきれいな花嫁衣裳を作れ」

思いのたけキザなせりふが、満天の星空と（水田に落ち）コヤシの匂いの中で、何とも言いようなく絶

妙な可笑しさを作り、私たちは天下の嶮のてっぺんでいつまでもいつまでも笑っていた。》

鶴田の語る岸とその後の二つの結婚

《その日、ひとつの恋がおわったのだった。

今思うと他愛のないはなしなのに、十九の乙女は大真面目だった。その上、若い二人は恥ずかし気もなく、お揃いの長い長い純金のネックレスをしていた。

新橋駅を降りて、銀座へ曲がる角の、少し手前にあった小さな店で、私が注文したそのネックレスは、ちょうど一年ぐらい、彼と、私の胸の上で、チカチカ、チカッと星くずのように煌めいていた。

銀座の街角で私は彼にサヨナラと言った。

彼は炎の立つ黯い瞳で私を見据えて、どうして?と言った。

私は、ちょっと芝居がかって、もう一度サヨナラと言った。

彼は蒼ざめていて、私のひとり芝居にのって来なかった。

それから私は、わんわん泣きながら銀座通りを駆け抜け、どこをどう走ったのか、どこかの橋の上に来ていた。そこで、私はたった独りで、ひとり芝居のつづきをやった。

ポロンポロンと泣きながら、破れた恋のネックレスをひきちぎった。

私は欄干から身を乗り出してちぎったネックレスを放り投げた。ネックレスは雨を受けて光りながら川面に落ち、そして沈んでいった。

蒼ざめたその人の顔は、「君がもう少し大人になれば分かるはずだ……」と言ってストップモーションになったまま、三十年経ってしまった。》

《その人が死んだのだと言う……。胸の奥が焼けつくように痛い。コヤシの匂いがした満点の星がどっとおっこちて来たようで、お腹の底が攣れるように痛い。》

いっぽう鶴田浩二は、『週刊ポスト』昭和四十六年八月十三日号で、岸恵子について語っている。

《当時のオレは、はっきりいって（婚約していた）照子より岸くんのほうをより愛していたのかもしれない。

が、結局は岸くんとは結ばれなかった。別れたんです。これは、映画会社のもろもろの工作というよりは、オレ自身の心の結着でしたよ。たとえ、どんな悲しい思いをする別れでも、岸くんは《女優》である以上、生きていく心の支えがある。仕事をもっていますからね。けれども、照子はもう《女優》でもなんでもない。ひたすらオレとの結婚を待っている女性です。》

《いま思えば、それでよかったんだ。岸くんのためにも、別れてよかった、と思う。が、彼女がフランスの人を結婚の相手にえらんだときは、哀しい思いをしましたよ。彼女の心の痛みまでわかるような気がしてね。

岸くんは、ああするしか日本を離れることはできなかったのかな。》

鶴田浩二・照子夫妻の結婚式は昭和三十年十一月二十一日、東京會舘でおこなわれた。仲人は師匠の高《たか》田《だ》浩吉《こうきち》夫妻だった。

後年、岸恵子がイヴ・シャンピ監督と結婚して日本を離れるとき、鶴田家の周りをひそかに歩き、窓の灯りに別れを告げた、というロマンチックなゴシップも流れている。

東映社長の岡田茂は、自伝『波瀾万丈の映画人生』（角川書店）で岸恵子と鶴田の恋について、語っている。

《鶴田浩二さんという男は、自分も女に惚れるが、惚れられたら、惚れこませる男だった。鶴田さんが不在のときに、岸恵子さんが家に乗り込んでいったことがあった。鶴田さんが家に帰ってみると、岸恵子さんと女房が家の中でやりあっている。鶴田さんはこれを見て飛んで逃げたそうだ。それから家にこっそり電話をして、お手伝いさんに尋ねたという。

「あのな、あの……まだおるか」

「まだいらっしゃいます」

「じゃあ、あかんな。またあとで電話するから」

　こんなやりとりが続いたらしい。

　その後、電話で岸恵子さんが帰ったのを確認してから、家に帰ったという。その話を聞いて、僕は岸恵子さんに言った。

「あんた、鶴田の家に行って、揉めて大変だったらしいな」

　岸さんは、なぜ知っているのかとビックリしていた。

『人生劇場　飛車角』で飛車角役の鶴田と駆け落ちする遊女おとよを演じた佐久間良子《さくまよしこ》さんも、鶴田さんに惚れていた。鶴田さんの女性に対する扱いは天才的だった。

『細雪』という映画で、佐久間さんと岸さんが共演したときは大変だったようだ。お互いに口をきかない。二股をかけられたわけでもないが、恋のライバルとでもいうものだったのだろう。》

第9章　「国民歌謡」を担う

歌手・鶴田《つるた》浩二《こうじ》の誕生はふとした出会いに始まった

作詞家の藤田《ふじた》まさとは、昭和五十二年に発売されたレコード『歌手生活25周年記念　鶴田浩二大全集』の解説で『歌手・鶴田浩二、誕生のいきさつ』と題して、鶴田の歌手デビューについて語っている。

昭和二十四年（一九四九）の夏、藤田は、銀座《ぎんざ》の事務所から内幸町《うちさいわいちょう》の日本コロムビアのスタジオへ行く途中、川のほとりでロケーションをやっている場面に出くわした。

ロケ現場を横切りながら、ひょっと見ると大曾根《おおそね》辰夫《たつお》監督を見かけた。大曾根も藤田に気がついたのか撮影を中止して、わざわざ挨拶に来てくれた。

このとき、藤田は大曾根に松竹で売り出し中の若手俳優の鶴田浩二を紹介された。

鶴田は、甘くて優しいマスクの中に、たくましい男の匂いと将来大物になる予感を感じさせる雰囲気を持っていた。

藤田まさと

藤田は、急いでいたため挨拶もそこそこで別れたが、後日、京都《きょうと》で高田《たかだ》浩吉《こうきち》の妻の時江《ときえ》夫人から、頼まれた。

「先生、榮《えい》坊をよろしくね」

榮坊と言われても、藤田にはピンとこない。すると、さらに時江夫人が言った。

「先生、ごぞんじないのですか！　鶴田浩二ですよ！」

藤田は、思い出すのにしばらく時間がかかった。戦前、高田浩吉の内弟子に小《お》野《の》榮一《えいいち》という色の白い可愛らしい坊やがいた。よく気のつく利巧な坊やであった。その彼が鶴田だとは、たくましくなっていたためすぐに気づかなかったという。

高田浩吉

翌年、ＮＨＫの『黄金の椅子』に高田浩吉が出演した。番組終了後、藤田は、高田と鶴田と三人で日本《にほん》橋《ばし》の天婦羅屋へ行き、昔話に花を咲かせた。

そのうち、高田が鶴田を指さして藤田に頼んだ。

「藤田さん、これは歌はいけるよ。何かのときには面倒を見てやってください」

面倒を見るも見ないもなかった。鶴田ほどの素材を放っておく手はない。

藤田は、すぐに自身が当時、専属だったポリドールのディレクターにこの件を伝えた。

後日談だが、鶴田はこのとき「高田の親父はずいぶん無茶なことを言うなあ」と思ったという。

実は、鶴田が高田浩吉劇団にいた頃、高田から「お前は歌が下手だね、音痴だね」とさんざん言われていた。そのため、いきなり専門家に「歌が上手い」と紹介されても、言葉を額面どおりに信じる気持ちにはなれなかったのだろう。

昭和二十四年、鶴田は『男の夜曲』でデビューした。作詞は藤田まさと、作曲は舟尾勇雄であった。『男の夜曲』はそこそこヒットしたが、ポリドールが経営不振となり、鶴田はビクターに所属する。

それ以来、鶴田は、吉田正《よしだただし》という名伯楽を得たこともあって、ビクターで歌謡史に残る数々の名曲を発表していくことになる。

筆者は、かつて作曲家の吉田正とビクターの磯部健雄ディレクターに取材し、鶴田浩二と吉田との出会いについて詳しく訊いている。

鶴田は、磯部から吉田を紹介されるや、一目で感じ取ったという。

〈この人も、生死のぎりぎりの境まで追い詰められたときの、人間の赤裸々な本性を見せつけられてきた人間だ〉

言葉では説明できない匂いのようなものが、吉田の体から滲み出ていた。あえて説明しようとすれば、その匂いは、心ならずとも生き残ってしまった男の悔い、とでもいうべきようなものだ。その匂いは、鶴田の体からも同じように滲み出ているに違いない。

戦争中、特攻隊にいながら、生きながらえてしまった鶴田は、吉田に自分と同じ匂いを嗅ぎとったのだ。

その夜、鶴田と磯部と吉田は、さっそく築地《つきじ》にあったビクターに近い銀座のナイトクラブに繰り出した。

鶴田は、酒を飲めないという吉田に、無理矢理ウイスキーグラスを握らせた。

「吉田さん、これからは、僕がお酒の手ほどきをしてあげますよ」

昭和二十七年秋、鶴田二十七歳、吉田三十一歳の出会いである。この日は、吉田作曲で鶴田が吹き込むレコードの打ち合わせだった。

だが、鶴田と吉田の会話は、つい戦争のことになった。鶴田は吉田に訊いた。

「シベリアでの抑留生活は、何年でしたか」

昭和二十年八月十日未明、ソ連国境の琿春《こんしゅん》の陣地にいた吉田は、突然のソ連軍の攻撃にさらされた。吉田の率いる十一名の機関銃分隊は、徹底抗戦し、六日間持ち堪えた。

七日目の八月十六日昼、吉田は敵の追撃砲をくらい、一瞬にして空中に吹き飛ばされた。意識を取り戻すと、すでに夜だった。星がきらめいていた。すぐ

吉田正

傍で、ソ連兵たちが焚き火を囲んでいた。体を動かそうにも、左半身がやられていた。血だらけであった。睾丸の下から陰茎の横へ、砲弾の破片が貫通していた。小便も出なかった。夏だったので、傷口にはたちまち蛆《うじ》がわいた。吉田は野戦病院で治療を受けたあと、十月、黒海に近いノンジャンという地域の収容所に送られた。

冬は、気温が零下六十度まで下がった。その中を二時間も三時間も歩かされて伐採地に行き、作業をさせられた。

過酷な環境の中で、労働意欲を湧かすには、歌が必要だった。ソ連兵は、強制的にロシアの労働歌を歌わせた。が、それでは、みなの気が進まなかった。日本の歌が歌いたかった。軍歌は禁止されていたため、吉田は、同胞たちのために新しく曲をつくった。その曲に、増田幸治という軍曹が詞をつけた。

鶴田は、そこまで話を聞くと、さらに質問を重ねた。

「それが、ビクターで竹山逸郎《たけやまいつろう》さんや中村耕造《なかむらこうぞう》さんが歌って大ヒットした『異国の丘』なんですね」

吉田は、静かにうなずいた。

磯部ディレクターが、シベリア抑留中に吉田がひそかに作った『異国の丘』について解説した。

「『異国の丘』は、たちまち抑留者たちの間に広がっていったんだ。生き抜こうとする彼らの、気力を支える歌になった。そして、吉田さんが日本に帰って来たときには、NHKのど自慢などで歌われていて、すでに日本でもヒットしていた。先に帰国した抑留者たちによって、伝えられていたんだ」

のち鶴田も『異国の丘』を歌い、ヒットにつなげた。

話題は日本に帰ってからの吉田に移った。

昭和二十三年八月に復員すると、吉田は、東京駅《とうきょう》近くにあった増成動力工業株式会社に再就職することができた。ボイラーやタービンの設計士として働いた。ビクターにすすめられ、会社員と作曲家の二足の草鞋《わらじ》を履いた。

が、二十四年三月、会社が倒産したのを機会に、ビクターと専属契約を交わした。趣味で始めた作曲であったが、この道に賭けてみようと思ったのである。

鶴田が力を込めて言った。

「吉田さん、お願いがあります。今度の曲は、僕だけのために、僕だけにしか歌えない、そういう歌をつくってくれませんか」

鶴田は、ディレクターの磯部にも頼んだ。

「磯部さん、お釣りの人生同士のこの二人に、ぴったりするような歌をつくってくれないか」

この夜、吉田は決心した。

〈よし、鶴さんの声を使って、今度こそ、思い切った曲づくりをやってみよう。それが、鶴さんの望みでもあるんだ〉

見出し見出された鶴田と作曲家・吉田正

昭和二十八年二月、宮川哲夫《みやがわてつお》は、吉田が作曲する鶴田の歌の作詞を依頼された。

宮川は、打ち合わせの合い間に、鶴田や吉田の戦争体験を聞くや、二年前の六月に読んだある週刊誌の記事を思い出した。

戦犯容疑で巣鴨《すがも》プリズンに拘置されていた元大日本帝国連合艦隊司令長官、海軍大将・髙橋三吉《たかはしさんきち》の令息の髙橋健二《たかはしけんじ》が、サンドイッチマンの会社を創業し、満三周年を迎えたという記事であった。記事には蝶ネクタイを締めて、黒い礼服姿の髙橋が、『皆々様の御支援に感謝！』というプラカードを掲げて笑顔を見せている写真も載っていた。

当時、世間では、「あの海軍大将の息子が、広告屋になりさがった」と話題になったものだった。当時はまだ、広告という仕事が低く見られていた。

昭和二十五年からの朝鮮戦争による特需景気で、街は浮かれていた。焼け野原になった都会には、次々と新しいビルが建ち、街は日ごとに装いを新たにしていた。

しかし、闇市や娼婦もまだ存在していて、街の片隅に追いやられているだけだった。

その急激な時代の新しい流れと、取り残されていくもの。それらが混在した街の中を、派手な格好で、愛嬌をふりまきながら歩く元海軍大将の子息。

宮川は、その姿に、人生の哀愁とはかなさを感じた。そして、それは鶴田浩二の持つ虚無的な匂いと、どこかでつながっているような気がした。吉田と鶴田のいう「戦後の余分な人生」とも、つながるような気がした。

宮川は、サンドイッチマン髙橋健二をモデルに、詞を書いた。書き上げたのは、三月九日であった。

♪ロイド眼鏡に　燕尾服
泣いたら燕が　笑うだろ
涙出た時ゃ　空を見る
サンドイッチマン　サンドイッチマン
俺《おい》らは　街のお道化者
呆《とぼ》け笑顔で　今日もゆく

詞は、ただちに吉田の手に渡った。吉田は、自らも、銀座や新宿《しんじゅく》という繁華街を歩いてみた。曲想を、練りに練った。当時は、美空《みそら》ひばりの民謡調の『リンゴ追分』や高音の美声を持つ春日《かすが》八郎《はちろう》の『赤いランプの終列車』が、売れに売れていた。

吉田は、鶴田の低音で甘くソフトな声の魅力を存分に引き出すことを考えた。曲調も、民謡調とは正反対のものでいくことにした。

作曲しているうちに、吉田はひらめいた。

〈そうだ。これは、風俗歌謡だ。都会調の風俗歌謡なんだ。その意図を、もっと作品に生かしてみよう〉

『街のサンドイッチマン』の吹き込みは、昭和二十八年三月二十八日におこなわれた。

鶴田はその哀愁あふれる詞と曲調に、心地よく酔いながら歌った。

レコードは、五月に発売された。都会調の新鮮な曲は、驚きをもって迎えられた。たちまちヒットとなった。

この歌は、宮川が世に出るきっかけとなった。と同時に、吉田に、作曲家としての大きな自信を与えた。吉田に、曲づくりへの意欲が蘇った。

実は鶴田は、昭和十五年にレコード歌手としても活躍した高峰三枝子《たかみねみえこ》が発表した『湖畔の宿』の時代から、ひそかに歌のレッスンをおこなっていた。

また、ヒット作こそなかったが、昭和二十六年に発表された『若人の誓い』以降、鶴田はビクターで歌手活動をした。

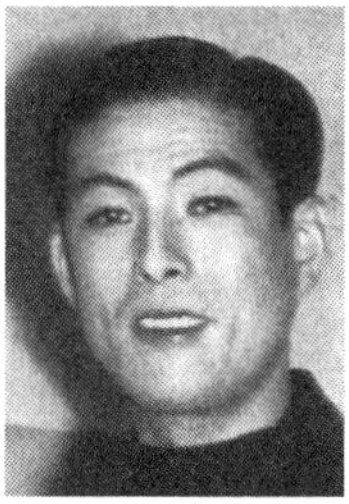

灰田勝彦

ビクター専属で『野球小僧』で知られる灰田勝彦《はいだかつひこ》は、鶴田浩二の先輩に当たる。鶴田の歌手活動は、灰田をはじめ、「歌が上手い」と評価してくれた俳優の高田浩吉、作曲家の吉田正などに支えられた。

吉田の家は都内世田谷《せたがや》区代沢《だいざわ》にあり、鶴田の家の近所だった。そのため鶴田は、仕事の合間に吉田の家に行き、歌のレッスンをつけてもらった。役者のなかで、鶴田ほど歌の練習をした者はいないと言われるほど、熱心だった。

吉田も、鶴田が来れば他の人間にピアノを弾かせず自分で演奏した。鶴田が吉田家に「これから行きたい」と電話が入れば、吉田の妻が吉田の外出先に電話した。

「これから鶴田さんが見えるので、帰ってきてください」

そうして帰宅させた。

吉田も「外出中だから、誰か他の者にレッスンさせろ」とは絶対に言わなかった。

鶴田は、自分が納得するまで二時間でも三時間でもレッスンを続けた。吉田のほうが音を上げて「大丈夫ですよ」と言っても、鶴田は「いや、これは歌になってない」と言ってレッスンを続けた。

鶴田は譜面を読めなかった。が、詩の雰囲気をしっかり表現できているかにこだわった。鏡の前で、歌っているときに自分がステージに出たときにどう見られているかを確認する。左から見たらどうか。この歌詞のときにはこんなポーズをするといいか、そんなことを考えているのだから、どうしても時間がかかる。

芝居も音楽も、可能な限りの努力をした。人の芝居も歌もチェックする。芝居の場合でも、音声を聞いただけで芝居が上手か下手か、味の有る無しなどがわかった。


吉田正は、鶴田浩二のことをことのほか評価していた。

吉田正は「国民歌謡作曲家」とされ、戦後の日本歌謡史を代表する作曲家の一人で、生涯作曲数は二千四百曲を超える。都会的で哀愁漂うメロディーは「都会調歌謡」と称され、ムード歌謡から青春歌謡、リズム歌謡まで幅広く手掛けた。吉田が描いた曲風は吉田メロディー（吉メロ）と呼ばれる。また、鶴田浩二のほか三浦洸一《みうらこういち》、フランク永井《ながい》、松尾和子《まつおかずこ》、橋幸夫《はしゆきお》、和田弘《わだひろし》とマヒナスターズなど多くの歌手を育て上げた。

吉田は、業界関係者から「大先生」として下にも置かぬもてなしを受け、大スターの橋幸夫や吉永《よしなが》小百《さゆ》合《り》でさえ吉田の機嫌を損ねないようにするほどだった。

ところが、鶴田が現場入りすると、吉田はパッと立ち上がって直立不動になり、丁寧に挨拶した。いっぽうの鶴田は「ヨッさん」と気楽に呼ぶ。その様子を見て、その場にいたみんなが呆気にとられた。

吉田が説明する。

「俺が世に出られたのも、鶴田さんが無名だった私の『異国の丘』を歌ってくれたからだ。『作曲したのは誰だ？』『吉田正だ』となったおかげなんだ」

吉田から説明を受けても、吉永小百合も橋幸夫もぽかんとしていた。

〈そういうことなのか〉と事情はわかっても、吉田がそこまで鶴田に感謝することが理解できない。が、吉田本人は、鶴田が現れたら立って挨拶するのは当たり前だと思っていた。

俳優・鶴田の成長が歌手・鶴田に重なり生まれた『傷だらけの人生』

昭和三十年九月、作詞宮川哲夫《みやかわてつお》、作曲吉田正のコンビは、鶴田の新曲として『赤と黒のブルース』を発表した。鶴田はその甘い声を、ブルース調のメロディーに乗せて歌った。

♪夢をなくした　奈落の底で
　何をあえぐか　影法師
　カルタと酒に　ただれた胸に
　なんで住めよか　なんで住めよか
　ああ　あのひとが

鶴田はこの歌について語っている。

「詞を読み、曲を聴いて、これは俺以外歌えない、歌わせない、といった思いに取り憑《つ》かれた。テーマも、俺が考えていた人生の暗い淵といったものをうまく捉えていて、曲も、歌い込めば歌い込むほど味が出てきた。譜面をもらい、ピアノを聴いて、歌手になってよかった、と思えたほど気合いが入った。それだけに、レッスンもしつこくやって、吹き込みも自分で納得のいくまで付き合ってもらった。声もこのときほど神経を使ったことはなかった」

鶴田の声が日本中に響き渡った。彼の甘い声は、ただの甘さだけでなく、苦さも感じさせた。俳優・鶴田の成長が、そのまま歌手・鶴田の成長となり、一回り大きな歌手となって、大衆の中に入っていった。

いっぽうで『赤と黒のブルース』は、フランク永井、松尾和子へと続く風俗歌謡の流れを生み出すものとなった……。

さらなる大ヒットも現れる。

藤田まさと作詞、吉田正作曲による『傷だらけの人生』は、昭和四十五年十二月二十五日にリリースされた。

当時、『日刊スポーツ』の記者だった小倉友昭は、東京・世田谷区代沢の吉田宅でおこなわれた鶴田浩二のレッスンに立ち会っていた。

鶴田は右手で譜面を持ち、左手を耳にあてがった。それが鶴田の歌うときの癖だった。

また歌う際のマイクの持ち方も独特で、白いハンカチで包んだマイクを右手で持ち、小指を立てる。

鶴田は、吉田の弾くピアノに身体を動かして、歌の世界に没入していた。

「吉さん、ここのところのメロディーがいいね。なんともいえずいい。ずしーんと響いてくるんだ。すみませんけど、もう一回ピアノを弾いてくれませんか。もっと歌い込みたいんだ」

鶴田は、あるときは、声を振り絞るように身体を曲げ、あるときは、眼を閉じて、のびやかに旋律を歌い上げていく。

歌に何かを賭けているような一途なレッスンが続けられた。
鶴田のセリフが入る。
《古い奴だとお思いでしょうが、古い奴こそ新しいものを欲しがるもんでございます。どこに新しいものがございましょう。生まれた土地は荒れ放題、今の世の中、右も左も真っ暗闇じゃござんせんか》
鶴田の歌が流れる。

♪何から何まで　真っ暗闇よ
すじの通らぬ　ことばかり
右を向いても　左を見ても
馬鹿と阿呆《あほう》の　からみあい
どこに男の　夢がある

鶴田がしみじみと吉田に語る。

「こういっちゃなんだけど、吉さん、あなたは天才だよ。本当にそう思う。節回しの微妙な味わいなんか、実際、惚れ惚れするものね。それだけに、ああも歌いたい、こうも歌いたいって、いろんな欲が出てきちゃって、何度も何度もレッスンをしなきゃいけなくなってしまう」

実際、鶴田は暇があると、車を走らせて、吉田宅にレッスンに通った。

忙しい映画撮影の合い間を縫ってのことになるため、ほとんど午後九時以降のレッスンであった。多くの場合、深夜にまで及ぶものとなった。

吉田が鶴田とのレッスンについて、述懐している。

「他の歌手とは違う疲れが残る。鶴さんの場合、食いついてくるような気魄《きはく》のようなものが、ひしひしとこちらに感じられるんですね。手を抜こうにも抜けない。自然にピアノを叩く指に力も入ってくるし、音楽も大きくなる。彼のレッスンをすると、終わったあとで、何かこうぐったりしてしまう」

『傷だらけの人生』は、こうしたレッスンの果てにできたものだった。

この歌のレコーディングは、異様な緊張感がみなぎっていたものだったという。

前夜、作曲家の吉田正宅で行われたレッスンに立ち会った『日刊スポーツ』の記者の小倉友昭は、その日は、青山《あおやま》のスタジオでレコーディングを見ていた。

夕刻から始まったレコーディングは、「もう一度いってみましょうよ」という鶴田浩二の希望と「いまの歌でいいけれど、もう一つ録っておこうか」という吉田の提案とで延々と続いた。鶴田はブレザーを脱ぎ、シャツ一枚で、マイクの前に立ち続けるような格好だった。吉田はモニター・ルームの中央に座ったままで、何度となく本番録音を続けた。

担当の白井伸幸ディレクターも、冗談一つ出せないほどに緊迫した時が流れていた。

♪ひとつの心に　重なる心
それが恋なら　それもよし
しょせんこの世は　男と女
意地に裂かれる　恋もあり
夢に消される　意地もある

「恐らく、この歌はヒットする」といった予感めいたものが全員にあったのだろう。晩秋の冷気が嘘のように、熱気が充満していた。

『傷だらけの人生』を完全な形で歌い上げる鶴田は、声を聴かせる歌手から、心を聴かせる歌手へと変貌を果たした。鶴田にとって歌は自分の意志を伝える重要な媒体となった。

渡世人の心を打つ映画『傷だらけの人生』の中での『無情のブルース』

『傷だらけの人生』は、昭和四十六年の「第十三回日本レコード大賞」で大衆賞、「第四回日本有線大賞」では大賞を受賞し、同名で鶴田主演、小《お》沢《ざわ》茂弘《しげひろ》監督で昭和四十六年七月三日公開された。

映画では、冒頭と、鶴田演じる主人公が実の父親を刺し殺さざるをえない場面のあとと二度『傷だらけの人生』の歌が流れる。

さらにもう一曲、作詞・木賊大次郎、作曲・小西潤の『無情のブルース』が流れる。

♪はじき出された
半端《はんぱ》ないのち
捨てても未練が　あるじゃなし
義理も人情も　紙風船だ
これがやくざの　これがやくざの
生きる道

なお鶴田浩二は、全国のキャバレー回りをしているときにも、必ず『傷だらけの人生』とこの曲を歌った。この歌を、目の前にいる渡世の人たちに聴かせると、心にドスンと突き刺さるようだった。まるで、自分たちのことを歌にしたように感じたのだろう。

いっぽう、テレビで歌うときは、『傷だらけの人生』が多かった。歌い出しの台詞『古い奴だとお思いでしょうが、古い奴こそ新しいものを欲しがるもんでございます……』を語り始めるだけで、視聴者は鶴田の世界へとたちまち惹きこまれた。

大きなキャバレーで『傷だらけの人生』を歌うときは、鶴田の人生が歌詞そのものであるかのようだった。

みんなが鶴田の歌に聴き入ったという。

俊藤浩滋《しゅんどうこうじ》の側近の川勝正昭によると、TBSの歌番組に、鶴田浩二が安藤昇《あんどうのぼる》や若山富三郎《わかやまとみさぶろう》と一緒に出演したことがあった。

歌番組には、当時、渡辺プロのスターだった森進一《もりしんいち》や、五木《いつき》ひろしなど、人気の歌手たちが集まっていた。

鶴田は、安藤や若山とともに、二十人ほどを引き連れてスタジオ入りした。はたで見ていると、まるでヤクザの出入りかと勘違いするような雰囲気であったという。

ステージではすでにリハーサルがおこなわれており、森進一がヒット曲を歌っていた。

すると、鶴田がTBSの局員に言った。

「おい、プロデューサーを呼んでこい」

プロデューサーが飛んで来ると、鶴田が訊いた。

「今、誰が歌ってるねん。役者が先や」

プロデューサーが、慌てて言う。

「いやいや、あれは渡辺プロのバンドですから、森進一のリハーサルを先に済ませます」

鶴田の目が、光った。

「馬鹿者、俺らが先や。後回しにされたら、俺らのときにはバンドが疲れてしもうてるやろ」

鶴田は、安藤や若山に声をかけた。

「おまえら、先にやったらええ」

プロデューサーは、慌てて渡辺プロのお偉方に駆け寄った。そして森進一のリハーサルを中断させて、安藤と若山と鶴田をステージに順番に招き入れてリハーサルをさせた。

それぞれが歌う予定の曲をツーコーラスずつ歌った。さすがの安藤も若山も、鶴田のようなことは言わなかった。

だが、鶴田の中には「役者が先であり、順番というものがある」という確固たる考えがあったようだった。

鶴田浩二が、テレビ東京の歌番組『演歌の花道』に出演したときの話である。鶴田と懇意にしているテレビ局の金子明雄プロデューサーが、俊藤プロの制作担当の川勝正昭に言った。

「今日歌う曲を、先生に二曲選んでもらってください。一曲は『人生劇場』でお願いします」

「わかった」

鶴田は、この金子プロデューサーの頼みであれば何であれ言うことを聞いて、そのとおりにしてやっていた。「先生、頼みがあんねん」「わかった、おまえの言うとおりにしたる」という会話が成立するほどの仲である。

ところが、鶴田の元へ向かおうとした川勝を、バンドの連中が呼び止めて言った。

「うちの親父が『人生劇場』を出してるんや。だから、鶴田さんには遠慮してもらってくれ」

うちの親父とは、村田英雄《むらたひでお》のことだった。村田は新栄プロダクション所属で、バンドも新栄から派遣されていた。が、川勝は言った。

「いや、局のプロデューサーが『人生劇場は鶴田さんで』と言ってる。局に確認してみいよ」

「でも、うちの親父は下げませんよ」

テレビ局のプロデューサーは、鶴田浩二を特別扱いしており、役者より歌手は格下という感覚を持っていた。だから、共演する村田英雄の持ち歌にも『人生劇場』があることを失念していたらしい。

川勝は、鶴田に訊いてみた。

「テレビ局のプロデューサーが、二曲選んでほしい言うとりますが、何と何出しますか」

「そうやな。『人生劇場』と『傷だらけの人生』でいこうか」

やはり『人生劇場』は入っている。そうなれば、こちらから取り下げるわけにもいかない。その後、村田が川勝のほうに走ってきて言った。

「川勝さん、相談しなかった私が悪かった。別に意地を張ったわけじゃないけど、先生は大丈夫かな」

「いや大丈夫、何も気にしてない。それに、テレビ局が最初に鶴さんと言ってきたんや。先生が言い出したことやないで」

最後まで意地を張らず、折れてきたところは村田の偉いところだった。

結局、村田は『王将』ともう一曲、『人生劇場』でなく、別の歌をうたった。

クラブ『花』で知る一線を置いた鶴田とヤクザの付き合い

庄司宗信《しょうじむねのぶ》は銀座七丁目にかつてあった高級クラブ『花』の経営者である。鶴田浩二は『花』の株主であり、投資もしていた。『花』の出資者には他に東洋化成が名を連ねていた。個人の株主は鶴田と庄司だけだ。

鶴田は歌手として『花』に長く貢献した。店の利益が大きく出た時期があり、庄司はそれを分配する意味で鶴田に株主になってもらったのだ。配当も出ていた。鶴田は出演料以外にも『花』から収入を得ていたことになる。

ホステスの質において『花』は銀座でもダントツだった。銀座の高級クラブといえば、全盛期には『エスポワール』とか『おそめ』『ラ・モール』『シャングリラ』らが覇を競った。後発ではあるが、『クラブ順子』や『姫』といった店も人気を集めていた。

これらの老舗に比べれば、『花』は格下かもしれない。だが、ホステスは上玉をそろえていた。さらに全国のヤクザに知られる店でもあった。

オーナーである庄司は客の「交通整理」に神経を使わされた。上京した親分同士を隣り合わせた席に案内するなど、絶対にできない。

『花』は七十坪の店だった。六十人は座れる。キャバレーとして営業許可を取っていた。バーだと、客席数が制限されるからだ。キャバレーなら何席までという制限はないし、フロアーで踊ることもできる。スペースを広く使えるのだ。

鶴田が初めて『花』を訪れたのは昭和四十四年春のことだった。『異国の丘』『赤と黒のブルース』『傷だらけの人生』など鶴田の持ち歌のほとんどを手がけていた作曲家・吉田正に伴われての来店である。吉田は庄司を席に呼んだ。改まって紹介したわけではない。だが、その場が庄司と鶴田の初対面の場となった。

鶴田は『花』のホステスを気に入ったようだった。庄司の目からもなかなかセクシーでいいホステスである。鶴田はそのホステスとすぐに深い関係になったようだった。

それ以来、鶴田はときどき『花』に顔を出すようになった。吉田正はもう側にはいなかった。鶴田は自分の意思で常連になったのだ。

庄司は鶴田を「若」と呼んだ。昭和二十六年二月四日公開の『乾杯若旦那』に始まる「若旦那シリーズ」に因《ちな》んだ呼び名だ。「若旦那シリーズ」は鶴田が松竹に在籍していた時代に人気を博した作品群である。鶴田は庄司を「庄ちゃん」と呼んだ。

庄司宗信

やがて鶴田は庄司と連れ立ってゴルフに出かける仲になっていく。一緒にラウンドを回るうち、親交も深まっていった。

庄司が『花』を始めて二年ほど経った昭和四十四年。鶴田浩二は店のステージで歌うことになった。きっかけは庄司の依頼である。

「『花』で歌ってもらうわけにはいかないだろうか」

ところが、鶴田はこれを断った。スターとしての沽券《こけん》に拘《こだわ》っているようだった。

「俺はこんなクラブで歌うほど落ちぶれちゃいない」

そんな思いがあったのだろうか。

鶴田の拒否はちょっとした事件となった。

鶴田の説得は難しい。そう簡単には折れない男だった。大スターであるばかりではない。生まれついての気性もあるのだろう。

鶴田はヤクザと深い付き合いは持たなかった。

住吉一家小林会初代会長、右翼団体・日本青年社初代会長の小林楠扶《こばやしくすお》、右翼活動家で暴力団北星会会長の岡村吾一《おかむらごいち》といった名だたる大物が何を言おうといっさい受け付けなかった。

俳優として興行の世界と関わる以上、当時はそちらの方面とはどうしてもつながりを持たざるをえない。だが、特に懇意になるような関係は絶対に持たなかった。

山口組若頭山健組組長の山本健一《やまもとけんいち》も『花』にもときどき顔を見せた。庄司とは因縁浅からぬ仲である二代目稲川会会長・石井進《いしいすすむ》と山本は兄弟分に当たる。その関係で店にもやって来た。

鶴田に「うん」と言わせることができる人物。それは東映プロデューサー俊藤浩滋をおいてほかにはいない。俊藤の存在なくして、鶴田が東映任侠路線で花開くことはなかった。

庄司は鶴田の件を石井進に相談した。石井は兄弟分の山本健一に解決を依頼。山本から俊藤に話が持ちかけられた。

　庄司宗信自身は俊藤浩滋と一度も会ったことはない。

　ただ、人づてに俊藤が鶴田を叱責《しっせき》したことは耳にした。

「おまえ、思い上がるんじゃない。銀座の一流クラブのオーナーから直接声をかけられたんだろう。それを断るなんて。とんでもない話だ」

　鶴田は俊藤を「兄貴」と呼び、頼みにしていた。絶対的な存在と言っていい。それほどの男からそうまで言われたのだ。鶴田にできることは一つしかない。

「わかりました」

　そして、鶴田は『花』のステージに立つことになった。当時、銀座のどんなクラブにも「歌手・鶴田浩二」は出演していなかった。『花』だけ。特別出演である。

　鶴田は東映だけでなく、日本映画界を代表するスターだ。ドサ回りをしなければ食えないような貧乏役者ではない。『花』への出演が実現した理由はただ一つ。庄司と結んだ友誼だけだった。

「じゃあ、庄ちゃん、歌うよ」

　その一言で鶴田はマイクを握った。『花』にとっては箔がつき、集客にもつながる。どんな歌手よりも鶴田のステージは引きがあった。『花』にとってはドル箱である。その意味では「俊藤様々」だった。

　鶴田といえば、独特の歌いぶりで知られる。かつて共演した田端義夫《たばたよしお》に歌唱方法について助言を受けた。以来、鶴田は「左耳に左手を添えて歌う」独特のスタイルを通した。さらに右手小指を立て、マイクを白いハンカチで包んで持つ。『花』でもこの歌唱方法は変わらなかった。

　約一時間のステージで六曲ほどを披露し、合間はトークでつないだ。

　六曲は、『傷だらけの人生』『街のサンドイッチマン』『赤と黒のブルース』『好きだった』『異国の丘』『同期の桜』で、鶴田はこれらを歌うことが好きだった。

鶴田はしゃべりもいけるほうだ。自身の戦争体験を含め、話題は多岐にわたった。客席からは嬌声が飛び交った。

鶴田への出演料は、一回二百万円。消費者物価指数を見ると、昭和四十年の二百万円は現在の約八百四十万円に相当する。庄司もケチくさい人間ではない。「出てもらう以上は」と用意した。

鶴田の『花』への出演は昭和五十七年、『花』が閉店するまで続いた。

あるとき、鶴田は庄司に問わず語りにつぶやいた。

「庄ちゃんね、俺の後ろ姿は誰にも真似ができない。そのくらい、俺の後ろ姿ってのはいいんだよ」

後ろから眺める鶴田のなで肩にはゾクッとするような色気があった。

酒場での鶴田にはスターらしい豪放さは微塵も感じられなかった。勝新太郎《かつしんたろう》や藤山寛美《ふじやまかんび》のように店に居合わせた他の客の分まで払うところなど、一度も見たことがない。若手の俳優や取り巻きを連れ歩くこともなかった。

飯を食っていても、酒を飲んでいても、「俺が全部出すよ」とは決して言わない。庄司の見るところ、金は相当貯め込んでいるようだった。

東京・深沢《ふかさわ》の屋敷は決して豪邸と呼べるような普請ではない。だが、風格のある日本邸宅だった。門構えもあった。

庄司も何度か訪ねたことがある。だが、贅沢しているような暮らしぶりには見えなかった。

庄司は、昭和六十二年に執りおこなわれた鶴田の葬儀にさまざまな事情もあり、列席しなかった。

死後、二年ほど経った頃、一千万円の礼金と四十万円の香典を鶴田の霊前に供えた。一千万円は少ない額ではない。だが、鶴田が『花』に出資した額はそんなものではなかった。

鶴田が設けた吉田への花道

前述したように鶴田浩二は、全国のキャバレー回りをしているときには必ず一曲目に作詞・木賊大次郎、作曲・小西潤《こにしじゅん》の『無情のブルース』を歌ったが、テレビで歌うときは『傷だらけの人生』が多かった。

そこに昭和四十七年、大阪《おおさか》の興行師の広畑茂が、鶴田側近の川勝正昭に言った。

「いっぺん、大阪のフェスティバルホールに出えへんか。鶴さんでやりたい。俺に全部任せてほしい。川さん、必ず聞いてくれよ」

川勝は、鶴田にこんな話がある、と伝えた。すると鶴田が言った。

「そんなホールで、俺のコンサートなんかできへんやろ」

フェスティバルホールは、クラシックコンサートなどを開く格式高い会場である。

川勝が言った。

「いや、『必ずできる』言うてます」

「もちろん、できるなら、やるで」

広畑は、フェスティバルホールでフォーリーブス、森進一、布施明《ふせあきら》、美空ひばり・江利《えり》チエミ・雪村《ゆきむら》いづみの三人娘などのコンサートを実現してきた。

自信満々で話を持ってきただけに、理想的な形のコンサートにしようと熱心に動いてくれた。

演奏は、数名のバンドではなく、昭和プロ代表の遠藤のオーケストラで、オケピットいっぱいの五十人編成となった。

鶴田が最後に注文をつけた。

「棒を振るのは、吉田正さんやないと絵にならん。吉田さんを呼んでくれ」

吉田正に連絡を取ると、すぐにオーケーの返事がもらえた。

「鶴さんがそんな場所で歌うなら、棒を振るのは私だ。他の者ではダメだ。私もそんなところで棒を振りたい」

鶴田は、吉田に一つ花道を用意したのだった。吉田が指揮をすると、さすがに絵になった。

当日は、三部構成で、ヒットパレードで良い歌ばかりが披露された。

ラストで軍歌を歌う前に、吉田正作曲、宮川哲夫作詞の『名もない男のブルース』を歌った。

♪何も知らずに　咲いてた頃が
俺にゃいちばん　花だった
夢を見ながら　飲む酒ならば
なんでにがかろ　今のように
想い出してる　カウンター

吉田が編成して譜面から何からすべて用意した組曲『名もない男の詩』で、二十分もかかる長い歌のなかの一曲だった。が、コーラスも入れ、まさにフェスティバルホールにふさわしい、観衆が驚くほどの特別で最高の一曲であった。

フェスティバルホールには、高倉健《たかくらけん》が応援に駆けつけてくれることになった。本人は「花束を渡すだけでいい」と言っていたが、それでは客も鶴田本人も納得しない。

「俺のステージに出て、花束おおきにと言って帰らせる、そんな失礼なことできひん。俺はいっぺん袖に下がるから、二曲六分くらい歌ってくれ」

そこで、『網走番外地』と『唐獅子牡丹《からじしぼたん》』の二曲を歌うことになった。演奏はフルバンドと、高倉が連れてきたコンボバンドの組み合わせである。

観客たちは、高倉健のような大スターの登場に、割れんばかりの拍手を送っている。高倉は、独特の直立不動のスタイルを取っている。ほかの者が真似すると、「なんてキザな男だ」と鼻につくような仕草が、たまらなく魅力的である。

花束を受け取って握手を交わした鶴田は、袖に入り、高倉がステージで歌う様子を見ながら側近の川勝正昭に言った。

「あいつは本当に、自分の出番をよう心得てる。やっぱりああいう男がステージに立つと、絵になるな」

歌の上手下手ではなく、高倉は語りでぼそりと歌う。他者には真似できない、魅力あふれるステージとなった。

鶴田が続けて言った。

「客は全員、あいつの海の中や。みんな、かっさらいやがって。すごいやっちゃ」

高倉はしゃべりもなく、歌を二曲披露するだけでステージを去った。高倉はしゃべらないからいい。下手にしゃべらせると、イメージが崩れてしまう。何もしゃべらない。それで良かった。

高倉が去ってから、すぐに鶴田は「ちょっと、あと二分くらい時間くれんと」と言いながら、ステージに向かった。

すると、客たちがまた大きな拍手を送った。単に高倉とバトンタッチしてコンサートの続きをするだけでは、場がしらけてしまう。鶴田はそういうところはキッチリ計算していた。

「俺が役者になってから、歌を覚えた話をします」

そう言って、自分の新人時代の話を披露した。

高倉と鶴田は、そうしてお互いの得意分野で火花を散らし、コンサートはおおいに盛り上がった。

鶴田の歌への向かい方と覚悟

鶴田浩二は、スポンサーの社長や、渡世の人たちなどと一緒に飲みに行くと、「歌ってくれ」と頼まれる前に自分から「マイクを持ってこい」と言って歌をうたって聞かせた。

相手は、〈鶴さんはいつ歌をうたってくれるだろう〉と期待してくれている。だから「まず社長から一曲」といった気遣いはせず、一番に歌うことにしていた。

こんなときでも、鶴田は心を込めて歌った。挨拶代わりの歌だから、そこまで真剣に歌わなくてもいい。が、「自分を招待してくれた人にも、歌を聴いてくれている人にも失礼だ」と思い、中途半端な歌い方を絶対にしなかった。

当然、テレビで歌うときも、舞台で歌うときも、真剣に歌い、口パクなど論外である。鶴田は、歌手活動を俳優の片手間とは考えていなかった。

鶴田が、側近の川勝正昭に言った。

「おまえらにはわからへんと思うけど、目の前に客がいっぱいおる中、ステージにピンスポットが自分に当たる。そこで歌うということが、どれだけ幸せなことか。お客さんみんなが俺のことだけを見てくれてるんや」

だから鶴田は、歌をうたう最中に横を向いておしゃべりする人が出ないよう、真剣に歌った。

もちろんステージでは生バンド以外は認めない。カラオケで歌う仕事が入っても、「そんな話、持ってくるな」と蹴ってしまう。

「生バンドでないのに、なんで歌えるねん。せめて、オーケストラの演奏をスタジオで先に録ったもんでなければ、歌えるか」

たとえテレビの画面でも、カラオケでは通じないと思っていた。キャメラ目線のことを誰よりも知っていて、お客さんの前では人間の目をキャメラと思っていた。だからステージの右へ行っても左へ行っても、どちらから誰が見ても満足するように動くことができた。

他の歌手は、自分で格好いいと思ったポーズを決め、勝手気ままに目線を送り、適当にニコニコしている。が、鶴田の場合は一〇〇%計算していた。

鶴田の側近の川勝正昭は、「おまえらにはわかるかい」と言われながら思っていた。

〈完璧に計算された動きで、真剣に歌をうたうことは、つまり「俺の心を見てくれ」ということなんやな。すごい人や〉

鶴田は自らの歌うスタイルについても説明した。

「実は本番へ入る前に、マイク係の若い人から『耳に手を当てて歌うのはいったいどういうことだ』と訊かれた。私は『ある理由で、片方の耳がちょっと悪いので、バックの音を聴き取れないといかんから、こうして聴き耳をたてているんだ』と申しました。すると若い人は『なあんだ。ぼくは格好良いからそうしてるんじゃないかと思った』と言い、がっかりしたような表情で行ってしまいました」

いっぽう、松方弘樹《まつかたひろき》は、歌で成功することはなかった。鶴田は松方本人に直接アドバイスをした。

「おまえは歌も上手やけど、心が入ってない」

が、松方にいくら言っても理解できなかったらしい。結局、松方は歌手として伸びることはなかった。どんなに上手くても、味がなければヒットはしない。

鶴田は言った。

「五木《いつき》ひろしみたいに歌の上手いやつは、なんぼでもいる。だが、心がないから、五木のように上へは行けへん。歌は下手でも、味があればいい。歌は味が肝心だ」

五木ひろし

菅田俊

鶴田や菅原文太《すがわらぶんた》、待田京介《まちだきょうすけ》ら藤映像コーポレーションに所属する俳優たちは、撮影の合い間に、地方のクラブやキャバレーに呼ばれて、歌謡ショーをおこなっていた。

菅原文太の付き人をし俳優になる際、菅原の菅、鶴田浩二の田、俊藤浩滋の俊を取って芸名にした菅田《すがた》俊《しゅん》が当時について語る。

「菅原さんは、持ち歌として『赤と黒のブルース』をよく歌っていました。鶴田さんは、臨機応変に、カタギの方が多い場所では『サンドイッチマン』などを歌って、その筋の方が多いときは、着流しを着て、『傷だらけの人生』を歌っていました。その場その場の雰囲気や、お客さんの要望に合わせて、特攻隊の歌や軍歌を歌うこともありました」

鶴田と菅原が別々に営業に行くときもあれば、二人一緒に歌謡ショーをおこなうこともあったという。

菅原の歌い方は、左手に耳を当てて歌う鶴田のスタイルを真似たものであった。

鶴田と菅原は役者としては先輩後輩の関係であった。そのため、菅原は鶴田に対しては、一歩引き、いつも先輩として立てていた。

取り巻きたちは、鶴田のことを「先生」と呼んでいたが、菅原は、鶴田を「先輩」と呼んでいたという。いっぽう、鶴田は、菅原を「文太」と呼んだ。

歌手としても多くのレコードを出していた鶴田は、菅原の歌唱力について「あまり上手くはない」と評していた。

俊藤は、鶴田をそのまま「鶴田」と呼んだが、俊藤を慕う鶴田は俊藤を「兄貴」と呼んでいた。いっぽうで、俊藤は、菅原を「文ちゃん」と呼ぶことが多かったという。

菅原文太がイベントを開催するときは、自分の持ち歌のほかに、必ず鶴田の持ち歌を一曲か二曲入れた。

菅原が鶴田に言った。

「『無情のブルース』は難しいよ」

鶴田が言った。

「俺も、難しいよ」

俊藤は一時期オスカープロダクションという事務所をつくって、鶴田や高倉、菅原文太などが所属していた。

オスカープロは東映の京都の俳優会館に一室借りて、地方の有力者や興行筋から営業を頼まれると、全部請け負っていた。俳優たちは、映画出演については、映画会社とそれぞれ契約しているため、映画の収入はオスカープロに入らない。興行、営業だけの仕事である。俊藤の実弟が社長であったが、実態は俊藤の会社である。

待田はオスカープロに所属していたわけではないが、よく頼まれて地方に歌を歌いに行く営業などを引き受けることもあった。

また、俳優の待田京介は俊藤の藤映像コーポレーションの所属であった。鶴田が可愛がっているし、ヤクザ映画の中で鶴田演じる親分の若頭役などが多かった。そのため、現実でも「自分は先生の代貸《だいがし》なんや」と口にしていた。

代貸とは、博徒集団の組織のトップである貸元（親分）に継ぐナンバー2である。待田京介は、鶴田一家である菅原文太、松方弘樹をはじめ、千葉真一《ちばしんいち》や北大路欣也《きたおおじきんや》の前でも代貸を任じていた。

千葉や北大路は「あんなやつに負けるか」と思っていたが、待田本人はどこ吹く風であった。

梅宮辰夫《うめみやたつお》に対しても同じ態度であった。待田は、任侠映画に出演する以前の昭和三十六年七月十七日から三年間にわたって放送された、ＴＢＳ系列のテレビドラマ『月曜日の男』で主役を張った。そのドラマで、梅宮がゲスト出演したことから、そういう姿勢を取り続けていた。

いっぽう、鶴田の妻の中尾照子《なかおてるこ》は、麻雀が好きだった。麻雀が上手だった待田は、仕事の合間に鶴田の本宅へ遊びに行き、照子の遊び相手になってやった。

そして、鶴田に報告する。

「親父、昨日、家に行って照子さんと麻雀しましたで」

鶴田は「頼むで」と言う。

Aという女への鶴田の悩乱

鶴田浩二は女好きだった。女性が生きがいの一つになっており、旅に出るときは、それが大きな楽しみとなっていた。

鶴田は、自分で声をかけてナンパすることはなかった。また「ファン」と称する素性のわからない女性も嫌った。間違いのない人からの紹介、しっかりした店の女の子、触っても絶対に抵抗しない女の子だけを相手にしていた。

例外もあり、素人に手を出すこともあった。舞台の仕事では、新しい女性との出会いがあるため、生き生きとしている。梅田《うめだ》コマや新宿コマ劇場、明治座などで仕事が入ると、女優の卵やスタッフなどにちょっかいを出す。

本番の最中の出番待ちのとき、舞台後ろの大きな幕の背後に女の子を待たせて、妖《なまめ》かしくふざけ合う。舞台に出ている役者の台詞《セリフ》を聞いていれば、自分の出番はわかるから、その直前まで女の子と一緒にいる。本番中に隠れてふざけ合うのはスリルがあってたまらないらしい。

鶴田の女性関係は激しく、小柄な女性がタイプだった。鶴田が最も惚れこんだのは、共演の女優のAだった。

鶴田は、自分の半分ほどの年齢のAに死ぬほど惚れていた。何もかも覚悟の上で、妻と娘らにAを会わせた。それくらい惚れこんでいた。

鶴田は、マネージャーにも言っていた。

「俺はこれからは嫁はんじゃなく、Ａと一緒になるんや」

マネージャーは思った。

〈そんなことを言う鶴さんは、とても人間らしいな〉

が、鶴田の家族はとても納得できない。

あるとき、妻の中尾照子と三人の娘が、鶴田が宿泊する大阪プラザホテルの部屋の扉の前までやって来た。そして泣きながら「お父さん、ドアを開けなさい」と叫び、ドアをバンバンと叩き続けた。

当然、ホテルのスタッフや宿泊客に知られ、大騒動となった。

すると、部屋の中から鶴田の声が聞こえた。

「俺は、こいつと死ぬんや、ほっておいてくれ」

ついには俊藤浩滋までやって来て、ホテルの部屋をドンドン叩きながら言った。

「鶴さん、ドアを開けてくれ。俺が話をつける」

が、Ａと一緒にいた鶴田は、なかなか開けようとはしなかった。

「俺はもう、役者も何もいらん」

当時は、映画会社や事務所の力で抑えることができたため、このスキャンダルが公になることはなかった。


いっぽうの高倉健についてもここでひとつ、女性にまつわるエピソードを記しておこう。

高倉も、歌の仕事で全国を回ることがあった。代表曲は『網走番外地』『唐獅子牡丹』『泣かせるぜ』『男涙の雨が降る』などである。

高倉の歌の巡業には、興行のマネージャーが同行した。

石川《いしかわ》県金沢《かなざわ》市に行ったときの話である。マネージャーは気を利かせて、地元・片町《かたまち》の二十歳くらいの美人を、高倉が宿泊する旅館の部屋へ行かせたことがあった。

マネージャーは、女の子に現金を渡してささやいた。

「ええか。健さんには何も言ってないが、コンコンとノックすればわかってくれるからな」

夕食を済ませて部屋に戻った高倉は、いきなり若い美人が訪ねてきて驚いたようだった。

が、すぐにマネージャーが手配したと察して「部屋に入れ」と女の子を自分の部屋へ招き入れた。

ところが高倉は、なんとそれから一時間もかけて、女に向かって懇々と説教をしたのだ。

女が出てくるのを待っていたマネージャーは、時計を見て〈そろそろかな……〉と思っていた。すると、女が泣きながらマネージャーのところにやってくるではないか。

マネージャーはビックリして尋ねた。

「どうしたんや？」

「健さんに説教されて、怒られた」

泣きじゃくる女に、マネージャーが言った。

「それで帰ってきたらあかんやんか。もう一回、ドアをコンコンせい。コンコンして二回目入ったら、自分から積極的に行け。着物なんだから、よれよれっと枕元へ行って妖しくまくり上げて、露骨に見せるくらいせい」

女は、すでに金を受け取っている。このままでは帰れないと思ったのだろう。

「わかりました。もう一回、行ってまいります」

そう言って高倉の部屋へ再び向かった。

高倉は、再びやって来た女をまた部屋に招いた。

そして、何枚かの一万円札を取り出して、女の前に差し出した。

「これを持って帰って、『済んだ』と報告しておきなさい」

「そんな、何もしてないのに、お金なんてもらえません」

結局、高倉は女に指一本触れずに、金だけ渡してそのまま帰した。

話を聞いて、さすがのマネージャーもあきらめた。

〈鶴さんやったら、絶対に、喜んで相手も楽しませてるわ〉

高倉は鶴田とは真逆で、玄人相手の女遊びは絶対にしなかった。惚れた相手にしか興味はないらしい。

翌朝、マネージャーは高倉に「余計なことをするな」と怒られてしまった。以来、マネージャーは、高倉に対して二度と気を利かすことはしなかった。

高倉にはホモ説が根強くあったが、女遊びをせず、プライベートを決して表に出さないことから、そんな噂が立ったのだろう。もちろん、外国へ行った先の行動まではわからないが、男好きはあくまでも噂であるようだった。

高倉健を訪ねた飛び込み俳優志願者

話を映画関連に戻そう。

『傷だらけの人生』がリリースされた頃の高倉健の映画には、昭和四十五年九月二十二日公開のマキノ雅《まさ》弘《ひろ》監督『昭和残侠伝　死んで貰います』があるが、このとき高倉の付き人・青木《あおき》卓司《たくじ》が映画に出演し始めた。

もちろん青木は、この時点ではまだほんのちょい役の一人にすぎなかった。高倉演じる花田秀次郎の周囲をうろちょろしていた「寺田組仔分C」だった。

この映画は、東映東京撮影所で撮影された。殺陣《たて》師は東京撮影所の日尾《ひお》孝司《こうじ》。時代劇を量産していた東映京都撮影所には有名な殺陣師が大勢いた。だが、東京ではもっぱら日尾だった。

青木は殺陣をつけてもらい芝居をすること自体が初めての経験である。立ち回りは簡単にできるものではない。

最初は一手、二手しか絡ませてもらえなかった。慣れるに従い、三手、四手と手数が増えていく。

立ち回りのうまさでは飛車角役の鶴田浩二が東映ではずば抜けていた。青木の目には鶴田の太刀さばきはまるで踊りを踊っているかのように見えた。

鶴田の立ち回りが「柔」だとすれば、高倉のそれは「剛」そのものだった。高倉はスポーツマンではあるが、決して器用ではない。むしろ無骨だ。文字どおり相手を叩き斬る立ち回りだった。

俳優・青木卓司は高倉健にとって唯一の弟子筋に当たる。東映に入れたのは高倉の口利きがあったからだ。

青木は昭和二十三年六月四日生まれで、福岡《ふくおか》県北九州《きたきゅうしゅう》市小倉《こくら》の出身。高倉が生まれ育った直方《のおがた》まで車で三十分ほどの距離だ。

高校時代、青木は決して真面目な生徒ではなかった。卒業後、家業の自動車修理工場を手伝っていた頃、たまたま高校時代に補導部長だった教師が東筑高校で高倉と同級生だったことを知る。

青木はその教師に必死で頼み込んだ。

「どげんしても、高倉さんにちょっと会いたかけん。紹介状ば書いてくれんね」

「役者になりたい」一心だった。なれるかどうかはわからない。だが、賭けてみたかった。

十九歳だった昭和四十二年当時、高倉健はそれぞれ『日本侠客伝』『網走番外地』『昭和残侠伝』に始まる三つのシリーズで主演。東映仁侠路線を鶴田浩二と共に引っ張る押しも押されもせぬ大看板だった。

青木は紹介状を手に上京する。まずは東京都世田谷《せたがや》区瀬田《せた》の高倉邸に向かった。だが、主人は不在。

「仕事で京都に行っている」

そう聞かされ、なんと青木は、その足で夜行列車に飛び乗った。

翌朝十時過ぎに太秦《うずまさ》の東映京都撮影所を訪ねた。守衛は首を振った。

「今日は休みだから、ホテルにいるんじゃないかな」

「あ、そうですか。ちょっと知り合いの者なんで」

そう告げると、高倉の常宿を教えてくれた。まことにおおらかな時代である。

四条烏丸《しじょうからすま》の京都ホテルは京撮から電車で三十分ほどの距離にある。正午前には着いた。

紹介状をフロントに見せていると、東映の関係者がやって来た。高倉は離れたところにいるらしい。関係者は紹介状を高倉に届けてくれるという。

青木はロビーでひたすら待ち続けた。午後三時を回った頃、フロントの電話のベルが鳴った。

「青木様、いらっしゃいますか？　お電話です」

電話を取ると、映画で聞き覚えのある低い声だった。

「ちょっと場所が遠いから、ホテルに戻るのは夜になるけど。待ってられるか？」

青木に選択肢はない。

「ええ、待ってます」

そこから九時間以上待ち続けた。高倉がようやくロビーに姿を見せたのは零時半過ぎ。午前様だった。

高倉は青木の姿を認めると、一目散に歩み寄ってきた。気をつけの姿勢でお辞儀をする。

「初めまして、高倉です」

誰に会うときも変わらない高倉健のスタイルだ。青木がそんなことを知るはずもない。銀幕で仰ぎ見ていたスターが自分に頭を下げている。仰天して弾かれたように立ち上がった。

「初めまして、青木と申します」

なんとか挨拶はできた。

「まあ、座りなさい」

高倉は勧めてくれた。

まずは共通の知人である青木の担任の話をした。高倉健は昭和六年生まれ。青木とは十七歳もの開きがある。このとき、三十六歳だった。

よもやま話の末、高倉はこう締め括った。

「まあ、一度九州へ帰って。お袋さんともう一回ゆっくり話をしてみろ。それでも『やる』と思うんだったら、手紙をくれ」

青木はうなずいた。なんとしても母親を説得しなければ。

「もう遅いから、部屋を取るよ」

高倉はそう申し出てくれたが、丁重に断った。

「僕、もう部屋を取ってますから」

嘘だった。だが、初対面で、しかも俳優への橋渡しを頼む大スターにここで借りをつくりたくはない。所持金はすでに二十円しかなかった。九州までの切符は東京駅ですでに買っておいた。だが、宿代まではない。

別れ際、高倉が水を向けた。

「おまえ、免許証持ってんのか？」

質問の意図はわからなかったが、「はい」と答える。

「ちょっと見せてみろ」

言われるままに手渡す。高倉は免許証には目もくれず、財布から札を出し包み、免許証と一緒に差し出した。中身を確かめると、三千円入っていた。消費者物価指数で換算すると、昭和四十年と現在では貨幣価値は約四倍。高倉は一万二千円ほどを初対面の青年に手渡したのだ。青木は驚いた。

「僕、乞食じゃなかですから」

高倉はかぶりを振った。

「そうじゃなくて。お袋さんにお土産でも買って帰ってやれ」

そう言われては、受け取らないわけにはいかない。

「じゃあ、ありがとうございます」

郷里からはるばる自分を訪ねてきた同級生の教え子だ。「無下《むげ》にはできない」との思いもあったのだろう。

宿には当てがあった。京都には中学校の修学旅行で来ている。そのとき泊まった旅館を青木はまだ覚えていた。

すでに一時近かったが、玄関には灯りがともっていた。修学旅行で世話になったと告げると、女将が出てきた。

「あら、あのときの中学生？」

「そうです」

「ああ、そう」

話は早かった。素泊まりで泊めてくれるという。高倉の心づけでその晩はぐっすり眠ることができた。

〈俺の俳優人生は出だしからすごく恵まれていた。健さんのおかげだ〉

青木は今でもときどきそう振り返ることがある。

「後役《あとやく》」と「仕出し料」で暮らす青木卓司

帰宅後、青木はさっそく母親に相談した。

「三年間だけやってみんね。それで駄目やったら、帰ってくりゃよかけん」

母親の言葉に背中を押された。青木はさっそく東京の高倉に宛てて手紙を書いた。

だが、待てど暮らせど返事が届かない。

〈もう一度だけ書いてみて、それでも返事がこなかったらあきらめよう〉

青木は心に決め、二度目の手紙をしたためた。

投函したその足で友人たちと九州一周の旅に出た。当時の青木は軽四に乗っていた。その車で各県の名所旧跡を巡る旅である。

旅から戻った翌日、青木宛てに手紙が届いた。高倉健からの返事だ。

「東京に出てくるか。その代わり、食えないぞ。東映の演技課の内田《うちだ》課長を訪ねなさい」

そう書かれていた。「食えない」の一言が妙に印象に残った。

高倉からの便りだけを頼みに青木は上京を決意した。母親に頼み込んで五万円を借りた。「必ず返してね」と念を押された。

昭和四十二年十二月、青木卓司は改めて上京し、高倉に言われたとおり、大泉《おおいずみ》の東映東京撮影所の演技課の内田課長と対面する。

東映は当時、子供向け番組『ジャイアントロボ』を制作していた。たまたまその日は撮影に当たっていた。レギュラーの俳優でときどきポカをする者がいるという。

内田は青木を連れ、大泉の東映製作所に向かった。上京したばかりの青木を撮影に穴を開けたレギュラー俳優の代打として使うためだ。青木に演技経験はまったくない。ずぶの素人だった。

大泉に着くと、メイク室に連れ込まれた。ドーランを塗られるのも生まれて初めての経験だ。

メイクを終えると、撮影現場に放り込まれる。隊員の役だった。台詞は二行あった。

「支部長、おおせのとおりにいたします」

「本部応答」

一発でＯＫが出た。これには青木も驚いた。『ジャイアントロボ』はアフレコなので、セリフはあとでまた録り直す。

演技課に戻ると、『ジャイアントロボ』のスタッフがやって来た。

「彼をときどき使いたいんだけど」

内田課長は困り顔で返した。

「いや、青木くんはこれから契約する人なんですよ」

「ええっ」

スタッフはさすがに驚いている。

「東映の先輩俳優より堂々としているじゃないか」

セリフをしゃべれるだけでたいしたものだという。大半の新人俳優はカメラの前で何も言えないのだという。

評判は瞬く間に東映社内に広まった。青木にはほうぼうから出演依頼が舞い込んできた。とはいっても、役がついているわけではない。ただ、セリフはあった。こうした出演形態は「後役」と呼ばれる。ギャラは三千円だった。さらに「仕出し料」として一日二百円が支給される。一日に何本も掛け持ちするのはざらだった。

同じ東映でも京都・太秦の京都撮影所では量産体制で複数の映画を撮っていた。大泉の東京撮影所は本数が少ない。だが、『ジャイアントロボ』のようなテレビ番組はたくさんあった。

高倉健は青木に俳優では「食えない」と釘を刺した。だが、東映入りの直後から青木には仕事があった。上々の滑り出しである。

青木の上京初日に話を戻す。内田課長に訊かれた。

「住む部屋は、どうなってんの？」

「いや、まだ決めてません」

「ここだけの話だけど、健さんの紹介だからって甘やかすわけにはいかないから」

この一言に青木は引っ掛かりを感じた。高倉からは「東映の寮に入れるように話をつけておくから」と聞いていたからだ。

「はい、わかりました」

青木は返事をすると、「ちょっと出かけてきますから」と撮影所を出た。

「その間に、書類をつくっておくから」

内田は何の気なしに送り出してくれた。青木の腹は決まっていた。その足で近くの不動産屋に向かう。適当なアパートを見つけて契約を済ませてしまった。

「部屋を決めてきました」

そう告げると、内田の顔色が変わった。

「いやいや、東映の寮を取ってるんだから」

「でも、『甘やかすわけにはいかない』って言われたんで。そんなつもりないから、自分で借りてきました」

「いや、僕がクビになっちゃうから」

そこからは押し問答。「高倉さんには自分で決めたことだからと伝えます」と、結局は青木が押し切った。

とはいえ、青木に先の見通しがあったわけではない。「家賃は払えるんだろうか」と不安が頭をもたげてくる。

結果としてそれは杞憂《きゆう》に終わった。キャメラの前で一回しゃべれば、三千円がもらえる。仕出し料も含めれば、五日間で一万五千〜一万六千円にはなった。

毎月十日と二十五日がギャラの支払日だった。東映所属の俳優はこの日経理に出向く。名前を告げ、宛名無しの袋に入った金を受け取るのだ。

判子《はんこ》を押そうとしていると、経理の社員に言われた。

「青木さんか、あんた入ったばっかりなのに、いっぱいもらってるね」

アパートの家賃は出演料で充分に賄えた。撮影所から近かったこともあり、青木の部屋は俳優仲間のたまり場になっていく。

青木の大部屋スタートは高倉の親心から

東映では十二月二十八日が仕事納めと決まっていた。この日の夜は大泉の東京撮影所で忘年会が開かれる。所内で最大の「第七ステージ」が会場と決まっていた。寿司屋や焼鳥屋の屋台が立ち並び、即席の飲食店街の趣である。もちろん酒はしこたま用意されていた。

青木も会場の片隅にいた。うろうろしていると、背が低くて小太りと長身でがっしりした体軀、二人の男が肩を並べて歩いていた。遠くから眺めながら青木は思った。

〈あ、あれは健さんじゃないか。小さいほうは大川《おおかわ》社長だろうか〉

上京以来、高倉とは一度も会っていない。「後役」としてテレビ番組を中心に出まくっている青木と、『網走番外地』や『日本俠客伝』『昭和残俠伝』などの人気シリーズで主役を張る高倉。二人に接点などあるはずがなかった。

〈健さんとは会っちゃいけない〉

青木にはそんな意識もあった。高倉の紹介で東映に入ったことも周囲には内緒にしていたほどだ。

例の二人連れが近づいてくる。背の高いほうはやはり高倉だった。すれ違う刹那《せつな》、青木は高倉健に挨拶した。

「あ、おはようございます」

「おい、慣れたか？」

「おかげさまでどうにか」

「おまえ、正月は九州に帰るのか？」

「いや、まあ」

「帰れたら、帰っておいたほうがいいぞ」

そんなやり取りをしていると、大川博《ひろし》社長らしき男が割って入った。高倉に青木について訊いた。

「誰、健ちゃん？」

「いや、僕は人を入れたことがないんですけど。彼は初めて入れた男で。青木卓司といいます」

「じゃあ、売る段取りをしなくちゃ」

どうやら本当に大川博社長らしい。

高倉はかぶりを振った。

「いや、そうじゃなくて。大部屋からスタートさせているんです。本人に力があれば、契約になれるんだから」

高倉なりの親心である。

青木は明くる昭和四十三年、すぐに契約となった。一本いくらの大部屋とは違い、給料制に移行する。

青木の五年先輩に小林稔侍《こばやしねんじ》がいた。小林の給料は基本給五万円、青木は八千五百円だった。二年目にしては異例の厚遇だ。

同じ年、青木は太秦にある東映京都撮影所の門をくぐった。当時、東映が東京と京都に構えていた撮影所はまるで別の会社のようだった。時代劇中心の京都に対し、おもに現代劇をつくる東京。俳優もそれぞれの撮影所に所属する。

高倉健や鶴田浩二のようなスターは例外として、東京撮影所の俳優が京都に出向くことはまずなかった。

青木が昭和四十四年五月三十一日公開の『日本俠客伝　花と龍』に出演するため、京都に出向いたのは例外中の例外だ。

太秦をたちまち噂が駆け巡る。青木の耳にも届いた。

「東京から俳優が来とる。東京から誰も来れとらんのに、なんで来てるんや」

「いや、わからんけど、何か健さんのところの人みたいだよ」

高倉ほどの俳優ともなれば、京都撮影所内に東京撮影所とは別の付き人や世話役がいる。東映の配慮だ。

青木は困惑した。見も知らぬ京都撮影所で自分は何をすればいいのだろうか。

だが、心配は無用だった。高倉の直系とあって、京都撮影所の俳優やスタッフは皆よくしてくれた。鶴田浩二の一家に属する川谷拓三《かわたにたくぞう》とも仲良くなり、一緒に飲むようになった。

のちの名バイプレイヤーの川谷拓三は、鶴田浩二の付き人をしていたことでも知られるが、その頃のこんな逸話もある。

昭和四十五年四月、東映劇団第二回公演として東京明治座で、藤純子《ふじじゅんこ》主演の舞台『振袖御殿《ふりそでごてん》』が上演され、鶴田と川谷が共演することになった。

川口松太郎原作の『振袖御殿』は、二代将軍秀忠の世、江戸で人気の美しい女浄瑠璃《おんなじょうるり》語り小夜の叶わぬ恋と、大奥に入り嫉妬に狂った御台所《みだいどころ》に命を狙われる物語である。

川谷拓三

鶴田は特別出演で武将・保科弾正役、川谷は上田新九郎役で、共演することになった。約一カ月間、昼夜上演のハードスケジュールである。

ある日、川谷拓三がひどい二日酔いで楽屋入りした。それでもなんとか芝居をこなしていたが、お辞儀をするシーンで俯《うつむ》いたままとうとう眠りこけてしまった。照明が暗転してもまだ舞台の上で眠りこけている。

鶴田は怒り、「タクの馬鹿は放っておけ！」と言った。

が、放置するわけにもいかず、近くにいた者が川谷を引きずるようにして舞台から下ろした。

当時、高倉と鶴田の関係はすでに疎遠なものになっていた。だが、鶴田自身はもちろん、その身内と見られる俳優も青木につらく当たるようなことはなかった。

撮影所内で鶴田に会った際、青木は「おはようございます」と挨拶した。

「おう、おまえ、東京から来とるんやて？」

鶴田は気さくに言葉をかけてくれた。


『日本侠客伝　花と龍』の撮影で北九州にロケーションで出たときのことだ。青木の母親は現場に駆けつけた。恩人の高倉健に会うためだ。

青木はそのことを高倉に告げた。いきなり会わせるわけにもいかない。事前に了承を得ておく必要がある。

「おはようございます。実は、うちのお袋が……」

高倉はすべてを了承した様子だった。

「おう、いいぞ」

高倉はホテルで青木の母親と面会した。その後、青木と落ち合った母親は、しみじみともらした。

「大丈夫だね。もういいやろ」

青木が高校二年のとき、父親が事故で亡くなった。そのあと、家業の自動車修理工場は母親が切り盛りし、男三人、女二人の五人兄弟を育て上げた。青木には兄がいたが、北九州には何がなんでも長男を跡継ぎにする風習はない。「動きのできる奴が継ぐ」ことは亡父の遺志でもあり、家庭内での暗黙の了解でもあった。

高倉健の紹介で東映に入ったといっても、俳優としてものになるかはわからない。万が一、郷里に戻ることになっても、居場所は用意しておきたい。だから、母親は「三年」の期限付きで青木を送り出した。そのあいだ、なんとか自動車修理工場を維持してきた。

いっぽう、青木は映画俳優として懸命に地歩を固めてきた。高倉と話して母親は何かを悟ったのだろう。工場を手放すことを決めた。「もういい」とはそういう意味だ。

姉の夫、青木の義兄も自動車修理の仕事をしていた。ちょうど「買いたい」と申し入れがあり、母親はそれに応じた。

後年、青木は兄のために家を購入した。母親はまだ健在であるが、あとは兄に託すことにした。

青木が見た東映の滅びざる部分

青木卓司が東映に入ってから一年ほどが過ぎた頃のことだ。青木は初めて本格的に顔にドーランを塗られて驚いた。映画俳優が化粧をしているとは思わなかったからだ。時代劇で鬘《かつら》をかぶっていることくらいは想像ができた。だが、化粧は思いもつかなかった。

初めての本格的ドーラン。青木は自分の顔が変わってしまったような感覚にとらわれた。

「ええっ、こんな艶々して。ええっ」

メイク室の鏡の前で一人動揺していた。

このとき、出演した作品は梅宮辰夫主演だったと記憶している。青木はおかまの役だった。

青木の出番は曽根《そね》晴美《はるみ》との掛け合いだった。曽根が演じる役の人物は最初、青木がおかまだとは気づいていない。ここからいろいろとやり取りが続く。そのうちに、あまりにこすっからいと青木は鬘を取って啖呵を切ってしまう。台本で一〇ページにも及ぶ長いセリフだった。

いよいよ本番。青木は肝心の啖呵で九州弁を出してしまった。「しまった」と思ったが、監督の山口《やまぐち》和《かず》彦《ひこ》は一発で「ＯＫ！」。

それまで青木は九州弁を抑え込んできた。俳優ならば、共通語でしゃべるのが当たり前だと思っていたからだ。だが、啖呵の中に方言が入ったことでかえって生き生きしたセリフになった。

青木のこの出番は撮影所内で評判となった。

「あいつはセリフがしゃべれる。一人で一〇ページもワンカットで撮りやがった」

それからは役が次々と来るようになった。付き人のような形で身の回りの世話をしていた高倉健からも、

「おまえ、何か仕事忙しいみたいだな」

と声をかけられるほどだった。

小林稔侍

そんな青木卓司に、高倉健は年に一度くらいの割合で手紙を手渡していた。直筆である。高倉は筆まめだった。

ちなみに、小林稔侍も同様に高倉からの書状を受け取っている。決して長いものではない。だが、「いつもありがとう」と感謝の言葉で始まる文面には、高倉なりの思いがこもっている。

その手紙を小林は額装して部屋に飾っていた。青木はそこまではしなかった。

〈人に見せるものでもないだろう〉

と思ったからだ。それでも、宝物として大事に保管している。

師匠としての高倉健は、確かに厳しかった。

「言葉遣いには、気をつけろ」

「物事の判断には、気をつけろ」

そんな教えが高倉の口調のままで今も青木の中に生きている。

厳しくはあったが、優しかった思い出のほうがたくさん残っている。若手俳優へのいじめなどまったくなかった。

昭和四十三年十月二十五日公開の『人生劇場　飛車角と吉良常』で青木卓司が今も思い出すのは、内田《うちだ》吐《と》夢《む》監督の颯爽《さっそう》としたかっこよさだ。一八〇センチ以上ある上背。恰幅《かっぷく》もよく、お洒落だった。黒澤明《くろさわあきら》に通じるモダンな魅力のある紳士に見えた。撮影所内の人望も厚く、多くのスタッフやキャストの尊敬を集めていた。同じ東映の監督でも小沢茂弘あたりとは風格が違う。

『人生劇場　飛車角と吉良常』は昭和三十八年公開の沢島忠《さわしまただし》監督の『人生劇場　飛車角』のリメイクである。主演の飛車角役の鶴田浩二と準主演の宮川役の高倉健は不動だが、他の主要キャストは二作で異なっている。

『飛車角』では、

・佐久間良子《さくまよしこ》（おとよ）

・梅宮辰夫（青成瓢吉）

・月形龍之介《つきがたりゅうのすけ》（吉良常）

『飛車角と吉良常』では、

・藤純子（おとよ）

・松方弘樹（青成瓢吉）

・辰巳柳太郎《たつみりゅうたろう》（吉良常）

『人生劇場　飛車角』は東映仁俠路線の嚆矢《こうし》と呼ばれる作品である。『人生劇場　飛車角と吉良常』がその流れを決定的なものにした。

『飛車角と吉良常』において鶴田と高倉は対照的な魅力で見せた。鶴田は器用でうまい俳優。表情一つとっても、顎《あご》を「クッ」としゃくる仕草にも色気があった。高倉は不器用を絵に描いたような演技で、観客を惹きつける。青木は今でもしみじみ思い返すことがある。

〈鶴田さんと健さん。動の高倉と静の鶴田。好対照な両雄が並び立った時代。俺は本当にいいときに東映に入らせてもらった〉

『飛車角と吉良常』でヒロイン・おとよを演じたのは藤純子。主演を務める人気シリーズ『緋牡丹博徒』のお竜役同様、この映画でも品があった。青木は思った。

〈藤さんのお母さんは大変に厳しい方だったという。そのせいだろうか、あんなふうに品を出せるのは。ほかの女優さんがやってもダメだ。藤さんにしか出せない〉

辰巳柳太郎の吉良常も渋い味わいがあった。老侠客のたたずまいが作品全体の色合いを引き締めている。鶴田演じる飛車角と対峙したときのなんとも言えない重厚感。これは辰巳ならではの持ち味だ。

この作品の撮影時、内田吐夢はすでに東映との専属契約を解かれている。だが、それまでこれほどの名匠を東映が抱えていたのは興味深い。青木にとって内田が東映で撮った中村錦之助《なかむらきんのすけ》主演の『宮本武蔵』五部作や、三國連太郎《みくにれんたろう》主演の『飢餓海峡』も好きな作品の一つだ。青木は思う。

〈内田監督のような地力のある演出家がいたからこそ、東映は時代劇が廃れてきても、仁侠映画で息を吹き返すことができたんだろう〉

仁侠路線がスタートしなければ、高倉健がスターとして輝くこともなかっただろう。俊藤浩滋プロデューサーは東映と高倉の両方にとって救世主だった。

ただ、しだいに前述した疎遠なものになっていた高倉と鶴田の関係もここに始まる。

前述もしてきたが、鶴田浩二は俊藤浩滋が東宝から引き抜いた外様。いっぽうの高倉は東映ニューフェイス第二期として入社した生え抜きである。

この作品の主演は鶴田浩二、高倉は脇に回っている。だが、東映内部での序列はすでに逆転していた。昭和三十九年に『日本侠客伝』、昭和四十年からは『網走番外地』『昭和残侠伝』と、高倉の主演作が次々に公開され、シリーズ化されていった。昭和三十八年公開の『人生劇場　飛車角』以来、東映の任侠路線を引っ張ってきたのは鶴田浩二である。だが、人気の面で高倉はすでに鶴田を追い越していた。

映画は興行の世界だ。人気はギャラに直結する。

『人生劇場　飛車角と吉良常』で鶴田の出演料は三百万円だった。以前は二百万円にすぎなかった高倉の出演料はこの頃、一気に七百万円にまで上昇している。青木は思った。

〈社歴は健さんのほうが長い。だが、鶴田さんは東宝時代からスターだった。これは面白くないだろう〉

鶴田浩二と高倉健。二人の微妙な関係は撮影所内での呼び名にも表れていた。高倉は東映生え抜きだから、「旦那」と呼ばれる。自他ともに認める大看板である。

鶴田は東宝時代の人気主演シリーズにあやかって「若旦那」と呼ばれていた。「健さんよりあとに外から来た人」という意味も込められていたのかもしれない。

青木は、昭和四十六年六月二十五日公開の高倉健主演、降旗康男《ふるはたやすお》監督の『ごろつき無宿』で初めて役らしい役をもらった。

〈東映の看板スター・高倉健の主演作で役がつく。ようやくつかんだチャンスだ〉

青木には心中期するものがあった。

だが、好事魔多し。クランクイン直前に母親が急逝してしまう。

青木は、高倉に相談した。

「役をもらった以上は、親が死んだといっても現場を離れるわけには……」

高倉は、言下に否定した。

「そんなことは、おまえがスターになってから言え。今はそれどころじゃないだろう。早く帰るんだ」

高倉は撮影所の経理担当者に「おい、金を用意しろ」と命じた。

その上で高倉と肝胆相照らす仲だった小林稔侍に言った。

「稔侍、おまえ、青木を羽田《はねだ》まで送ってこい」

小林が運転する車で青木は東映東京撮影所から羽田空港に向かった。当時は日本航空が東京・福岡《ふくおか》間に「ムーンライト」という旅客深夜便を飛ばしていた。青木はそれに乗って帰郷した……。

第10章 「造反有理」呼号の客たち

山下耕作《やましたこうさく》監督が語る『博奕《ばくち》打ち 総長賭博』への道程

任侠映画史上最高傑作といわれ、三島由紀夫《みしまゆきお》が激賞した『博奕打ち 総長賭博』の監督の山下耕作は、筆者が原作を書いた『修羅の群れ』の監督も務めたが、生前『小説東映 映画三国志』（徳間書店）の取材で、筆者に任侠映画を撮るようになるまでの経歴を赤裸々に語った。

山下が語ってくれた過去は、得意の任侠映画、さらに『あゝ決戦航空隊』などの特攻隊映画の監督らしい過去と言える。

山下は、昭和五年（一九三〇）一月十日、鹿児島《かごしま》県阿久根《あくね》市琴平《ことひら》町に、男六人女三人兄弟の五男として生まれた。琴平町は、鹿児島県の北西部にある東シナ海に臨む漁師町である。実家は、祖父・長五郎の代からの網元だった。

山下耕作

父親の清は、意気地なしが嫌いな男だった。男の子が喧嘩で泣かされて帰ると、船を出し、子どもたちを海に放り投げた。

両親が子どもたちにいうことは、一つだけだった。

「義理は、石かんちせでもやれ」

飯が食えなくなり、たとえ石を食うようになろうとも、義理だけは果たしなさい、という意味の鹿児島の言い回しだった。

山下は、県立出水《いずみ》中学を二年修了で、熊本《くまもと》幼年学校に入学した。軍人あがりの父親や、中学の教師の勧めだった。山下は家族と離れ、寄宿生活を始めた。軍服も与えられた。

朝は、点呼から始まり、遥拝、勅諭奉読……と規律正しい日課の生活が始まった。整理整頓、規律、機敏な動作、時間厳守と軍人としての躾《しつけ》や行動規範が、知らず知らずのうちに山下の肉体に浸透していった。「われは将校生徒なり」というエリートの自覚も求められた。山下は、いつの間にか、死ぬことが怖くなっていった。

そんな生活の中で、山下の楽しみは、映画鑑賞だった。学校では、たびたび、講堂で映画鑑賞会がおこなわれた。ただし、『西住戦車長伝』や『阿片戦争』などの国策映画ばかりだった。だが、暗い講堂で映画を観る興奮は心地よかった。『阿片戦争』では、原節子《はらせつこ》と高峰秀子《たかみねひでこ》の美しさに目を奪われた。

〈なんちゅう、みごちかおごじょやろ〉

映画に対する感想も、十四歳の少年としては、その程度のもので、将来、映画の世界に進もうなどとは、考えるはずもなかった。いずれは、軍人となり、お国のために命を捧げようとだけ考えていた。

ところが、昭和二十年八月十五日、日本は敗戦を迎える。山下は、熊本から鹿児島に戻り、出水中学に復学した。再び家族と暮らせることが嬉しかった。

そんなある日、山下は、両親や弟と、一家団欒《だんらん》の時を過ごしていた。すると、母のキヨが窓の外に誰かが立っているのに気づいた。

「あッ、耕吉《こうきち》!」

山下は、後ろを振り返った。窓と桟の間が隙間だらけの粗末なガラス窓があり、その向こうに四歳上の兄の耕吉がまるで幽霊のように立っているではないか。

隔離されていた近くの結核療養所から、抜け出してきたのだった。キヨは、耕吉を家の中に招き入れた。

山下と弟は、結核が感染しないように部屋の隅に追いやられた。

母の出すお茶をおいしそうに飲む兄を見ながら、山下は、兄の気持ちを思った。

〈あんちゃんは、ほんのこち寂しかったんやろな。病気をうつすといかんで、そっと家ん中見て、そのまま帰るつもりだったんや〉

山下は兄を思い、涙が出てきた。

兄は、三十分ほどいると、病院に戻った。

「はよう、よくなって戻ってきやいよ。戦争も終わったし、おはんの人生もこれからやっと」

母が優しく送りだした。

ところが、それからわずか一年経たないうちに、父、二人の兄、祖父が、次々と病で亡くなった。それは、山下が幼年学校で教わった「死」とは別の「死」だった。

幼年学校での「死」は、望んでの死であった。ところが、やっと戦争が終わりこれからというときに、次々と肉親に「死」がおとずれたのである。一番危険にさらされていたときには助かり、戦争が終わり、いざこれからというときに望まないのに死んでいく。人間には逆らえない運命があることを、改めて知らされた。

〈人間というのは、なんと悲しい存在なんだ〉

人の世の儚《はかな》さと無常を感じた。そして、望まない死こそ人間的な死である、と思った。

昭和二十一年、山下は、出水中学を四年修了で、第七高等学校（現・鹿児島大学）へ進み、昭和二十四年には京都《きょうと》大学法学部に入学した。

京大に入学した当時、山下には、裁判官か官僚にでもなろうかという漠然とした気持ちがあった。大学四年生になると司法試験を受けた。が、落ちてしまった。司法浪人として、再挑戦することも考えた。しかし、父も亡くなっている。まず稼がねばならなかった。

山下は、大学の求人募集の看板に、東映京都撮影所の募集広告を見つけた。

映画は、幼年学校時代の映画鑑賞会をきっかけに好きになっていた。

七高から京大にかけての間は、映画に狂うことはなかったが、少なくとも週に一度は映画館に通った。

山下は、募集広告を頼りに、東映京都撮影所を訪ねた。

聞くと、翌日が試験日だという。願書の締切は、とうに過ぎていたが、当日でいいから履歴書を持ってこい、といわれた。

結果、入社試験に合格した。試験採用の一期生でもあった。

同期には、東京《とうきょう》撮影所採用で、のち『十三人の刺客』を撮る工藤栄一《くどうえいいち》がいた。

東映に入社した昭和二十七年のお盆休み、山下は、鹿児島に帰省した。

山下には母親に対して後ろめたい気持ちがあった。せっかく大学まで出してもらったのに、映画会社などというわけのわからない会社に入ってしまった。当時、一般社会の人からは、映画界は特異な世界と思われていた。

〈きっとオフクロも、もっと普通の会社に入ってもらいたいと思っているに違いない〉

ところが、それまで自分の意志を一度も表したことのなかった母親が、山下に言った。

「わたしは、耕作が東映に入ってくれたことが、一番嬉しかよ。映画会社というのは、よくわからんけど、人を裁く裁判官よりは、ずっとましな仕事だと思ってるよ。人が人を裁くなんてとんでもない。そんな気を遣う仕事などせんで、よかったが」

山下は、その母の言葉を聞き、そのまま東映で働いていくことを決心した。

転機となった『関の彌太ッぺ』のクランクアップ

入社一年半後、山下は、総務課から製作課製作計算係に異動になった。

そのうち、岡田茂《おかだしげる》製作課長から、声がかかった。

「おまえ、撮影所で仕事をやっていくのなら、一度現場に出んといかんな。どうや、進行係に出てみい」

山下は答えた。

「現場に出るなら、進行ではなく、助監督で出してください」

岡田課長は、山下の返事を聞くと、即決した。

「よし、わかった。それなら明日から内出好吉《うちでこうきち》監督の組につけ。『御存じ怪傑黒頭巾』だ」

本来なら本社の決裁を受けなければならないことだろうが、岡田課長は目の前で稟議《りんぎ》書を書き始めた。

山下は、翌日から『御存じ怪傑黒頭巾』の撮影中の内出好吉組に放りこまれた。主演は、大友柳太朗《おおともりゅうたろう》だった。

山下は、東映入社後、小沢茂弘《おざわしげひろ》、内田吐夢《うちだとむ》、吉村公三郎《よしむらこうざぶろう》、佐々木康《ささきやすし》、河野寿一《こうのとしかず》、沢島忠《さわしまただし》、今井正《いまいただし》ら錚々《そうそう》たる監督たちの下で、助監督についた。

山下は、そのなかで『大菩薩峠』や『宮本武蔵』などを監督した内田吐夢を本当の師匠だと思った。

山下は、昭和三十六年一月二十一日公開の沢村訥升《さわむらとつしょう》、青山京子《あおやまきょうこ》主演『若殿千両肌』で監督デビューした。

会社から「一本撮れ」といわれたときは、意外な感じがした。

〈俺はまだ力がないのに、こんなに早く監督になっていいんだろうか〉

山下は、自分にはまだまだスタッフを掌握する力がないと思っていた。山下は、試験入社の第一期生である。いわばエリートであった。それに対して周りのスタッフは、親戚のつてなどで入ってきた者が多い。しかも、みな年上であった。彼らが「なんだ、あの若造」と自分のことを思っているのが感じられた。

監督になれた嬉しさよりも、スタッフたちが自分の命じることに納得してついてきてくれるだろうか、という不安のほうが大きかった。

撮影に入ると、周囲のスタッフを見る余裕すらなかった。フレームの中しか見えなかった。

映画の出来栄えは、満足のいくものではなかった。しかし、自分の力の足りなさを自覚していても、まだその頃の山下は、それを素直に心からのみこめなかった。「映画が面白くないのは、役者が下手糞《へたくそ》なんだ」と自分の作品を突き放して見ていた。

山下は、続いて『新黄金孔雀城　七人の騎士』の一部、二部、完結篇を撮った。

これは、周りから大きな不評を買った。山下は監督から、なんとついに助監督に戻されてしまった。

〈何が監督だ。よし、それだったら、俺は、日本一の助監督になってやろうじゃないか〉

そう思った山下は、再び助監督の仕事に打ち込んだ。

山下に再びチャンスがめぐってきたのは、それから一年半後のことであった。

中村錦之助《なかむらきんのすけ》（のち萬屋《よろずや》錦之助）主演の『関の彌太ッペ』を監督することになったのだ。

当時は、映画会社にも余裕があった。新人監督には、三本は必ず撮らせてくれた。

山下は、これが自分が監督する最後の作品になるかもしれないと思うと、開き直ってやるしかないと考えた。

それまでは、先輩スタッフに対する遠慮がどこかにあった。だが、今度は、失敗したらすべて自分の責任だから、と思って、「ここには花がほしい」「あの場面には銀杏《いちょう》の木がほしい」と遠慮なしに注文を出した。

長谷川伸《はせがわしん》原作の『関の彌太ッペ』の主人公、旅人の関の彌太ッペは、ふとしたきっかけから十朱幸代《とあけゆきよ》演じるみなし子のお小夜を旅籠《はたご》の沢井屋に預ける。しかし、名も告げないで去る。

十年後、お小夜が彼を命の恩人として探していると知らされても、ヤクザ渡世の身をはばかり、立ち寄りもしない。

しかし、木村功《きむらいさお》演じる同じヤクザ仲間の箱田の森介が命の恩人と偽り沢井屋に乗りこみ、お小夜を苦しめていると聞き、再び沢井屋に足を運ぶ。

関の彌太ッぺは、成人し、見違えるように美しくなっているお小夜を垣根越しに見て、声をかけることもできない。自分は傷だらけになり、あまりに変わりはてている。

カタギの世界とヤクザの世界を隔てるように垣根越しに美しい花が咲いている。

脚本は、初めこの花を紫陽花《あじさい》にしていた。この映画の助監督についた鈴木則文《すずきのりぶみ》は、頭を抱えこんだ。撮影は秋で、紫陽花の季節はとうに終わっている。鈴木は、京都の亀岡《かめおか》市まで足を運び、美しい花を探し続けた。

ようやく垣根越しに美しい花の咲いている家を見つけた。鈴木は訊いた。

「この花は、なんですか」

「木槿《むくげ》です」

鈴木は、山下監督をそこに連れていった。

「どうです。紫陽花の代わりにこの花では」

山下監督も、木槿の花がすっかり気に入った。そこでロケをすることになった。

その木槿の花越しに、中村錦之助演じる関の彌太ッぺがお小夜に言う。

「世の中には、苦しいことも、悲しいことも、たくさんある。でも忘れるこった。忘れて日が暮れりゃ明日になる」

お小夜は、十年前、関の彌太ッぺから同じことを言われたことを突然思い出す。

「旅人さん……」

お小夜は、関の彌太ッぺを追うが、関の彌太ッぺはお小夜の声を背に、土手の下に身を隠す。自分を探して駆けていくお小夜の背中を見送り、暮れ六つの鐘が鳴る中、再び敵の飯岡一家の待ち受ける村外れへの道を歩き出し、修羅場へと乗りこんでいく……。

なお、この映画で花をみごとに使った山下監督は、それ以後どの映画でも花を見せ場に使うようになる。

ただし、山下監督が錦之助と喧嘩し、撮影が中断することもあった。山下は、自分が燃えて作品にのめりこんでいるのが自分でもわかった。すると、周りの先輩スタッフたちも、燃えてついてきてくれた。おかげで注文どおりのものが、ちゃんとできてきた。

山下監督は思った。

〈これが、活動屋なんだなあ〉

山下は、『関の彌太ッぺ』を撮りながら、それまで自分が映画を舐めていたことを思い知らされた。

山下は、それまで映画の監督など誰でもできると思っていた。しかし、それは映画を頭で理解しているにすぎなかったからだと思った。これまでの自分は、役者の演技を突き放して観ていた。自分も映画の世界に入りこみ、自分も泣かなければ、客も泣いてくれない。本当に映画を体で理解したことにならない。そういうことがわかった。

〈キャメラの向こうでせせら笑っていても、客は泣いてくれないんだ。面白くないのを、役者のせいにするなんて、俺はなんて無責任だったんだ〉

『関の彌太ッぺ』は、昭和三十八年十一月二十日に封切られた。これぞ股旅映画の傑作と大好評を集め、山下監督の代表作の一つとなった。当時東映東京撮影所の所長だった岡田茂も、山下に言ってくれた。

「おまえ、あの味を、よう忘れるな」

俊藤浩滋《しゅんどうこうじ》プロデューサーと一体の山下のヤクザ映画

山下監督が「任侠映画のドン」ともいえる俊藤浩滋プロデューサーと最初に組んだのは、昭和四十一年四月二十三日公開の、歌手の北島三郎《きたじまさぶろう》が主演し、村田英雄《むらたひでお》が共演した『兄弟仁義』であった。

『任侠映画伝』によると、俊藤は、どの役者を、いつ、どう使うかにはいつも目を光らせていたという。最初に俊藤が村田英雄の出演交渉に行ったとき、村田の事務所で話をしていると、隣の部屋から北島三郎の歌が聞こえてきた。村田と北島は西川幸男《にしかわゆきお》社長の新栄プロダクションに所属していた。それが素晴らしい歌であった。見ると、大きなリールに巻いたテープから流れている。その歌が発売直前の『兄弟仁義』だった。俊藤は、即座に西川社長に申し込んだ。

「この歌を、映画で使わせてほしい」

『兄弟仁義』は一年ほど前に北島が発売したその曲をもとに映画化した作品である。その歌はミリオンセラーを記録していた。

♪親の血をひく兄弟よりも
かたいちぎりの義兄弟
こんな小さな盃だけど
男いのちをかけてのむ

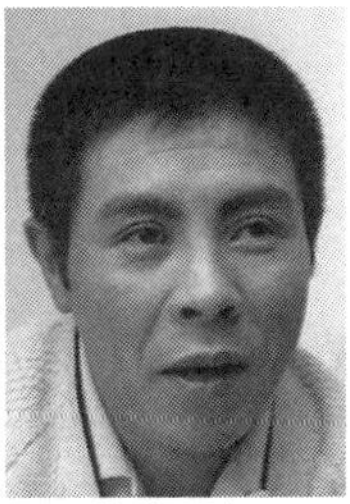
北島三郎

村田英雄

『兄弟仁義』は、母を尋ねて旅をする若い博奕打ちの主人公を北島三郎が演じた。主人公のイカサマを見破ったことがきっかけで兄弟分になる若い代貸を松《まつ》方弘樹《かたひろき》、その親分を村田英雄、ヒロインを宮園純子《みやぞのじゅんこ》が演じ、彼らに味方して敵の一家と戦う客分の役で鶴田《つるた》浩二《こうじ》がゲスト出演した。

歌手の村田英雄は、鶴田より五歳ほど若年だが、わずか四歳で浪曲師となり、十歳で映画に出演するなど芸能界の先輩だった。が、昭和二十六年に東映映画『旗本退屈男　謎の七色御殿』に出演したのをきっかけに、一九六〇年代の東映任俠映画に欠かせない主演スターとして活躍するようになった。

が、京都に来たばかりの頃は、まだ芝居がうまくできずに悩んでいた。そんな村田が手本にしたのが、鶴田浩二だった。鶴田が着流しに雪駄《せった》で歩く姿、後ろ姿で語る芝居を、村田は何度も何度も練習を繰り返した。

村田は、鶴田の側近である川勝正昭に、何度もこぼした。

「キャメラに向かって歩く芝居はできるが、鶴田さんのような後ろ姿の芝居ができない」

待田京介《まちだきょうすけ》も、鬼頭組の客人黒江元三役で出演している。

待田には、北島からはこの映画にかける意気込みを感じたという。

「サブちゃんも、流しでどん底を舐めていたから『自分の主役の映画を撮るんだ』という腹構えで真剣に取り組んでいました。最初のときに山下さんから『サブちゃんはもうちょっと上手な芝居をしてくれないとダメだな。シロウトだからしょうがないけれど、カバーしてくれよ』と声をかけられて、『わかってますよ』と応じました。でも、サブちゃんも器用な人だから、じょじょに慣れていきましたね」

『兄弟仁義』シリーズには、里見浩太朗《さとみこうたろう》も出演した。里見は、自分の部屋に入って着替え終わると、必ず部屋の外に出て、めったに部屋の中に居ることはない。食堂か麻雀店に行ってしまう。

そんな中で、「北島が入る部屋が一つもない」と演技課長が困っているのを耳にした。

里見は、北島に声をかけた。

「俺んところ使っていいよ。俺、めったに部屋を使わないから、サブちゃん使って」

それ以来、北島は必ず里見の部屋へ入って支度するようになった。

北島と里見は昭和十一年生まれの同い年ということもあり、親しくなった。それから数十年経った現在でも、北島は人がたくさん集まる場で、このときの話を披露する。

「昔は京都（撮影所）に行ったときに、俺の部屋がなかったんだ。コウちゃん（里見浩太朗）が部屋をずっと貸してくれて、俺はずっとその部屋にいたんだよ」

頻繁に会うことはないものの、里見と北島は歌仲間でもあり、テレビの歌番組などで共演したり、対談などもおこなったりする親密な仲である。

北島の持ち馬が優勝したときは、里見が「競馬、優勝しておめでとう」と連絡し、コロナ騒ぎで外出もままならないときは「大丈夫？」と電話し合ったという。

映画は昭和四十一年四月二十三日公開の、『網走番外地』シリーズの第五作『網走番外地　荒野の対決』の併映作として封切られた。

映画は、大ヒットしたことによって北島主演でシリーズ化された。なんと九作もつくられる。『兄弟仁義』以降、山下監督が撮るヤクザ映画のほとんどは「任侠映画のドン」と呼ばれた俊藤プロデューサーと組んだ作品だった。

俊藤は必ず撮影現場に出てきた。そしてプロデューサーでありながら、移動車を運ぶのを手伝ったりしてくれた。

山下監督は、俊藤と組むたびに思った。

〈この人は、根っから映画が好きな人なんだなあ〉

山下監督は、任侠映画がヒットしたのは、激しい学生運動が続く時代背景の下で、任侠映画の底流に流れている心情と、悲壮感を持っている若者たちの心情がピタリと合ったからだと思っている。

人間の存在の悲しさを描く山下と笠原和夫《かさはらかずお》

山下監督は、任侠映画でも、その他の映画でも、いつも人間の存在の悲しさを描こうと思って監督をしてきた。それを意識するようになったのは、終戦後、肉親をばたばたと失ったときからだ。その経験は山下に大きな影響を残した。山下は、ヤクザそのものが悲しい存在だと思っていた。彼らには生まれながらにして社会的に差別された者も多い。つまり、存在そのものが悲しいのである。

山下監督が山口組三代目の田岡一雄《たおかかずお》組長に取材で会ったとき、田岡組長は言った。

「わしは、絶対に組を解散しない。解散すれば、社会に受け入れられない連中の逃げこむところがなくなる。そういう人間たちがいる限り、絶対に解散しない」

山下監督は、すごいことを言う人だと感心したという。

その山下監督が『兄弟仁義』シリーズの次に取りかかったのが昭和四十三年一月十四日公開の『博奕打ち　総長賭博』であった。

映画の脚本を担当した笠原和夫の『映画はやくざなり』（新潮社）によると、笠原は最初、総長賭博とは何かよくわからなかったという。東映も、親分衆が集まって博奕をし、札束が舞う中でドスが振り回される派手な映画になることを考えているようだった。

とりあえず笠原は初めて組む山下監督の意向を伺うことにした。

ところが、笠原が籠もっていた東映の寮に来た山下監督に「何がやりたいんだ?」と訊いても、山下は滅多に口をきかなかった。

熊本幼年学校で将校になる教育を受けていた山下は、寡黙なことで有名だった。撮影所では同姓の山下《やました》奉文《ともゆき》大将から連想した「将軍」とのあだ名で呼ばれていた。

山下は、終始ムッツリ黙ったままで笠原の寮から帰っていった。何しに来たのかわからないままであった。

笠原は、しょうがないので、助監督をつかまえて訊いた。

すると、笑いながら言う。

「将軍は、地震がきても何がきても口をきかないから、何を考えているか、何をやりたいか、誰にもわかりませんや」

しかし、それではホンの書きようがない。笠原はもう一度山下監督を寮に呼んだ。

「何か言ってくれないと、俺も困るんだけどな」

「……」

男二人で黙って向き合っていても殺風景である。時間つぶしに花札をやり始めた。笠原のほうが花札の修練を積んでいるので、なんと三日で三百万円も勝ってしまった。

「おい、おまえ、俺が三百万勝ってるんだけど、どうするんだ、これ。払えるのか」

「……そんな無茶なこと言うな」

「わかった、帳消しにしてやるからな。その代わり、おまえが何を撮りたいのか言えよ」

山下監督はようやく口を開いた。

「……わかったよ。……あのな、『兄弟仁義』の反対がやりたいんだ」

北島三郎主演の『兄弟仁義』シリーズを撮っていた山下監督は「あの世界に飽き飽きした」と言い、さらに言った。

「男同士、何も言うな、お前の気持ちはわかったという義理人情ドラマとは正反対のものをつくりたいんだ」

山下監督はもともと反《アンチ》ヤクザ映画だったが、俊藤浩滋プロデューサーに口説かれ、半ばやむなく、ヤクザ映画を撮り始めていた。そのため、ヤクザ映画ばかり撮らされている状況に欲求不満気味であった。

ヤクザ映画に飽きているのは笠原も一緒だったので、渡りに舟の提案だった。

笠原和夫

〈よし、『兄弟仁義』の逆手でいこう。ギリギリの人間が憎悪をぶつけ合う葛藤劇にしよう。会社のイメージとはずいぶん違うが、面従腹背は世の習い。たまにはこちらの好きにさせてもらおう〉
すなわち、男と男が黙っていても通じ合うドラマではなく、通じ合えない男たちの憎悪と情念が錯綜し、ぶつかり合う内ゲバ劇を志向することにした。

要するに、表立って会社には言えないが、これまでのヤクザ映画に対するアンチテーゼをやろうとしたわけである。そして、ヤクザ社会という特殊な世界に生きる男たちのパトスだけに的を絞って、ギリシア悲劇のような、運命に抵抗し、やがて敗れ去る人間を描くことにした。

笠原は、前作の『日本俠客伝　斬り込み』の取材で世話になった新宿《しんじゅく》の河野組に連絡を取り、河野英雄組長に再び会い、訊いた。

「内紛なんていうのは、実際にあるんですかね」

「ある」

打てば響くような河野組長の返事だった。河野組長の兄貴分が中野《なかの》でテキ屋をやっていて、そのテキ屋の組で跡目争いが起きたという。

ヤクザはあくまで実力主義で、自分の子どもであろうと力がなければ跡を継がせたりは絶対しない。一家のなかで、抜け目なく、腕力も確かな若者を若頭にし、やがて親分にする。

ところが、テキ屋は家伝の商売のため、実子が継ぐ。そのため、実力のある子分は、できれば親分の生きているうちに、実子分として暖簾《のれん》分けして独立させる。

それでも親分の死後に、「なぜ俺に家名を継がせないのか」と実子を差し置いて実子分が主張する争いが起きることがあった。河野組長によると、たまたまその中野のテキ屋にも有力な古い実子分がいて、実子と争うという跡目をめぐってゴタゴタが起きたというのだ。

笠原は、その話を詳しく訊き、どういうストーリーが合っているかを考えた。

ヤクザの女房の自害はドラマの中でこそ

笠原和夫によるストーリーは、昭和九年、右翼の黒幕の河島義介の私邸に、江東《こうとう》地区を縄張りとする天竜一家の総長が弟分の仙波組組長仙波多三郎（金子《かねこ》信雄《のぶお》）の手引きで招かれ、誘われるところから始まる。

「子分たちを満州に送り込み麻薬を含む荒稼ぎをしてくれないか。これは国家的使命だ」

総長は河島の提案をきっぱりと断る。

「わしの一家は、博奕打ちの分を守って渡世するのが家憲なんだ」

その直後、総長が倒れ、跡目を決めることになる。衆目の一致するところは中井信次郎（鶴田浩二）だったが、中井は「自分は大阪のよそ者だから」と断り、弟分で服役中の松田鉄男（若山富三郎《わかやまとみさぶろう》）を推す。

しかし、仙波は他の組長たちに根回しをし「刑務所に入っているような奴はダメだ」と松田の就任に反対する。結局、中井や松田の弟分の石戸孝平（名和宏《なわひろし》）が選ばれた。

石戸の襲名披露の前に出所してきた松田は、一家は中井か自分が継ぐべきで、それを石戸が受けたのが許せない、と逆上する。

笠原和夫は、若山演じる松田の役が面白くなりそうな予感がしていた。取材で聞いた「一家に松杉を植える」つまり、組のために苦労をする意という表現も使えそうだった。

〈そうだ。若山に「なんのためにこの一家に松杉を植えたんだ。この兄貴が跡目を継ぐべきで、兄貴が断るなら、タメ（同格）の俺が継ぐ番じゃないか」と主張させよう〉

そして、名和を跡目に推した叔父貴分の金子と若山を対立させることを考えた。

笠原は、跡目をめぐる抗争がテンポよく流れればホンはうまく成立する、と思った。

しかも、東映に移って以来、あまりパッとしなかった若山を、この映画で目立たせることもできるかもしれない。

若山のセリフは結局、次のようにした。

「叔父貴、俺たちヤクザは神さまでも仏さまでもねえんだぜ。俺たちァ、なんでドスの下をくぐってきたんだ、なんでヨセバ（刑務所）にも落ちるんだ、伊達や酔興でそんな修行を積んできたわけじゃねえんだ。命を賭けて一家に松杉を植えりゃア、いつかはてめえにも花の咲く日がきて、兄貴にも親にも出世できると思やこそだ。そいつを先代の娘婿だからって、昨日まで五厘下がりの弟分が今日は一文上がりで親を名乗ったんじゃ、ヤクザの仁義はどうなる！」

松田は、石戸に直談判するが、石戸は「天竜一家の決定である以上、意地でも立派な総長になってみせる」と返す。

松田はいきり立って殴り込みをかけるが、果たせず謹慎させられる。しかも、これは仙波が天竜一家を乗っ取るために描いた筋書きだった。

あいだに立つ中井は幹部たちをなだめ、松田をおとなしくさせようと動く。が、松田はあくまで襲名披露をつぶそうとする。松田の子分たちも、松田に殉じようとする。その子分を庇《かば》って中井の妻つや子（桜町弘子《さくらまちひろこ》）が自死する。

山下監督は、笠原の書いた脚本に一カ所注文をつけた。このつや子の自死のシーンである。

中井信次郎（鶴田浩二）の妻のつや子が、夫から預けられた松田鉄男（若山富三郎）の子分の小林音吉（三上真一郎《みかみしんいちろう》）を夫の留守中に逃がしてやり、手首を切って、自殺する。

山下監督には、夫と義兄弟の松田鉄男の対立を阻止できなかった責任をとって死を選ぶ彼女の気持ちが理解できなかった。

笠原は、山下監督の指摘に頭を抱えた。

クランク・イン当日で、映画の封切日も迫っていた。女房が死なないとラストシーンまでのドラマの構成がすべて狂ってしまう。

ヤクザの女房の考え方は一般家庭の主婦とは違う。夫の渡世の掟《おきて》や、仁義の中に彼女自身もどっぷりつかっている。そうでなければ、亭主と女郎屋のあいだを行ったり来たりして、なおかつ夫婦の絆を保ち続けることなどできるわけがない。親分や兄貴と呼ばれているヤクザの女房ともなれば、このくらいの覚悟はいつでも持っていなくては、斬った張ったの血しぶきの中で一家の切り盛りなどできるものではない。

鶴田の女房を演じた桜町弘子は、それまでお姫さま役専門の上品な女優であったが、山下監督はこまやかな愛情あふれる夫婦像を描こうと計算していたようだった。

だが、ヤクザの女房はもっとナマの感覚で直截的な行動をとる。

笠原は、「自害のシーンを撮れないか」としつこく山下監督に食いさがった。

とうとう山下監督も折れた。

「それじゃあ、この役を演じる桜町君にできるかどうか訊いてみよう。彼女ができると言ったらそれでいいし、できないと言ったら、もう一度考えてくれ」

山下監督は、すぐ撮影所に引き返して、スタッフルームに桜町を呼んで訊いてみた。

すると、明快な答えが返ってきた。

「こういう場合、あたしだったら手首は切れます」

こうして、脚本直しの大騒動にならずに撮影はそのまま進行したのだった。

笠原は桜町の答えを聞き、笑いながら言った。

「俺の勝ちだな。俺のほうが女の気持ちがよくわかる」

俊藤プロデューサーも、このシーンについて評価した。

「ヤクザの女房が亭主に背くことになったとはいえ、自殺するなんて、いくらなんでもありえない。まあ、男が自殺する話なら少しはわかるけど。ヤクザの世界では女が渡世のことで口を挟むなんて絶対ないし、もしあったら、その男が何をしとるのやと言われる。しかしそこが映画なんで、あそこまで追い込まないと、ドラマが盛り上がらない」

桜町弘子

義兄弟の刺す刺される見せ場

亡くなったつや子の真新しい白木の墓標の前に中井、勇作、岩吉たちが額ずく。その後ろに、ひっそりと松田の妻で、中井の妹の弘江（藤純子《ふじじゅんこ》）が喪服姿で佇《たたず》んでいる。

そこに、若山富三郎演じる松田が現れる。

中井が、松田に声をかける。

「松田……破門状が回ったぞ……」

「わかっている」

「これ以上無駄あがきはやめろ……おめえのためだけじゃねえ」

中井は、弘江を見て続ける。

「こいつのためにもだ……」

「兄弟……賽《さい》の目はもう出てしまったんだ、俺は俺の道を行くしかねえ……石戸の天竜一家跡目披露は、俺の命を賭けても叩きつぶしてみせる。そいつが俺の最後の意地なんだ」

「俺がいる限り、おめえの注文どおりにはさせねえ」

「中井……そんなに天竜一家が大事なのか……この俺よりも……！」

「渡世人の道は一つしかねえ。松田、手を引け！」

「俺はやる……やるしかねえ」

中井の面に怒りの色が漲《みなぎ》り、懐中から素焼きの盃を取り出す。

「もう一度話し合えると思って持っていたんだが……松田、これまでだな！」

傍らの石塔に当てて、ガチンと砕くと同時に、懐中の匕首に手がかかる。

「兄さんッ！」

中井のその手に、弘江が飛びつく。

「松田、おめえの命は、弘江に預ける……」

そのいっぽうで、中井は天竜一家二代目の石戸に会い質《ただ》す。

「あんたが二代目に立ったことで仙波多三郎と何か裏の話でもできていたのか」が、密約がなかったことを確認する。

中井は松田に石戸の潔白を話すが、松田は「そんなことはもう問題じゃない。石戸の後塵を拝することは自分を安くする」と納得せずに意地を通そうとする。

修善寺《しゅぜんじ》の総長賭博の会場には全国から親分集が集まる。そこで仙波は石戸を右翼の黒幕の前に呼びつける。

「天竜一家は大陸から麻薬を密輸して儲ける団体に発展的に解消し、今回の総長賭博のテラ銭はその団体の活動資金にする」

だが石戸は、憤然とはねつける。

いっぽう、直情径行の松田は総長賭博の成功を祈って参拝に来た石戸を襲い負傷させる。が、石戸は「仙波の良いようにはさせぬ」と傷を隠して襲名の儀式を終える。

しかし、床に就いたところで仙波の刺客に襲われ、結局殺されてしまう。

賭場が終わってテラ銭が集まると、仙波は「自分が管理する」と言い出すが、中井が抗議する。すると仙波は「松田が石戸を刺したのはおまえが手引きしたんだろう」と言い出す。

中井は身の潔白を立てるため、松田の居場所を突き止めた末に、松田を刺しに行く。

この映画の最大の見せ場は、中井信次郎が義兄弟の松田を刺す場面といえよう。

松田の子分の小林音吉（三上真一郎）が、松田の泊まる宿の二階から階段を駆け降りてきて、ギクッと立ちすくむ。

玄関に佇んでいる中井。

言いようのない恐怖と悲痛が音吉を襲う。

中井がスラッと懐中の匕首を抜いて階段を上ってくる。

「二階だな……」

音吉は、階段を後ろに下がりつつ、震え声で言う。

「叔父貴……」

「どけ……」

「叔父貴……！」

「おめえに、用はねえ……」

音吉が夢中で首を振るが、中井は突き進んでいく。

音吉は、階段を後ろにさがりながら、思わず懐中の匕首を抜き放っている。

「いけねえ……来ちゃいけねえ……帰ってくれ、叔父貴、帰ってくれッ、帰れッ……帰れッ……！」

慟哭《どうこく》するように絶叫して真一文字に中井にぶつかってゆく音吉。一瞬早く中井の匕首が音吉に刺さる。

悲し気な顔で、すがるように中井に斃《たお》れて、息絶える音吉。

「これで……姐《ねえ》さんの……お側に……、叔父貴……おやじさんを……許してやってください……」

凍てついた眼で見下ろす中井。

騒ぎを聞きつけて、松田が部屋から出てくる。同時に一気に階段を駆け上がる中井が、松田に匕首ごと体当りをする。

中井は松田を抱きしめるようにして刺す。そのとき、中井は顔をゆっくり横に振って、最愛の兄弟分を刺すことが悲しくてたまらないという表情をする。

びっくりしたような松田の顔が、中井を認めてフッと笑う。

「兄弟……！」

「松田……！」

松田が、中井に訊く。

「石戸は……どうした……あの野郎に、とどめを刺せなかったのが……残念だ……」

中井は、松田の耳に口を寄せてささやく。

「石戸は……死んだよ……」

松田はそれを聞いて初めてキョトンとした顔をするが、どうせ殺されずにはすまない状況である以上、最愛の兄弟分に殺されるのはせめてもの幸福といった微笑を見せてから、息絶える。

そこに松田の女房で中井の妹の松田弘江（藤純子）と、若い衆の清に抱かれた松田の子どもの実がやって来る。

中井がわれに返ったように階下に目をやる。

カッと見上げている弘江と、松田の子どもの実を抱いた清の二人。

信じられぬようにその二人を見下ろす中井。

弘江が階段を上ってきて、松田の屍《しかばね》を眼にする。

中井が、弘江に言う。

「弘江……、死んだよ。もう……」

針のように中井を凝視する弘江。

「こうするしかなかったんだ」

「何のために……、何のために……」

弘江が不意に狂ったような激しさで中井の頬《ほお》を滅多打ちしながら、叫ぶ。

「気狂いッー！　人殺しッ！　人殺しッ、人殺しッ、人殺しッ……！」

中井が、やっと弘江の手を外し、ゆっくりと階段を降りてゆく。

さらになじる弘江。

「人殺しッ、人殺しッ、人殺しッ……」

階下では、松田の若い衆に抱かれた松田の子どもの実がいる。

撮影でセットにいた山下監督の耳に、控え室で鶴田が言った言葉が入ってきたという。

「せっかく子どもが出ているのに、監督は芸がないな。マキノ雅弘《まさひろ》は、子どもを使うのが上手かった」

山下監督は、鶴田とは何本も仕事をしていたが、注文を言われたのは初めてだった。

〈なんや、俺に直接言やあいいのに。それなら、考えてやろうじゃないか〉

山下監督は鶴田が陰で言っていることに少し腹が立った。だが「それだけ鶴田も作品にのめりこんでいる」と思い、その場で、子どもに一言セリフを言わせるようにした。

松田を刺し殺し、階段を降り、立ち去る中井に向かって、子どもが訊く。

「おじちゃん、おとうちゃんは？」

中井役の鶴田がスタジオに入り、テストが始まった。鶴田は、子どものセリフに、涙を浮かべてしまったという。

それから、中井は、総長賭博の終わった広間に戻る。仙波多三郎の子分たちを斬りに斬り殺す。

茫然と立ちすくむ仙波の前に、鮮血に濡れた匕首を片手にし、中井はゆっくり歩み寄る。

「てめえのために……みんな死んだ……今度は、てめえの番だ……」

「中井ッ……叔父貴分のわしにドスを向ける気かッ！　てめえの任侠道はそんなものだったのか……！」

「任侠道か……そんなもんは俺にはねえ……俺は、ただの、ケチな人殺しなんだ……そう思ってくれ、叔父貴……」

飛び込みざま、中井が仙波を一突きする。

仙波が絶叫する。

「誰か……誰か来てくれッ……！」

中井は、さらに一突き、二突きする。仙波の体を蹴り転がす。

不遇をかこった大映時代の若山富三郎

任侠映画史上最高傑作と言われる『博奕打ち　総長賭博』で、松田鉄男役を演じ、評価を高め、東映で『極道』などのシリーズ作品を生むことになる若山富三郎についてここで触れておこう。

若山富三郎は昭和三十七年に東映から大映に移籍。これを機に城健三朗《じょうけんざぶろう》に改名する。

東映の前に所属した新東宝の時代から若山は長谷川一夫風の白塗りメイクで二枚目を演じることが多かった。だが、不遇の時代が続いていた。

新天地の大映では弟の勝新太郎《かつしんたろう》が市川雷蔵《いちかわらいぞう》と並んで看板スターの座にいた。それでも、若山は相変わらず低迷していた。

移籍後、若山は一人の女優を見染める。一目惚れだった。その女優が藤原礼子《ふじわられいこ》である。年齢は若山の四つ下だったが、俳優としての格は藤原がはるかに上だった。

俳優の若山騎一郎《わかやまきいちろう》は、若山富三郎と女優の藤原礼子の一人息子である。

藤原は宝塚出身。宝塚では大和七海路《やまとなみじ》という芸名を与えられ、花組の男役スターとして活躍した。

余談だが、騎一郎の祖母で、富三郎の母にあたる長唄三味線方の杵屋勝東治《きねやかつとうじ》の妻の八重子は大和七海路のファンだった。

大和七海路は、昭和三十三年四月に宝塚を退団後、大映に入社。藤原礼子を名乗ってスターとなった。

昭和三十六年九月三十日、騎一郎の叔父の勝新太郎と田宮二郎《たみやじろう》が主演する『悪名』が公開される。藤原は田宮演じるモートルの貞の女房・お照役で出演。その後、シリーズ化されたあとは劇中で死んだ貞に代わって、田宮が扮した清次の女房・お照を演じた。作品の中で清次はお照を「姐さん」と呼んでいた。

勝新が演じた八尾の朝吉の妻役は中村玉緒《なかむらたまお》。勝新と玉緒、田宮と藤原のコンビはシリーズを通じて登場し、人気を集めた。

若山の藤原礼子への猛アタックが始まった。今風に言えば、完全にストーカーの所業だった。藤原の撮影が終わるまで撮影所の門前で待つのは当たり前。藤原の自宅まで押しかけることもあった。

藤原礼子

実は当時、若山は未婚だったが、すでに一人娘の父だった。

未婚の若山に娘ができたきっかけは、ハワイで催された「東踊り」の公演だった。杵屋の三味線と長唄、踊りを現地の人たちに見せるものだ。若山もこの公演に参加していたが、このときにある女性と結ばれていた。

女性は当時、既婚者であり、ハワイに家族もいた。だが、若山と関係を持ってからはすっかり若山に入れ上げてしまう。ついには家族を捨てて東京に出てきた。やがて若山とその女性は女の子を授かり、出産に至る。正式に結婚はしていなかったが、若山にとっては初めての子どもだった。

娘がいた若山だったが、猛アタックをついに実らせて、藤原礼子と付き合い始めた。

やがて藤原の妊娠が発覚する。若山は結婚を決意した。

意を決した若山は、神戸《こうべ》にある藤原の実家を訪れた。

「礼子さんをください」

藤原の両親を前に若山は頭を下げた。

だが、藤原の父は言った。

「いや、あなたは本当に浮き名を流してきた。女性関係が激しいと聞いている」

しかし、そこで引き下がる若山ではない。

「確かにこれまでの僕はそうでした。でも、見ていてください。もう、これからは決してそんな真似はしません」

ここでも若山の粘り腰が功を奏し、結婚は認められた。

昭和三十八年、若山と藤原は結婚する。芸能界きってのプレイボーイとスター女優のカップルだった。

結婚の翌年の昭和三十九年十一月三十日には、夫妻の間に長男の敏章が生まれた。のちの若山騎一郎である。騎一郎の本名の敏章は、若山が名づけた。

当時の若山は東映から大映に移籍していたが、まったく売れずに不遇をかこっていた。市川雷蔵と並んで二枚看板の地位を確立していた弟と比較され、「勝新太郎の二番煎《せん》じ」と陰口を叩かれることさえあった。

そんな折、久しぶりにありついた大役がテレビ時代劇『風雲児半次郎　唐芋侍と西郷』の中村半次郎、別名「桐野利秋」の役だった。幕末には「人斬り」と恐れられ、明治維新に参画した薩摩藩士だ。西南の役では西郷隆盛の挙兵に加わって、ともに戦死している。

この大役にあやかり、若山は息子に「敏章」と名づけた。字画を判断し、桐野利秋の名前と音は同じだが、違う表記にしている。

藤原礼子の両親を前に、若山は大見得を切ってみせた。

「プレイボーイは卒業する」

だが、その誓いは騎一郎が生まれて一年ほどであっさりと裏切られた。

若山騎一郎

昭和四十年、若山と藤原は離婚。
藤原は嫁入り道具として持参した家財のいっさいを若山宅に置いたまま飛び出した。
騎一郎は母である藤原の元で育てられた。
若山の借金癖は当時から有名だった。のちに藤原は騎一郎に語った。

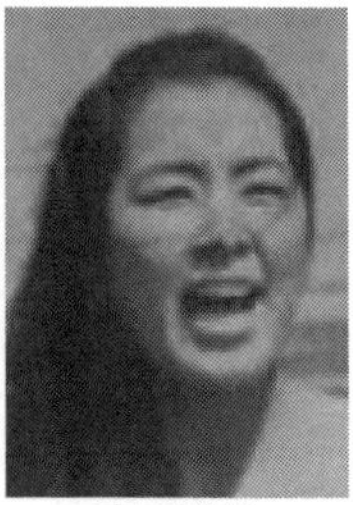
安田道代

永田雅一

「押入れであんたが泣いている。借金取りはお構いなしに、ドンドンドンドンって玄関のドアを叩く。それが耐えられなかった。あんたのために離婚したのよ」

離婚の原因は、若山が女優の安田《やすだ》道代《みちよ》（現在は大楠《おおくす》道代）と恋に落ちたことだった。

結果として若山は大映の看板女優であった藤原礼子をかっさらい、わずか二年で破局を迎える。顔に泥を塗られた大映の幹部たちは、若山に怒り心頭だった。

若山が払った代償は、あまりに大きかった。若山は離婚から一年間、役がつかないという挫折を味わった。大映の永田《ながた》雅一《まさいち》社長の意向で干されたのだ。

若山は、大映最後の作品となる若尾《わかお》文子《あやこ》主演の昭和四十一年一月二十九日公開の『処女が見た』に出演し、離婚の原因となった安田とも共演した。

安田は昭和三十九年、大学在学中に日活にスカウトされ、吉永《よしなが》小百合《さゆり》主演の『風と樹と空と』で映画デビュー。

翌年、知人に勝新太郎を紹介され、安田の才能に惚れ込んだ勝の紹介で、大映と正式に契約する。大映入社第一作が若山と共演した『処女が見た』だった。『処女が見た』が成功したことで安田はスター女優として広く知られるようになっていく。

ところが、若山と安田の関係は二年で終わった。山城《やましろ》新伍《しんご》は若山の息子の騎一郎に「ときおり会っていたみたいだぞ」と教えてくれたものの、最後は不仲だったともいわれる。

離婚後も藤原礼子は「安田道代に夫を取られた」と恨み続けていた。

騎一郎は後年、若山富三郎に弟子入りした際に、こんな話も聞いている。

「離婚の原因は、俺だけじゃないぞ」

母の藤原礼子は酒を飲み始めると、際限がなかった。ザルである。いっぽう、父の若山富三郎は甘党の下戸で知られている。実弟の勝新太郎も、酒を愛していた。

なお若山は、生涯下戸のままだった。

晩年になって若山は、ハワイで心臓外科の名医リチャード・マミヤの執刀でバイパス手術を受けた。手術の際は現地で輸血を受けた。

手術が無事成功に終わり、若山は日本に帰国した。帰国後、心臓の調子が少し良くなったこともあり、下戸だった若山も、ビールを少しだけ舐めるようになった。銘柄はバドワイザーと決まっていた。

その様子を見た騎一郎は尋ねた。

「お父さん、バドワイザー、ちょっと飲めるようになったの？」

「多分、アメリカ人の血が入ったからかな？」

若山は真顔で答えていたという。

山城新伍が画策した若山と俊藤の顔合わせ

若山は、『処女が見た』を最後に大映を離れ、かつて主役を張っていた古巣の東映に復帰した。芸名も元の若山富三郎に戻すが、出戻りで脇役からの再始動を余儀なくされた。

後年、若山の長男の騎一郎が東映の任侠路線を牽引した俊藤浩滋プロデューサーに会った際、こんな話を聞いた。

「おまえの父親は、東映に帰ってきたときはもうボロボロで、役でいえば、A、B、Cばかりやった。そんなとき、山城新伍が頭を下げて、使ってくれって言ってきた」

山城は若山一家の若い衆第一号。のちに若山・勝兄弟を描いた『おこりんぼ　さびしんぼ』（廣済堂という著書も出している。

山城は、まず俊藤に耳打ちした。

「うちの若山のおやっさんが『俊藤の兄貴と会いたい』と言ってます。芝居は本当にうまい方なんで。何とか使ってやってくれませんか」

いっぽうで山城は、若山にも吹き込んだ。

「あの俊藤浩滋、俊藤の兄貴がおやっさんに『会いたい』って言うてまっせ」

山城は二人が同席する場を設《しつら》えた。若山と俊藤が向き合い、真ん中に山城が座る。

しばしのあいだ、若山と俊藤は睨《にら》み合っていた。若山はのちにこのときを振り返り、「俺は震えたぞ、騎一郎」と述懐している。

「おい、新伍」

俊藤から目を離さずに若山が言葉を発した。

「『若山に会いたい』って言ってた奴が、ずっと俺を見てやがるぞ」

今度は俊藤の番だ。

「おい、新伍。あれが俺のシャシン（映画）で使ってくれって奴の顔か？」

若山と俊藤が共に山城に目を向ける。ここではかりごとが露見した。

緊張の糸は解けた。どちらからともなく、「面白いやないか」という声が上がり、二人の間のわだかまりは氷解した。

ただし、若山の前途には思わぬ障害が待ち構えていた。主演俳優であり、東映任侠路線の金看板でもある鶴田浩二だ。若山が弟分役で出ると聞いた鶴田が、俊藤に「待った」をかけてきた。

「兄貴、待ってくれ。なんで俺が若山とやらなきゃいけねえんだ？」

東映はスターシステムで動いている会社だ。主演級を務める俳優の意向は絶大だった。

ところが、俊藤の立ち回りは見事だった。まずは鶴田に自ら頭を下げたのである。もとより鶴田は俊藤の弟分。ここまですれば、異存のあるはずもない。

さらに当時、東映の製作部長だった高岩淡《たかいわたん》（のち社長）に談判し、若山の「保証人」に収まってもらった。

俊藤は、若山富三郎の東映での活躍について語っている。

俊藤は、若山より先に弟の勝新太郎と知り合いだった。俊藤の仕掛けた任侠映画が上げ潮に乗り、勝も『座頭市』『悪名』シリーズで人気絶頂だった。いっぽうで、若山は「城健三朗」という芸名で大映でくすぶっていた。

俊藤が勝と新幹線で会い、食事をした際、話題が若山のことになった。

俊藤は言った。

「あんたとこの兄貴、なかなかええ役者やから、俺なら必ず男にしてみせるな」

そんなことがあったあと、若山がひょっこりやって来たのである。俊藤は勝との話をすぐ思い出した。

若山は仕事を頼みに来たはずだが、そんな話は一言もしない。

そこで、俊藤は若山に訊いた。

「悪役をやってみる気はあるか」

「ええ、なんでもやります」

こうして若山が任侠映画の戦列に加わった。俊藤は若山が大きな戦力になると確信していた。若山は映画会社を転々とするあいだ、ずっと時代劇の二枚目をやってきた。だが俊藤は、「どうも違うのではないか」と思っていたので、若山に悪役の話を持ち出した。

たいていの脚本では悪役は悪役でしかない。ところが一人前の役者、まがりなりにも主役スターとして名前の通った役者が悪役をやると、いろいろ工夫を凝らす。すると単純な悪役ではなく、ワルなりの人間性が滲み出て、映画がぐっと良くなる。ことに若山のように苦労してきた役者なら、なおさらであった。特に鶴田浩二との組み合わせが良かった。芝居の質がそれぞれ違っていた。鶴田のじっとりした演技と若山のガーッと突っ込む激しい演技。その両極端のぶつかり合いが上手くいった。そういう積み重ねが『博奕打ち　総長賭博』での対決になったという。

この映画の脚本を担当した笠原和夫は、若山の演技を評価している。

「若山には、鶴田が持っているようなツヤっぽさみたいなものはない。昔の歌舞伎でいうと、立役《たてやく》でなく、少し顔を黒めに塗って、渋い実悪《じつあく》である。『総長賭博』の松田の役はぴたり合っていた」

俊藤は、『総長賭博』では、キャスティングがハマり、特に鶴田浩二と若山富三郎が最高の組み合わせだったと自画自賛している。

二代目を辞退したうえに、いったん決まったからにはその跡目相続人を死守しなければならないという中井信次郎役の鶴田と、「それはおかしい。兄弟が辞退するなら俺が継ぐのが筋や」とごり押しに出る松田鉄男役の若山。二人の仁義と激情のぶつかり合いは、ほかの役者では無理だったという。

高評価・低興収の状況からの一変

『博奕打ち　総長賭博』の脚本を書いた笠原和夫は、東映京都撮影所の試写室でこの映画の試写を見た。

笠原なりに、当時再放送されていたロバート・スタックがエリオット・ネスを演じたテレビ・シリーズ『アンタッチャブル』を見習い、メリハリの利いたドキュメント・タッチのスピーディーな脚本に仕上げたつもりだった。ところが試写を見ると、『アンタッチャブル』どころか、現代劇ばなれしたゆっくりしたテンポで、山下監督の名作時代劇『関の彌太ッぺ』と変わらない印象を受けた。

ラストシーンも、笠原の脚本では、鶴田が「任侠道か……そんなもんは俺にはねえ……俺は、ただの、ケチな人殺しなんだ」と言い放ち、金子信雄を叩き斬り、大乱闘になったところで判決文がバーンと重なる。「被告人、何の某、無期懲役云々」とナレーションが入ってスパッと終わるはずだった。

それなのに山下監督は延々と最後の殴り込みを撮り、挙げ句の果てに、鶴田が無人の大広間の神棚に向かって、短刀を投げつけたりしている。

〈なんだい、こりゃ。俺はこんなもの書いたつもりはないぞ〉

呆れ返った笠原は、試写室を飛び出し、二階の企画室に閉じこもった。

すると、慌てて助監督が呼びに来た。

「『乾杯をしよう』って、監督以下みなさんがお待ちです」

笠原は二階に居座っていたが、助監督が四回も呼びに来たから、諦めて下に降りた。

山下監督が、「どうかね」と訊いてきたので、仕方なく渋々答えた。

「うん、ま、あんなものだろうな」

ところが、笠原は、後日、『総長賭博』を映画館で見ているうちにだんだん良く見えてきたという。

第一に格調が正しい。前半、演出が我慢に我慢を重ねたのが効果的で、ラストの鶴田の殴り込みに非常に迫力がある。いつの間にか「これはいける」と思うようになっていた。

『総長賭博』は昭和四十三年一月十四日に封切られた。が、興行的にはヒットしなかった。

笠原は、東映京都撮影所の岡田茂所長から山下監督ともども呼び出されて、所長室でお叱りを受けた。

「なんだおまえらは！　ゲージツみたいなのをつくりやがって。ゲージツでは客は入らんぞ。ともかく、おまえら、これからちょっと気をつけないかんぞ。客が来なけりゃ飯は食えん」

「わかりました」

笠原は、謝りながらも、山下監督に「してやったり」の目配せをして、ニヤリとした。

笠原は思っていた。

〈たまにはこうやって会社を騙して自分のつくりたいものをつくる必要がある。なんと言っても、精神衛

生にもいいし、撮影所内で舐められずにもすむ〉

いっぽう『総長賭博』が公開されたあと、高倉健《たかくらけん》が青木《あおき》卓司《たくじ》に感想を漏らしたことがある。

「将軍（山下のあだ名）の『総長賭博』は、いいよなあ」

その後、高倉は自身が主演する『昭和残侠伝　人斬り唐獅子』や『山口組三代目』の監督として山下監督を呼んでいる。高倉が『総長賭博』を高く評価していた証左だろう。

当初ヒットせず終わった『博奕打ち　総長賭博』であったが、その一年二カ月後、小説家の三島由紀夫が『映画芸術』の昭和四十四年三月号に寄稿した『「総長賭博」と飛車角と吉良常のなかの鶴田浩二』で激賞したのだ。

《私は『総長賭博』を見た。そして甚だ感心した。これは何の誇張もなしに「名画」だと思った。何という自然な必然性の糸が、各シークエンスに、綿密に張りめぐらされていることだろう。》

《雨の墓地のシーンと、信次郎（鶴田浩二）の松田（若山富三郎）殺しのシーンは、いずれもみごとな演劇的な間と、整然たる構成を持った完全なシーンで、私はこの監督の文体の確かさに感じ入った。この文体には乱れがなく、みせびらかしがなく、着実で、日本の障子を見るように明るく規矩《きく》正しく、しかも冷たくない。その悲傷の表現は、内側へ内側へとたわみ込んで抑制されている。》

《鶴田浩二は、「吉良常と飛車角」でも、この「総長賭博」でも、年配にふさはしい辛抱立役をみごとに演じていた。

私が鶴田びいきになったのは、殊に、ここ数年であって、若いころの鶴田には何ら魅力を感じなかったが、今や飛車角の鶴田のかたわらでは、さしも人気絶頂の高倉健もただのデク人形のように見えるのであった。

このことは、鶴田の戦中派的情念と、その辛抱立役への転身と、目の下のたるみとが、すべて私自身の問題になって来たところに理由があるのかもしれない。おそらく全映画俳優で、鶴田ほど、私にとって感情移入の容易な対象はないのである。彼は何と「万感こもごも」という表情を完璧に見せることのできる役者になったのだろう。吉良常の死の病床に侍る彼、最愛の子分松田をゆるしあるいは殺すときの彼、そういうときの彼には、不決断の英雄性とでもいうべきものが迸り（これは実人生ではめったに実見されぬことだが）、男の我慢の美しさがひらめくのだ。

思えば私も、我慢を学び、辛抱を学んだ。そう云うと人は笑うだろうが、本当に学んだのである。自分ではまさか自分の我慢を美しいと考えることは困難だから、鶴田のそういう我慢の美しさを見て安心するのである。》

《鶴田は体ごとこういう世界を表現する。その撫で肩、私服姿のやや軟派風な肩が、彼をあらゆるニセモノの颯爽さから救っている。そして「愚かさ」というものの、何たる知的な、何たる説得的な、何たるシャープな表現が彼の演技に見られることか。》

《鶴田の示す思いつめた「愚かさ」には、この逆なもの、すなわち、人間の情念の純粋度が、或る澄明な「知的な」思慮深さに結晶する姿が見られる。考えれば考えるほど、殺人にしか到達しない思考が、人間の顔をもっとも美しく知的にするということは、おどろくべきことである。》

『博奕打ち　総長賭博』が公開された昭和四十三年当時は学生運動が盛んで、内ゲバ騒ぎも起き始めていた。

学生たちは、劇場で「健さん待ってました！」と声を上げ、高倉健や藤純子に陶酔した。彼らはヤクザ映画の大事な客であった。

しかし、この映画の脚本を書いた笠原和夫は、一度も彼らのことを念頭に置いてホンを書いたことなどなかったという。カウンター・カルチャーについての知識も、関心もなく、ただエンターテインメントを来る日も来る日も書いていただけであった。

だが、ヤクザの生態を暴露しよう、面白い見世物にしよう、と始まったヤクザ映画も、そろそろ暴露するもの、見せるものがなくなってきた。話の筋が尽きてきたのだ。

そこに三島由紀夫が『総長賭博』を絶賛したため、作り手側に内ゲバ劇、しがらみ劇への志向が出てきて、陰々滅々とした映画になり、どうにもならなかったという。

三島に褒められたことで、ヤクザ映画は脚光を浴びた。しかし、笠原は思っていた。

〈褒められないほうが良かったのかもしれない……日陰の場所で、誰からも認められないほうが張り合いがあった〉

笠原は、名もなき一芸人として人生を終わるのもいいではないか、そのほうが怒りも自分の中で正当化できたのではないか、とさえ感じていたという。

「昭和維新」を言う三島由紀夫と鶴田との対談

三島由紀夫は、『週刊プレイボーイ』昭和四十四年七月八日号で、鶴田浩二と『刺客と組長』と題して対談した。

《**三島**　前からぼくは鶴田さんのファンですよ。松竹時代から見ているんですよ。ですけれども、昔のあなたより、ここ5～6年の鶴田さんが非常に好きなんです。最近のピークは『飛車角と吉良常』だろうと思うが、あの飛車角なんかでも、吉良常の病床に鶴田さんがすわっているときの、万感こもごも到るという顔が好きなんです。あの感情表現は、やっぱりあなたの中にある何かの感情の深いところから出てくるんだろうと思う。ぼくはそこに非常に打たれるわけだ。押さえているときの顔ね、そして、自分が行動しなければならないんだが、それにはいろいろなシガラミがあって、まだできない、まだできない。しかし……というときの顔が実にいい。そのファンなんですよ。僕は、それをこの間、いろいろ書いた。

鶴田　恐縮でございます。あの文章は、何度も何度も繰り返し読ませていただきました。ぼくら役者の場合、表現といってもいろいろな条件や制約があるでしょう。自分でこうだと思っても、そうじゃないといわれればそれまでです。それが1人でも2人でも、きっちりそれがわかってもらえたという喜びです。

三島　鶴田さんぐらいになっても、人に、きょうのあそこのカットがよかったよ、といわれるとうれしいでしょう。

鶴田　うれしいですね。ぼくは19年の5月に、第2次の学徒動員で行ったんです。（第14期海軍飛行予備学生）

三島　ぼくはとうとう兵隊生活を知らずで過ぎちゃって……。

鶴田　さっき鶴田はここ5〜6年でよくなったといわれたけれども、若いときはだめですね。個人差はあります。たいへん無礼な言い方だけれども、でこぼこだらけの顔で、何も考えていなくても、写真に写れば非常にものを考えてるみたいに見えるツラというのがあるじゃないですか。そういう点からいうと、ぼくはのっぺりしているし、童顔だし、いろいろ損をしますね。

三島　宇野重吉《うのじゅうきち》みたいな顔は、何でも考えてるように見えるんだ。一種の〝インテリ・ジャガイモ〟というものでね（笑）。それは存在感があるんだ。鶴田さんの苦しみはわかりますね。二枚目は存在感がない。しかし、今のあなたは、スクリーンに出ていると、実に〝存在〟している。それが大事なことで、これはミーハーにはわからない、絶対に。

鶴田　ぼくの友人連中が無礼なことをいうんですよ。「お前はシワがめだつようになってから、やっと役者になったな」と。役者ということを抜きにしても、一人前の男として通用するようになったか、ということでした。

三島由紀夫

三島　ぼくはやくざ映画が好きなんだけれども、最近のやくざ映画は、一時みたいな、あさはかなやくざ否定がない。『博奕打ち　総長賭博』にしても『飛車角と吉良常』にしても、やくざ肯定なんだよ。ありのまま出して、それを見た人があとで否定するのは自由なんだ。主観ですからね。ボーンとお客にまかしてある。そこまで進歩した。あとは進歩すれば、やくざ映画なんていう名称はいらない。日本人の映画なんだよ。ある種の日本人が、どういうところに追いつめられたら、どう感じて、どう行動するかというテストをする映画、そうすると、もはや、やくざである必要はない。会社員であろうが、銀行員であろうが、あるとき、こういうふうに追いつめられると、こういう行動をするんだということが、歴々とわかる。ぼくは、それが好きで見に行く。

濃度が濃いんですよ。いまはとにかく、いろんなものがくっついて、変な世の中だよ。しかし、いくら背広を着ようが、何をしようが、着流しの鶴田さんと同じように、A、B、Cと行動の選択余地がある場合、日本の男なら、Cに行かなければならん――Aへ行く方が楽なんだけれども、Cに行かなければならないというものがある。あなたの映画でも、そこに感動するわけだ。鶴田さんの顔というのは、また実にぴったりしているんだよ。それは鶴田さんとぼくが同世代だから、その共感が強いと思う。

あの時代は、日本人がいろいろな目にあって、もうどうしようもねエという、そういうシガラミの中で生きてきた人間だろう。

全学連と違うところは、全学連は何ものにも縛られていない。田舎から出てきて、学資もらってガタガタ騒ぐ。それなりに彼らは一生懸命やっている。利害ではやっていない。だけれども、シガラミの中で人間はどうしたらいいかということは、ほったらかしにしてあるんだ。だが全学連もそういうものにあこがれている。だから鶴田さんの映画に感動するんだね。

鶴田　ぼくは頭が悪いから、この間の東大全共闘との討論にしても、理屈はよくわからないけど、三島さんという人は、たいへんりっぱだと思いますよ。なぜなら、人の力を借りないもん。全く自分の感覚とか、受けとめる力、そういうもので確かめないと、「ああ、そうか」ということばの出ない人です。昭和維新ですね、今は。

三島 うん、昭和維新。いざというときは、オレはやるよ。

鶴田 三島さん、そのときは電話一本かけてくださいよ。軍刀もって、ぼくもかけつけるから。

三島 ワッハッハッハ、きみはやっぱり、オレの思ったとおりの男だったな。》

昭和四十五年十一月二十五日に三島由紀夫は、自衛隊市ヶ谷《いちがや》駐屯地で割腹自殺をした。そのとき、笠原和夫は非常な無念の思いとともに、ある種、重しが取れたような一抹の解放感を覚えた。それは終戦の八月十五日に味わった感情にどこか似てなくもなかったという。

三島自決のニュースを聞いたとき、笠原は京都で山下耕作監督が撮る『博奕打ち いのち札』の脚本を四苦八苦しながら書いていた。主演は三島が激賞した『博奕打ち 総長賭博』と同じ鶴田浩二である。

三島ショックの中で書き上げた笠原の脚本を、やはり『総長賭博』で組んだ山下監督は激賞してくれた。

「三島さんの死に応えるのは、居直りしかないよ」

鶴のような端正な痩軀《そうく》で、豪快にウイスキーのグラスを空けながら、山下監督は笠原に何度もそう言った。

「居直り」が何を指すものなのか、笠原にはわからなかった。だが笠原は考えた。

〈山下監督は形骸化した任俠の美学を故意に拾い続けて行こうと決意したのかもしれない〉

山下監督が感化を受けたロシアの作家ガルシンの『赤い花』には、精神科病院で一日中、赤い花を見続ける若者が登場する。山下監督はその若者の眼差《まなざ》しのように、任俠映画という虚の世界に、あえて身を置くことを自らの存在理由としたかったのかもしれない。

笠原は、そのうち「任俠映画」がまったく書けなくなってしまった。笠原は京都・嵯峨野《さがの》の喫茶店に山下監督を呼び出して、そのことを告白した。

「もう着流しヤクザはやらない。現代劇のジャンルでモチーフを探す。監督もその方向に切り替えてほしい」

寡黙な山下監督は長いこと口を閉ざして、窓外の竹藪《たけやぶ》に舞う風花を見つめていたが、キッパリした口調で答えた。

「僕は、任侠映画にこだわり続けるよ」

笠原は思った。

〈袂《たもと》を分かつときがきたな……〉

任侠映画という「虚」に愛着して自分を見失わない生き方は、山下監督なればこそなしうる業《わざ》で、笠原にできる芸当ではなかった。

その後、笠原は深作欣二《ふかさくきんじ》監督と組み、『仁義なき戦い』シリーズをつくり、「実録路線」といわれる現代劇をヒットさせていく。

なお鶴田は、三島との対談では、「昭和維新のときは、僕も軍刀を持って駆けつけますよ」と応じていた。しかし、三島の自決を知ったとき、家族に語ったという。

「生きて戦ってこそ、男じゃないか……」

鶴田は、それから書棚から三島の書籍を遠ざけたという。

京都撮影所の四つの暖房器具ガンガンがあるわけ

「鶴田組」の役者たちは撮影が終わり、メイクも落としていた。だが、鶴田のシーンがまだ終わっていない。こうした場合、「鶴田組」の若い者は待つのが常だ。鶴田を撮影所の正門で見送らなくてはならない。それまでは帰れないのだ。

見送りのさまはなかなかに壮観である。守衛所の両脇に「鶴田組」の面々が十人ずつずらりと並ぶ。鶴田が操るポルシェが通り過ぎるのに合わせ、全員が頭を下げながら声をそろえて叫ぶ。

「お疲れさまです」

ただし、この習慣を疑問に思う者もいた。

〈十人ぐらい並んでるなかで、一人ぐらいおらんでも誰が誰かわからへんやろ〉

その役者は独断で祇園《ぎおん》に遊びに行くことにした。

翌朝のことだ。彼はいつもどおり撮影所のセットに入った。鶴田は毎朝九時十五分に入る。これは意図してのことだ。前夜は飲んでいる。九時になるかならないかくらいの時分。鶴田の付き人・野口貴史《のぐちたかし》がやって来た。

「コレが呼んでますよ」

そう言って親指を立ててみせた。「コレ＝親指」とはもちろん鶴田のことである。

「ああ、そうか」

前夜のことなどおくびにも出さず、鶴田の楽屋に向かった。

「おはようございます」

部屋に入った。鶴田は鏡に向かいながら、背中越しに言葉をかけた。

「おまえ、昨日祇園にいたらしいな」

「いやあ」

「いたんなら、『いた』って言えばいいんだから。言えよ」

「いや、ちょっと野暮用で」

「あ、そうか。お前は女と会うのに、俺の見送りはできんのか？」

彼の背中を冷たいものが走った。

〈見とったのか、鶴田のおっさん〉

スピードの乗ったポルシェで正門を出る間、ほんの束の間である。鶴田は「組」の誰が見送っているか確認したのだ。その後も鶴田の目をごまかすことはできなかった。

「彼が祇園にいた、という情報もご忠臣からもたらされたのだろう。京都の俳優は女房に祇園で小さな店を持たせていることが多い。スナックだったり、バーだったり。役者だけでは食えないがゆえにである。そうした店を飲み歩いているのもまた役者には違いない。おおかた、どこかの店から鶴田に伝わっていったのだろう。

あるとき、小沢茂弘監督が吹聴しているというのだ。その話がいわゆる「鶴田組」の一人の役者の耳に入ってきた。

「もうちょっとしたら、鶴田浩二なんか主役なんてやれねえんだから。もうちょっと辛抱しとりゃええ。今だけ頭下げときゃええんや。年取ったら、主役は無理」

東映京都撮影所は恐ろしいところだ。この手の悪口は必ず当人に届く。ご忠臣が至るところでアンテナを張り巡らしているからだ。

小沢監督にも累は及んだ。ある日、その役者が撮影所内を歩いていると、鶴田の楽屋の入り口で正座をしている男がいる。見れば、小沢監督ではないか。

「小沢監督は、なんであんなところに座ってんだ?」

脇役たちはそうささやき合った。答えを教えてくれたのは、鶴田の付き人である。

「小沢監督が言っていたことが鶴田のおっさんの耳に入った。おっさんはすぐに撮影を止めた。『お前は撮るような柄じゃない』と小沢監督に言い渡し、監督は交代。その明くる日から用事もないのに、鶴田のおっさんの部屋の前に小沢監督はいっつも正座しとんのや」

役者の一人は心の中で震え上がっていた。京都ではご忠臣がスターの周りを固めている。下手なことは言えない。

「鶴田組」にはどんな俳優がいたのだろうか。

梅宮辰夫、八名《やな》信夫《のぶお》、川谷拓三《かわたにたくぞう》、曽根《そね》晴美《はるみ》もいた。

俳優同士の「組」をめぐってはややこしい人間模様があった。特に面倒だったのが若山富三郎だ。ある正月映画の撮影現場でのことだ。ガンガンが四つほど用意してあった。

ガンガンとは撮影所特有の暖房器具。油などの一斗缶の上部を切り取り、中にたっぷりの炭を熾《おこ》したものだ。冬場の撮影ではこのガンガンの周りに役柄の扮装《ふんそう》のままの俳優が集まる。炭火に当たりながら、世間話に興じるのが常であった。

京都撮影所に四つのガンガン。これはつまり、主役の数と合わせてあるわけだ。

鶴田浩二、高倉健、若山富三郎、藤純子――。それぞれの「組」に属する役者も四つのガンガンに分かれる。

その一人は「鶴田組」のガンガンに当たりながら、鶴田と盛り上がっていた。その様子を隣のガンガンからじっとうかがっていた人物がいる。若山である。

「おまえ、いつから鶴田のとこに入ったんだ？」

露骨に嫌な顔をして問い詰める。若山の嫉妬深さは撮影所で知らぬ者がいないほどだった。

「若山組」の若衆には菅原文太《すがわらぶんた》もいた。親分の若山にいつもべったりくっついていた。

「下巻」に続く

著者略歴

一九四四年、広島県に生まれる。広島大学文学部仏文科を卒業。「週刊文春」記者をへて、作家として政財官界から芸能、スポーツ、犯罪まで幅広いジャンルで旺盛な創作活動をつづけている。

著書には『十三人のユダ　三越・男たちの野望と崩壊』（新潮文庫）、『実録　田中角栄と鉄の軍団』シリーズ（全三巻、講談社＋α文庫）、『昭和　闇の支配者』シリーズ（全六巻、だいわ文庫）、『安倍官邸「権力」の正体』（角川新書）、『逆襲弁護士　河合弘之』『専横のカリスマ　渡邉恒雄』『激闘！闇の帝王　安藤昇』『百円の男　ダイソー矢野博丈』『田中角栄　最後の激闘』『日本を揺るがした三巨頭』『政権奪取秘史』『スルガ銀行　かぼちゃの馬車事件』『安藤昇　俠気と弾丸の全生涯』『西武王国の興亡』『最後の無頼派作家　梶山季之』『ハマの帝王』（以上、さくら舎）などがある。

任侠《にんきょう》映画《えいが》伝説《でんせつ》
高倉健《たかくらけん》と鶴田《つるた》浩二《こうじ》　上巻

二〇二四年三月九日　第一刷発行

著者　大下英治《おおしたえいじ》
発行者　古屋信吾
発行所　株式会社さくら舎　http://www.sakurasha.com
東京都千代田区富士見一-二-一一　〒一〇二-〇〇七一
電話　営業　〇三-五二一一-六五三三　FAX　〇三-五二一一-六四八一
編集　〇三-五二一一-六四八〇　振替　〇〇一九〇-八-四〇二〇六〇
カバー写真　共同通信社
装丁　石間淳
印刷・製本　中央精版印刷株式会社

ISBN978-4-86581-418-7